新三板实战操作之道

The Solution of Actual Combat

Operation in National Equities Exchange and Quotations

投行小兵 著

法律出版社 LAW PRESS · CHINA

新三板
实战操作之道

投行小兵 @gztouhangxiaobing

程志强 @sduczq　韩建春 @hanjianchun118252

孙树智 @nksunshuzhi　王林 @wxid_3i0snxesvq1222

李帅帅 @lawyerlishuai　李秉恒 @boshiziben198

1. 程志强，山东大学会计学硕士，注册会计师，2014 年 4 月通过保荐代表人考试。2010 年起就职于齐鲁证券，先后负责投行质控、新三板承揽承做、后续督导，长期深耕于新三板一线，参与数十个项目审核，推荐挂牌项目十几家。
2. 韩建春，中国注册会计师、国际注册内审师，瑞华会计师事务所授薪合伙人，拥有丰富的 IPO、新三板实际操作经验，为多家公司提供 IPO 辅导和新三板挂牌服务。
3. 孙树智，南开大学硕士，券商从业人员，具有法律职业资格。热衷资本市场，时常关注新三板政策和挂牌企业案例，并参与多个新三板项目。
4. 王林：任职于广发证券湖北分公司，主要负责新三板挂牌、定增、重组等相关业务。
5. 李帅帅，广发证券山东分公司机构业务七部总监，律师。曾参与多家企业在区域股权市场和新三板挂牌，对股份改制、公司治理等问题研究深入。
6. 李秉恒：搏实资本创始合伙人、执行总裁，商业模式研究院和搏实资本创新金融研究院的创始人，受聘清华大学创业者授业导师。

自序

自上本书《新三板挂牌解决之道》开始，就断了为自己的书写序言的念头。业务研究的心酸与困苦，早已吐露，再说，就显矫情。业务研究的激情和坚持，一直都有，我懂你也懂，无须多说。关于要感谢的人，或许留在心里更加合适，也更加真切。

今天重新为《新三板实战操作之道》写几点感受，自然也不会是上面提到的模样，也不会涉及那样的内容。要说的，依旧是关于新三板的思考和展望。

本来还是不愿意写，也不想写，但是又觉得必须要写，不得不写，因为我们所了解的、面对的新三板，正在悄然发生着本质性的变化。这样的变化，你或许已经察觉，或许还未曾留意，不管怎样，这样的改变已经在悄然发生，甚至有可能改变新三板整个的发展路径，超乎我们的想象。

新三板自 2013 年年底扩容之日起已经接近三年的时间，若仍旧以孩童比喻，也应该有了一个初步的框架和轮廓。现在，我们仍旧期待他会是中国未来的纳斯达克，仍旧期待他可以“长大成人”、傲视江湖。可是，也有人开始思考甚至担忧，我们离梦想是越来越近，还是越来越远，抑或道路变得更加曲折不可预期。

不可否认，我们整个资本市场的监管进入了一个全新的周期，这个周期的主题就是控制风险、保持稳定。与之相对应，一切与这个原则相悖的做法都要从紧从慢。新三板一直以资本市场横空出世的创新者、“弄潮儿”出现，但是现在也不得不在新的监管环境下，重新审视过往的一些主张和路径。

我们看到也感受得到，新三板挂牌的门槛在悄然改变，新三板挂牌的节奏在逐渐放缓，新三板的核查一浪高过一浪，新三板曾经做过的努力和创新也在发生着很大的变化。

你可以强硬地不承认这些事实。可是新三板曾经作为注册制的试验田在骄傲地前行，然而，现在注册制已经彻底消失了，试验田也会暂时退出历史舞台，种上传统的庄稼和作物，小麦也好萝卜也罢，肯定不是玫瑰花了。

我们曾经对新三板的些许期待，都变得逐渐清晰也显得更加残酷，在转板、竞价方式以及投资者门槛暂时不可能有根本性变化的情况下，我们唯有把期待放在创新层上。可是，小兵以前就说过，创新层的推出就如同当年中国足球甲A联赛更名为中超联赛，在制度不发生根本性变革的情况下，创新层显得那么苍白和无能为力。

新三板挂牌的企业中不缺少优秀企业，在交易所上市的企业里面也不缺鱼目混珠的，但是新三板在对于公司价值的市场化评估或者说公司市值的提升方面，根本就不可能与交易所同日而语。

为什么？因为两者之间缺少一个最根本的东西：流动性溢价。

流动性溢价，看起来很陌生，理解起来却并不困难，说白了就是资本市场只有交易才有流动性，只有流动性才能体现出交易标的的价值。交易所有流动性溢价，核心在于制度性的设计：投资者的普遍性和集合竞价交易制度；而前者，更是基础的基础，核心的核心。

在创业板仍旧强调投资者适当性管理规定的情况下，对风险更大的新三板放开投资者管理是不现实的事情。在新三板挂牌企业仍旧良莠不齐没有严苛的筛选标准的情况下，贸然改变交易制度也是不现实的。

因此，在未来可能的一段时间内，我们必须承受着等待的苦涩和煎熬。在这样的等待面前，新三板参与者需要的只有足够的勇气和信心，无他。

这或许是化蛹成蝶的一个瞬间，这或许是黎明前最黑暗的一段岁月，也或许是最甜美牛排成熟的最后一分煎炸。不管怎样，世间从来没有天上掉馅饼的事情，要想成功，只有等待和煎熬。

我们仍旧要对新三板充满信心，并且要更加用心地呵护，给它纯净的空气、新鲜的蔬菜、健康的口粮，保证它能够健康成长。

我们要等待新三板慢慢成长，而不是拔苗助长，我们不能强制它加班熬夜挑灯夜读，更不能拴个红绳拉到大街上耍把式卖艺。

信心，小兵没有改变过；呵护，小兵没有改变过；自然对于新三板的学习和思考也从来没有间断过。本次《新三板实战操作之道》的很多内容也是在新的监管思路和环境下的一些思考，与大家一起分享。

此外，还要跟大家汇报两件事情：第一，小兵业务学习的知识分享平台已经调整为“小兵研究”（微信公众号：xiaobingyanjiu），欢迎大家扫描二维码关注。第二，为了更好地关注实时资讯和反思评述，小兵将新开微信公众号“小兵小说”。

最后，小兵感谢搏实资本创新金融研究院以及投研团队对本次书稿整理的专业支持和帮助，因为有更多志同道合的人加入，小兵才从来不会独行，也会有勇气一直努力并勇敢地跑下去！

投行小兵于新盛大厦

目录

第一篇　理念｜基本原则

第二篇　实务｜操作经典

第三篇　价值｜发现路径

新三板

第一篇

理念 | 基本原则

第一章 把握新三板的基本理念

【新三板监管的基本理念】

对于监管机构来说，对新三板监管的思路可能主要体现在以下的核心思想中，具体来说：

一、坚守底线

什么是底线，关于新三板挂牌的相关业务规则规定的挂牌基本条件就是底线，也就是我们对于挂牌企业这种公众公司给予的基本尊重以及对资本市场公众公司运行规律的充分敬畏。新三板挂牌之所以没有规定复杂严格的门槛和条件，就是不希望采取"一刀切"的方式使某些企业因为挂牌条件不满足而失去了挂牌的机会。但是，这并不代表新三板挂牌没有标准，有些公众公司需要付出的成本和代价是必须要承担的。

二、鼓励创新

新三板挂牌业务在实践中很容易出现极端，一种是满不在乎什么企业都可以挂牌，另一种是以首发上市的审核标准要求企业导致很多企业都不满足条件。小兵认为，在理解新三板理念的时候，我们要把握住一个核心观点：企业在不同的发展阶段的需求以及公众对于企业的要求都是不一样的。

准备交易所上市的企业盈利规模已经到了一定的水平，那么这时候企业的核心要求在于规范，付出成本也可以。而准备挂牌新三板的中小企业也有规范的需求，但是同时这些企业必须考虑规范的成本和可行性。有些事情可能对于拟上市公司来说只需跟领导打个招呼就可以解决而挂牌企业可能还没有积累起雄厚的资源来解决这个问题；有些问题拟上市公司可能付出几百万元成本甚至上千万元都在所不惜，但是对于挂牌企业可能这些资金会是企业持续增长的救命钱。如果某些问题挂牌企业目前解决起来成本会很高甚至没有可行性，那么我们可以充分信息披露然后让市场认识并判断这个风险，而不是为了解决问题而让企业因为挂牌新三板而背上沉重的包袱。

正是基于上述的考虑，我们在做新三板项目的时候才不能简单僵化地理解规则，而应该站在中小企业自身的处境和角度去思考问题，甚至提出一些创新性的解决方案和思路，也未尝不可。

三、交给市场

其实，企业首发上市的基本改革理念我们已经讲了很久，那就是淡化企业上市条件，强调信息披露，让市场和投资者自主选择企业并判断风险。如果说这个理念在企业上市过程中还没有完全体现的话，那么，新三板这些方面的决心更大，步子更大，效果也更加明显。

我们尊重中小企业的发展规律，新三板监管机构也愿意给中小企业在资本市场充分参与的机会，所以挂牌规则没有对企业挂牌限制太多条件。但是，我们也要清楚，新三板挂牌企业毕竟也是公众公司，那么公众公司最基本的要求就是信息披露，有些问题可能不是挂牌条件但是要把问题讲清楚，包括事情发展的基本情况以及对公司生产经营可能产生的影响。我们把信息披露做好了，那么剩下的工作就交给市场来判断。或许我们的市场并不是有效的，但是资本市场的成熟必须要迈出这实质性的一步，就让我们一起跟着新三板先走出这一步。

【新三板参与者的基本理念】

对于每一个新三板市场的参与者来说，除了恪守监管机构的基本理念依据规则办事之外，心里都还应该有一根弦，那就是我们看待新三板的角度和心态，主要有以下几条：

一、新三板还是个“孩子”，我们需要付出而不是索取

就目前新三板的发展状况来看，充其量就是一个刚出生的孩童或者是刚发芽的一棵小苗，我们现在要做的是给它空间、给它养分同时给它足够的关心和呵护，这个“孩子”才能健康发展，树苗才能茁壮成长。而现在，很多人想到的可能是怎么从新三板身上获取最大的利益，这如同是人贩子把一个孩子直接卖了或者一个厨师直接把树苗拿来做了菜。如果新三板市场参与者都是这种心态，那么新三板目前刚

刚发展起来的一点成果将很快不复存在。

二、新三板只是过程，远没有实现结果

我们要建立多层次的资本市场结构，新三板是全国交易市场最基础的部分。新三板只是公司走向公众视野的第一步，并且很可能是最基础最微不足道的第一步，而千万不要把新三板看成企业的终极目标。企业不可能通过新三板实现巨额融资需求、实现几个亿广告都实现不了的品牌宣传、实现企业要十几年才能实现的战略性发展的大跨越。新三板只是企业生产经营过程中一个阶段的总结，一个阶段的战略目标规划。

三、保持对公众公司起码的敬畏

小兵也遇到一些老板，他很坦诚地告诉我他知道新三板挂牌对他并没有太多好处，只是觉得新奇想上去过把瘾。我很严肃地告诉他：你可以上去过把瘾，但是你必须符合要求并且是符合公众公司的基本要求才能去过瘾，如果理解新三板的挂牌标准是没有标准那么你就大错特错了。新三板至少是公众市场，理应有自己的底线。

【新三板常见的误解】

从历史发展的角度来看，新三板可能并不是一个新鲜的事物，但是从新三板这两年的变革与更新来看，很多人对于新三板目前的运作要求以及未来的发展轨迹并没有一个清晰的认识。

当然，对于中介机构这些参与新三板业务的专业人士来说，对新三板的挂牌要求还是有着明确的认识的，可能存在的分歧只是在于新三板未来发展的预期。但是，对于很多企业家来说，他们对新三板的认识却可能存在天大的误区。

一、新三板也是上市

我国已经建立了多层次的资本市场结构，包括主板市场、创业板市场和新三板市场，监管机构也一直强调新三板市场是跟主板和创业板并列的全国性交易市场，所以很多人就认为企业挂牌到了新三板也就相当于交易所上市了。而且在实践中，既然老板有了这样的想法，那么中介机构也乐意将错就错地直接以这样的理由推动企业挂牌，形成了比较大的误解。

二、新三板可以募集资金

这个话题可以接上面的继续来说。既然新三板比照创业板中小板也是上市，那么挂牌新三板也就必然可以募集资金了，这对于初创阶段的企业来说有着不可抗拒的诱惑力。企业本来就处于初始阶段，资金紧张而银行又不是很待见，本来就是处于融资无门的困境中，挂牌新三板花钱不多竟然还能够融资，简直是天大的好事。当然，我们也承认新三板挂牌的同时可以定向增发募集资金，但是显然这里的募集资金跟上市的募集资金根本就不是一回事。这里小兵再说一遍：新三板运行机制本身不具备必然的募集资金功能。

三、挂牌新三板就可以转板上市

实践中企业家还有这样一种认识，那就是我知道挂牌新三板不是上市，但是也确实离上市不远了，这里面包含两个基本理念：新三板可以转板上市，新三板必然可以转板上市。这就从另外一个角度给了企业家一个误解，那就是既然直接上市有那么多企业可以排队，那么我还不如挂牌新三板等着转板呢。小兵认为：转板机制应该是新三板挂牌运行的必然要求，但是转板真正开始实施需要很多因素和条件的成熟，目前来看还有很长的路要走。

四、新三板可以实现股东财富的极度增值

在实践中，我们看到过很多新三板的论坛或者培训活动，都会以提升股东价值或者迎来万亿“金矿”作为口号。换句话说，新三板就是一个大金矿，企业只要挂牌新三板，那么企业家就可以从这个金矿中挖到一笔财富，就如同企业上市的造富效应一样。这显然是一个很大的误解，换句话说，这是一个很大程度上人为制造出来的误解。

五、中介机构没有解决不了的问题

前面我们提到过关于政策和规则对于新三板挂牌企业的宽容和呵护，但是不要把这样的爱护看作无底线的纵容，更不要以为什么企业都可以挂牌新三板。企业总是有这样的抱怨，觉得中介机构这样的小问题都解决不了还花钱请你们做什么，显然还不是这样，中介机构可以帮助企业解决规范问题，但是解决不了本质问题。

第二章　恪守新三板的挂牌标准

只要接触过新三板的人，可能都会有一种困惑，那就是对于新三板挂牌过程中一些具体细节问题的把握标准到底是怎样的。首先我们要明确，相关规则对于新三板挂牌的标准和条件是明确的，同时也给予了参与者很大的自我判断和衡量的空间。也正是这种从基本规则上的宽容，导致了我们实际中对于很多标准不好把握。

【如何理解和掌握挂牌条件的平衡】

对于中介机构来说，问题的解决自然是越到位、越彻底越保险，最好是不惜一切代价解决得清清楚楚，这样中介机构做项目不仅没有风险，并且成功率自然也会高。显然，挂牌企业肯定不会这么想，对于企业来说，最好是付出最小的代价能够完成挂牌的目标。

对于拟在交易所上市的公司来说，这个矛盾可能还不会那么突出，原因主要有三个：

其一，监管机构对于上市公司的要求越来越严格，发行人也逐渐接受了这种变态的审核理念。

其二，企业上市成功可以募集到一大笔资金，既然前面有很大的诱惑那么在这之前出点“血”虽然痛苦倒也心甘。

其三，企业已经到了上市的标准和条件，那么这家企业在当地的影响力肯定是多少有一点的，有时候需要开个证明或者协调个会议，虽然很艰辛但是还是可以办成的。

但是，对于拟挂牌的中小微企业来讲，如果按照上述拟上市公司的标准来严格要求解决问题，那么挂牌企业很可能是主观上宁可不上新三板也不解决问题，或者客观上想挂牌新三板但是确实也解决不了问题。

所以，我们需要特事特办，以特定的思维来判断和解决新三板挂牌过程中出现的问题，对此小兵认为：

1. 我们在判断问题时，要以挂牌主体作为重点核查对象，只要挂牌主体保证有完整的资产边界、有效可行的业务发展模式以及可以预期的未来发展前景就可以。

2. 至于股东控制资产是否全部都纳入挂牌主体以及股东或者实际控制人存在一些瑕疵，如果判断这些瑕疵并不会必然影响挂牌企业的运行或者影响轻微，那么不一定要在挂牌之前把这些问题全部解决。

3. 关于同业竞争和关联交易的解决思路，这个同样需要尊重企业历史的发展轨迹以及目前企业解决问题的有效性和必要性，如果目前解决成本太高或者根本不可行，那么我们应该允许企业一边发展一边解决。

4. 对于一些小的瑕疵问题，我们应该用一种尽量宽容的态度去看待，如果问题通过时间可以解决，那么我们就等待时间去解决而不是目前强硬解决；如果这个问题是历史原因造成的，那么我们还要尊重历史问题（如出资问题和业务重组问题等）。

新三板的市场定位毕竟是小微企业或者是刚起步的企业，这些企业目前的首要任务是发展或者是怎样让自己好好活下去，企业只有活下去才能期许更好的未来。企业挂牌新三板只是试水资本市场迈出的小小的一步尝试，不要让这一步影响到企业正常的经营和发展，更不能人为地把这一步无限放大。我们说得更实际一些，这些小企业每一分钱都挣得不容易，每一分钱也都要仔细去花销，所以能不花的钱不花，能不付出的成本不要付出。切记，新三板是来帮助企业的，而不是来祸害企业的。

【如何理解财务审计的边界】

前面我们对如何把握一些新三板企业挂牌的标准做了简单的说明，这里对最核心的一个财务审计的边界该如何把握再单独做一个解释。

在 IPO 审核对于财务问题的核查仍旧在只有更严没有最严的道路上延续的时候，对于新三板财务审核的问题，到底是一个怎样的度以及怎样的一个边界，确实是一个值得好好思考的问题。

众所周知，新三板的财务审核肯定不能跟 IPO 的审核相提并论，甚至是一点都不能比，毕竟审核的理念以及每个企业的发展态势和财务根基是完全不同的。但是从另外一个角度讲,新三板挂牌企业毕竟也是公众公司,挂牌需要的审计报告也是需要具有证券期货从业资格的会计师事务所出具的,因此,新三板的审计报告也需要满足基本的审计规则和财务要求。

在实践中,目前审计机构对于新三板审计报告的要求和责任边界没有明确的理解,甚至有人提出可能会出现"劣币驱逐良币"的情形。也就是说,如果有的会计师事务所要求很高而有的事务所要求相对低一些,那么可能后者会在一段时间里获得更多的业务。

对于新三板的审计要求过高的确在现实中会有问题。对于项目组来说,一个项目本来收不到什么钱,结果要做这么多的审计工作,出力不讨好。对于挂牌企业来说,听说别的审计机构要求很低工作量也不大,而这里却要配合大量的调查工作,企业很是有意见。还有对于市场来说,目前的一些制度缺失也不是完全能够把要求高一些或者低一些的审计报告给区分开,除非那种会计科目都错了的十分离谱的审计报告。

对于小兵来说,个人觉得有以下几个问题需要明确:

1. 对于审计机构来说,既然是为一家即将成为公众公司的企业出具审计报告,那么审计的基本原则还是要严格遵循。这个基本原则就是:严格遵守会计准则相关规定,保证财务信息的真实性和准确性,保证财务信息反映的是企业经营的真实信息,同时保证企业经营信息能够以一种合理的方式反映。小兵觉得这就是审计的一个底线,不得以任何理由突破。

2. 对于监管机构来说,也需要后续出具一些制度能够对一些审计机构的质量进行测评和判断。这样可以让一些审计质量差的报告"裸泳者现",以后这样的机构就会逐渐被淘汰,那么曾经严格自我要求的企业现在的坚持和委屈或许以后来看才没有白辛苦。

3. 当然,这里还需要强调一点,那就是会计师对于审计要求的高低是对某些核心问题核查标准的把握,而不是对一些细节问题的要求。我们在实践中也遇到一些审计机构,看似要求很高做了很多工作,但是可能并不一定就能够真正关注到了企业真正的财务风险,就是做了很多工作并没有真正起到审计的目的,那么这样的"高要求"也是没有起到真正的审计效果的。

作为中介机构,应该充分理解并尊重新三板企业的形态和新三板市场的发展规律,并在此基础上做好服务工作。审计机构应该杜绝以IPO的心态做审计,也应该杜绝什么问题都可以商量的心态,真正做到有理有据，以“抓大放小”的基本要求控制企业财务风险，鼓励企业挂牌新三板做大做强。

【新三板与IPO核心规则的对比】

与规模较大、业绩较好、业务模式较成熟的IPO企业相比，新三板企业大多数是处于成长中的中小微企业；IPO企业公开发行后，往往能给企业带来巨额的资金，而新三板项目即便挂牌，很多公司也难以在短期内收到立竿见影的效果。虽然证监会和全国股份转让系统对新三板项目信息披露要求与IPO几无重大差异，但是如果新三板企业像IPO那样去规范，估计大部分企业都无法承受。因此，新三板和IPO在很多核心规则方面还是存在重大的差异。

下面仅就IPO和新三板项目中都会遇到、审核时都会关注的重大问题进行比较，具体情况如下：

一、主体资格

	新三板	主板	创业板
经营年限	存续满2年	持续经营3年以上	持续经营3年以上
股本要求	公司法对股份公司股本的要求，原来是500万元现在是无要求	发行前股本总额不少于3000万元	发行后股本总额不少于3000万元
主营业务	主营业务突出，具有持续经营能力	最近3年内没有发生重大变化	最近2年内没有发生重大变化
实际控制人变更	如实披露，提示风险	最近3年内变更构成障碍	最近2年内变更构成障碍；不得存在违法违规行为
主营业务发生重大变化	如实披露，一般不构成障碍	最近3年内重大变化构成障碍	最近2年内重大变化构成障碍
董事、高管的重大变化	如实披露，一般不构成障碍	最近3年内重大变化构成障碍	最近2年内重大变化构成障碍
股权清晰不存在纠纷	股份代持、对赌协议、国资、外资、股权转让		

续表

	新三板	主板	创业板
突击入股	不构成障碍，无锁定期	重点关注，详细核查，且有锁定期	重点关注，详细核查，且有锁定期
出资瑕疵	出资真实、充足，没有运行时间要求	解决出资问题之后可能存在1～3年的运行时间	解决出资问题之后可能存在1～3年的运行时间

二、独立性

	新三板	主板	创业板
同业竞争	申报前允许存在，但给出具体解决措施	申报前清理	申报前清理
关联交易	不影响企业独立经营能力	申报前尽量清理，关联交易的必要性和公允性	申报前尽量清理，关联交易的必要性和公允性
资产完整	房产没有证书、租赁关联方资产、共用资产等	基本上不允许	基本上不允许
业务独立	基本的市场竞争能力	独立的市场竞争能力	独立的市场竞争能力

三、财务会计

	新三板	主板	创业板
生产经营	持续经营能力	持续盈利能力	持续盈利能力
财务指标	隐性的门槛	(1)最近3个会计年度净利润均为正数且累计超过人民币3000万元，净利润以扣除非经常性损益前后较低者为计算依据；(2)最近3个会计年度经营活动产生的现金流量净额累计超过人民币5000万元；或者最近3个会计年度营业收入累计超过人民币3亿元	最近两年连续盈利，最近两年净利润累计不少于1000万元；或者最近一年盈利，最近一年营业收入不少于5000万元。净利润以扣除非经常性损益前后孰低者为计算依据

续表

	新三板	主板	创业板
总股本	公司法规定	发行前股本总额不少于人民币3000万元	最近一期末净资产不少于2000万元;发行后股本总额不少于3000万元
未弥补亏损	允许存在	不得存在	不得存在

四、规范运行

	新三板	主板	创业板
重大违法违规	最近24个月内会构成实质性障碍	最近36个月内会构成实质性障碍	最近36个月内会构成实质性障碍
核定征收	一般在最后一年或者一期改为查账征收即可	从严,最好在报告期期初改为查账征收	从严,最好在报告期期初改为查账征收
社保缴纳	未强制,但是建议公司规范运作	可能构成障碍	可能构成障碍
资金占用	申报前全部清偿或予以规范	申报前全部清偿或予以规范	申报前全部清偿或予以规范
违规担保	关注企业持续经营能力	申报前全部规范	申报前全部规范
审计报告	如果存在非标审计报告,涉及事项需要已经清理或者消除	标准审计报告	标准审计报告
内控报告	不需要	标准内控报告	标准内控报告

第三章　杜绝新三板的挂牌红线

诚然，从规则的角度来讲，监管机构已经对新三板挂牌设定了不能再宽容的挂牌条件，这也就导致很多人有一种“什么企业都可以挂牌”的误解。当然，基于成本便捷以及最大限度地支持企业发展的角度考虑，在企业挂牌新三板的条件方面，我们应该体现出最大的容忍性和宽容度，对于一些问题如果不会影响到挂碍主体基本的生产经营和未来盈利，或者一些问题可以通过时间就可以消化，那么就不建议企业在现有情况下付出较高的成本来解决问题。

与 IPO 相比，“新三板”未设置任何财务门槛，仅要求依法设立且存续满两年，业务明确且具有持续经营能力，公司治理机制健全、合法规范经营，股权明晰、股票发行和转让行为合法合规。据此，IPO 过程中的构成实质性障碍的实际控制人变更、董监高的重大变化、主营业务重大变更等一系列问题在新三板全都不是问题，似乎只要存续满两年的企业都可以申请挂牌，那么企业申请挂牌过程中是否存在不可突破的“红线”呢？

【新三板挂牌的十二大红线】

一、存续期未满两个会计年度，不可突破

《全国中小企业股份转让系统业务规则(试行)》要求拟挂牌公司依法设立且存续满两年，而从财务上看，如果存在同一控制下的企业合并，合并方和被合并方可以视同一开始就处于同一控制，编制合并报表时可追溯调整，那么是否可以通过借壳的方式规避“存续满两年”的限制，通过同一控制下企业合并的方式来解决业绩差或者公司设立不满两年等问题。

案例：某自然人 2013 年依次取得 A 公司和 B 公司控股权，其中 A

公司设立于2003年，但截至2013年6月末公司几乎无实际经营，而B公司成立于2010年，经营业绩较好。该自然人拟选取A公司或B公司作为主体申请挂牌，但B公司设立未满两个会计年度，于是以A公司为拟挂牌主体。

在具体操作中，由A公司收购B公司全部股权进行控股合并，并将A和B解释为一开始就由该自然人实际控制（即股份代持），将A公司作为拟挂牌主体，以2013年6月30日为基准日进行股改，并将A和B作为同一控制下的企业，在编制合并报表时进行追溯调整。

在上述案例中，B设立不满两个会计年度，但急于申请挂牌，找了一个壳公司对其进行收购，并解释为股份代持和同一控制，但终因证据不充分、刻意规避"依法设立且存续满两年"的条件而遭劝退，由此可见，拟挂牌公司依法设立且存续满两年的条件不可突破。

二、不具有持续经营能力，无可救药

根据全国股份转让系统2013年6月30日发布的《全国中小企业股份转让系统股票挂牌条件适用基本标准指引（试行）》（以下简称《挂牌条件指引》），持续经营能力是指公司基于报告期内的生产经营状况，在可预见的将来，有能力按照既定目标持续经营下去，在报告期内应有持续的营运记录，不应仅存在偶发性交易或事项。营运记录包括现金流量、营业收入、交易客户、研发费用支出等，且公司不存在《中国注册会计师审计准则第1324号——持续经营》中列举的影响其持续经营能力的相关事项。

由《挂牌条件指引》可知，持续亏损并不一定构成挂牌障碍，目前盈利也不一定就能证明公司具有持续经营能力。

以某生物医药类挂牌公司A为例，该公司自申请挂牌报告期期初至披露2014年年度报告为止，持续进行生物医药研发，但尚未进行量化生产。因医药要经过临床前实验、制剂稳定性、生物利用度实验和临床实验等漫长而复杂的过程，公司申请挂牌时，研发项目尚处于临床阶段，公司主要收入来源于技术转让。A公司最终成功挂牌。

另一公司B报告期内最后一期收入6000多万元，净利润2700多万元，其产品主要包括C设备和D产品，其中C设备用途为生产D产品，C设备销售收入占比达90%以上，C设备单台设备标的金额较高，主要销售给关联方用于生产D产品，而报告期内D产品毛利率较低。B公司最终被劝退。

从以上两个项目来看，报告期内仅有偶发性交易并不必然构成挂牌障碍，这与公司所处行业特点和公司发展阶段有关；而报表上的销售收入和利润，并不一定就能证明公司具有持续经营能力，如B公司，最终因同业竞争、持续经营能力的质疑被劝退。持续经营能力是新三板审核关注的落脚点，其他问题或许还有商量的余地，但是企业如果无法持续经营，无疑就是被判了死刑。

三、重大违法违规，不可挑战

《挂牌条件指引》要求拟挂牌公司合法合规经营，即公司及其控股股东、实际控制人、董事、监事、高级管理人员须依法开展经营活动，经营行为合法、合规，不存在重大违法违规行为。

因“新三板”挂牌公司大多为中小企业，大多存在这样或那样的问题，身家清白没有任何瑕疵的公司似乎不多，一般违法违规，并不构成障碍，但“重大”违法违规就成为监管红线，重大违法违规在指引中有明确规定，但其本身难以量化，又涉及工商、环保、安全、质量、税务、土地和房产等方方面面，实务中有时较难把握，但审核时一般重点关注企业违法违规的性质、是否出于主管故意、是否造成恶劣的社会影响、企业事后的态度以及事件本身的进展情况，下面择几个案例进行分析。

某化工类A企业，由集体企业改制设立，因土地使用权存在瑕疵导致未办理环评手续，尽管当地环保部门为其出具了合法合规证明文件，但最终因为未办理环评手续而被劝退。

某农林类B企业和C企业，其中B租用基本农田种植果树和苗木，且面积较大，移植后可能存活率较低，终因违反《土地管理法》和《基本农田保护条例》等法律法规而被劝退；C企业租赁集体土地未按照《土地承包法》和《农村土地承包经营权流转管理办法》等相关规定履行了相关程序，农村土地流转没有逐一签署授权委托书，涉及人数较多而被劝退。

自2015年开始，全国股份转让系统尤其重视拟挂牌公司在报告期内的合法合规性，对涉嫌环保、质量、安全、土地等审核时趋严；如企业违法违规并非主观故意，且未造成重大社会影响，企业积极改正并采取补救措施，同时监管部门出具证明文件的，一般并不构成障碍，但是建议申请挂牌公司遵纪守法，合法合规经营，尤其是重大违法违规的监管红线不可挑战。

四、主要股份代持和非法发行，不要心存侥幸

《挂牌条件指引》要求拟挂牌公司的股权结构清晰，权属分明，真

实确定，合法合规，股东特别是控股股东、实际控制人及其关联股东或实际支配的股东持有公司的股份不存在权属争议或潜在纠纷；股票发行和转让合法合规，是指公司的股票发行和转让依法履行必要内部决议、外部审批（如有）程序，股票转让须符合限售的规定。

新三板对股份代持相对采取了比较宽容的态度，只要充分履行信息披露义务并在申报前予以还原，即便实际控制人变更，也不会构成实质性障碍；但部分拟挂牌公司对大股东股份代持仍心存侥幸，全国股份转让系统曾劝退过一个外商投资企业，被劝退的原因并非其股东性质，而是股份代持；而对于曾在区域性股权挂牌的企业，股转公司会重点关注其股票发行和股份转让情况是否合法合规，是否存在违背《国务院办公厅关于清理整顿各类交易场所的实施意见》（国办发〔2012〕37 号）的情形，另一家曾在区域股权挂牌的企业，因最近 36 个月内存在违规股票发行和股票转让情况而被劝退。

对于拟挂牌公司小股东的股份代持，在不影响拟挂牌公司实际控制人认定和股权稳定性的情况下，即便挂牌前未经还原可能也不构成障碍，但是建议充分披露；而对于大股东的股份代持，一旦发现权属纠纷，将影响公司实际控制人认定和股权结构的稳定性，拟挂牌公司不可心存侥幸；中介机构在执业时也要勤勉尽责、归位免责，保证获取充分、适当的证据，即便出现问题也要能自证清白。

五、特殊行业，不可贸然申报

《全国中小企业股份转让系统业务规则（试行）》明确指出，股份有限公司申请股票在全国股份转让系统挂牌，不受股东所有制性质的限制，不限于高新技术企业，但是否果真什么行业都可以在新三板挂牌呢？也不尽然。

某券商申报了一个 P2P 行业公司，但 P2P 行业存在诸多风险，风险较高，涉及面广，且缺乏监管，鱼龙混杂，问题频出，最终因行业特殊、敏感、监管政策不明朗而被劝退。

虽然业务规则明确拟挂牌公司不受行业、所有制的限制，但是涉及房地产、传统金融、小贷、众筹等特殊、敏感行业，违背传统道德观念、违背公序良俗的行业，建议在申报之前与全国股份转让系统进行充分预沟通，在征求股转系统意见后再行准备，不可贸然申报。

六、会计基础薄弱，不可急于求成

如前所述，“新三板”未对申请挂牌设置任何财务门槛，仅在《挂牌条件指引》中要求公司“应设有独立财务部门进行独立的财务会计核算,相关会计政策能如实反映企业财务状况、经营成果和现金流量”。实务中,出于成本考虑,未设立财务部门、设立多套账簿、内外账差异巨大的企业比比皆是,而包括会计师事务所在内的中介机构专业水准和执业质量参差不齐,部分挂靠所甚至毫无执业底线,连实际收入5000万元而账面仅50万元的项目都敢轻易以账面数出报告,这种项目一旦被核查发现造假,轻则被劝退,重则面临处罚。

例如,某水果种植企业,会计基础及其薄弱,报告期内无专职会计人员,主要客户和供应商几乎全部为自然人,未签订合同,未开具发票,主要采用现金收付款,尽管其账面盈利能力较强,但终因内部控制缺失、会计基础薄弱而被劝退。

另一汽车运输企业,报告期内成本、费用核算及其不规范,大量虚购没有经济实质的发票,报告期内单位能耗远高于同行业上市公司和挂牌公司且无法合理解释,最终也因会计基础薄弱而被劝退。

对于拟申请挂牌的企业,其最近两年一期的财务报告应经具有证券期货从业资格的会计师事务所审计,对财务规范性提出了一定要求;而且《公司法》修订后,《企业登记管理条例》等文件随之修订,条例要求公司每年1月1日至6月30日要通过企业信息系统将年度财务报告向社会公众公示,因此建议会计基础过于薄弱的企业先规范一段时间再行申报,切不可急于求成。

七、对经营影响重大的纠纷或诉讼,需要高度重视

挂牌企业需要资产权属完整、股权清晰稳定以及业务明确持续,最核心的要求就是公司的资产或者股东与挂牌企业相关的资产不得存在瑕疵或者明显的争议,比较常见的问题是股权可能存在争议、资产可以存在第三方提出权利归属,甚至存在股东或者企业存在立案调查的情形等。如果存在这些情形,如果没有解决到位且没有得到一个明确的结论,那么是不符合基本的新三板挂牌条件的。

在某研发和生产医疗器械的A案例中,企业产品所需要的核心技术被其他方提起了专利诉讼,要求认定挂牌企业的专利无效,并且一审已经作出判决认定专利无效。尽管挂牌企业提起了上诉并且正在审理过程中,但是企业的核心技术还是会存在重大的不确定性中,企业的生产经营存在不确定性。

在B企业中,企业的实际控制人因为经济犯罪的问题被隔离审查,虽然这件事情是否真正会被批捕甚至承担刑事责任尚没有一个明

确的定论，但是由于公司核心的创始人和实际控制人存在不确定性，从而也会导致公司的生产经营会存在重大风险。

八、超越资质经营或者行业资质管理不明朗的，审慎处理

在某些特殊行业或者特定企业模式中，企业的生产经营需要主管部门颁发的特定资质证书才能够正常经营。如果企业的生产经营过程中，企业存在无资质经营或者超越资质要求经营的情形，那么企业的生产经营也会存在重大不确定性甚至存在违规的可能。

某企业是进行余热发电合同管理的企业，企业取得的资质是只能为 50 万千瓦时的发电机组服务，结果企业在报告期服务的发电机组均是 100 万千瓦时以上的，属于严重的超越资质经营的行为。尽管企业盈利状况良好且生产经营没有主管部门进行处罚，但是企业的生产经营还是处于很大的不确定性中。

某企业是生产电动三轮车的企业，由于国家对于这个行业的监管处于一个模糊的灰色地带，行业监管资质也不是很明朗，同时这个行业的产品因为安全问题经常受到媒体的质疑，尽管企业盈利能力不错，但是也不符合挂牌企业的基本要求。

九、挂牌企业不得存在独立性的实质障碍

新三板挂牌没有规定重大客户依赖或者存在金额较大关联较易构成实质性障碍，不过如果企业的客户依赖或者关联交易以及严重影响到企业的业务独立性，或者说如果没有这种因素企业的生产经营很大程度上会受到影响，那么这样的因素也会构成企业挂牌的实质障碍。

B 公司研发的成套设备的唯一销售客户是某上市公司的控股子公司、公司的联营企业，公司持有上述客户 40% 的股权，2012 年关联交易占同类产品交易的 100%，占公司总营业收入的 93.25%。且根据公司与上述客户签订的合作协议，该联营企业将继续向公司采购 16 套成套设备，在未来两年内仍然是公司的主要销售对象。对于 B 项目，其联营企业在报告期内是其唯一客户，公司直接面向市场独立经营的能力存在重大疑虑，而且在可预见的将来，公司将延续对关联方依赖的趋势，最终因独立性和持续经营能力存疑而被劝退。

S 公司是由中方股东 A 和日方股东 B 共同投资设立的公司，A 和 B 各持股 50%。S 公司的生产技术、销售严重依赖公司日方股东 B；原材料——废气完全依赖中方股东 A 生产过程中产生的废气；2012 年

度、2013年度以及2014年1～10月，公司对日方股东的关联销售收入分别占全年销售收入的51.48%、47.41%、37.56%。

十、挂牌企业不得存在出资不实的情形

新的公司法明确了对公司注册资本放开监管的理念，同时我们也一直在强调新三板挂牌标准的多样化，于是很多人认为新三板挂牌企业注册资本可以存在虚增的情形，这显然是不对的。注册资本是股东投入企业的资产，同时也是企业发展运营的基本“口粮”，如果这个资产存在虚构的成分，那么企业运行的根基是不稳健的，甚至企业的股东也存在诚信问题。当然，目前政策规定，股东补足出资不需要运行时间。

在很多企业的案例中，我们看到股东存在诸多出资不实的情形，如无形资产出资评估价值高估、股东出资之后抽逃资金等。如果企业存在出资不实的情形，那么在企业进行减资或者由股东补足出资不实的部分之后，这个问题就不再构成企业挂牌的实质障碍。并且，新三板挂牌与IPO明显存在差异的是，新三板对于补足出资没有运行时间的要求。

十一、挂牌企业不得存在资金占用的情形

现在公司治理制度最基本的一个理念就是法人独立财产权，也就是说，公司的钱是公司的而股东的钱是股东的，而现实中有太多的股东通过各种方式占用公司资金的情形。说句比较实在的话，如果企业就是股东一个人或者几个人说了算，那么公司的钱拿了也就拿了，就算存在违反甚至与现代公司理念相违背的情形，也没有太大的问题。但是，如果企业要挂牌要上市要成为公众公司，那么股东和公司之间这条资产的红线就要严格划清，因为这时候公司就不是股东一个人说了算了，你还要对公众投资者负责任。

在很多已经挂牌的成功案例中，我们经常看到企业存在股东占用企业资金的情形，基本上都在挂牌之前进行了清理。如果股东占用资金金额较大且时间较长的话，那么还建议企业要向股东根据银行定期存款利率收取资金占用费，以保证挂牌企业的企业不受到股东的侵害。

十二、不得存在业绩造假的情形

当然，造假作弊的事情在任何时间任何场合都是不允许的，在资

本市场这种公开透明的市场自然更是应该禁止的。实践中变相或者隐藏业绩调整或造假的企业还是存在的，本以为天衣无缝但是最终还是经不住考验。

【哪些企业适合挂牌新三板】

由于新三板市场具有对风险的高度包容性，不设财务指标门槛，客观上将为中国广大的中小微企业提供直接融资的机会，同时也为社会资本投资中小微企业以及退出提供了交易场所。企业有融资发展的需求，社会资本也有退出渠道的需求，一般而言，有如下特征的企业适合登陆新三板：

1. 有进入资本市场的意愿但暂不符合主板或创业板条件的，大部分在新三板的挂牌企业都具有这个特点。

2. 虽符合沪深市场条件但不愿意漫长等待 IPO 的企业。例如，新三板挂牌企业思维传媒(430318)，在 IPO 暂停期间于 2013 年 10 月成功挂牌新三板，并通过定向增发融资 4700 万元解决了企业发展亟须的资金问题。

3. 已有一定的业务规模，但资金紧张、制约业务规模扩大的公司。挂牌企业在新三板进行融资具有小额、快速、灵活的特点，根据股转系统相关业务规定，挂牌企业可在挂牌同时通过定向增发、发行中小企业私募债等方式融资。例如，蓝天环保(430263)在挂牌新三板的同时定向增发 1024 万元，发行私募债 2000 万元。

4. 具有创新业务模式，需要借助新三板对外宣传的公司。新三板作为一个全国性证券交易场所，企业在新三板挂牌后成为公众公司，其所受到的关注度相比较挂牌前获得较大的提升，企业形象也随之得到较大的提升。

5. 希望借助登陆新三板来规范公司经营管理、为公司长远发展铺路的公司。新三板虽然对申请挂牌的企业不设财务指标门槛，但要求申请挂牌的公司股权结构清晰、经营合法规范、公司治理健全、业务明确并履行信息披露义务。因此，企业成为新三板挂牌公司的过程也是一个规范公司经营管理、降低企业经营风险的过程，从而为公司长远发展打下更加坚实的基础。

第二篇

实务 | 操作经典

第一章 股份支付

【基本理论】

不知道是什么背景，也不了解是什么缘由，新三板挂牌企业就开始适用股份支付会计准则了。其实，股份支付的准则并不复杂，小兵在IPO问题时也多次提到过，这里再一次从头讲起，只是想把这个问题说清楚、讲明白，希望大家不要对这个问题有任何误解。

一、股份支付的定义

股份支付，会计准则是怎么说的，自己查书或者查找网络，这里只说小兵理解的股份支付：员工为公司提供劳务那么就应该有报酬。一般情况下，公司都会以现金的形式发给员工，尽管也有拿卫生纸或者酱油来抵账的，但是这毕竟不是常态，大家工作都还要养家糊口的。

有一般情况就有特殊情况，特殊情况下(如公司初创阶段没有那么多钱)，也可以用股份来作为工资发给员工的，说白了就是员工为公司服务以前拿的是现金现在拿的是股权。有人可能会说，股权还不如卫生纸呢，但是卫生纸马桶里冲走了就没了，股权未来可能会有重大的升值空间。这就是很多老板经常对一起创业的兄弟说的：现在大家辛苦一些，保证未来一起吃香喝辣。

根据股份支付的这样一个定义，我们可以简单归纳一下关于股份支付需要理解的三个要点：(1)股份支付的对象是员工，也就是为公司提供服务的人。(2)股份支付是为了换取员工未来一段时间的服务，而不是历史的服务。(3)股份支付是公司以股份的形式来代替现金的形式向员工发放薪酬。

二、股份支付的适用情形

会计准则中很多规则都看上去很美，并且也在别的地方证明是很好用的，但是在国内往往有水土不服的情形出现。股份支付算是一个，还有更加著名的研发费用资本化更是一个。小兵认为：股份支付是一个好的制度，也能够更加保证财务数据的真实性；同时，股份支付也是一个伤害力比较大的规则，一定要限制严格的适用条件，不能任意扩大适用范围和条件，不然可能就会让追求财务真实性的这个规则显示出他魔鬼的一面，使得整个财务数据一片混沌。

从股份支付的概念我们可以推断出股份支付基本的适用条件，这里再从另外一个角度详细地说明一下：

1. 股份支付的对象只能是员工，为公司提供服务并领取薪酬的员工。一般情况下，公司的长期保持稳定的原股东不作为股份支付适用的对象。尽管他们可能也是公司的员工（如董事长、总经理），但是他们并不是一般意义上的员工。举一个极端的例子，如果原股东每次常规的股权调整增资价格低于净资产都要进行股份支付，想想都是一个不大不小的笑话。

2. 股份支付的前提是为了换取员工未来一段时间的服务。这种情况下如果公司进行股份支付，都会跟员工约定为公司服务的期限以及到期之后要实现的业绩目标。实践中，如果员工取得的股份是为了历史上做出贡献的一个奖励，那么原则上也不应该适用股份支付（这一条有漏洞，很多人拿来解释不适用股份支付，漏洞怎么来堵后面还会讲到）。

3. 股份支付适用的计算标准是股份支付价格与公允价格存在差异。说得简单些，别人拿的股权是五块钱，为什么员工拿的就是三块钱，这总要有一个合理的解释。如果价格都一致，也就没什么股份支付的问题（至于什么是公允价格，后面再说）。

4. 股份支付的结果可能是支付对象后续薪酬回报会存在大幅下降的情形。这个也非常好理解，既然公司以股份支付了员工部分报酬，那么现金发放的自然会少些。这个思路可以帮助来解决上面提到的第二条的漏洞。如果员工工资不降反升，那么可以解释是历史贡献的汇报，反之亦然。这也是为什么 IPO 审核中变态到要去核查发行人员工平均工资与当地平均工资以及上市公司平均工资进行对比的缘由了。

三、公允价值的界定

员工拿到的股份价格与公允价格存在差异才需要股份支付，那么公允价格自然就很重要了。公允价格重要，其一体现在是不是要进行股份支付,其二就在于股份支付的费用是多少。

关于股份支付的费用,这里简单说一下股份支付的会计处理就很明白了。股份支付实质上就是增加了公司的管理费用,减少了未分配利润,增加了资本公积。也就是说,财务上如果确认了多少股份支付费用,那么就直接侵蚀到公司多少的净利润(当然这里要考虑企业所得税的问题),这也就是为什么很多人对于公允价格比较敏感的原因了。

关于公允价格的认定,目前有以下几种思路,不过至于怎么选择更合适、更合理,也没有一个明确的定论。

1. 每股净资产,这是市场公认的一个股份支付会计处理的一个底线。这个倒没有什么好说的,小兵也承认了。

2. 公开市场的价格,就是可比已上市公司(或者挂牌公司)的二级市场价格,当然这里可能涉及"流动性溢价"问题,肯定是不能直接拿二级市场价格作为公允价格。不能直接用,那就打折了用,打几折合适呢? 真不知道。

3. 外部投资者的价格,这是实践中最常用的一个价格,也是最复杂的一个价格。这里分情况简单说一下:

(1)如果距离员工入股时间比较近的时间里有外部投资者的投资价格,原则上首先采用这个价格作为公允价格,那么这个距离时间比较近怎么理解呢? 不成文的潜规则认为 3 个月以内算是比较接近的时间。

(2)既然有时间比较接近就有比较远,那么怎么才算比较远呢? 同样是没有权威认定,普遍认为 6 个月以上相对安全,可以不用参考投资者价格,可以再去参照每股净资产。

(3)当然,这里还有一个事情需要强调,一般情况下入股时间靠前的价格都会低于靠后的价格,因此一般实践中都会处理成员工先入股然后外部投资者再入股。

关于外部投资者的投资价格作为公允价格,也有不同意见认为:外部投资者投资公司与员工投资公司价格要是保持一致显然是不合情理的,至少外部投资者有投资的风险溢价在里面。既然如此,那么也可以考虑对外部投资者价格打折。问题又来了,打几折? 还是不知道。

四、股份支付的前世今生

股份支付作为会计准则单独一章的独立准则,本来可以安静地躺在那里永远做一名“美男子”，结果现实太过残酷和嚣张，证监会在忍无可忍的情况下才祭出了这一柄杀手锏。

大家都知道，IPO 企业上市增发新股是可以募集资金并且上市之后计算市值的，而公司市值最简单的计算方法就是报告期末税后净利润乘以市盈率，在市盈率基本确定的情形下，那么净利润就成为最核心的指标。

也就是在这种成十倍、百倍的财富放大效应的刺激下，企业都打起了“合理调节利润的主意”，其中有一条就是压低员工工资。说直白些，就是老板跟员工说了：大家以后工资少拿点，发票少报销一些，我给大家每人分点股权，这样上市之后大家都有钱赚。员工一看，快上市了，勒紧裤腰带过一段苦日子也可以接受。于是，当年很多上市公司员工的年薪才两万元钱，后来发展成高管一年工资就两万元钱甚至是不要钱。

大家可以简单试想一下，如果有十个员工不要工资，而拟上市公司一个员工的工资全部加起来怎么也有 50 万元，这样看来通过这一项就可以有 500 万元的净利润体现，算上市盈率那就是不少了。对于报告期净利润 3000 万元左右的企业来说，这样的一个“调节利润”的比例还是非常可观的。

证监会为了打击这样的现象，同时也是为了保证上市公司财务数据的真实性和准确性，于是开始执行股份支付的准则（因为这些利润根本就不是企业挣来的，而是企业通过不正常的手段节约下来的）。

股份支付确实能够真正解决这个问题，不过理想很美好现实却很残酷，自从准则执行那一天开始，上述我们提到的纷扰和博弈就没有停止过。很多情况下，不过就是博弈双方和稀泥，和的差不多了也累了，这事也就过去了，不过很多时候问题不一定能从根本上得到解决。

关于股份支付，还有一个非常大的争议问题，那就是创业板是否要执行股份支付？因为以前创业板的上市条件里面有“业绩持续增长”硬门槛和红线，创业板如果执行这个准则，可能很多企业就不符合上市条件了，尤其是那些准则执行确定之前已经处理并且申报的企业那就太冤了，所以创业板一直坚持不执行股份支付。后来，创业板发行上市条件没有这一条了，大家又在讨论创业板是不是要执行这个准则。

五、股份支付在新三板适用的反思

新三板决定执行股份支付的原因和背景不得而知，小兵坚定地支持新三板监管机构很多改革和创新，但是，至少从目前状况下来说，执行股份支付对于新三板审核是可以探讨的一个技术性问题。

1. 证监会对于IPO企业执行股份支付有着现实的困境和背景，而新三板目前并没有这样的现实情况。由于新三板挂牌没有必然的募集资金需求，企业都没有彻底释放业绩甚至“利用手段做高业绩”的内在主观意愿。一般情况下，企业倒是愿意隐藏着利润，等真正有投资者找上门的时候再发大招释放业绩甚至对赌。

2. 股份支付准则的内心美好愿望就是：一些初创企业暂时现金流紧张没有很多钱发工资，将部分股权留给核心技术人员保持团队稳定是很有必要的（如目前已经挂牌的一些报告期持续亏损的企业）。本来我们应该在制度上鼓励企业以股份形式支付员工报酬，结果这样一折腾很多企业反而不敢做了。

3. 当然，小兵的前提观点是：如果能够充分理解并严格把握股份支付的适用条件，那么为了财务数据准确性执行股份支付准则没问题。遗憾的是，现在新三板的参与者绝大部分人员没有这个能力和准备，不能一看员工持股就是股份支付，不能一看有价格差异就是股份支付，不能一看有增资就是股份支付。如果真的是这样“眉毛胡子一起抓”，那么很有可能损害到现有的一些成果。

六、结论

其实，执行股份支付其实对于企业的资质或者实力没有任何的影响，从前面的会计处理上我们也可以看到，不过就是损益表稍微难看了一些，其实公司的净资产没有任何的影响，对于公司的估值理论上也应该没有影响。

但现在担心的就是：(1)每个人对于股份支付的理解不同，在混乱规则下很容易错杀或者冤杀，这是很可怕的一件事情。(2)如果企业执行了股份支付，那么在判断企业的盈利能力以及估值的时候我们要还原这个因素，但是现在很可能很多人想不到这一点，这个也很可怕。

规则不可怕，只要充分理解、统一标准、严格执行就可以，希望我们尽快在实践中实现这样的一个目标。

【实践案例】

一、宜昌金海科技股份有限公司

报告期内公司存在股份支付会计核算。(1)请公司提供股权激励政策具体内容或相关合同条款；(2)请公司披露股权激励账务处理对当期及未来公司业绩的影响情况，影响重大时作重大事项提示；(3)请申报会计师对股权激励政策的实施是否符合《企业会计准则第11号——股份支付》相关要求以及实施要件发表专项意见；同时对股份支付公允价值确定依据及合理性，股权激励费用的核算是否合理及是否符合准则规定，对股权激励费用在经常性损益或非经常性损益列示，是否符合证监会发布《公开发行证券的公司信息披露规范问答第1号——非经常性损益》的相关规定发表意见；(4)请主办券商核查上述事项。

(一)请公司提供股权激励政策具体内容或相关合同条款

公司员工持股计划的对象分为两类：一是公司高级管理人员，二是包括中层干部、核心骨干及普通员工在内的核心员工。每股价格1.60元。

1. 针对高级管理人员：高级管理人员包括总经理、副总经理、总监，每人限额50万股。持股形式为对公司直接投资持股，必须本人持股，不得代持。

高级管理人员所持股权转让限售安排：根据公司法规定，高级管理人员股权锁定期为股份公司成立满一年，满一年后可以转让，但每年转让股份的比例不得超过其上一年度末总持股数的四分之一。

公司控股股东对股份转让的承诺：股份公司成立满一年后至第三年内，公司高级管理人员和核心员工提出转让所持的股份的，由持股人员向公司提出书面转让申请，公司控股股东或公司指定第三方按原投资成本(1.60元)加每年5%的溢价并减去股份公司成立以后的分红金额予以回购，多退少补。

上述情况持股人员可以选择按照市场价格自由转让，也可以选择按照上述条件转让给控股股东或公司指定的第三方。

2. 针对核心员工：分为中层干部限额30万股；核心骨干(车间主任、部门经理)限额20万股；普通员工限额5万股。有特殊贡献的核心员工经本人提出申请，并经公司研究后另行决定。核心员工实行间接持股，即通过核心员工投资成立有限合伙企业对公司进行投资，实现对公司持股。员工投资必须本人持股，不得代持，后续股权交易通过有限合伙企业完成。

核心员工所持股权转让限售安排：核心员工在公司正常在职的情况下，股份公司成立满一年后至第二年内，核心员工所持股份可以自由转让其所持股份的50%，股份公司成立满两年以后可以转让其所持股份的100%。

公司控股股东对股份转让的承诺：核心员工在股份公司成立满3年内因个人原因离职的，其所持股权由公司控股股东或公司指定第三方按其原投资成本（1.60元）加原始投资成本每年5%的溢价并减去股份公司成立以后的分红金额予以回购，多退少补；在上述情况下核心员工所持股份未经公司书面同意不得转让给其他第三方。

股份公司成立满三年后，股权可以自由交易。

（二）请公司披露股权激励账务处理对当期及未来公司业绩的影响情况，影响重大时作重大事项提示

公司股权激励的账务处理为，借：管理费用－股份支付1,273,700.00元，贷：资本公积－资本溢价1,273,700.00元。

该股权激励的实施使当期管理费用增加1,273,700.00元，利润总额减少1,273,700.00元，净利润减少955,275.00元，对公司的净资产没有影响。本期的净利润为－799,077.24元，股份支付对利润的影响比较大。不过，本期的收入总额为23,179,829.52元，管理费用－股份支付的影响占收入的比例为5.49%，按照2015年1～3月的收入估算全年的收入计算的管理费用－股份支付的影响占收入的比例为1.37%，故总体来说该股权激励账务处理对2015年1～3月公司业绩的影响较大，但对未来公司业绩的影响较小。

因该股权激励账务处理对未来公司业绩影响较小，故不作重大事项提示。

经核查，2015年2月10日，《宜昌金海彩印有限责任公司员工股权激励方案》为了激励公司员工，促进公司发展，经公司股东会审议，公司决定以优惠价格给予员工优先认购公司股份的权利。公司员工股权激励对象分为两类：一是公司高级管理人员，二是包括中层干部、核心骨干及普通员工在内的核心员工。公司目前总股本3500万股，拟先完成对员工发行职工股，每股价格1.60元；对外部投资人发行普通股份，每股价格1.80元。公司实施的股权激励政策属于符合《企业会计准则第11号——股份支付》第一章“总则”第2条中以权益结算的股份支付的要求。

《企业会计准则第11号——股份支付》第二章“以权益结算的股份支付”第4条：以权益结算的股份支付换取职工提供服务的，应当以授予职工权益工具的公允价值计量。权益工具的公允价值，应当按照《企业会计准则第22号——金融工具确认和计量》确定。第5条：授予后立即可行权的换取职工服务的以权益结算的股份支付，应当在授予日按照权益工具的公允价值计入相关成本或费用，相应增加资本

公积。

经核查，公司2015年3月1日的股东会决议和修改后的公司章程，同时检查了相关股权激励对象的劳动合同，合伙企业的合伙协议，未见异常。公司的高管夏英德、陈华伟、杜远庆、屈万新四人以1.6元/股的价格共购买1,750,000.00股，以及以本公司的中层干部、核心骨干及普通员工在内的核心员工共同投资组建的宜昌市高新区金泽海企业策划咨询服务部（有限合伙）以1.6元/股的价格共购买4,618,500.00股。

公司根据外部人员购买本公司股权的价格1.8元，确定授予日权益工具公允价值，该确定依据合理。同时，根据2015年3月1日股东会决议批准数量和权益工具的公允价值确定了相关股份支付的金额1,273,700.00元，同时，计入相关管理费用，相应增加资本公积。符合企业会计准则的规定。申报会计师核查意见：

综上所述，我们认为股权激励政策的实施符合《企业会计准则第11号——股份支付》相关要求以及实施要件的规定；股份支付公允价值确定依据合理，股权激励费用的核算合理、符合准则规定，股权激励费用在经常性损益列示，符合证监会发布《公开发行证券的公司信息披露规范问答第1号——非经常性损益》的相关规定。

主办券商项目小组经核查后认为，公司股权激励政策的实施符合《企业会计准则第11号——股份支付》相关要求以及实施要件的规定；股份支付公允价值确定依据合理，股权激励费用的核算合理、符合准则规定，股权激励费用在经常性损益列示，符合证监会发布《公开发行证券的公司信息披露规范问答第1号——非经常性损益》的相关规定。

二、广州佰聆数据股份有限公司

申请文件显示，股东佰聆投资系职工持股平台，2015年3月向股份公司增资333.3333万元，2015年6月以现金向股份公司增资130万元。(1)请结合发行目的、股票公允价值、每股净资产、发行价格说明是否属于股份支付行为。(2)请主办券商与会计师核查并发表意见。

佰聆投资于2015年3月向股份公司增资333.3333万元，于2015年6月以现金向股份公司增资130万元，主办券商对上述两次增资的分析如下：

1.佰聆投资于2015年3月以现金增资的方式向股份公司增资，增资后佰聆数据的注册资本为 833.3333 万元，其中，佰聆投资以现金 400 万元增资，占增资后的注册资本 333.3333 万元。3 月 31 日股改时，佰聆投资在股份公司占股为 333.3333 万股，因此公司增资时折合每股定价 1.2 元。以下分别从四个方面对本次增资是否适用股份支付进行说明：

(1)发行对象：经核查，增资股份公司时，佰聆投资的股东为沈广盈、崔岩、刘施娜、辛岩、朱振航、赖招展、杨钊、林夏、何慧、屈吕杰、张晓艳、杨樊和刘良洁等人，其中主要是股份公司的高管及员工，崔岩是拟加入股份公司的高管，林夏和刘施娜不是公司员工，所有股东均以同样的价格取得股权。

(2)发行目的：该次发行的主要目的是绑定和吸引核心员工及高管。

(3)股票公允价值、每股净资产及发行价格：于 2015 年 3 月进行增资时，公司股票尚未在活跃的公开市场上转让，因此没有可参考的公允价值。于 2014 年 12 月 31 日，公司经审计的每股净资产为 1.21 元，相对发行价格，市净率约为 1 倍。据此，主办券商认为本轮增资的定价公允。

(4)综上分析，主办券商及会计师认为本轮增资在发行对象及发行目的上符合《企业会计准则第 11 号——股份支付》的相关规定，但由于转让价格没有明显低于当期的每股净资产，实质上不构成股权激励，因此无须按照份支付的相关要求进行会计处理。

2. 佰聆投资于 2015 年 6 月以现金增资的方式向股份公司增资 130 万元，发行价为每股 1 元，相应对股份公司增持 130 万股。以下分别从四个方面对本次增资是否适用股份支付进行说明：

(1)发行对象：本次发行的对象除林夏及刘施娜以外，其他均为公司的股东、高级管理人员及员工。

(2)发行目的：该次发行的主要目的是绑定和吸引核心员工及高管。

(3)股票公允价值、每股净资产及发行价格：在本次增资时，公司股票尚未在活跃的公开市场上进行交易，没有可参考的市场价格。截至 2015 年 5 月 31 日，公司未经审计的净资产为 1001.11 万元，资本公积转增股本后的股本为 1000 万股，折合每股净资产约为 1 元，以此计算本次发行的市净率约为 1 倍，与前一轮增资的相对估值基本一致。

(4)综合上述分析：主办券商及会计师认为本轮增资在发行对象及发行目的上符合《企业会计准则第 11 号——股份支付》的相关规

定,但由于转让价格没有明显低于当期的每股净资产,相对估值与前一轮增资的相对估值基本一致,因此本轮增资实质上不构成股权激励,无须按照份支付的相关要求进行会计处理。

三、深圳市贝斯达医疗股份有限公司

公司报告期存在股份支付情形。(1)请公司提供股权激励政策具体内容或相关合同条款;(2)请公司披露股权激励账务处理对当期及未来公司业绩的影响情况,影响重大时作重大事项提示;(3)请会计师对股权激励政策的实施是否符合《企业会计准则第 11 号——股份支付》相关要求以及实施要件发表专项意见;同时对股份支付公允价值确定依据及合理性,股权激励费用的核算是否合理及是否符合准则规定,对股权激励费用在经常性损益或非经常性损益列示,是否符合证监会发布《公开发行证券的公司信息披露规范问答第 1 号——非经常性损益》的相关规定发表意见;(4)请主办券商核查上述事项并发表明确意见。

(一)请公司提供股权激励政策具体内容或相关合同条款

公司股权激励政策具体内容或相关合同条款如下:2015 年 3 月 12 日,公司召开股东会并形成决议,彭建中将其持有的 0.8437% 的公司股权、陈文波将其持有的 0.1966% 的公司股权、罗斌斌将其持有的 0.1966% 的公司股权、张少斌将其持有的 0.0983% 的公司股权均作价 1 元转让给童蒙尤;彭颖将其持有的 0.0983% 的公司股权作价 1 元转让给胡军。2015 年 3 月 16 日,公司召开股东会并形成决议,彭建中将其持有的 0.5% 的公司股权作价 1 元转让给李君。上述股权转让行为属于创始人股东(彭建中、陈文波、罗斌斌、张少斌、彭颖)对童蒙尤、胡军、李君三人的股权激励。同时,彭建中分别与童蒙尤、李君、胡军签订《股权转让协议之补充协议》,达成下列一致:

1. 取得贝斯达公司股权之日起 5 年内乙方不得向贝斯达公司提出辞职,否则乙方将按照原受让价格加上持有贝斯达公司股权期间该投资款参考同期中国人民银行商业贷款利率计算所得的利息之和的价格将受让的贝斯达公司股权转让给甲方。

2. 因乙方工作重大失误或能力严重缺乏等个人原因导致被贝斯达公司解聘、被解除劳动合同时,乙方将按照原受让价格加上持有贝斯达公司股权期间该投资款参考同期中国人民银行商业贷款利率计算所得的利息之和的价格转让给甲方。

3. 因乙方违反国家法律法规以及规范性文件或违反贝斯达公司

制度给贝斯达公司造成相应损失或受到相应处罚的，乙方将按照原受让价格加上持有贝斯达公司股权期间该投资款参考同期中国人民银行商业贷款利率计算所得的利息之和的价格转让给甲方。具体情形包括但不限于：(1)违反贝斯达公司保密制度，擅自泄露公司商业秘密和保密信息（包括但不限于公司业务、经营、客户、技术资料和信息泄露给他人），给贝斯达公司造成重大损失的；(2)违反竞业禁止原则，损害贝斯达公司利益，给公司造成较大经济损失的；(3)侵害贝斯达公司知识产权或商誉，给贝斯达公司造成较大经济损失或恶劣影响的；(4)从事其他违法、违规和有严重违反贝斯达公司规章制度或劳动合同行为的。

4. 乙方与贝斯达公司股东及其他贝斯达公司员工之间的股权转让须征得甲方同意，且甲方具有优先受让权。

（二）请公司披露股权激励账务处理对当期及未来公司业绩的影响情况，影响重大时作重大事项提示

参考交易价格：根据2015年3月16日股东会决议，股东彭建中分别将持有有限公司0.5%、1.8302%、1%、1.5%、1.5%、0.6%、0.5%、1%的股权转让给张玉娣、赵立民、潘东丽、陶晔、新疆东方世纪股权投资合伙企业（有限合伙）、新疆百富华股权投资合伙企业（有限合伙）、天津和悦谷雨股权投资基金合伙企业（有限合伙）与武汉斯达谷投资中心（有限合伙），上述股权转让价格根据公司股权价值估值12亿元确定，折合每1元注册资本为68.08元。影响业绩计算过程如下表所示：

激励对象	注册资本（有限公司阶段）	名义对价	参考交易价格	公允价值
童蒙尤	235,346	4	68.08	16,022,767
胡军	17,330	1	68.08	1,179,857
李君	88,129	1	68.08	5,999,977
合计	340,805	6	—	23,202,601

确认资本公积金额	分摊天数	报告期分摊天数	报告期摊销金额	月均摊值
16,022,763	1800	19	169,129	267,046
1,179,856	1800	15	12,454	19,664
5,999,976	1800	15	50,000	100,000
23,202,595	—	—	231,583	386,710

公司股份支付的账务处理对报表影响如下：使2015年1～3月管理费用增加23.16万元，同时使资本公积－其他资本公积增加23.16万元。公司股份支付使公司2015年1～3月的营业利润减少23.16万元。公司股份支付对未来公司业绩的影响情况：根据上表计算，以后期间每月摊销金额为38.67万元，每年摊销金额为464.04万元，直到2020年3月摊销完毕。2014年度公司利润总额为7571.03万元，每年摊销金额为464.04万元，占2014年度公司利润总额比约为6.13%，产生一定影响。

（三）请会计师对股权激励政策的实施是否符合《企业会计准则第11号——股份支付》相关要求以及实施要件发表专项意见；同时对股份支付公允价值确定依据及合理性，股权激励费用的核算是否合理及是否符合准则规定，对股权激励费用在经常性损益或非经常性损益列示，是否符合证监会发布《公开发行证券的公司信息披露规范问答第1号——非经常性损益》的相关规定发表意见

根据2015年3月签订的股权转让协议和股东会决议，股东彭建中、陈文波、罗斌斌、张少斌分别将持有的有限公司0.8437%、0.1966%、0.1966%、0.0983%的股权转让给高级管理人员童蒙尤，转让对价为人民币4元；股东彭颖将持有的有限公司0.0983%的股权转让给高级管理人员胡军，转让对价为人民币1元；股东彭建中将持有的有限公司0.5%的股权转让给高级管理人员李君，转让对价为人民币1元。股权转让协议约定，受让股权的高级管理人员自取得公司股权之日起5年以内不得向公司提出辞职，否则将按照原受让价格加上持有公司股权期间该投资款参照同期中国人民银行商业贷款利率计算所得的利息之和的价格将取得的股权转让给彭建中。根据《企业会计准则第11号——股份支付》第6条规定，完成等待期内的服务或达到规定业绩条件才可行权的换取职工服务的以权益结算的股份支付，在等待期内的每个资产负债表日，应当以对可行权权益工具数量的最佳估计为基础，按照权益工具授予日的公允价值，将当期取得的服务计入相关成本或费用和资本公积。在资产负债表日，后续信息表明可行权权益工具的数量与以前估计不同的应当进行调整，并在可行权日调整至实际可行权的权益工具数量。等待期，是指可行权条件得到满足的期间。对于可行权条件为规定服务期间的股份支付，等待期为授予日至可行权日的期间；对于可行权条件为规定业绩的股份支付，应当在授予日根据最可能的业绩结果预计等待期的长度。根据《企业会

计准则解释第 4 号》第 7 条的规定，接受服务企业没有结算义务或授予本企业职工的是其本身权益工具的，应当将该股份支付交易作为权益结算的股份支付处理。结合上述会计准则和解释的规定，上述股权转让构成以权益结算的股份支付，由于管理人员需要经过 5 年的等待期才达到可行权条件，应在等待期内的每个资产负债表日，以对可行权权益工具数量的最佳估计为基础，按照权益工具授予日的公允价值，将当期取得的服务计入相关成本费用和资本公积。《企业会计准则第 11 号——股份支付》第 4 条规定，权益工具的公允价值，应当按照《企业会计准则第 22 号——金融工具确认和计量》确定。《企业会计准则第 22 号——金融工具确认和计量》第 52 条规定，金融工具不存在活跃市场的，企业应当采用估值技术确定其公允价值……企业应当选择市场参与者普遍认同，且被以往市场实际交易价格验证具有可靠性的估值技术确定金融工具的公允价值：……（三）金融工具的交易价格应当作为其初始确认时的公允价值的最好证据。结合上述企业会计准则对公允价值的相关规定，公司参照同期股东与第三方投资人的股权交易均价确定上述股份支付的公允价值。主办券商已与会计师进行详细讨论，公司股份支付的会计处理符合企业会计准则的相关规定。根据《公开发行证券的公司信息披露规范问答第 1 号——非经常性损益》，非经常性损益是指公司发生的与主营业务和其他经营业务无直接关系，以及虽与主营业务和其他经营业务相关，但由于该交易或事项的性质、金额和发生频率，影响了正常反映公司经营、盈利能力的各项交易、事项产生的损益。该股份支付行为与公司的主营业务和其他经营业务无直接关系，且属于一次性的股权激励，具有非经常性，偶发性。公司已于《深圳市贝斯达医疗股份有限公司财务报表及审计报告》补充材料“非经常性损益明细表”中列示。

第二章　持续经营能力

【基本理论】

一、基本理念

对于新三板监管机构来说，作为注册审核制的一个试点，不再对挂牌新三板的企业财务指标进行硬性的规定。然而，截至目前，我们来统计已经挂牌的新三板企业，财务门槛的指标是越来越高，能挣多少钱仍旧是绝大多数参与者判断一个企业是否能够挂牌的最核心最基本的一个标准。对于财务指标的依赖或者说溺爱，是监管者、中介机构从业者以及企业家仍旧不能改变或者改变彻底的一种观念。

当然，从企业发展轨迹来讲，企业这个时点的经营状况至少反映了企业历史的发展经营情况，同时也展现了企业未来发展的一个基础和潜力。至少，在同等情况下，我们是有理由相信目前盈利能力好的企业未来的发展可能也会好的，至少这样的概率会更大一些。从风险控制和责任边界的角度来讲，我们更加偏好盈利能力强的也无可厚非，毕竟这样的企业未来出问题的概率就会小很多。

虽然我们有这么多的理由，但是我们也必须跳出对财务指标的这种过分的偏爱，我们可以把盈利指标看作一个重要的指标，但是不能过分地渲染和溺爱，否则就是不符合一个正常的资本市场的发展规律和要求了。

股转公司在大刀阔斧地改革，一直强调不对挂牌企业财务指标进行要求，并且欢迎暂时亏损的企业来挂牌。对于推荐券商来说，我们要有一种投资的心态来做新三板的挂牌，如果某一家企业目前非常不起眼但是未来成长为一家伟大的公司，而这家公司是某个券商推荐的，那么这个券商绝对是有江湖地位的。当然，谁都想建立自己独一无二的江湖地位，但是这样的成就是需要长期的付出、需要理性的思考甚至是一种说不清道不明的大智慧，或许还有那么一点点的运气。

我们判断一个现在亏损的企业是不是以后会有很好的发展,我们需要做很多的调查和工作,至少我们要搞清楚以下几个事情,以证明我们对企业未来的判断是靠谱的。比如:

1. 企业所处的行业是怎样的,这可能只需要新三板的参与者并不够,还需要行业研究人员做大量的研究工作才行。

2. 企业的管理层是怎样的,是不是对这个企业有着充足的信心,是不是把全部身心和经历都用在这个企业上,这个管理团队是不是人心很齐,等等。

3. 我们有没有独到的眼光和智慧看清楚这个企业未来的三年或者五年,或者说我们有没有勇气或者担当来陪这个企业一起往前走,承担风险或许也分享收益。

4. 还有更加具体的,公司业务在报告期内应有持续的营运记录,不应仅存在偶发性交易或事项,这里的营运记录包括现金流量、营业收入、交易客户、研发费用支出等。

二、如何界定:报告期持续亏损?

新三板挂牌规则没有对企业的财务指标进行任何的要求和约束,因而“报告期亏损的企业也是可以上市的”这个基本判断没有任何问题,也有着明确的规则依据。

关于报告期亏损,也有不同的情形:一种是报告期前期亏损,后来实现盈利了。另一种是报告期前期盈利,后来亏损了。还有一种是报告期不论是前期还是后期都是亏损的。第一种情形在审核实践中非常多见,并且一般也符合企业的基本规律,不构成挂牌障碍。第二种情形在审核实践中几乎不存在,并且除非存在重大的例外因素一般情况下也不会有机构推荐这样的企业挂牌。第三种情形在实践中存在但是又在认识上存在比较多的争议,也正是我们今天去详细讨论的“持续亏损问题”。

我们首先明确,报告期持续亏损的企业肯定不会对新三板挂牌构成实质障碍,换句话说,这不是新三板挂牌的红线。但是,从另外一个层次来说,也并不是报告期持续亏损的任何企业都可以挂牌新三板,这个观点应该不会有任何人反对应该也非常好理解。那么问题来了,什么样的企业在什么样的情形下“报告期持续亏损”还可以挂牌呢?

三、逻辑关系:持续亏损与持续经营

因为持续亏损的企业可以挂牌上市,所以在挂牌条件中我们看到了“企业持续经营能力”的规范而不再是主板上市一直要求的“持续盈利能力”。按照字面意思就可以理解,持续盈利能力是要求公司报告期都要盈利都要挣钱的,而持续经营只需要公司在正常经营是否挣钱盈利要看企业的各种内在和外在因素。如果能把这两个问题结合起来理解,那么对于这个问题的理解或许会深刻得多。

我们先来理解一下持续经营能力,理解这个问题,必然要把握两个关键词:持续、经营。所谓持续,就是公司的投入、产出、研发、支出等各种经营活动都是连续的,不是偶发性的,不是撞大运或者靠天上掉馅饼的业务(如订单的取得要有连续性、生产研发要有连续性等)。所谓经营,就是要经营公司的主营业务,而不是持续在进行与主业无关的业务(如做加工业务的一直在做理财业务等)。关于这个问题,审计准则也有着明确的规定,这里就不再赘述了。其实,审计业务本身有一个非常重要的假设,就叫作持续经营假设,所以从审计规则里去思考和理解持续经营问题,可能更加对路一点。

四、容忍限度:什么样的持续亏损是允许的

在解释这个问题之前,这里还有一个非常重要的商业逻辑关系要跟大家强调:那就是持续经营的目的和目标是什么,对于一个正常的企业来说还是持续盈利。说得再直白一些,没有一个老板愿意经营的企业永远是亏钱的,企业经营的最终要实现的目标都是挣钱。

新三板挂牌规则里规定持续经营能力而不是持续盈利能力,其核心目的是将某些中小企业登陆资本市场的阶段提前了。以前我们主板上市,是企业必须达到多少的盈利规模才可以,而新三板挂牌允许你不用再等到三年或者五年等着符合盈利指标之后再去 IPO 上市。说着有点拗口,举一个简单的例子:假设一个企业 2010 年设立,2012 年至 2014 年都是亏损的,2015 年就实现了较大规模的盈利,那么以前主板上市时只能等 2015 年至 2017 年作为报告期申请上市。同样是这个企业,在新三板挂牌规则体系下,这个企业在 2014 年甚至是更靠前的时间就可以申请挂牌。但是这里不要忘记一个前提:就是这个企业尽管在 2014 年亏损的时候已经挂牌了,但是我们可以通过各种因素考量认定这个企业 2015 年盈利甚至 2017 年实现大规模盈利是可行的或者说是大概率事件。

好了,说到这里大家应该就比较明白了,什么样的企业“报告期持续亏损”也可以新三板挂牌,简单一句话那就是:这些企业尽管现在亏损,但是你有足够的理由让我相信企业在未来一定会盈利的(这个时

间或许是一年或许是三年)。

同样,这里也就解释了一个问题,那就是股转公司审核解答一号里面规定的一条:企业持续亏损且不符合产业政策的企业是不能挂牌新三板的。其实,这里小兵还可以加入一条:企业尽管报告期实现盈利,但是不符合产业政策、未来发展前景不明朗的也不符合挂牌条件。

并且,细心的朋友也关注到,那就是报告期持续亏损的企业在审核过程中必定会问到一个问题,那就是如何论证企业的持续经营问题,隐喻的东西就是公司未来的发展前景怎样。

五、哪些情形不适合挂牌新三板

关于企业挂牌新三板的生产经营方面的条件,应该是比较明确的,那就是:不对企业的财务数据和相关指标作出明确要求,但是要求企业必须具备持续经营能力。

条件是标准的,规定也是具体的,关键就是怎么来理解这样的标准,如什么情况下企业才算是具备持续经营能力?亏损的企业是不是就不能挂牌?是不是只要是挣钱的企业就可以挂牌新三板?

我们在实践中经常会听到一种观点,那就是亏损的企业是可以挂牌新三板的,因为没有限制所以是允许的。小兵认同这样的观点,但是同样认为这样的观点是片面的,在生产经营方面我们判断企业是否符合挂牌新三板的条件,不是判断企业是不是亏损,而是企业是不是具备持续经营能力。

基本原则说完了,那么还是再说点最具体的判断标准,这个标准是小兵自己琢磨的,仅供参考不代表监管机构的意见。在小兵看来,以下企业的情形就是不符合持续经营能力的挂牌要求,不适合在新三板挂牌:

1. 企业的业务不具有连续性,在订单获取、成本结转、费用支付方面都是断断续续的。比如某企业,在一年内仅仅获得了一个大的订单,尽管这个订单可以为企业带来上千万的利润,但是除了这个订单之后下一个订单的获取可能需要重新进行市场开拓,那么这样的企业就不能挂牌。

2. 企业目前亏损的因素在短期内并没法改变,无法在预期内实现盈利。何谓持续经营能力?说白了还是企业持续挣钱的能力,那么企业目前亏损可以,但是未来短期内这些导致亏损的因素会改变甚至消失,那么企业就可以盈利了。比如某个医药企业,新药研发已经成功并且已经取得生产和销售许可证,只是由于目前人员工资和销售费用比较高而亏损，如果未来新药上市迅速扩大规模，那么企业盈利是没问题的。反之，某些企业持续亏损，并且这样的情形没有短期内改变的可能和趋势，这样的企业是不符合要求的。

3. 企业正常情况下是盈利的，而为了避税的问题刻意调整成亏损的企业。这样的情形在实践中还是很多的，很多的中介和企业也都是这种想法，认为既然新三板挂牌对企业盈利没有要求，那么我就亏损就可以了，既不用交税也能挂牌。这种情况下，企业的很多财务指标都将很难解释清楚，比较典型的是毛利率、存货、成本、资金往来等。这样的企业，小兵建议是不符合新三板挂牌标准的。

4. 企业目前尽管盈利，但是导致公司亏损并且不能持续经营的因素已经非常明显，这样的企业也不适合挂牌新三板。比如我们常见的一些钢铁、水泥、风电、太阳能等夕阳行业的企业，尽管目前还能够盈利，但是行业因素和企业经营愿意导致企业盈利持续下滑。某机械制造企业专门为下游钢铁企业提供炼钢设备，由于钢铁行业目前产能过剩政策不再允许采购新的设备，导致企业的盈利水平大幅下滑并且一直持续，这样的企业也不适合挂牌新三板。

【实践案例】

从现有的审核实践思路以及某些案例看来，也恰好佐证了我们上述理论部分的分析。我们简要做一个总结，报告期持续亏损的企业挂牌新三板的企业情形主要有以下几种：

1. 公司是高端技术研发企业，报告期内投入的研发费用比较大，侵蚀了利润，等企业度过高投入研发的阶段，那么企业的发展也会步入正轨（如一些高精尖企业，一些药品研发企业）。

2. 公司是互联网企业，这类企业的发展路径就是前期先烧钱不考虑挣钱的问题，等后续发展到了一定阶段才会考虑盈利的问题。

3. 公司是稳定经营的企业，但是在报告期内存在比较明显的因素导致持续亏损（如政治因素或者环境因素为国家做贡献了），等这个因素消去那么企业的经营也会恢复到正常水平。

4. 公司是家喻户晓全国知名的企业，这类企业的发展大家都觉得还不错，只是前期投入比较大并且还需要投入一段时间（如某家足球俱乐部）。

从现有的审核案例来看，报告期持续亏损并挂牌成功的企业主要集中在第一种和第二种情形。

（一）第一类：研发阶段、经营很少

1. 苏州沪云肿瘤研究中心股份有限公司

（1）公司业务

公司是一家从事新药研究和开发的高科技企业。公司主要专注于一类新药的研发，主要研究领域包括抗肿瘤药、心脑血管疾病、自身免疫性疾病和抗病毒治疗药物等。未来将逐步由新药研发为主向药物研发、生产、销售为一体的化学药品制剂企业转变。

公司经营范围为：抗肿瘤医疗技术的研发；肿瘤的免疫细胞治疗方法的研究、开发；新药的技术开发、技术咨询、技术转让；医药研发；医药中间体研发、销售。

（2）财务状况

2013 年、2014 年、2015 年 1 月，公司营业收入分别为 0 元、15,000.00元和 0 元。

2013 年、2014 年、2015 年 1 月，公司净利润分别为 -3,310,837.70 元、-1,323,421.31 元、-259,811.79 元。

2013 年、2014 年、2015 年 1 月，公司经营性现金流量净值分别为 1,157,769.71 元、-1,009,207.00 元、-1,533,438.79 元。

2013 年、2014 年、2015 年 1 月，公司非经常性损益分别为 1,083,435.63元、1,720,929.28 元、-13.96 元。

2. 成都欧林生物科技股份有限公司

（1）公司业务

欧林生物是一家专注于从事人用疫苗产品的研发、生产、销售的生物制药高新技术企业。

（2）财务状况

2013 年、2014 年、2015 年 1～4 月，公司营业收入分别为 498,165.05 元、83,577.52 元和 213,399.85 元。

2013 年、2014 年、2015 年 1～4 月，公司净利润分别为 -23,235,743.12 元、-24,935,420.52 元和 -13,093,343.40 元。

2013 年、2014 年、2015 年 1～4 月，公司经营性现金流量净值分别为 -19,294,169.03 元、-13,511,913.88 元和 -4,591,979.44 元。

2013 年、2014 年、2015 年 1～4 月，公司非经常性损益分别为 46.16 万元、82.25 万元和 34.98 万元。

反馈意见：截至公开转让说明书签署之日，公司产品仍未上市销售，公司目前仍无主营业务收入。报告期内净利润持续为负，未分配利润持续为负。公司报告期存在较多长短期借款，经营活动产生的现金流量净额持续为负。(1)请公司补充披露具体原因及其合理性，是否属于行业特点，如何应对未来持续亏损的风险，具体措施及其有效性。(2)请公司结合资源投入情况、研发能力、市场前景、市场开发能力、实际生产经营情况、管理层稳定性、核心竞争优势、期后签订合同、期后收入实现情况等，并参照挂牌条件逐条分析并补充披露公司是否具有持续经营能力。(3)请主办券商及申报会计师对上述事项补充核查，并对公司是否具有持续经营能力，发表明确意见。

(二)第二类:高精尖技术，研发投入大

1.上海海积信息科技股份有限公司

(1)主营业务

自成立以来，公司一直专注于卫星导航设备核心组件、终端产品及其基于高精度位置服务的应用系统研发、生产与销售，产品包括GNSS天线、GNSS高精度板卡、GNSS高精度接收机以及基于高精度位置服务的应用系统(智能驾培系统、智能农机系统)三大业务。下游客户主要包括GNSS专业应用领域内的终端设备企业和基于高精度位置服务的行业终端企业及最终客户。

公司是国内卫星导航设备的主要参与者之一，是中国导航卫星定位协会常务理事单位、中国北斗产业化应用联盟的会员单位、上海卫星导航定位产业技术创新战略联盟会员单位、中国交通运输行业协会驾校联合会副理事长单位，2013年通过国军标质量管理体系认证，是上海市高新技术企业。

(2)财务状况

2013年、2014年、2015年1月，公司营业收入分别为2,853,065.86元、7,757,463.17元和2,406,215元。

2013年、2014年、2015年1月，公司净利润分别为-3,227,530.22元、-3,357,411.76元、-1,294,687.04元。

2013年、2014年、2015年1月，公司经营性现金流量净值分别为-6,131,245.95元、-7,553,068.66元、-4,677,867.82元。

2013年、2014年、2015年1~2月，公司非经常性损益分别为100.78万元、200.89万元、1.43万元。

2.金尚新能源科技股份有限公司

(1)公司业务

公司主营业务为太阳能光伏应用产品的研发、制造和销售及光伏发电工程的设计、建设与运营，并通过技术积累和技术引进，逐步实现产业链延伸和产业升级。公司的主要产品有太阳能路灯、太阳能杀虫灯及分布式光伏电站的运营,为迎合市场需求公司新推出便携式光伏发电系统等新型产品。

(2)财务状况

2013年、2014年、2015年1～2月,公司营业收入分别为5,792,816.06元、5,227,464.10元和187,050.66元。

2013年、2014年、2015年1～2月,公司净利润分别为-45,182.42元、-207,471.29元、-722,172.70元。

2013年、2014年、2015年1～2月,公司经营性现金流量净值分别为-933,793.79元、-899,201.97元、726,368.27元。

2013年、2014年、2015年1～2月,公司非经常性损益分别为40,602.90元、193,290.00元、0元。

3.上海凯科管业科技股份有限公司

(1)公司业务

公司致力于石油、石化、电力、煤化工、化工、海洋平台、船舶、核电等领域压力各类管件、法兰、管帽及预制管件等特种压力容器的研发、生产和销售业务。公司既可根据用户订单按国家标准(GB)、美国机械工程师协会标准(ASME)进行标准化生产,也可按用户提供的图纸进行定制化生产。公司产品规格齐全,涵盖直径范围DN10.2～DN3251.2、压力等级为:0.1～42Mpa的高、中、低压及碳钢、高钢级钢和合金钢材质的各类特种压力容器,是国内为数不多具有超大口径压力管件生产能力的供应商,产品广泛应用于石油开采、石油化工、煤化工、西气东输等国家大型基础建设项目。

(2)财务状况

2013年、2014年、2015年1～2月,公司营业收入分别为97,063,545.00元、93,883,315.42元和6,817,991.80元。

2013年、2014年、2015年1～2月,公司净利润分别为359,198.11元、-19,086,683.21元、-3,187,190.80元。

2013年、2014年、2015年1～2月,公司经营性现金流量净值分别为1,234,103.49元、-917,249.99元、-3,482,897.79元。

2013年、2014年、2015年1～2月,公司非经常性损益分别为1,088,597.54元、-2,106,673.57元、108,687.50元。

4.安徽壹石通材料科技股份有限公司

(1)公司业务

公司自成立以来,专业从事无机非金属功能性粉体材料的研发、生产和销售,主要产品为石英粉、球形氧化铝、氢氧化铝、勃姆石等。

根据原材料具体可分为两类:①二氧化硅类粉体功能材料,包括结晶石英粉、熔融石英粉、高纯石英粉、球形石英粉;②其他类粉体功能材料,主要包括球形氧化铝、高耐热氢氧化铝、勃姆石、陶瓷化阻燃剂等。

(2)财务状况

2013年、2014年、2015年1~3月,公司营业收入分别为18,236,963.24元、20,688,437.86元和6,480,318.08元。

2013年、2014年、2015年1~3月,公司净利润分别为-271,232.28元、-2,015,887.86元和-143,923.68元。

2013年、2014年、2015年1~3月,公司经营性现金流量净值分别为4,193,636.51元、-1,022,247.98元和3,945,229.34元。

2013年、2014年、2015年1~3月,公司非经常性损益分别为2,940,620.78元、4,637,549.14元、1,190,833.45元。

反馈意见:请公司:(1)补充披露原因及其合理性,应对措施及其有效性;如存在季节性因素,对比历史年度量化分析请公司作重大事项提示。(2)结合行业竞争状况、盈利空间、公司核心竞争力、客户及供应商集中度、现金流状况、产品良品率等分析未来毛利率、盈利、现金流量趋势,以及对生产经营的影响。(3)结合截至目前的订单及可确认收入金额等因素,补充说明公司期后的财务状况、生产经营、现金流量。(4)对比国外同类产品的性能指标和良品率,补充披露并分析差异性、公司的优劣性及其所处行业地位。(5)补充披露是否存在技术及其产品替代的风险;对未来成长性的影响。(6)请主办券商和申报会计师对上述事项,以及是否具有持续经营能力和成长性发表明确核查意见。

(三)第三类:电子商务,烧钱无止境

1. 百合网

(1)公司业务

公司主要从事因特网信息服务业务,提供线上线下婚恋交友服务。2005年成立以后,公司在中国创新性地推出"心灵匹配测试",采用"心灵匹配,成就幸福婚姻"的独特婚恋服务模式。2007年,公司成为中国首批采用公安部身份认证系统的婚恋网站,并于2012年率先实行实名制。公司业务主要分为线上业务、线下业务和商务合作三部分。

(2)财务状况

2015年1~4月、2014年及2013年度,公司的主营业务收入分别为73,881,942.04元、298,702,795.61元、223,397,619.61元,净利润

分别为 -135,307.57 元、-37,040,792.56 元、-33,067,642.58 元，公司净资产余额分别为 774,985,214.97 元、-90,402,616.15 元、-53,361,823.59元。

公司净利润为负，主要系公司广告营销费用巨大、公司持续进行业务布局形成的，加上未来公司将进一步开拓新的业务模式和扩展新的业务领域，以及最新开展的线上沟通业务免费策略，在可预见的未来一段时间内公司将面临持续亏损的业绩表现。

2. 常州悦为电子商务股份有限公司

(1)公司业务

公司主营业务为：提供电子商务经销服务和电子商务代运营服务。公司致力于为传统品牌企业提供电子商务一站式解决方案，为传统品牌企业提供电子商务规划、品牌营销、店铺设计、平台搭建、客服管理、日常运营、营销策划、仓储物流、行业运营报告等运营服务，并为传统品牌企业提供电子商务经销服务。

(2)财务状况

2013 年、2014 年、2015 年 1～2 月，公司营业收入分别为 96,790,149.30 元、79,057,132.23 元和 12,614,739.96 元。

2013 年、2014 年、2015 年 1～2 月，公司净利润分别为 -415,850.74 元、4,261,344.90 元、-74,384.14 元。

2013 年、2014 年、2015 年 1～2 月，公司经营性现金流量净值分别为 35,361,660.29 元、-57,421,693.85 元、-2,154,993.05 元。

2013 年、2014 年、2015 年 1～2 月，公司非经常性损益分别为 2,925,342.08元、343,723.73 元、1,691,440.58 元。

(四)第四类：其他情形

1. 广西禾美生态农业股份有限公司

(1)公司业务

公司的现有主营业务为农副产品流通销售、学校食堂配送及农副产品加工；农副产品加工业务分为清水笋加工、酱腌菜系列加工、干制品(脱水蔬菜)加工等。

(2)财务状况

2013 年、2014 年、2015 年 1 月，公司营业收入分别为 7,354,000.80 元、22,557,576.29 元和 340,027.76 元。

2013 年、2014 年、2015 年 1 月，公司净利润分别为 -1,504.42 元、1,869,589.15 元、-1,210,304.71 元。

2013 年、2014 年、2015 年 1 月，公司经营性现金流量净值分别为

15,136,799.88元、-3,247,665.76元、-6,226,747.49元。

2013年、2014年、2015年1月,公司非经常性损益分别为659,473.50元、1,410,642.51元、102,892.52元。

2. 恒大冰泉

(1)持续亏损

2013年、2014年、2015年1~5月,公司的营业收入分别为3480.22万元、96,803.72万元和28,430.52万元,公司的净利润分别为-55,164.65万元、-283,910.28万元和-55,539.05万元。报告期内,公司净利润连续亏损,主要是由于公司为了使其天然矿泉水能够迅速占领快消品市场,公司前期投入较大,包括广告在内的市场推广费、引进销售团队所增加的人工成本所致。一方面调整公司投放广告的策略、通过优化销售队伍、降低人工成本等方式加强成本控制;另一方面公司通过提高产能,增加销售,以使得公司的营业收入得到快速提升。但是,如果未来公司收入增长未能超过成本增加的幅度,公司可能仍存在持续亏损的风险。

(2)报告期内经营活动现金流累计为负

公司2013年、2014年、2015年1~5月经营活动产生的现金流量净额分别为-154,187,753.31元、-2,236,023,139.14元、-1,018,726,858.88元。由于报告期内公司市场推广费金额较大,导致公司报告期内经营活动现金流量净额累计为负值,且可能还将持续下去,进而对公司的经营现金流造成一定的不利影响。

反馈意见:(1)报告期内,恒大冰泉连续大额亏损,经营活动现金流量净额连续为负,且2013年年末、2014年年末净资产为负。请公司补充披露报告期内连续大额亏损的原因(虽然已披露是由于市场推广费用导致的,但公司于2015年已经精简人员,净利润与经营活动现金流量净额仍为负),并结合行业特点、业务特色、股东投入情况及未来投资意愿与扭亏为盈计划以及同行业国内外上市公司经营状况等分析论证公司的持续经营能力;并请主办券商及会计师详细分析并就公司的持续经营能力发表明确意见。(2)报告期内,恒大冰泉2013年、2014年净利润显著低于经营活动产生的现金流量净额,但在2015年净利润显著高于经营活动产生的现金流量净额,请公司补充说明恒大冰泉净利润与经营活动产生的现金净流量匹配关系发生重大变化的原因。(3)公司销售费用在2015年报告期与2014年报告期内分别为5.76亿元和32.53亿元,对公司盈利能力产生重大影响,请公司补充披露销售费用明细。

3. 国龙医疗(831366):申报时净资产为负

从财务方面来看,由于公司从2012年开始筹建上海国龙医院,资金需求量大幅上升,公司通过银行借款、职工借款、股东借款和其他个人借款等方式筹集资金,导致2012年年底、2013年年底、2014年6月底公司合并财务报表资产负债率分别为82.61%、97.15%、102.81%,2012年年底、2013年年底、2014年6月底流动比率分别为0.69、0.33、0.26。一般情况下新设的医院大约需要1至2年筹办期,并经过2至3年可能实现盈利,所以国龙医疗目前负债率较高是扩张过程中的正常现象,并将随着上海国龙医院步入正轨逐渐得到改善。根据公司财务报告显示,母公司2012年净利润为772.16万元,2013年净利润为970.71万元,增长率为25.71%,反映了母公司的盈利能力不断增强,而2014年1~6月,母公司净利润已达到882.00万元,同时,根据2014年的盈利预测,2014年全年化的营业收入平均增长18.16%,全年化的净亏损平均下降59.27%,如果公司保持目前的增长趋势,那么公司整体将于2015年实现盈利。但是由于公司合并财务报表的资产负债率大于1,我们仍提醒投资者关注公司偿债能力较低所可能导致的持续经营风险。

从经营方面来看,公司2014年1~6月、2013年和2012年毛利率分别为12.97%、27.74%和25.52%,2014年1~6月毛利率相对于2013年和2012年出现明显下降,主要是受到2013年新建的上海国龙医院毛利率较低的影响。由于上海国龙医院刚刚起步,以及尚未取得全部医保定点资格,所以就医人数和收入水平还没有达到正常水平。上海国龙医院医疗设备和工作人员已基本配备齐全、房租和折旧及摊销大部分计入营业成本,但是由于收入没有达到正常水平,无法摊薄增加的营业成本,造成毛利率很低。预计这种情况将随着上海国龙医院获得全部医保定点资格和就医人数及营业收入的增长而逐步好转。公司2014年1~6月、2013年和2012年每股净资产为-0.11、0.11和0.60,主要是由筹建上海国龙医院及上海国龙医院的亏损导致的。由于从2012年开始公司筹建上海国龙医院,2013年年末上海国龙医院开始营业,但其尚未取得医保定点资格,就医人数和收入水平还没有达到正常水平,导致上海国龙医院处于亏损状态。预计这种情况将随着上海国龙医院获得医保定点资格和就医人数及营业收入的增长而逐步好转。

为缓解公司资产负债率过高的问题,改善公司的资本结构,公司在挂牌的同时,通过定向发行股份增加2800万元净资产,公司的控股股东、实际控制人郭龙以债权认购全部新增股份，通过该定向发行，公司合并报表资产负债率降至84.61%，改善了公司的资本结构、增强了公司的偿债能力，有效缓解了公司面临的持续经营风险。

第三章 同业竞争

【基本理论】

一、同业竞争的审核尺度

关于同业竞争问题在新三板挂牌审核过程中的审核尺度问题，目前应该要把握以下几个基本的理念：

1. 原则上只关注控股股东、实际控制人的同业竞争问题，对于其他股东以及关联方的同业竞争问题不会重点关注。

2. 如果控股股东、实际控制人的关联方(如近亲属)也存在同业竞争的问题，如果双方之间业务划分清楚，没有资金往来也没有业务关系，能够保持彼此的业务独立是可以接受的。

3. 尽管某些股东不是控股股东也没有被认定为实际控制人，但是该股东对公司的生产经营会有重大影响的(重要股东)，还是应该要重点核查同业竞争问题。

4. 如果同业竞争的发生有着特定历史背景且目前整合很困难，在短期内解决无法实现或者成本较高的情况下，在充分信息披露的情况下可以尝试。但是要详细说明目前整合存在障碍的原因，并对未来整合的可行性和预期有着明确的表述，可以允许在承诺的一段时间里逐步解决，不过时间不宜过长(比如一年以内)。

5. 任何以各种股权调整或其他方式规避同业竞争问题的做法都是不应该允许的，在这种情况下将遵循"实质重于形式"的原则关注同业竞争问题。

6. 关于"同业不竞争"的问题，一般情况下不会被接受，如签订市场分割协议，合理划分拟挂牌公司与竞争方的市场区域；对产品品种或等级进行划分，对产品的不同生产或销售阶段进行划分等。

二、同业竞争的解决思路

关于同业竞争的解决,一般有以下思路:

1. 收购合并,即将同业竞争的公司股权、业务收购到拟挂牌公司或公司的子公司,吸收合并竞争公司等。

2. 转让股权和业务,即由竞争方将存在的竞争性业务或公司的股权转让给无关联关系的第三方。

3. 停业或注销,即直接注销同业竞争方,或者竞争方改变经营范围,放弃竞争业务。

4. 如果短期内解决存在实质障碍或者成本太高,那么可以承诺在未来一段实际内解决同业竞争问题,但是措施需要具体明确,承诺时间要具体可期。

5. 单纯的市场领域划分不一定能够解决同业竞争问题,但是如果能够从产业链上下游、产品功能用途分类、供应商和客户情况等方面论证双方之间不存在直接的业务竞争关系,那么在一定情况下也可能被认可。

三、同业竞争的关注重点

关于同业竞争在审核过程中的审核要点,主要关注以下方面:

1. 从关联方的所处行业、经营产品名称、用途、市场、目标客户、所使用的技术等方面,从实质大于形式的角度补充披露实际控制人控制的其他公司与拟挂牌主体之间不存在同业竞争或潜在同业竞争的依据。

2. 同业竞争对报告期内公司业务的影响。

3. 同业竞争的解决措施以及解决的时间规划,同业竞争的规范或解决措施是否依据充分、切实可行,说明同业竞争是否能够从本质上完全解除。

4. 同业竞争解除后,是否对挂牌企业的生产经营产生重大不利影响,进行相关财务测算。

【实践案例】

值得说明的是,以前分享的案例基本上都是通过一定的方式去解决同业竞争的情形,而本次分享的案例主要有两种:(1)申报前还存在同业竞争情形的案例,关注承诺解决问题的措施以及期限等。(2)申报时存在潜在同业竞争的风险，通过各种思路进行了不存在同业竞争问题的解释并获得认可。

一、深圳市长宁钻石股份有限公司

王海宏为控股股东、实际控制人王宁的兄弟，截至本公开转让说明书签署之日，王海宏控制企业的情况如下表所示：

序号	企业名称	投资金额	所占比例	主营业务
1	亚钻投资	1560.00万元	100.00%	钻石贸易，现已变更为投资业务
2	长宁贸易	1.00万港元	100.00%	没有开展实际经营业务
3	亚钻贸易	20.00万美元	100.00%	上海钻石交易所开展钻石(不含金银)的交易

王海宏所控制的上述企业亚钻投资和亚钻贸易从事钻石行业的购销业务与公司存在同业竞争的情形。

(一)消除与亚钻投资之间同业竞争的措施

第一，因为亚钻投资除从事钻石购销业务以外，亦从事投资，并且企业财务核算较为薄弱，资产、债务关系较为复杂，短期内不适合收购纳入长宁钻石业务体系，因此为了消除同业竞争，避免关联交易，深圳市亚钻投资有限公司已将经营变更为非钻石类相关业务。

第二，亚钻投资已经停止钻石相关的新业务承接，仅作为投资主体从事股权投资。目前亚钻投资正在积极清理处理报告期内业已延续的具有同业竞争性质的业务，截至本公开转让说明书签署之日，亚钻投资已经清理完毕钻石存货仅剩零星钻石饰品，以及与钻石贸易有关的往来款。其控股股东、实际控制人王海宏确认亚钻投资与钻石贸易有关的往来款于2015年12月底前能够全部结清。

第三，为尽快厘清与亚钻投资的业务关系，杜绝关联交易往来，公司就目前与亚钻投资之间的往来款项余额进行集中清理催收。截至本公开转让说明书签署之日，公司与亚钻投资之间的往来款均已全部结清。

第四，亚钻投资控股股东、实际控制人王海宏出具避免同业竞争的承诺，确保不再从事与长宁钻石现有及拟开展钻石相关业务相冲突业务。

(二)消除与亚钻贸易之间同业竞争的措施

第一，因亚钻贸易财务核算较为薄弱，资产、债务关系较为复杂，短期内不适合收购纳入长宁钻石业务体系，因此为了消除同业竞争，避免关联交易，亚钻贸易已经停止钻石相关的新业务承接，目前亚钻投资正在积极清理处理报告期内业已延续的业务。其控股股东、实际控制人王海宏确认亚钻贸易原有业务于2015年12月前能够全部结清。

第二，为尽快厘清与亚钻投资的业务关系，杜绝关联交易往来，公司就目前与亚钻贸易之间的往来款项余额进行集中清理催收。截至本公开转让说明书签署之日，公司与亚钻投资之间的往来款均已全部结清。

第三，公司预计于2015年8月在上海新设子公司，待该新设子公司取得上海钻石交易所所内会员资格后，亚钻投资控股股东、实际控制人将会将亚钻贸易转让出去。

第四，亚钻投资控股股东、实际控制人王海宏出具避免同业竞争的承诺，确保不再从事与长宁钻石现有及拟开展钻石相关业务相冲突业务。

（三）控股股东、实际控制人作出的避免同业竞争的承诺

为避免同业竞争，公司控股股东、实际控制人王宁向公司出具《避免同业竞争承诺函》，承诺内容如下：

承诺专注于在长宁钻石及其控股子公司从事裸钻与成品钻的批发、加工等相关业务；承诺香港长宁在2015年12月31日之前处理完毕报告期内业已延续的钻石业务债权债务关系，并从承诺函出具之日起不再从事任何直接或间接与长宁钻石及其子公司的业务构成竞争的业务，亦不会以任何其他形式从事与长宁钻石及其子公司有竞争或构成竞争的业务；若将来出现其直接或间接控股、参股企业所从事的业务与长宁钻石及其子公司有竞争或构成竞争的情况，将向长宁钻石出让其在该等企业中的全部出资或股权；在与长宁钻石存在关联关系期间，若上述承诺被证明是不真实的或未被遵守，将向长宁钻石及其子公司赔偿一切直接和间接损失，并承担相应的法律责任。

本承诺持续有效，直至不再作为长宁钻石的实际控制人（或股东）为止；自本承诺函出具之日起，本函及本函项下的保证、承诺即为不可撤销。

（四）主办券商对公司规范关联交易措施有效性的核查意见

主办券商查阅了公司控股股东、实际控制人控制的其他企业的营业执照及工商或注册资料，在全国企业信用信息公示系统、深圳市市场监督管理局等网站查询，查阅了公司财务报表及审计报告、《公开转让说明书》，取得公司出具的说明、控股股东、实际控制人及其近亲属

出具的《避免同业竞争承诺函》,经核查后认为,首先,公司已成功设立香港子公司,完善自身业务布局,加强与境外供应商以及客户的关系维护,并独立开展钻石购销业务,替代香港长宁原先在公司境外成品钻采购与转口贸易销售中的功能,香港长宁已完成更名及变更经营范围之手续,确认不再开展钻石相关业务。其次,公司正在积极设立上海子公司,旨在取得上钻所所内会员资格,后续将不再需要委托亚钻贸易代为零星采购,且亚钻贸易已停止经营,没有与公司发生关联交易之可能,亦不存在同业竞争之情形,为彻底消除潜在同业竞争,亚钻贸易拟对外转让。最后,亚钻投资已完成更名与变更经营范围之手续,确认不再开展钻石相关业务,公司规范关联交易的解决措施可有效解决同业竞争和关联交易。

二、江苏创一佳照明股份有限公司

公司实际控制人控制的企业中,江苏苏明灯饰有限公司(以下简称苏明灯饰)、南京创一佳贸易有限公司(以下简称南京创一佳)的主营业务与公司存在类似。苏明灯饰、南京创一佳的主营业务均为灯具销售。

(一)公司与南京创一佳、苏明灯饰业务具体情况分析

1. 设立背景

南京创一佳成立于2000年6月,经过多年发展,成为雷士照明在江苏地区的总经销商。南京创一佳的目标客户群为各市、县、乡级经销商。

苏明灯饰成立于2007年2月,主营业务为灯具销售。苏明灯饰的目标客户为各终端灯具经营店面。

创一佳成立于2007年4月,主营业务为照明工程设计、施工、安装,为客户提供整体照明解决方案。创一佳的目标客户为有整体照明需求的施工项目。

三家公司在产业链中的情况如下图所示:

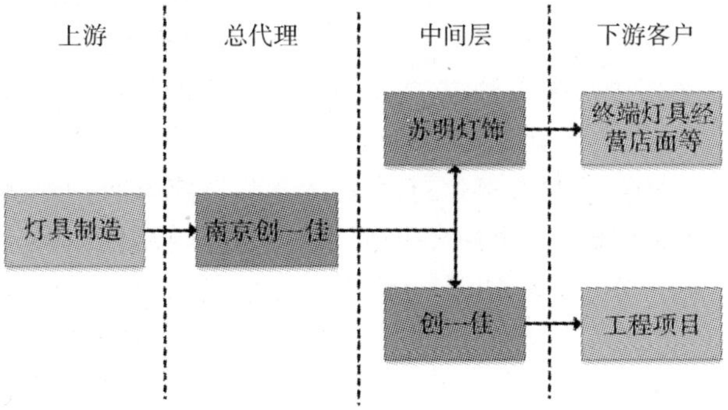

创一佳、南京创一佳、苏明灯饰在主营业务、客户、采购源的区别如下表所示：

公司名称	主营业务	采购源	服务客户	产品用途
创一佳	照明工程	各类灯具生产及定制企业等	商业地产开发商、市政部门	楼宇外立面、室外景观照明
	工程灯具销售	南京创一佳等	地产开发商、市政道路、连锁商业企业	室内装修、路灯
南京创一佳	雷士灯具施耐德代理批发	雷士照明、施耐德电器	各类二级经销商	下游经销商销售
苏明灯饰	各类灯具零售	南京创一佳	三级经营商	下游经销商销售

2. 采购情况分析

从采购情况分析，公司两部分业务采购来源有较大区别。照明工程业务所需采购主要为灯具、线缆、工程辅材等，其中灯具为主要采购产品。工程灯具根据客户需求进行定制采购，在工程合同中有所约定，供应商较为分散，一般为各类灯具生产企业。灯具贸易业务为公司向终端客户直接批量销售灯具产品，不提供其他增值服务，这部分销售所用灯具主要来源于南京创一佳。报告期内创一佳向南京创一佳采购灯具情况如下表所示：

		2014 年 1～9 月	2013 年	2012 年
公司向南京创一佳采购额	灯具贸易业务	18,047,049.48	33,307,686.83	35,525,559.26
	工程业务	88,253.10	18,301,537.06	—
	合计	18,135,302.58	51,609,223.89	35,525,559.26
公司全年采购额		78,883,438.80	101,693,052.02	53,982,007.69
南京创一佳采购额占比		22.99%	50.75%	65.81%

苏明灯饰为灯具二级经销商，由于其只经营雷士照明、施耐德电气产品，供应商仅为南京创一佳。南京创一佳为雷士照明、施耐德电气一级经销商，其直接向雷士照明生产厂商及施耐德上海进行采购。

公司名称	主营业务	采购源
创一佳	照明工程	各类灯具生产及定制企业
	工程灯具销售	南京创一佳等
南京创一佳	雷士灯具施耐德代理批发	雷士照明、施耐德电器
苏明灯饰	各类灯具零售	南京创一佳

3. 客户情况分析

南京创一佳成立于2000年6月，经过多年发展，成为雷士照明在江苏地区的总经销商。南京创一佳的主营业务为灯具批发销售，目标客户群为各市、县、乡级经销商或大批量采购的客户。

苏明灯饰成立于2007年2月，主营业务为灯具销售。苏明灯饰的主营业务为灯具销售，目标客户为各终端灯具经营店面。

创一佳成立于2007年4月，主营业务为照明工程设计、施工、安装，为客户提供整体照明解决方案。创一佳的目标客户为有整体照明需求的施工项目。

报告期内，创一佳灯具销售的前五大客户与苏明灯饰、南京创一佳的前五大客户情况如下：（略）

创一佳与南京创一佳、苏明灯饰的前五大客户未发生重合。三者的客户对象具有明显差异。

创一佳、南京创一佳、苏明灯饰处于行业产业链上的不同位置，各自定位不同，是公司实际控制人王晓波因经营发展需要，设立的、针对不同目标客户群的公司。上述三家公司业务有所区别，但由于灯具销售相似性，存在潜在同业竞争。

（二）公司为避免同业竞争所采取的解决措施

股份公司成立以来，公司为避免同业竞争、规范公司治理，已逐渐减少公司灯具销售的收入。为此，公司采取了以下措施：

1. 逐步规范

创一佳进行了战略调整，突出照明设计、施工的主营业务，减少了纯灯具销售，并将在未来逐步剥离这一业务。第一，照明工程业务市场空间较大，目前公司依然集中于江苏地区，未来开拓全国市场后，业务收入将大幅增加。第二，公司目前拥有的核心资源为工程品牌、项目管理能力、设计及项目实施能力，公司充分发挥核心能力，决定以工程施工为主营业务。第三，从盈利能力看，工程施工业务的毛利率显著高于灯具销售，以工程业务为主营，也将增加公司盈利能力。因此，从长期看，公司明确以照明设计、施工为主营业务将充分发挥公司竞争优势，提高公司盈利能力。

报告期内，创一佳的纯灯具销售金额及比例显著下降，详细情况如下表所示：

年度	灯具销售收入(元)	占主营业务收入的比例(%)
2012 年	35,619,570.70	66.25
2013 年	37,793,698.80	33.18
2014 年 1~9 月	27,737,981.11	31.18

2. 修改经营范围

创一佳的经营范围经历次变更，报告期内，最新公司经营范围为：照明电器产品的研发、设计、安装销售及售后服务；照明工程设计、施工；机电设备安装；机电产品、电子产品、五金电器、仪器仪表、建筑装饰材料、纺织品、百货销售；智能化工程安装服务；环保工程、消防工程、建筑安装工程、建筑装修装饰工程设计、施工（依法须经批准的项目，经相关部门批准后方可开展经营活动）。

2014 年 11 月 24 日，股份公司召开 2014 年第四次临时股东大会，审议通过《关于变更江苏创一佳照明股份有限公司经营范围的议案》，决定将公司的经营范围变更为：照明电器产品的研发、设计、安装施工及售后服务；照明工程设计、施工；机电设备安装；机电产品、纺织品销售；智能化工程安装服务；环保工程、消防工程、建筑安装工程、建筑装修装饰工程设计、施工（依法须经批准的项目，经相关部门批准后方可开展经营活动）。

此次变更后，公司删除了经营范围中的照明电器的销售、电子产品、五金电器、仪器仪表、建筑装饰材料、百货销售。突出了主营业务，并从根本上开始杜绝同业竞争的可能性。

3. 股东出具承诺

为进一步避免发生同业竞争的可能性，公司实际控制人王晓波出具了《避免同业竞争承诺函》。

4. 未来进行并购重组

出于公司战略发展的设计，同时为了整合业务、优化资源配置、避免同业竞争，公司实际控制人王晓波及公司管理层计划在未来，由公司并购南京创一佳，避免同业竞争的影响。

综上核查,项目组认为公司在报告期内存在潜在同业竞争。公司已采取多种措施避免同业竞争发生的可能性。公司报告期内纯灯具销售的金额与比例显著下降。公司将在未来通过并购的方式进一步避免同业竞争发生的可能性。

对此,北京市君泽君律师事务所亦出具补充法律意见书,认为公司与控股股东、实际控制人及其控制的其他企业均从事照明电器销售业务,在该领域存在潜在的同业竞争,但公司已采取多种措施避免同业竞争发生的可能性。

三、山东联科新材料股份有限公司

(一)公司从事炭黑生产及销售,联科白炭黑从事白炭黑生产及销售

轮胎工业为炭黑和白炭黑的主要应用领域。轮胎中都会填充炭黑和白炭黑,两者均起补强作用。但炭黑和白炭黑起的补强作用不同,如增加炭黑会提高轮胎耐磨性,且分散性更好,在轮胎中的份额可以增加到50%;增加白炭黑会提高轮胎的湿滑抓着力、减少滚动阻力,而分散性极差,在轮胎中的份额最多可以增加到15%。因此,在制造轮胎中,炭黑和白炭黑均具有固定的使用比例,炭黑在轮胎填充物中占比范围在30%~50%,而白炭黑在轮胎填充物中占比范围在5%~15%,两者彼此发挥各自作用,不能相互替代。

炭黑和白炭黑的应用领域均主要为橡胶轮胎工业,且名称上均有"炭黑"字样,因此易被认为两种产品相似并是可互相替代的产品。炭黑和白炭黑产品从本质上截然不同,炭黑为有机物,化学式为 C_mH_n,主要成分为碳和氢;白炭黑为无机物,化学式为 $SiO_2 \cdot nH_2O$,主要成分为二氧化硅。且两者所需原材料、生产工艺及发挥的性能完全不同,价格差异也较大,国内炭黑需求量远远大于白炭黑需求量。除轮胎和橡胶外的其他领域,炭黑和白炭黑应用领域无重叠,不能相互替代。

炭黑、白炭黑两种产品的主要区别列表如下:

产品	化学式	原材料方面	生产工艺方面	在橡胶领域的应用性能方面	应用领域方面	2013年国内年产量	产品销售价格(2014年10月平均市场价格)
炭黑	是有机物，化学式：(C_m-H_n)	主要原材料为煤气、煤焦油、炭黑油	燃料燃烧提供热量，煤焦油或炭黑油等裂解生成	相似点：同其他轮胎填充辅料一样，具备填充、补强的作用 特点：耐磨性强、分散性好	90%应用于橡胶工业，如轮胎及其他橡胶制品。10%应用于其他工业，如着色、导电、油墨等领域	470万吨（数据来源：中国橡胶工业协会炭黑分会）	约6000元/吨
白炭黑	是无机物，化学式：$SiO_2 \cdot nH_2O$	主要原材料为硅酸钠和硫酸	硅酸钠与硫酸在反应釜内反应生成	相似点：同其他填充辅料一样，具备填充、补强的作用 特点：减少滚动阻力，提高湿滑地面抓着力	67%应用于橡胶工业，如轮胎及其他橡胶制品；33%用于其他领域，如塑料、饲料、农药、日化用品（如牙膏）等	107万吨（数据来源：硅化合物分会）	约4200元/吨

（二）两家客户存在一定重合

联科白炭黑的客户中有轮胎企业、橡胶制品企业、化工企业等，与公司面向的客户群体轮胎企业、橡胶制品企业存在重叠。但炭黑生产企业和白炭黑生产企业在采购、生产环节上区别悬殊，所从事的经营业务不同。再者，炭黑生产企业和白炭黑生产企业隶属不同的行业和协会管理，炭黑行业隶属于中国橡胶工业协会炭黑分会，根据中国证监会2012年发布的《上市公司行业分类指引》，炭黑生产企业属于“化学原料与化学制品制造业（C26）”。按照国家统计局2011年发布的《国民经济行业分类》，炭黑生产企业属于“制造业（C）—化学原料与化学制品制造业（C26）—有机化学原料制造业（C2614）”。白炭黑行业隶属于无机盐协会，根据中国证监会2012年发布的《上市公司行业分类指引》，白炭黑生产企业属于“化学原料与化学制品制造业（C26）”。按照国家统计局2011年发布的《国民经济行业分类》，白炭黑生产企业属于“制造业（C）—化学原料与化学制品制造业（C26）—无机盐制造业（C2613）”。

联科白炭黑成立时间较早，与国内外知名轮胎企业及橡胶制品企业有着广泛的合作关系，积累了丰富的客户资源。因为轮胎企业也有炭黑方面的需求，联科白炭黑为公司与国内知名轮胎企业的合作创造了良好的条件，有利于公司扩大市场份额。此外，鉴于炭黑及白炭黑应用性能不同及不可替代性，两个公司不会构成同业竞争及潜在的同业竞争。

山东联科卡尔迪克白炭黑有限公司仅有两个客户，且分别是它的两个股东：山东联科白炭黑有限公司和荷兰 CALDIC INTERNATIONAL BEHEER B. V。

综上，公司虽然与联科白炭黑及卡尔迪克存在产品使用领域及客户群体重合的情形，但这是由产品特性导致的，且公司对炭黑产品进行独立销售，公司与关联方不存在同业竞争的情况。

四、上海富翊装饰工程股份有限公司

公司控股股东控制的多家企业与公司经营项目存在相似之处。并且，控股股东誉丰实业的主营业务为木地板的生产与销售，主营业务为生产与贸易。2012 年至 2014 年，誉丰实业与富翊装饰因为内部分工，曾经发生富翊装饰采购木地板再销售给其他公司的情形（除富翊装饰承接工程所需木地板以外的采购），誉丰实业与富翊装饰由此构成一定程度的同业竞争。

报告期内，公司业务中采购自母公司的木地板销售收入占比在 2012 年、2013 年、2014 年上半年分别达 33.48%、54.64%、60.81%。未来公司承诺不再从事上述销售母公司木地板业务。

（一）两家业务的具体情况

控股股东上海誉丰实业（集团）有限公司属于建筑材料生产销售企业，以销售产品获取盈利，而富翊公司属于以提供专业施工为主要形式的服务性企业，以服务获取盈利，两者主要有以下几个方面存在明显差异。

公司名称	上海誉丰	富翊装饰
所属行业	建筑建材行业	室内装饰装修行业
经营产品/服务	建筑建材（木地板）	分项工程承包施工
用途	室内（外）地面饰材	建筑装饰装修配套服务
市场	建材超市、建材市场	各类装饰装修建筑项目

续表

目标(客户)	地面饰材终端客户	房地产开发商、建筑商、非终端客户
业务模式	以终端销售网络销售产品	发展客户群
盈利模式	以销售产品获取盈利	以提供服务获取盈利
使用的技术	基于产品制造方面的技术标准规范、工艺及自主知识产权	基于安装施工的设计技术、工艺流程及相关的自主知识产权

从以上两家公司的对比可以看出,由于两家公司提供产品及服务、目标市场、目标客户、业务模式的不同,上海誉丰生产、销售木地板,富翊装饰提供木制品专业施工服务,不单独销售木地板,因此两家公司不存在同业竞争。

公司业务专注于木制品分项工程专业设计和施工,处于系统集成商的角色。公司具有较强的木制品分项工程的系统设计能力,可以按照客户技术标准为其提供较好的设计和施工方面的系统解决方案,故公司业务开展所用的木地板,系根据客户的工程技术标准和所能接受的成本需求、由公司提供选择建议后、与客户共同协商确定的。出于采购便利因素的考虑,公司报告期内在施工中采用的木地板,在同等条件下公司优先向控股股东上海誉丰采购。为进一步提升公司业务的独立性,未来,公司将在满足客户质量要求的前提下,逐步寻找自主的供应商(或者实施独立的定制采购),降低自母公司采购比例。未来,公司在木地板分项工程的系统集成服务中(安装服务以及地板供应),也向客户提供木地板,因此,可能与控股股东之间存在潜在的同业竞争。但是,公司销售木地板均系为特定项目的定制开发销售(类似于“多选一”),不单独销售木地板,与母公司的具体产品和销售模式不同(类似于“一对多”)。加之,公司未来将专注于精装修木制品设计、施工业务,系统集成的产品不仅包括木地板还有其他木制品,而母公司未来将继续专注于地板生产、销售业务。因此,公司与控股股东之间不存在现实或潜在的利益冲突。

(二)报告期内,公司承担了部分指定客户的木地板销售、存在贸易性收入,与母公司的木地板销售虽然客户不同但业务类似

扣除贸易类销售收入以及公司对母公司的安装木地板采购,对报告期内的收入利润进行模拟调整后,公司的收入利润(完全剔除对母公司关联采购)大致数据如下表所示:

单位:元

项目	2014 年 1 ~6 月	2013 年度	2012 年度
营业收入	8,305,886.72	15,123,601.71	13,624,218.54
营业成本	5,309,935.16	7,209,766.45	6,812,109.27
净利润	1,237,290.45	5,027,488.38	4,129,915.22
净利率	14.90%	33.24%	30.31%

模拟数据显示,扣除对母公司关联采购及相应销售对净利润的影响后,公司分项工程施工业务具有持续盈利能力,因季节性原因,公司 2014 年上半年总体收入较小,影响了上半年整体毛利率,也对安装利润率产生了一些影响。上述模拟财务数据完全剔除对母公司地板采购,但考虑行业惯例,即使富翊装饰没有木地板生产、销售的关联企业,其承接的大部分工程也将由其采购木地板,公司同样会另有部分利润空间。

(三)公司同业竞争解决措施及进展补充披露

截至 2014 年 11 月 6 日,富翊装饰已签订的木地板销售合同,均已全部履行完毕。公司及母公司已承诺除履行完毕已签订的贸易合同外,不再签订新的贸易合同,实际也未再签订木地板贸易合同。

为解决报告期的同业竞争情形,公司与母公司于 2014 年 8 月 6 日作出承诺,具体内容如下:

1. 2012 年至 2014 年 6 月,由于上海誉丰集团内部的销售分工,上海誉丰将装修装饰企业用于住宅精装修木制品施工的木地板采购合同全部划归富翊装饰执行,富翊装饰从上海誉丰采购后木地板,再销售给该等装修装饰企业客户,由此导致富翊装饰在股份公司成立之前存在较大比例的木地板贸易销售收入,因而造成上海誉丰、富翊装饰均从事木地板销售的情形(除富翊装饰承接工程所需木地板以外),双方构成一定程度同业竞争。

为解决双方之间的潜在同业竞争,上海誉丰、富翊装饰承诺:

富翊装饰除已签订正在履行的木地板销售合同外,将不再签订新的木地板销售合同。富翊装饰现已签订的木地板销售合同,如在 2014 年 9 月 30 日前尚无法履行完毕,将与客户协商转由上海誉丰履行未完成之合同义务。富翊装饰关于木地板销售的开票在 2014 年将全部结束,2014 年后不再开具销售木地板的发票(除富翊装饰承接工程所需木地板以外的采购)。

2. 上海誉丰确认，本公司、本公司控股或参股的企业除已经披露的信息外，未在中国境内外直接或间接从事或参与任何在商业上对富翊装饰构成竞争的业务及活动。

3. 上海誉丰、富翊装饰均为独立法人主体，双方将从内部制度和管理上进行规范，双方对业务进行明确的划分，设定各自所从事的细分业务并严格遵守，避免双方之间产生潜在同业竞争。

富翊装饰主营业务为精装修房室内装饰装修木制品分项工程，包括木地板供应及安装工程、橱柜供应及安装工程、木门供应及安装等工程（上述供应仅包括富翊装饰承接工程所需的材料采购）；上海誉丰及其控制公司（除富翊装饰外）主营业务为木地板的研发、生产、销售，木板材的贸易等业务。上海誉丰承诺不直接或间接从事或参与精装修房室内装饰装修木制品分项工程；将不直接或间接开展对富翊装饰有竞争或可能构成竞争的业务、活动或拥有与富翊装饰存在同业竞争关系的任何经济实体、机构、经济组织的权益；或以其他任何形式取得该经济实体、机构、经济组织的控制权。富翊装饰承诺不直接或间接从事或参与木地板的研发、生产、销售，木板材的贸易等业务；将不直接或间接开展对上海誉丰有竞争或可能构成竞争的业务、活动或拥有与上海誉丰存在同业竞争关系的任何经济实体、机构、经济组织的权益；或以其他任何形式取得该经济实体、机构、经济组织的控制权。

4. 自承诺函签署之日起，如双方进一步拓展其业务范围，则承诺人及承诺人此后控制的其他企业将不与另一方拓展后的业务相竞争；若拓展后的业务产生竞争，受承诺人控制的其他企业将通过以下方式避免同业竞争。

（1）停止生产、经营构成竞争或可能构成竞争的产品；

（2）将相竞争的资产、业务或权益以合法方式置入另一方；

（3）将相竞争的业务转让给无关联的第三方；

（4）将对另一方产生竞争的投资转让给无关联的第三方。

本承诺函自双方签章之日起生效，在上海誉丰持有富翊装饰股份期间，本承诺为有效承诺，双方均不可撤销。

若违反上述承诺，违反承诺人将承担相应的赔偿责任或法律责任。

关于同业竞争，主办券商核查结果如下：

（1）经核查，目前公司已履行完毕所有贸易性木地板销售合同。公司及母公司已承诺不再签订新的贸易性木地板销售合同，且实际未再发生贸易性木地板销售。

(2)控股股东及实际控制人控制及参股的企业如下：上海誉丰实业(集团)有限公司、上海均安木业有限公司、安徽誉丰木制品有限公司、上海起美经贸有限公司、瑞法橱柜(上海)有限公司、昆明誉丰合经贸有限公司(目前已解除关联关系)，上述企业都已在公开转让说明书第128页披露，经主办券商核查，公司不存在其他未披露关联企业。

上述企业主要从事地板生产，木板、板材经销，橱柜生产等工作，均不从事自产产品的安装、施工服务。报告期内，由于集团内部的销售分工，母公司将其他装修装饰企业采购木地板用于住宅精装修木制品施工的销售，由公司采购自母公司后，再销售给其他客户，导致报告期内公司存在较大比例的贸易收入，存在双方均从事木地板销售的情形(除富翊装饰承接工程所需木地板以外)。有鉴于此，公司与本公司控股股东以及实际控制人控制的其他企业从事相同或相似的业务，前期存在同业竞争，公司与母公司均已出具承诺消除同业竞争，且已实际履行，公司与母公司之间目前已不存在同业竞争情形。公司业务专注于木制品分项工程专业设计和施工，处于系统集成商的角色。公司具有较强的木制品分项工程的系统设计能力，公司所承接的工程所用地板，主要由公司按客户技术标准独立设计，下游供应商按公司的设计要求进行加工。故公司业务开展所用的木地板，系根据客户的工程技术标准和所能接受的成本需求、由公司提供选择建议后、与客户共同协商确定的。报告期内，考虑到公司向母公司采购的便利性以及对母公司产品较为了解，在母公司现有产品或按公司要求定制生产产品能够满足公司客户技术标准的情况下，公司一般优先采购母公司产品。

为进一步提升公司业务的独立性，未来，公司将在满足客户质量要求的前提下，逐步寻找自主的供应商(或者实施独立的定制采购)，降低自关联企业采购比例。未来，公司在木地板分项工程的系统集成服务中(安装服务以及地板供应)也向客户销售木地板，因此，可能与控股股东之间存在潜在的同业竞争。

但是，公司销售木地板均系为特定项目的定制开发销售(类似于“多选一”)，且不单独销售木地板，与母公司的具体产品和销售模式不同(类似于“一对多”)，双方在行业、经营产品或服务、用途、目标市场、目标客户、所使用的技术等方面均完全不同。公司专注于精装修木制品设计、施工业务，系统集成的产品不仅包括木地板还有其他木制品，而母公司专注于地板生产、销售业务。因此，公司与控股股东之间不存在现实或潜在的利益冲突。

综上所述，主办券商认为，公司解决同业竞争的措施依据充分，切实可行。

（3）规范后，公司与母公司不再同时从事木地板销售业务，且公司未再签订木地板销售合同，也承诺未来不再签订单独的木地板销售合同，主办券商认为，公司与关联公司已从实质上消除同业竞争。

5. 公司剥离销售业务后是否具备持续经营能力

公司拥有49名员工，其中项目人员26人。公司施工管理团队的项目经理及现场施工管理员均从业经验丰富，大多有5~10年的行业经历，在施工组织、工程进度、质量管控、施工配合与协调等方面，具有丰富的经验和过硬的专业能力，能保证公司承接的各类分项工程获得客户的好评。公司员工比较稳定，上述工作人员多数均在公司长期从业，使公司在各项技能的掌握、流程规范、沟通协调的默契、配合程度等方面具有明显竞争优势。公司在木制品分项工程中积累了丰富的设计、安装、实施经验和技术，已取得中国室内装饰协会颁发的《室内装饰企业资质等级证书》施工乙级（限承担1500万元以内室内装饰工程专项施工），证书号为"DF2103127"，并取得了上海市室内装饰行业协会颁发的《安全生产认定证》，证书编号为"（沪）室安认证字（0129）"。公司拥有的人员、技术、资质等关键性能够支撑其安装业务的开展，公司业务具备独立性。

与其他建筑装饰企业相比，公司一直坚持大客户模式。把公司目标客户放在国内前100强房企上，成立大客户事业部，以专人专班开发大客户，集中精力与万科、金地、中海、恒大、华远、保利等大型央企及上市公司谋求战略合作，每年发展2~3个战略合作大型房企，依托公司在市场口碑、开发措施、人脉关系的基础，进一步开拓行业内优质客户。

公司除木地板外，将逐步开展诸如木门、橱柜、木饰面等住宅精装修木制品工程施工业务，为客户提供木制品装修装饰的全方位解决方案。

截至2014年11月6日，公司期后共签订合同金额为3000万元左右，其中200万元以上的期后合同金额为1948.13万元。此外，公司与阳光城集团股份有限公司（股份代码：000671）以及五矿建设集团（股份代码：0230）新签订战略合同，项目组通过获取公司期后新签订合同并对其进行核查，主办券商认为，剥离销售业务后，公司具有持续经营能力。

五、天津渤商大百商贸股份有限公司

（一）实际控制人控制下的企业的同业竞争情况

本公司的实际控制人是天津市国资委，天津市国资委对一商集团出资40,386万元,占其注册资本的比例为100%;一商集团直接持有本公司70%的股权,并通过天津市百货公司间接持有公司30%股份,合计持有股份公司100%的股权,为本公司的控股股东。

天津市国资委根据天津市政府授权,代表国家对一商集团履行出资人职责,依法享有资产收益、参与重大决策和选择管理者等出资人权利,但其本身并无任何生产经营行为,亦不干预其控股的国有企业的日常经营活动,与本公司不存在同业竞争。《公司法》第216条规定:"国家控股的企业之间不仅因为同受国家控股而具有关联关系。"《企业会计准则第36号——关联方披露》第6条规定:"仅仅同受国家控制而不存在其他关联方关系的企业,不构成关联方。"所以本公司与天津市国资委控制的其他企业不构成关联方,本公司与天津市国资委控制的其他企业如果存在从事相同产品生产经营的情况,亦不属于同业竞争。天津市国资委及其控制的除一商集团外的其他企业亦不视为本公司关联方,与本公司之间的交易不作为关联交易。

公司控股股东天津一商集团有限公司的前身为原天津市第一商业局,对其下属企业实施行政管理职能;改制成公司后,作为天津市国资委授权的国有资产授权经营单位,对其下属企业履行国有出资人职责,不直接从事生产经营活动。

公司控股股东一商集团下属的企业原是作为天津市第一商业局行政管辖的国有商业企业,接受天津市第一商业局的行政领导,但是独立经营、自负盈亏。天津市第一商业局改制成一商集团后,一商集团对这些企业行使国有出资人职能,但是各企业依然保持着自主经营、自负盈亏的经营格局。受上述历史原因的影响,各家企业之间存在经营相同或相近业务的情形。

目前,一商集团主营百货零售、批发贸易、实业投资、商服金融四大核心主业以及现代物流、商业置业、电子商务三大功能业务。其中批发贸易板块主要从事百货、家电、照明、化工、有色金属、五金、纺织品、纸张、酒水等大类商品批发,代理近百个世界500强、中国500强、行业100强品牌。该板块包括本公司、天津百货商务贸易总公司天津文化用品商贸有限公司、天津正泰实业有限公司、天津裕华经济贸易总公司等公司。目前,在深化国企改革的大背景下,一商集团已计划将本公司作为未来批发贸易板块整合平台,通过业务整合、股权并购等方式进行重组,打造产业上、下游连接紧、经营控制力强、效益水平高的天津领先、全国知名的批发贸易企业,实现国有资产的保值增值。

(二)股东及其控制企业与公司同业竞争情况

主办券商通过核查后发现,报告期内,公司控股股东、实际控制人一商集团除持有本公司股份外，还直接或间接控制着天津百货商务贸易总公司等40家公司，其中，天津危险化学品交易市场经营管理有限公司等14家企业与股份公司不存在经营范围重合且未开展相竞争业务，与公司不存在同业竞争；天津市五金交电总公司等18家公司的经营范围尽管与股份公司在报告期内存在重叠，但未开展与公司相竞争业务，且截至本公开转让说明书签署日，均已通过变更经营范围的方式，解决与股份公司经营范围重合的问题，且均已出具避免同业竞争的承诺函。另外8家企业经营范围与股份公司存在重合，具体情况如下：

一商集团、百货公司及其控制的企业中，天津轻纺商城有限公司、天津瑞奇针纺商贸有限公司、天津市德华馨鞋厂、天津市对外供应公司、天津市河北区中山信托商店、天津市精益钟表眼镜公司、天津市日用百货批发公司、天津市商业对外储运公司、天津市商业计算机应用服务公司、天津市文化用品采购供应站、天津市五金交电总公司、天津市信托贸易公司外国货物收购站、天津市针棉织品公司、天津一商化工贸易有限公司、天津一商信托发展中心南开车辆有限责任公司、天津一商针织商贸有限公司、天津针织品采购供应站、天津一商电子商务有限公司18家公司已于2014年11月在工商行政管理机关变更了与渤商大百股份存在表述上重合的经营范围。

针对一商集团、百货公司及其控制的其他企业，为了降低及避免其在经营发展过程中给渤商大百股份带来的实质性同业竞争、潜在同业竞争的风险，一商集团、百货公司及其控制的企业拟通过下列方式解决：

1. 天津一商集团有限公司

为有效避免同业竞争，渤商大百股份控股股东一商集团出具了《避免同业竞争的承诺函》，承诺如下：

“目前，天津一商集团有限公司（以下简称本公司），经营范围为‘物资、商业的批发、零售、代购、代销；房屋租赁；服装、铁木家具的加工、制造；自营和代理内销商品的进出口业务；经营进料加工和三来一补业务；经营对销贸易和转口贸易；科技咨询；资产管理（金融资产管理除外）；投资咨询服务；商务信息咨询服务；企业管理及相关咨询服务；以下范围限分支机构经营：房地产开发及商品房销售；石油制品、润滑油脂；黄金饰品、音像制品、烟酒零售；仓储；普通货物运输；包装；搬倒；装卸；整理及相关劳务服务；货运代理；家用及办公设备维修（以上经营范围涉及行业许可的凭许可证件，在有效期内经营，国家有专项专营规定的按规定办理）’，与股份公司不存在同业竞争。除上述事项外，本公司目前没有，未来也不会直接从事与股份公司及其下属子公司现有及未来从事的业务构成竞争或可能构成竞争的业务。

针对目前本公司控制的企业开展与股份公司及其下属子公司相竞争的业务的情形，本公司承诺在股份公司新三板挂牌之日起三年内逐步解决，解决措施包括但不限于：向独立第三方出售本公司控制的与公司生产、经营相竞争的任何资产、业务或权益；采取措施停止构成竞争的业务；将相竞争企业的股份以公平合理的价格转让给股份公司；变更经营范围等手段，从而维护股份公司利益。本公司承诺在股份公司新三板挂牌之日起三年后，本公司及本公司控制的企业，不会直接或间接从事参与、发展与公司业务相竞争的业务经营。

自本承诺函签署之日起，如本公司或本公司控制的企业进一步拓展产品和业务范围，本公司及本公司控制的企业将不开展与股份公司及其下属子公司相竞争的业务，并优先推动股份公司及其下属子公司的业务发展。在可能与股份公司及其下属子公司存在竞争的业务领域中出现新的发展机会时，给予股份公司及其下属子公司优先发展权。若出现可能与股份公司拓展后业务产生竞争的情形，本公司将采取停止构成竞争的业务，或将相竞争的业务以合法方式置入股份公司，或将相竞争的业务转让给无关联第三方等方式消除潜在的同业竞争，以维护股份公司利益。

本公司将充分尊重股份公司的独立法人地位，严格遵守公司章程，保证股份公司独立经营、自主决策；将善意履行作为控股股东的义务，不利用控股股东地位，促使股东大会或董事会作出侵犯其他股东合法权益的决议；在与股份公司相关的关联交易（如有），将按照公平合理和正常的商业交易条件进行；将严格和善意地履行与股份公司签订的各种关联交易协议（如有），不会向股份公司谋求任何超出上述规定以外的利益或收益。

本公司将依法律、法规及公司的规定向公司及有关机构或部门及时披露与公司业务构成竞争或可能构成竞争的任何业务或权益的详情，直至本公司不再作为公司控股股东为止。

如本公司、本公司直接或间接控制的其他企业违反上述承诺和保证，本公司将依法承担由此给公司造成的一切经济损失，并承担相应的法律责任。

自新三板挂牌成功之日起，本函及本函项下之承诺为不可撤销的，且持续有效，直至本公司不再成为股份公司的控股股东和对股份公司拥有控制权的关联方为止。”

2. 股东百货公司作为一商集团的全资子公司持有公司30%的股份，是公司的第二大股东。为有效避免同业竞争，股东天津市百货公司出具了《关于避免同业竞争的承诺函》，承诺如下：

“(1) 目前，天津市百货公司（以下简称‘本公司’），经营范围为‘商业;5万美元以下的旅游商品出口业务;自有房屋租赁;物资供销（经营方式：批发兼零售、服务）（以上经营范围内国家有专营专项规定的按规定办理，依法须经批准的项目，经相关部门批准后方可开展经营活动）’，与股份公司不存在同业竞争。除上述事项外，本公司目前没有，未来也不会直接从事与股份公司及其下属子公司现有及未来从事的业务构成竞争或可能构成竞争的业务。

(2) 自本承诺函签署之日起，如本公司或本公司控制的企业进一步拓展产品和业务范围，本公司及本公司控制的企业将不开展与股份公司及其下属子公司相竞争的业务，并优先推动股份公司及其下属子公司的业务发展。在可能与股份公司及其下属子公司存在竞争的业务领域中出现新的发展机会时，给予股份公司及其下属子公司优先发展权。若出现可能与股份公司拓展后业务产生竞争的情形，本公司将采取停止构成竞争的业务，或将相竞争的业务以合法方式置入股份公司，或将相竞争的业务转让给无关联第三方等方式消除潜在的同业竞争，以维护股份公司利益。

(3) 本公司将充分尊重股份公司的独立法人地位，严格遵守公司章程，保证股份公司独立经营、自主决策；将善意履行作为控股股东的义务，不利用控股股东地位，促使股东大会或董事会作出侵犯其他股东合法权益的决议；在与股份公司相关的关联交易（如有），将按照公平合理和正常的商业交易条件进行；将严格和善意地履行与股份公司签订的各种关联交易协议（如有），不会向股份公司谋求任何超出上述规定以外的利益或收益。

(4) 本公司将依法律、法规及公司的规定向公司及有关机构或部门及时披露与公司业务构成竞争或可能构成竞争的任何业务或权益的详情，直至本公司不再作为公司控股股东为止。

(5) 如本公司、本公司直接或间接控制的其他企业违反上述承诺和保证，本公司将依法承担由此给公司造成的一切经济损失，并承担相应的法律责任。

(6) 自新三板挂牌成功之日起，本函及本函项下之承诺为不可撤销的，且持续有效，直至本公司不再成为股份公司的控股股东和对股份公司拥有控制权的关联方为止。”

(三)公司业务、资产、人员、财务、机构与前述主体分开的情况

公司设有独立的财务部门,已按《会计法》和《企业会计制度》等有关法规的要求建立了独立的财务规章制度和财务核算体系。公司按照公司《章程》规定独立作出财务决策,不存在实际控制人、股东干预公司资金使用的情况;公司在银行单独开立账户,并依法独立纳税,不存在与实际控制人、股东及其控制的其他企业共用银行账户的情形。

公司已建立了股东大会、董事会、监事会等完善的法人治理结构。自设立以来,公司逐步建立了符合自身生产经营需要的组织机构且运行良好,公司各部门独立履行职能,公司独立于实际控制人、股东及其控制的其他企业,不存在机构混同、混合经营、合署办公的情形。

公司董事、监事及高级管理人员严格按照《公司法》、公司《章程》的有关规定选举或聘任,不存在控股股东超越公司董事会和股东大会做出人事任免的情形。公司总经理、副总经理、财务负责人等高级管理人员专职在公司工作并领取报酬,不存在实际控制人、股东及其控制的其他企业兼任除董事、监事之外其他职务的情形,不存在实际控制人、股东及其控制的其他企业领取报酬的情形;公司的财务人员不存在实际控制人、股东及其控制的其他企业中兼职的情形。

公司拥有完整的业务体系,建立了与业务体系配套的管理制度和相应的职能机构,能够独立开展业务,具备面向市场自主经营的能力。

公司由有限公司整体变更设立而来,承继了有限公司的全部资产,具有独立完整的资产结构。公司变更设立后,正在依法办理相关资产权属的变更登记手续,公司目前业务完全由公司享有。截至本反馈意见回复出具之日,公司未以资产、信用为公司股东及其他关联方的债务提供担保,也未将公司的借款或授信额度转借给公司股东及其他关联方。公司资产产权关系明晰,不存在被股东及其关联方占用而损害公司利益的情况。

综上,主办券商认为,公司的财务、机构、人员、业务、资产与实际控制人、股东及其控制的其他企业分开。

(四)结论意见

主办券商认为,天津市国资委本身并无任何生产经营行为,亦不干预其控股的国有企业的日常经营活动,与本公司不存在同业竞争。天津市国资委及其控制的企业不符合相关法规中对于关联方的规定,故天津市国资委及其控制的除一商集团外的其他企业亦不视为本公

司关联方，与本公司之间的交易不作为关联交易，亦不属于同业竞争。

主办券商认为，公司控股股东天津一商集团其前身为原天津市第一商业局，对其下属企业实施行政管理职能；改制成公司后，作为天津市政府授权的国有资产授权经营单位，对其下属履行国有出资人职责，其下属企业具体的生产经营仍由各自管理团队实施管理，因此各企业间存在的同业竞争状况有其历史渊源，控股股东天津一商集团并未有意侵占发行人或其他下属企业的利益。自2014年11月起，各方对避免同业竞争的问题做出了明确的承诺，报告期内除百货商贸及文化商贸两家公司外，其余经营范围同公司有类似之处的公司不构成同业竞争。百货商贸及文化商贸也已出具了避免同业竞争承诺函，尽管存在与控股股东、实际控制人及其控制的其他企业从事相同、相似业务的情况，但已最大限度地减少了同业竞争对股份公司的影响。

主办券商认为，股东百货公司及其控制的其他企业中，报告期内存在与公司经营范围类似的情况，但目前该情形已经消除；公司股东及其控制的其他企业为避免未来可能与公司构成同业竞争而出具的承诺合法、有效。截至本反馈回复出具之日，公司严格执行上述规范同业竞争的措施。公司的实际控制人、持股5%以上的股东及公司的全体董事、监事、高级管理人员未违反上述承诺，因此规范措施合理有效。

主办券商认为，公司的财务、机构、人员、业务、资产与实际控制人、股东及其控制的其他企业分开。

“天津市国资委根据天津市政府授权，代表国家对一商集团履行出资人职责，依法享有资产收益、参与重大决策和选择管理者等出资人权利，但其本身并无任何生产经营行为，亦不干预其控股的国有企业的日常经营活动，与本公司不存在同业竞争。根据《公司法》第216条规定：‘国家控股的企业之间不仅因为同受国家控股而具有关联关系。’《企业会计准则第36号——关联方披露》第六条规定：‘仅仅同受国家控制而不存在其他关联方关系的企业，不构成关联方。’所以本公司与天津市国资委控制的其他企业不构成关联方，本公司与天津市国资委控制的其他企业如果存在从事相同产品的生产经营的情况，亦不属于同业竞争。天津市国资委及其控制的除一商集团外的其他企业亦不视为本公司关联方，与本公司之间的交易不作为关联交易。”

第四章　关联交易

【基本理论】

一、新三板和 IPO 对关联交易的不同认知

在讨论关联交易这个问题之前，小兵想再一次与大家分享一个比喻和观点，以区别 IPO 和新三板，也用来解释为什么在很多问题的关注和判断上两个监管机构会存在很大的甚至是实质性的差异。这个比喻就是：假定企业是 2010 年成立的，如果按照一个完美的企业成长计划，这个企业可能在 2015 年会发展成熟并基本完善符合 IPO 上市条件，那么新三板市场的推出只是让这个企业可以提前在 2013 年甚至 2012 年就有了一个登陆资本市场的机会。换句话说，IPO 是成熟完善的企业，新三板是正在接近成熟完美的企业；IPO 对于很多问题需要严格要求必须清理，新三板可以要求逐渐清理慢慢规范但是也要有预期（如到 2105 年就完美了）；IPO 的目标保护投资者利益是第一位的，新三板企业要在保护投资者利益和企业正常生产经营之间找到平衡。

具体到关联交易的问题，在 IPO 过程中对于一个成熟企业由于关联交易的必要性和公允性（尤其是必要性）很难解释清楚，目前情况下绝大部分企业报告期最后一期已经不存在关联交易。而对于新三板企业，那么不仅可以允许存在关联交易，甚至某些企业的关联交易比重还比较大，只要保证企业的关联交易正在逐步规范降低，更重要的是，企业不存在对关联交易的重大依赖，具备独立面对市场的能力。

二、关联交易的公允性和必要性

关于关联交易对于企业的影响，应该是从两个层面来衡量，这也是在上市或挂牌过程中对于关联交易问题关注的最核心的维度，一个是财务方面，另一个是经营方面：（1）财务方面，在信息披露中要真实

准确地披露企业全部的关联交易，不得存在隐藏关联交易、关联交易非关联化、关联交易披露不完整等情形。(2)经营方面，企业不得存在明显不公允的关联交易，也不得对关联交易存在重大依赖影响企业的独立性。

这就是关于关联交易的公允性和必要性问题。(1)关于关联交易的公允性，其实并不难证明，只要通过关联交易以及正常交易进行简单对比就可以判断；如果真的存在明显不公允的关联交易，那么需要测算这样的关联交易对企业业绩的影响有多大(模拟测算，并可以考虑将"虚增"的业绩计入非经常性损益)。(2)关于必要性问题，就是企业是否一定要跟关联方发生交易，这里有一个明显的悖论：如果说企业不一定需要跟关联方交易，那么交易就没有必要性了；如果说企业一定要个关联方交易，那么就存在是否对关联方存在重大依赖的疑问。从这个必要性的角度来讲，这也就是为什么 IPO 企业很少存在关联交易的原因，必要性问题很难解释。

三、审核关注要点

当然，基于新三板企业是正在规范完善的企业，那么存在关联交易是合理的，也是应该认可和容忍的。如一个企业在业务发展的初期阶段，可能需要依赖关联方的协助和帮忙，随着企业自身实力逐渐增强，那么企业关联交易的比例也会逐渐下降并且非关联发给交易的市场规模和交易金额都大幅增加，那么这样的商业逻辑下的关联交易是允许的。一般情况下，如果企业在报告期末的关联交易能够在50%以下，一般认为是风险可控是可以依赖的，这也就是为什么某些主办券商将50%的关联交易标准作为内核标准的原因。

如果挂牌企业的关联交易有以下的因素，那么小兵认为可以不要求挂牌企业强制清理：

1. 关联交易的发展有着历史的原因和背景，并且这样的发展轨迹和未来趋势是符合商业逻辑，是经得起合理性推敲的。

2. 关联交易的公允性和必要性有一定的合理性，这个方面要做好充分的解释。

3. 关联交易的清理目前阶段不具有可行性或者经济性，目前清理关联交易可能需要付出较大成本而挂牌企业无法承担。

4. 关联交易目前正在处于逐步规范的过程中，并且有着规范的明确预期，这种情况下一般都需要给予一个比较明确的期限。

5. 在考虑和不考虑关联交易的情况下，对挂牌企业的业务发展和盈利能力进行对比，以保证投资者对企业有着清晰完整的判断。比如有的企业可能主要的盈利能力都来自于关联交易，那么需要考量这个企业如果没有了关联交易是否还能够持续盈利。

关于新三板审核过程中对于关联交易的关注要点，可能主要有以下几个方面：(1)关联交易的金额以及占比情况；(2)关联交易的原因以及必要性；(3)关联交易的决策权限、决策程序、定价机制等；(4)关联交易的合规性和公允性、是否对关联方存在依赖、未来关联交易是否持续、减少和规范关联交易的具体安排等；(5)关联交易对企业业务独立性的影响，对公司财务状况的影响；(6)是否存在关联交易非关联化的问题；(7)关联交易的内部决策程序和内部控制措施，规范关联方交易所采取的措施是否充分、有效，相关内部控制是否完善。

【实践案例】

一、北京朗德金燕自动化装备股份有限公司

公司报告期内经常性关联交易占比较高。(1)请公司说明关联交易原因及必要性、相应的决策权限、决策程序、定价机制、交易的合规性和公允性、是否对关联方存在依赖、未来关联交易是否持续、减少和规范关联交易的具体安排等。(2)请主办券商及申报会计师针对关联交易的必要性、真实性及公允性，补充核查并发表专业意见。(3)请主办券商补充核查公司在业务上对关联方的依赖风险、公司业务的独立性、关联交易对公司财务状况的影响，并发表明确意见。(4)请主办券商和律师就公司为规范关联方交易所采取的措施是否充分、有效，相关内部控制是否完善发表意见。(5)请公司补充披露报告期，关联方应收应付款项及关联方占用资金涉及各项往来款项产生的原因，欠款期后回收情况；未偿还的请披露原因，是否构成资金占用，以及后续偿还措施等。

（一）请公司说明关联交易原因及必要性、相应的决策权限、决策程序、定价机制、交易的合规性和公允性、是否对关联方存在依赖、未来关联交易是否持续、减少和规范关联交易的具体安排等

1. 经常性关联交易

（1）采购商品/接受劳务情况

单位：元

关联方	关联交易内容	定价方式	2015年1~3月		2014年度		2013年度	
			金额	占同类交易比例（%）	金额	占同类交易比例（%）	金额	占同类交易比例（%）
晋城市金匪机电有限公司	购买配件	公允值定价					873,610.32	0.99
晋城金鼎华创气业有限公司	购买配件	公允值定价					25.65	0.00
晋城市金菲机电有限公司	购置固定资产	公允值定价					716,239.31	38.24
山西石涅招标代理有限责任公司	招标服务费	公允值定价			19,842.00	37.64	337,775.00	13.32
合计					19,842.00		1,927,650.28	

公司向晋城市金菲机电有限公司采购商品为密封材料、固定资产为数控车床。山西石涅招标代理有限责任公司为晋煤集团常用的招标代理公司，公司投标晋煤集团招标项目需向山西石涅招标代理有限责任公司支付投标服务费。公司报告期内关联采购金额较小，且逐年减少，对公司经营不具有重要性。

（2）出售商品/提供劳务情况

单位：元

关联方	关联交易内容	定价方式	2015年1~3月	2014年度	2013年度
山西晋煤集团金鼎煤机矿业有限责任公司	立柱、千斤顶	市场价	11,506,000.86	69,686,446.00	77,685,837.61

续表

关联方	关联交易内容	定价方式	2015 年 1 ~3 月	2014 年度	2013 年度
晋城蓝焰煤业股份有限公司	立柱、千斤顶、硐室	市场价		518,645.31	13,454,320.50
山西长平煤业有限责任公司	立柱、硐室	市场价			89,743.59
山西晋城无烟煤矿业集团有限责任公司	立柱硐室	市场价	94,095.73	951,147.88	120,512.82
山西晋煤集团坪上煤业有限公司	硐室	市场价		712,418.81	
山西晋煤集团赵庄煤业有限责任公司	硐室	市场价		2,207,453.00	3,875,062.40
山西晋煤集团沁秀煤业有限公司	密闭门	市场价			389,743.59
山西晋煤集团晋圣凤红煤业有限公司	硐室	市场价		1,318,164.10	
山西晋城王台铺煤矿有限公司	硐室	市场价		8,551,177.76	
北京中天科源矿业技术有限公司	轴承锥套隔圈	市场价			668,632.48
小计			11,600,096.59	83,945,452.86	96,265,852.99
占营业总收入比例			29.86%	51.78%	68.46%

2013 年度、2014 年度、2015 年 1 ~3 月公司关联销售占营业总收入比例分别为 68.46%、51.78%、29.86%，关联交易比重逐年下降。公司外部市场处于不断开拓阶段，非关联方客户收入占比逐年上升，随着公司市场的逐步拓展，公司将逐步降低对晋煤集团的依赖性。

2. 关联方应收应付账款余额

关联方	关联交易内容	2015 年 3 月 31 日	2014 年 12 月 31 日	2013 年 12 月 31 日
应收账款	山西晋煤集团金鼎煤机矿业有限责任公司	34,968,522.88	37,416,501.88	39,489,262.54
	晋城蓝焰煤业股份有限公司	1,425,000.00	3,275,930.00	5,606,745.00
	山西长平煤业有限责任公司	600,000.00	600,000.00	2,600,000.00
	山西晋煤集团赵庄煤业有限责任公司	1,461,488.00	1,461,488.00	2,512,763.00
	山西晋城无烟煤矿业集团有限责任公司	203,432.00	93,340.00	1,997,777.00
	山西晋煤集团坪上煤业有限公司	2,216,023.00	2,467,183.00	1,736,023.00
	山西晋煤集团泽州天安润宏煤业有限公司	380,929.00	380,929.00	1,080,929.00
	山西晋煤集团泽州天安海天煤业有限公司	1,500,000.00	1,500,000.00	2,000,000.00
	山西晋煤集团沁秀煤业有限公司	106,000.00	206,000.00	456,000.00
	山西晋城王台铺煤矿有限公司	1,000,000.00	1,000,000.00	
	山西晋煤集团晋圣凤红煤业有限公司	1,542,252.00	1,542,252.00	
应付账款	晋城金得机电有限责任公司	3,100,000.00	3,100,000.00	3,100,000.00

3. 购销关联交易的定价原则

(1)采购定价

公司从关联方晋城市金菲机电有限公司、晋城金鼎华创气业有限公司采购的原材料主要是配件。从晋城市金菲机电有限公司采购的原材料是密封件配件、固定资产为数控车床(生产密封件设备),山西石涅招标代理有限责任公司主要提供的是“招标服务费”。公司与关联方进行商品采购与非关联方之间的商品采购,采购方式相同,采购价格与非关联方采购价定价原则基本相同,定价公允,不存在损害公司利益的情形。

(2)销售定价

公司所有产品均通过公开招标、询价比价的方式进行销售。公开招标是通过用户公开发布的招标公告获得用户所需产品的招标信息,参考市场价格水平,确定投标价格。询价比价为用户需要产品时,向产品生产者发出询价函,公司根据自身情况进行报价,对方根据报价方的报价进行比价从而确定生产者。产品价格公开,交易定价公允。报告期内公司关联销售和非关联销售毛利率具体情况如下表所示:

项目		毛利率		
		关联销售	非关联销售	差异
2015 年 1~3 月	硐室			
	千斤顶、立柱	18.71%	17.51%	1.21%
	密封件	12.69%	12.63%	0.07%
	皮带扣	9.92%	—	9.92%
	合计	18.12%	17.44%	0.68%
2014 年	硐室	18.51%	25.00%	-6.49%
	千斤顶、立柱	21.10%	21.36%	-0.27%
	密封件	13.55%	—	13.55%
	皮带扣	10.36%	—	10.36%
	合计	20.06%	21.76%	-1.70%
2013 年	硐室	24.78%	23.97%	0.81%
	千斤顶、立柱	21.19%	19.12%	2.07%
	密封件	7.69%	3.43%	4.26%
	皮带扣	—	—	—
	合计	21.21%	17.21%	4.00%

公司产品销售通过招投标程序及公开询价进行,市场竞争充分,程序合法,有时为了开拓新的市场,可能会适当降低价格,均属于正常

的市场行为。即使相同型号产品，因各矿矿井复杂程度不一，产品性能要求存在一定差异，所使用的某些零部件也存在差异，导致定价稍有差异。从以上关联销售和非关联销售毛利率比较可以看出，公司关联方和非关联方市场售价相当，关联交易价格为市场定价，产品定价公允，不存在损害公司和其他股东利益的情形。

4. 关联交易的必要性、持续性

(1) 采购方面

公司从关联方晋城市金菲机电有限公司、晋城金鼎华创气业有限公司采购的原材料主要是配件，山西石涅招标代理有限责任公司主要提供的是"招标服务费"。2014 年公司引进新的密封件生产设备、工艺，已经不再从晋城市金菲机电有限公司采购原材料。2013 年度与晋城金鼎华创气业有限公司发生的是零星配件采购，2013 年以后公司已经不再从晋城金鼎华创气业有限公司采购原材料。由于晋煤集团产品采购常通过山西石涅招标代理有限责任公司公开招标，公司产品销售晋煤集团需通过招投标程序，预计未来较长一段时间内公司与山西石涅招标代理有限责任公司关联交易仍将持续存在。

(2) 销售方面

为了完善产业链，降低采购千斤顶、立柱的成本，2010 年晋煤集团收购了北京朗德煤矿机械设备有限公司，收购之初的定位，就是为了满足晋煤集团的需求。由于公司在初期产能有限，只能满足晋煤集团内部的需求，因而未积极开拓外部市场。

随着公司研发能力和生产能力的不断提升，公司积极开拓外部市场，从 2012 年开始，加大销售力度，开发外部市场。2013 年度、2014 年度、2015 年 1 ~ 3 月公司非关联客户销售占营业总收入比例分别为 32.02%、48.22%、70.14%，公司外部市场处于不断开拓阶段，非关联方客户收入占比逐年上升。

公司与晋煤集团的交易背景是基于商业目的的市场销售行为，晋煤集团的日常生产需要对立柱、千斤顶、密封件持续采购，预计未来较长一段时间内公司与晋煤集团的关联交易仍将持续存在，但并不存在利益输送等其他非商业目的，其交易背景是供需双方在市场行为下的正常交易。

2013 年北京中天科源矿业技术有限公司从公司购买轴承锥套隔圈定制产品，该关联交易属于市场行为下的正常交易，且 2013 年之后公司未再与北京中天科源矿业技术有限公司发生交易，该关联交易不具有持续性。

5.关联交易决策权限、决策程序及执行情况

股份公司成立之前,公司与关联方之间发生的关联交易均未履行批准程序,未履行批准程序的原因系有限公司阶段公司治理结构尚不规范;公司已于2015年6月10日第二次临时股东大会通过《关于对公司历次关联交易追认的议案》,对上述关联交易进行了追认,建立了完善的内控制度。目前公司已经制定了严格的管理制度,尽可能减少不必要的资金往来,保护股东尤其是中、小投资者的利益不受侵害。

为规范公司与关联方的关联交易,保证关联交易符合公开、公平、公正的原则,避免关联方占用或转移公司资源,公司在《公司章程》规定:股东大会审议有关关联交易事项时,关联股东可以参加涉及自己的关联交易的审议,并可就该关联交易是否公平、合法以及产生的原因向股东大会作出解释和说明,但该关联股东不应当参与投票表决,其所代表的有表决权的股份数不计入有效表决总数;股东大会决议的公告应当充分披露非关联股东的表决情况。在股东大会对关联交易事项审议完毕且进行表决前,关联股东应向会议主持人提出回避申请并由会议主持人向大会宣布。在对关联交易事项进行表决时,关联股东不得就该事项进行投票,并且由出席会议的监事予以监督。在股东大会对关联交易事项审议完毕且进行表决前,出席会议的非关联股东(包括代理人)、出席会议监事有权向会议主持人提出关联股东回避该项表决的要求并说明理由,被要求回避的关联股东对回避要求无异议的,在该项表决时不得进行投票;如被要求回避的股东被确定为关联股东,在该项表决时不得进行投票。如有上述情形的,股东大会会议记录人员应在会议记录中详细记录上述情形。

同时,公司在《股东大会议事规则》、《董事会议事规则》中规定了关联交易的决策、回避表决等程序。此外,公司还专门制定了《关联交易管理办法》,对关联方的认定、关联交易的认定、关联交易的决策权限等内容进行了具体的规定。公司已采取积极有效措施,防止因关联交易可能对公司或其股东造成不利影响。

6.减少和规范关联交易的具体安排

鉴于金鼎煤机为公司第一大股东,晋煤集团系金鼎煤机之控股股东,晋煤集团及其下属公司在报告期内与公司存在较大金额的关联交易情形,为进一步保障公司独立性,金鼎煤机、晋煤集团分别出具承诺,具体如下:

(1)金鼎煤机规范关联交易承诺函:

“金鼎及金鼎控制的企业(包括现有的以及其后可能设立的控股

企业，下同）将尽量避免与朗德股份发生关联交易。金鼎将履行作为朗德股份股东的义务，不利用相关权利影响朗德股份的独立性，不故意促使朗德股份对与金鼎及金鼎控制的其他企业的关联交易采取任何行动，不故意促使朗德股份的股东大会或董事会做出侵犯其他股东合法权益的决议。

如果将来朗德股份不可避免的与金鼎及金鼎控制的其他企业发生任何关联交易，则金鼎承诺将促使上述交易按照公平合理和正常商业交易的条件进行，金鼎及金鼎控制的其他企业将不会要求或接受朗德股份与金鼎及金鼎控制的其他企业从事任何一项违背市场公平交易原则的交易条款或条件。”

（2）晋煤集团规范关联交易承诺函：

“晋煤及晋煤控制的企业（包括现有的以及其后可能设立的控股企业，下同）将尽量避免与朗德股份发生关联交易。晋煤不利用相关权利影响朗德股份的独立性，不故意促使朗德股份对与晋煤及晋煤控制的其他企业的关联交易采取任何行动，不故意促使朗德股份的股东大会或董事会做出侵犯其他股东合法权益的决议。

如果将来朗德股份不可避免地与晋煤及晋煤控制的其他企业发生任何关联交易，则晋煤承诺将促使上述交易按照公平合理和正常商业交易的条件进行，晋煤及晋煤控制的其他企业将不会要求或接受朗德股份与晋煤及晋煤控制的其他企业从事任何一项违背市场公平交易原则的交易条款或条件。”

为了规范公司与晋煤集团财务有限公司的存贷款业务关联交易，补充签订相关《金融服务协议》，晋煤集团财务有限公司提供存款服务，存款利率不低于中国人民银行颁布的同期存款基准利率，不低于同期中国国内主要商业银行同期同类存款利率，也不低于晋煤集团其他成员单位在晋煤集团财务有限公司存款利率。公司针对晋煤集团财务有限公司存款等业务开展风险评估，编制风险评估报告，并报董事会批准。

公司计划通过如下措施扩大外部市场：（1）改造现有生产线，扩大产品生产规模；（2）增加产品品种，做精液压支架配套相关产品；（3）研发生产液压支架电液控制系统。通过上述行为进一步减轻对关联方的依赖性。

（二）请主办券商及申报会计师针对关联交易的必要性、真实性及公允性，补充核查并发表专业意见

主办券商经核查发现：公司从关联方晋城市金菲机电有限公司、

晋城金鼎华创气业有限公司采购的原材料主要是配件，山西石涅招标代理有限责任公司主要提供的是“招标服务费”。2014年公司引进新的密封件生产设备、工艺，已经不再从晋城市金菲机电有限公司采购原材料。2013年度与晋城金鼎华创气业有限公司发生的是零星配件采购，2013年以后公司已经不再从晋城金鼎华创气业有限公司采购原材料。由于晋煤集团产品采购常通过山西石涅招标代理有限责任公司公开招标，公司产品销售晋煤集团需通过招投标程序，预计未来较长一段时间内公司与山西石涅招标代理有限责任公司关联交易仍将持续存在。

为了完善产业链，降低采购千斤顶、立柱的成本，2010年晋煤集团收购了北京朗德煤矿机械设备有限公司，收购之初的定位，就是为了满足晋煤集团的需求。由于公司在初期产能有限，只能满足晋煤集团内部的需求，因而未积极开拓外部市场。

随着公司研发能力和生产能力的不断提升，公司积极开拓外部市场，从2012年开始，加大销售力度，开发外部市场。2013年度、2014年度、2015年1～3月公司非关联客户销售占营业总收入比例分别为32.02%、48.22%、70.14%，公司外部市场处于不断开拓阶段，非关联方客户收入占比逐年上升。

公司与晋煤集团的交易背景是基于商业目的的市场销售行为，晋煤集团的日常生产需要对立柱、千斤顶、密封件持续采购，预计未来较长一段时间内公司与晋煤集团的关联交易仍将持续存在，但并不存在利益输送等其他非商业目的，其交易背景是供需双方在市场行为下的正常交易。

2013年北京中天科源矿业技术有限公司从公司购买轴承锥套隔圈定制产品，该关联交易属于市场行为下的正常交易，且2013年之后公司未再与北京中天科源矿业技术有限公司发生交易，该关联交易不具有持续性。

公司与关联方进行商品采购与非关联方之间的商品采购，采购方式相同，采购价格与非关联方采购价定价原则基本相同，定价公允，不存在损害公司利益的情形。

公司所有产品均通过公开招标、询价比价的方式进行销售。产品价格公开，交易定价公允。

综上所述，主办券商认为公司关联交易是必要、真实且公允的。

（三）请主办券商补充核查公司在业务上对关联方的依赖风险、公司业务的独立性、关联交易对公司财务状况的影响，并发表明确意见

公司在业务上对关联方的依赖风险、公司业务的独立性

报告期公司主要从事煤炭机械设备业务，收入主要来源于千斤顶、立柱的制造销售。公司的客户群体为各大、中型煤矿企业，目前主要客户有张家口第一煤矿机械有限公司、山东矿机集团股份有限公司、山西晋煤集团金鼎煤机矿业有限责任公司、山西江淮重工有限责任公司等。除山西晋煤集团金鼎煤机矿业有限公司及其关联方，公司董事、监事、高级管理人员和核心技术人员、主要关联方或持有公司5%以上股份的股东无在前五名客户占有权益的情况。

公司与晋煤集团的交易背景是基于商业目的的市场销售行为，晋煤集团为保证煤炭的正常开采，每年对煤炭机械设备都有一定的需求，因此，公司对晋煤集团及其下属企业的销售虽存在重大依赖且将持续存在。但报告期内公司关联客户销售占比逐年下降，公司不断开拓外部市场，非关联方客户收入占比逐年上升。

随着公司市场的逐步拓展，公司将逐步降低对晋煤集团的依赖性。公司对主要客户的销售是正常的市场行为，公司参与晋煤集团及其下属公司的招标工作，市场竞争充分，程序合法，价格公允。

晋煤集团财务有限公司是晋煤集团控股的非银行金融机构，具备存贷款等金融机构业务资质。公司2011年5月30日在晋煤集团财务有限公司开立一个收款账户和一个支出账户。晋煤集团财务有限公司存款利率比照同期银行存款利率确定，不存在损害公司利益的情况。

晋煤集团财务有限公司属于非银行金融机构，具备存款业务资质，公司在集团财务公司开立账户均按照正常的金融机构法定程序办理，存款金额属于公司。作为煤炭机械设备加工企业，公司对原材料、能源、设备等的消耗非常大，报告期内直接材料在营业成本中占比始终保持在80%以上，采购内容主要是钢材和粗加工的零配件。

公司采用以销定产的方式安排生产，依据订单，安全技术部设计图纸，制造部门制订生产计划，采购部门负责采购。公司每月编制生产计划表，生产制造部门依据计划领料，财务部门依据领料单将生产领用的材料直接归集到各产品的材料成本，将生产制造部门生产工人工资直接归集到生产成本中，生产制造部门发生的间接材料、间接人工、费用归集到制造费用中。计算成本时工资、费用按定额工时分配率计算实际成本，期末在产品按约当产量法核算相应的成本费用。

公司动力能源供应主要包括电力、自来水等,其中电力由国家电网北京市电力公司提供,自来水由北京自来水集团提供,供应充足。能源成本在公司总成本中比重很小,价格变化不会对公司的经营业绩造成较大影响。

公司董事、监事、高级管理人员和核心技术人员、主要关联方或持有公司5%以上股份的股东不存在在前五名供应商占有权益的情况。

公司报告期内关联采购金额较小,且逐年减少,对公司经营不具有重要性。部分公司上游供应商同时为公司客户。这主要是因为公司产品均为非标产品,产品生产是以销定产,而下游客户一般订单都会严格约定交货日期,有时交货时间短,公司自有产能很难在规定时间内完成生产,公司会从上游厂家采购粗加工的零配件或成品配件进行产品的生产,有时也会将部分产品交由其他煤机企业生产。同样其他煤机企业也存在类似行为,即在获得煤矿企业的生产订单之后按照结构件和传送装置进行分解,由其他煤机设备零配件制造企业分别生产不同的零配件,以保证订单可以在规定时间内完成。这就造成了公司部分供应商同样为公司客户的情况。公司所有产品均通过公开招标、询价比价的方式进行销售。

公开招标是通过用户公开发布的招标公告获得用户所需产品的招标信息,参考市场价格水平,确定投标价格。询价比价为用户需要产品时,向产品生产者发出询价函,公司根据自身情况进行报价,对方根据报价方的报价进行比价从而确定生产者。产品价格公开,交易定价公允。

公司委托外部厂商进行粗加工,以及电镀、热处理等,这主要是北京市近两年实行清洁空气行动计划,进一步提高了环保、能耗、安全、质量标准,淘汰污染产能,因此电镀、热处理(调质)等较高污染的加工工序不允许在北京市内完成,公司必须交由外协企业处理。同时对一些零配件的粗加工等生产技术要求不高的加工工序,由公司提供技术参数和图纸,也交由外协厂商完成。由于市场上能够提供该类服务的加工生产商较多,公司选择性较大。2013年、2014年、2015年1~3月,外协采购占当年营业成本的比例分别为8.04%、5.42%、3.83%,公司外协采购占比较小,公司对现有外协加工方不存在严重依赖关系。

公司董事、监事、高级管理人员和核心技术人员、主要关联方或持有公司5%以上股份的股东不存在上述外协厂商占有权益的情况。

此外,公司为了进一步减轻对关联方的依赖性。计划通过如下措施扩大外部市场:(1)改造现有生产线,扩大产品生产规模;(2)增加产品品种,做精液压支架配套相关产品;(3)研发生产液压支架电液控制系统。综上所述,主办券商认为公司在业务上具有独立性,不存在对关联方依赖的风险。

(四)请主办券商和律师就公司为规范关联方交易所采取的措施是否充分、有效,相关内部控制是否完善发表意见

股份公司成立之前,公司与关联方之间发生的关联交易均未履行批准程序,未履行批准程序的原因系有限公司阶段公司治理结构尚不规范;公司已于2015年6月10日第二次临时股东大会通过《关于对公司历次关联交易追认的议案》,对上述关联交易进行了追认,建立了完善的内控制度。目前公司已经制定了严格的管理制度,尽可能减少不必要的资金往来,保护股东尤其是中、小投资者的利益不受侵害。

为规范公司与关联方的关联交易,保证关联交易符合公开、公平、公正的原则,避免关联方占用或转移公司资源,公司在《公司章程》规定:股东大会审议有关关联交易事项时,关联股东可以参加涉及自己的关联交易的审议,并可就该关联交易是否公平、合法以及产生的原因向股东大会作出解释和说明,但该关联股东不应当参与投票表决,其所代表的有表决权的股份数不计入有效表决总数;股东大会决议的公告应当充分披露非关联股东的表决情况。在股东大会对关联交易事项审议完毕且进行表决前,关联股东应向会议主持人提出回避申请并由会议主持人向大会宣布。在对关联交易事项进行表决时,关联股东不得就该事项进行投票,并且由出席会议的监事予以监督。在股东大会对关联交易事项审议完毕且进行表决前,出席会议的非关联股东(包括代理人)、出席会议监事有权向会议主持人提出关联股东回避该项表决的要求并说明理由,被要求回避的关联股东对回避要求无异议的,在该项表决时不得进行投票;如被要求回避的股东被确定为关联股东,在该项表决时不得进行投票。如有上述情形的,股东大会会议记录人员应在会议记录中详细记录上述情形。

同时,公司在《股东大会议事规则》、《董事会议事规则》中规定了关联交易的决策、回避表决等程序。此外,公司还专门制定了《关联交易管理办法》,对关联方的认定、关联交易的认定、关联交易的决策权限等内容进行了具体的规定。公司已采取积极有效措施,防止因关联交易可能对公司或其股东造成不利影响。

鉴于金鼎煤机为公司第一大股东,晋煤集团系金鼎煤机之控股股东,晋煤集团及其下属公司在报告期内与公司存在较大金额的关联交

易情形，为进一步保障公司独立性，金鼎煤机、晋煤集团分别出具承诺，具体如下：（略）

为了规范公司与晋煤集团财务有限公司的存贷款业务关联交易，补充签订相关《金融服务协议》，晋煤集团财务有限公司提供存款服务，存款利率不低于中国人民银行颁布的同期存款基准利率，不低于同期中国国内主要商业银行同期同类存款利率，也不低于晋煤集团其他成员单位在晋煤集团财务有限公司存款利率。公司针对晋煤集团财务有限公司存款等业务开展风险评估，编制风险评估报告，并报董事会批准。

公司计划通过如下措施扩大外部市场：(1)改造现有生产线，扩大产品生产规模；(2)增加产品品种，做精液压支架配套相关产品；(3)研发生产液压支架电液控制系统。通过上述行为进一步减轻对关联方的依赖性。

综上所述，主办券商认为公司为规范关联方交易所采取的措施充分、有效，且相关内部控制合理完善。

二、南昌康富科技股份有限公司

公司报告期主要销售对象为关联方泰豪科技及其子公司，同时，公司销售的发动机组大部分从泰豪电源技术有限公司采购。

（一）请公司详细披露向泰豪科技及其子公司销售与采购的原因、内容、定价、决策程序，泰豪电源技术为何不直接从泰豪科技采购

公司报告期内向泰豪科技及其子公司销售与采购情况如下：

1. 关联销售

单位：元

客户名称	销售内容	2015 年 1～3 月	2014 年度	2013 年度
泰豪电源技术有限公司	发电机及配件	843,131.64	6,784,846.20	13,116,499.38
江西清华泰豪三波电机有限公司	发电机及配件	1,824,960.79	11,832,640.23	9,700,311.69
江西泰豪特种电机有限公司	水力发电机及配件			18,789,527.15
泰豪科技股份有限公司	发电机及配件	157,606.83	1,706,106.78	1,234,621.37

续表

客户名称	销售内容	2015 年 1～3 月	2014 年度	2013 年度
江西清华泰豪微电机有限公司	发电机及配件		1,050,969.25	
济南吉美乐电源技术有限公司	发电机及配件		442,061.53	358,653.84
合计		2,825,699.26	21,816,623.99	43,199,613.43

2. 关联采购

单位:元

供应商名称	采购内容	2015 年 1～3 月	2014 年度	2013 年度
泰豪电源技术有限公司	机组及配件	114,396.15	16,514,870.97	
泰豪科技股份有限公司	外协助	6055.56		6248.46
江西泰豪特种电机有限公司	水力发电机电子元器件			479,174.20
江西泰豪科技进出口有限公司	房租费	220,000.00	840,000.00	768,000.00
合计		340,451.71	17,354,870.97	1,253,422.66

3. 关联销售与采购的原因

公司主要产品为发电机,向泰豪科技及其子公司的销售内容均为发电机及配件(除 2013 年度高安分公司销售水力发电机及配件外)。泰豪科技及其子公司主营业务聚焦军工装备、智能电力两大产业,因发电机系其军用电源以及发电机组、电源系统的重要组成部分,同时泰豪科技及其子公司自 2009 年以来已不涉及发电机业务,泰豪科技及其子公司需要对外采购发电机产品。泰豪科技作为本地最大的发电机组制造商,是公司发电机产品主要客户之一。

报告期内,公司主要向泰豪科技及其子公司采购发电机组及配件。公司向泰豪科技及其子公司采购发电机组及配件的原因是,基于公司成立以来积累的行业客户资源,同时公司在行业内掌握较多发电机组制造商资源,2014 年以来,公司决定向与合作关系较为紧密的发电机组制造商购买发电机组并销售给有需求的客户,通过该种贸易行为赚取利润。泰豪电源技术有限公司作为本地民用发电机组行业最大制造商,是公司发电机组主要供应商之一。

公司成立初期,为节约筹建成本,租赁了江西泰豪科技进出口有限公司厂房,该厂房内有相应的发电机生产设备,公司则选择同时租赁,发展到后期,公司为加强资产独立性,购买了上述设备,并选择继续租赁泰豪科技的厂房。上述厂房租赁属经常性关联交易。

4. 关联销售与采购的定价及决策程序

公司向泰豪科技及其子公司销售发电机产品均以市场价格定价,与其他非关联客户定价依据相同;公司从泰豪科技及其子公司采购发电机组产品以市场价格定价,因采购量较大,给予低于市场零售价 3% 左右的批发价。

公司销售与采购行为严格执行公司合同评审流程。其中,销售合同评审需由研究所、制造部、财务部、商务部参与,对技术条件、交货期、产品价格等进行评审。其中,定制化产品还需双方签订技术协议,明确定制化要求;采购合同评审需由物流部、制造部、财务部参与,对交货期、产品质量、产品询比价情况等进行评审,并由总经理审批签署后生效。

报告期内,公司向江西泰豪科技进出口有限公司支付的房租为 768,000.00 元、840,000.00 元和 220,000.00 元,价格主要根据市场价格确定。目前,江西泰豪科技进出口有限公司租赁给公司的厂房租赁价格为 7.5 元/m^2/月,租赁给华剑空调的租赁价格为 8 元/m^2/月,周边有类似规格厂房的租赁价格为 7.5 ~ 8 元/m^2/月,价格公允。

5. 泰豪电源技术为何不直接从泰豪科技采购

泰豪科技为投资控股型企业,其营业收入主要包括投资收入、工程类收入及产品收入,其中产品收入主要来源于母公司发电机组产品销售及电力电气分公司开关柜、控制柜等产品销售;泰豪电源技术的主营业务为发电机组业务,需要采购电动机、发电机及发电机组配件,进行组装并销售;泰豪电源技术可从母公司泰豪科技采购控制柜等发电机组配件,也可采购发电机组产品直接进行销售,但泰豪科技不涉及发电机业务,泰豪电源技术从公司采购发电机产品。

（二）请主办券商、申报会计师逐项逐笔核查销售与采购商品是否存在一致情形，销售与采购的定价依据、合理性及公允性

主办券商对销售及采购进行了逐笔核查，报告期内公司向泰豪科技及其子公司销售商品均为发电机及配件，公司从泰豪科技及其子公司采购商品均为发电机组及配件，公司关联销售与采购商品为不同类型产品。公司向泰豪科技及其子公司销售产品多为定制发电机，价格由双方协议约定；公司从泰豪科技及其子公司采购商品主要为发电机组，价格参考其零售价格后给予一定折让。

会计师经核查后也认为公司与泰豪科技及其子公司销售与采购商品不存在一致情形。

1. 销售价格合理性及公允性分析

报告期内，公司与泰豪科技及其子公司交易情况如下表所示：

时间	客户名称	销售收入（元）	销售成本（元）	毛利率
2015年1～3月	泰豪科技股份有限公司	157,606.83	94,159.32	40.26%
	泰豪电源技术有限公司	843,131.64	596,477.39	29.25%
	江西清华泰豪三波电机有限公司	1,824,960.79	1,489,125.28	18.40%
2014年度	泰豪科技股份有限公司	1,706,106.78	1,269,346.58	25.60%
	泰豪电源技术有限公司	6,784,846.2	4,344,481.72	35.97%
	江西清华泰豪三波电机有限公司	11,832,640.23	8,573,245.35	27.55%
	江西清华泰豪微电机有限公司	1,050,969.25	717,972.48	31.68%
	济南吉美乐电源技术有限公司	442,061.53	258,060.17	41.62%

续表

时间	客户名称	销售收入(元)	销售成本(元)	毛利率
2013 年度	泰豪科技股份有限公司	1,234,621.37	818,182.60	33.73%
	泰豪电源技术有限公司	13,116,499.38	8,763,827.46	33,18%
	江西清华泰豪三波电机有限公司	9,700,311.69	6,637,809.80	31.57%
	江西泰豪特种电机有限公司	18,789,527.15	17,806,112.013	5.23%
	济南吉美乐电源技术有限公司	358,653.84	268,658.71	25.09%

报告期内,公司与其他主要客户的交易情况如下表所示：

时间	客户名称	销售收入(元)	销售成本(元)	毛利率
2014 年度	淄博柴油总公司	2,474,871.88	1,796,264.88	27.42%
	浙江联大动力设备有限公司	2,178,743.60	1,360,328.46	37.56%
	安徽凯捷电力科技有限公司	2,150,572.74	1,572,404.23	26.88%
2013 年度	北方通用动力集团有限公司	1,651,282.04	978,056.27	40.77%
	黄海造船有限公司	355,555.55	176,771.64	50.28%

报告期内,公司与泰豪科技及其子公司以及其他主要客户的毛利率对比如下表所示：

客户名称		交易内容	2015 年 1 ~3 月	2014 年	2013 年
关联方	泰豪科技股份有限公司	发电机及配件	40.26%	25.60%	33.73%
	泰豪电源技术有限公司	发电机及配件	29.25%	35.97%	33.18%
	江西清华泰豪三波电机有限公司	军用发电机及配件	18.40%	31.51%	31.57%
	江西泰豪特种电机有限公司	水力发电机及配件			5.23%
	江西清华泰豪微电机有限公司	军用发电机及配件		31.68%	
	济南吉美乐电源技术有限公司	军用发电机及配件		41.62%	25.09%
非关联方	淄博柴油机总公司	发电机及配件		27.42%	
	浙江联大动力设备有限公司	发电机及配件		37.56%	
	安徽凯捷电力科技有限公司	发电机及配件		26.88%	
	北方通用动力集团有限公司	发电机及配件			40.77%
	黄海造船有限公司	发电机及配件			50.28%

报告期内,公司综合毛利率情况如下表所示:

产品类别	2015 年 1 ~3 月	2014 年度	2013 年度
主营业务收入	16.79%	18.16%	15.59%
其中:船机	14.43%	17.43%	14.53%
陆机	9.27%	13.88%	10.25%
军品电机	25.28%	31.44%	29.66%
机组	5.99%	6.62%	

续表

产品类别	2015 年 1~3 月	2014 年度	2013 年度
水力发电机		7.79%	5.83%
其他	38.01%	42.66%	39.70%
其他业务收入	67.77%	43.60%	29.83%
综合毛利率	17.87%	18.42%	15.85%

报告期内,公司与泰豪科技交易的毛利率分别为 2013 年度 33.73%,2014 年度 25.60%,2015 年 1~3 月 40.26%;公司与泰豪科技子公司泰豪电源技术有限公司交易的毛利率分别为 2013 年度 33.18%、2014 年度 35.97%、2015 年 1~3 月 29.25%;公司与泰豪科技子江西清华泰豪三波电机有限公司交易的毛利率分别为 2013 年度 31.57%、2014 年度 31.51%、2015 年 1~3 月 18.40%;公司与泰豪科技子公司江西泰豪特种电机有限公司交易的毛利率分别为 2013 年度 5.23%,2014 年度及 2015 年 1~3 月无交易;公司与泰豪科技子公司江西清华泰豪微电机有限公司交易的毛利率分别为 2014 年度 31.68%,2013 年度及 2015 年 1~3 月无交易;公司与泰豪科技子公司济南吉美乐电源技术有限公司交易的毛利率分别为 2013 年度 25.09%,2014 年度 41.62%,2015 年 1~3 月无交易。公司与泰豪科技及其子公司交易的毛利率基本呈现逐年下降的趋势。

报告期内,公司与泰豪科技及其子公司交易的毛利率高于综合毛利率水平,主要是因为公司销售给泰豪科技及其子公司的产品大多数为特种电机,定制产品因技术含量高、市场竞争少,故毛利率较高,尤其是军用产品。同时,公司其他主要客户中,采购定制化产品较多的客户毛利率也较高,如 2013 年度公司与北方通用动力集团有限公司交易的毛利率为 41%,与黄海造船有限公司交易的毛利率为 50%;2014 年度,公司与淄博柴油机总公司交易的毛利率为 27%,与浙江联大动力设备有限公司交易的毛利率为 38%,与安徽凯捷电力科技有限公司交易的毛利率为 27%。

综上,主办券商认为公司销售毛利率的高低取决于产品类型,公司向泰豪科技及其子公司销售的价格合理且公允。

会计师经核查后认为公司销售及采购定价未存在异常情形,公司销售与采购商品交易具有合理性及公允性。

2. 采购价格合理性及公允性分析

报告期内,公司从泰豪科技及其子公司采购商品主要为发电机组及配件，总金额为17,120,745.34元，占报告期内采购总额的24.24%。经主办券商发函确认，泰豪电源技术有限公司销售给本康富科技和其他客户的同类型发电机组价格对比如下表所示：

第三方名称	产品名称	向第三方销售价格（元/套）	向我司销售价格（元/套）
山西莫泰机电有限公司	NTAA855	132,397.00	128,425.00
扬州市奥克发电设备有限公司	6BT5.9－G2	29,847.00	28,952.00
广东西电动力科技股份有限公司	KTA38－G2	387,280.00	375,662.00
广东西电动力科技股份有限公司	KTA50－G3	795,980.00	772,101.00
广东西电动力科技股份有限公司	KAT38－G2A	605,232.00	586,105.00

如上表所示，泰豪电源技术有限公司出售给公司的发电机组价格较出售给陕西莫泰机电有限公司、扬州市奥克发电设备有限公司、广东西电动力科技股份有限公司的同类型发电机价格低3%，销售差价主要是考虑公司作为批发商给予的折让，因此公司从泰豪科技及其子公司采购的价格合理且公允。

上述内容于公开转让说明书第四节“公司财务”之“七、关联方、关联方关系及关联方往来、关联方交易”之“（二）关联方交易”中披露如下:2013年、2014年、2015年1～3月，公司向泰豪科技及其子公司采购发电机组及配件等材料的金额分别为485,422.66元、16,514,870.97元、120,451.71元，2014年占比同期采购比例较高。报告期内，公司向泰豪电源技术有限公司采购的发电机价格较泰豪电源技术有限公司出售给其他无关联第三方的采购价格低3%，这主要是公司作为其分销商给予的销售折让，公司采购价格基本公允。会计师核查后认为公司与泰豪科技及其子公司不存在虚假交易及调节利润，且不存在利益输送或潜在利益安排。

（三）请主办券商、律师、会计师逐项核查：公司与泰豪科技及其子公司是否存在虚假交易，公司与泰豪科技及其子公司是否存在调节利润，上述交易是否存在利益输送或潜在利益安排，公司规范措施及执行情况，公司是否具备独立面对市场的能力

1. 主办券商通过核查公司与泰豪科技及其子公司相关销售及采购合同、入库单及出库单、报告期内回款及期后回款等审计证据，结合对公司存货监盘及对泰豪科技及其子公司往来款函证等程序以及向管理层询问公司与泰豪科技及其子公司交易发生的商业理由，核查中所了解的公司与泰豪科技及其子公司交易背景及执行情况与管理层解释相一致。

对于销售同一产成品及采购同一类型货物，通过比较泰豪科技及其子公司与非关联单位销售及采购单价情况，公司与泰豪科技及其子公司交易具有合理性及公允性。

综上所述，主办券商、律师和会计师认为：公司与泰豪科技及其子公司不存在虚假交易及调节利润，且不存在利益输送或潜在利益安排。

2. 有限公司阶段，公司关联销售和采购未经过相关董事会和股东大会决议，股份公司成立后，公司制定了根据《公司章程》和《关联交易决策与控制制度》，根据上述制度要求，股份公司关联交易决策程序及规范措施如下：

公司与关联自然人发生的交易金额在30万元以上的关联交易，应当报经董事会审议通过并及时披露。

公司与其关联法人达成的关联交易总额在人民币100万元以上且占公司最近一期经审计净资产值绝对值0.5%以上的关联交易，应当报经董事会审议通过并及时披露。

公司拟与关联人达成的关联交易（公司提供担保、受赠现金资产除外）占公司最近一期经审计净资产值绝对值5%以上的，应当报经董事会审议通过并对该交易是否对公司有利发表明确意见后，将该交易提交股东大会批准并予以披露。公司应当在有关关联交易的公告中特别载明："此项交易需经股东大会批准，与该关联交易有利害关系的关联人放弃在股东大会上对该议案的投票权。"

公司发生的下列关联交易行为，应提交股东大会审议：

（1）与股东或者实际控制人及其关联方发生的单次交易金额超过公司最近一期经审计的净资产10%的关联交易；

（2）与同一关联方在一个会计年度内日常性关联交易累计总金额

预计超过最近一期经审计的净资产40%的关联交易。

公司对于发生的经常性关联交易(包括采购和销售),可以在年度股东大会中审议相应的总额度,如未超过相应的额度,则无须再经过股东大会或者董事会审议通过。

股份公司成立于2015年6月5日,股份公司成立后至2015年8月23日,公司与泰豪科技及其子公司销售与采购情况,具体见下表:

项目	客户名称	金额(元)
关联销售	泰豪电源技术有限公司	1,126,069.26
	江西清华泰豪三波电机有限公司	2,045,561.74
	泰豪科技股份有限公司	665,974.33
	小计	3,837,605.33
关联采购	泰豪电源技术有限公司	1,421,033.00
	小计	1,421,033.00
合计		5,258,638.33

注:上述关联销售和采购为累计数额,经核查以上关联方采购和销售单笔均未超过100万元。

主办券商、律师、会计师认为上述关联采购和销售的单笔金额均未超过100万元,且累计金额也未达到需要经过董事会和股东大会决议的情形,因此无须经过相关董事会和股东大会决议程序。目前,公司严格执行了关联交易的决策程序。今后若发生关联交易需要董事会和股东大会审议的情形,主办券商将督促公司将严格按照《公司章程》和《关联交易决策与控制制度》的要求对公司关联交易进行决策并规范,并如实披露公司关联交易情况。

3. 从报告期内各期公司对泰豪科技及其子公司销售收入来看,公司对泰豪科技及其子公司的依赖程度呈下降趋势,具体见下表:

项目	2015年1~3月(元)	2014年度(元)	2013年度(元)
对泰豪科技及其子公司销售收入	2,825,699.26	21,816,623.99	43,199,613.43
对其他客户销售收入	8,741,744.80	74,157,022.51	35,114,814.43
合计	11,567,444.06	95,973,646.50	78,314,427.86
占比	24.43%	22.73%	55.16%

主办券商、律师、会计师认为，剔除对泰豪科技及其子公司销售收入对公司的影响，其他非关联客户销售收入增加明显，且关联方销售占比较2013年有较大幅度的下降。因此，公司对关联方的依赖已较2013年度大幅减弱，公司具备独立面对市场的能力。

第五章 关联担保

【基本理论】

一、基本情形

这里界定的关联担保，就是挂牌企业与其关联方之间提供担保的情形，显然关联担保也包括两种情形：一种是挂牌企业为关联方担保，另一种是关联方为挂牌企业担保。关于关联方为企业担保，在实践中不论是上市公司还是新三板挂牌企业还是非常常见的，这个也很好理解，为了帮助企业更好地融资，关联方可以用资产抵押甚至还可以用股东的信用为挂牌企业进行担保融资。反之，如果是前面一种情况就需要换一种思维对待了，这种情形，也是我们今天要解释和说明的关联担保的问题。

关于关联担保，IPO 上市是作为基本的审核条件的，在申请之前必须清理完毕。新三板挂牌审核标准中，并没有关于关联担保的禁止性规定，尽管如此，由于关联担保问题很可能会存在损害挂牌企业利益甚至影响企业持续经营的重要因素，因而在实践中也会被重点关注。

二、审核关注要点

关于关联担保审核关注的要点，总结起来主要有以下几个方面：

1. 关联担保的原因、金额、期限、方式等内容。(1)如果挂牌企业提供关联担保的金额很大(如超过 500 万元)，甚至超过公司净资产比例很高(如 30%)，那么关联担保问题就需要重点关注(需要重点注意的是，这里不仅要关注授信额度的金额，更要关注实际借款的金额和余额)。(2)同样，如果关联担保在新三板挂牌之前已经到期或者接近到期，那么该问题的风险基本上已经体现或者消除，但是如果距离到期期限还很久远，那么风险就要相对大很多。

2. 关联担保是否履行了相关的决策程序。这个就跟资金拆借等问题一样，由于规范意识不强，公司历史上的关联担保很有可能决策程序不合规。

3. 关联方借款的实际用途、偿还计划、是否存在违约的情形，通过财务状况和履约能力判断是否存在违约的可能。(1)关联方的借款用途必须用于主营业务，而不能用于非经营性支出甚至是理财投资业务。(2)关联方的还款计划是否合理，关联方在还款期限到期时是否存在违约不能偿还的情形。(3)关联方的财务状况的核查，判断关联方是否存在充分的履约能力，不过对于这个问题的核查其实在实践中会有一些问题。如果要是对关联方进行审计有些时候不好操作，但是如果不审计财务数据又不具备充分的可信性。

4. 关联方是否还存在其他情形的占用挂牌企业资源或者损害挂牌企业利益的情形。这个问题应该是通过关联担保引申出来的，从这个角度我们也可以判断，从监管机构的角度来看，关联担保也是一种损害挂牌公司利益的情形。

5. 关联担保是否对挂牌企业的生产经营产生重大不利影响：(1)需要关注挂牌企业的资产负债率情况、日常营运资金、经营现金流等财务指标，这些指标与可比公司的对比情况，论证挂牌公司的相关指标是否本身就比可比公司要差。(2)做最坏的打算，假定被担保方不能履行还款义务，那么挂牌企业需要承担的担保责任，对挂牌企业财务指标的最坏影响是什么，要做出一定的对比分析。(3)为了论证关联担保不会对挂牌企业的生产经营产生不利影响，一般情况下还会要求控股股东和实际控制人作出承诺，也就是如果被担保方不能还款我拍胸脯来还，那么必要的时候我们还要关注到这样的承诺事后履行是否有可行性，也就是要对控股股东的资产情况进行简要的核查。

从监管机构的反馈意见来看，还会关注到具体应用规则和挂牌条件的问题：(1)关联担保是否符合《公司法》第 16 条、《非上市公众公司监督管理办法》第 13 条、《非上市公众公司监管指引第 3 号——章程必备条款》以及《公司章程》的规定。(2)关联担保挂牌企业是否符合“公司治理规范”、“合法规范经营”、“具有持续经营能力”的挂牌条件。

三、关联担保的解决方案

通过上述分析，小兵认为：关联担保也是挂牌企业关联方占用企业资源和损害挂牌企业利益的一种行为，只是这种行为较之资金占用没有那么明显。因此，在新三板挂牌的审核实践中，小兵建议需要对关联担保问题进行清理，如果在申报前清理实在是有实质困难并且有一定的合理理由的，那么要列出清理的详细计划和措施，并且保证要在未来一定期限内规范（如三个月至六个月）。

【实践案例】

一、青岛伊森新材料股份有限公司

公司报告期存在为关联方提供担保的情形。请主办券商、律师、申报会计师核查：(1)公司为关联方提供担保的原因、担保金额、用途；(2)关联担保履行的内外部决议程序；(3)公司报告期末是否存在股东包括控股股东、实际控制人及其关联方占用公司资金、资产或其他资源的情形，如有，请持续督导公司在挂牌前予以归还或规范；(4)控股股东及实际控制人报告期是否存在利用公司资源损害公司和其他股东的合法权益的情形，对公司治理和内控制度是否有效发表意见。

1. 报告期内，公司为关联方青岛三凯化工有限公司（以下简称三凯化工）自 2012 年 12 月 25 日至 2015 年 12 月 25 日在恒丰福州路支行的贷款提供最高额为 2200 万元的最高额保证。报告期内，三凯化工共计从恒丰福州路支行贷款 577 万元，截至本反馈回复签署日之日，该担保合同对应的主债尚存在 400 万元未届履行期。

公司系基于以下原因为三凯化工提供的担保：(1)三凯化工亦为公司提供担保；(2)公司了解三凯化工的经营财务状况，其具备还贷能力；(3)根据银行提供贷款的要求，三凯化工需要他方的担保，故三凯化工请求公司为其提供担保。

根据三凯化工与恒丰福州路支行签订的《流动资金借款合同》（2014 年恒银青借字第 140007180011 号、2014 年恒银青借字第 140006250011 号、2014 年恒银青借字第 140003130011 号）、《恒丰银行借款凭证》（No. 00014396、No. 00014953、No. 00014389），前述款项用于购货；根据三凯化工的书面确认，前述款项确用于购买相关货物。

2. 有限公司为关联方提供保证的合同签订于 2012 年 12 月 25 日，有限公司为关联方提供前述担保未经过董事会决议或股东决定。2012 年有限公司签订前述保证合同时为外商独资企业，当时的公司章程中并未对对外担保作出规定；当时有效的《公司法》、《外资企业法》亦未对向关联方提供担保作出特别规定。因此，有限公司为关联方提供前述担保虽未经董事会决议或股东决定，但并未违反当时有效的法律法规及章程的规定，合法有效。

公司已于创立大会通过了股份《公司章程》及《青岛伊森新材料股份有限公司关联交易规则》、《青岛伊森新材料股份有限公司对外担保管理制度》，对公司的对外担保的权限及程序作了规定；并且公司已于2015年第二次临时股东大会审议通过了《关于补充确认公司与关联方之间关联交易的议案》，对报告期内的关联交易予以补充确认。

截至本反馈回复签署日，公司未再发生对外担保事项；公司承诺今后发生对外担保事项时将严格遵循相关制度的规定，履行相应的程序。

3. 报告期末，关联方三凯集团尚占用公司资金1,257,966.49元。截至2015年4月21日，三凯集团已经归还上述全部资金，该资金占用问题已经规范。

4. 报告期内，不存在控股股东及实际控制人利用公司资源损害公司和其他股东的合法权益的情形：(1)治理结构。公司已经建立了股东大会、董事会、监事会、董事会秘书，《公司章程》、《青岛伊森新材料股份有限公司股东大会议事规则》、《青岛伊森新材料股份有限公司董事会议事规则》、《青岛伊森新材料股份有限公司监事会议事规则》及《董事会秘书工作制度》明确了各机构的职责，公司建立了符合《公司法》等法律法规规定的有效的公司治理结构。

(2)内控制度。公司已制定《青岛伊森新材料股份有限公司防范控股股东及关联方占用公司资金管理制度》。公司的上述制度能够有效防范控股股东及关联方占用公司资金，公司关于防范控股股东及关联方占用公司资金的制度合法有效。

二、山东鼎盛精工股份有限公司

公司报告期存在为关联方提供担保的情形。请主办券商、律师、申报会计师核查：(1)公司为关联方提供担保的原因、担保金额、用途；(2)关联担保履行的内外部决议程序；(3)公司报告期末是否存在股东包括控股股东、实际控制人及其关联方占用公司资金、资产或其他资源的情形，如有，请持续督导公司在挂牌前予以归还或规范；(4)控股股东及实际控制人报告期是否存在利用公司资源损害公司和其他股东的合法权益的情形，对公司治理和内控制度是否有效发表意见。

1. 公司为关联方提供担保的原因、担保金额、用途截至本反馈回复出具之日，公司为关联方提供担保的情况如下表所示：

序号	合同名称	被担保人	担保金额（万元）	担保期限	担保方式
1	20140911000020 号（保证合同）	山东大陆石油装备有限公司	1000.00	2014.9.11～2015.9.10	连带责任保证
2	20141125000037 号（保证合同）	山东大陆石油装备有限公司	900.00	2014.11.27～2015.11.26	连带责任保证

山东大陆石油装备有限公司（以下简称大陆石油）成立于 2001 年 9 月 26 日，注册资本 2000 万元整，主营石油装备、石油设备、化工助剂等产品的生产与销售。截至目前，该公司成立以及日常经营符合国家相关法律法规，并具有持续经营的能力。大陆石油与鼎盛精工于 2013 年开始合作，双方建立了长期、友好、互信的合作关系，截至 2015 年 3 月 31 日，鼎盛精工为大陆石油分两次担保共计 1900 万元，两合同将于 2015 年 9 月和 11 月分别履行完毕。而大陆石油为鼎盛精工反担保 3000 万元，将于 2015 年 9 月底全部履行完毕。双方在未来没有新的担保计划。

根据公司的说明，公司为山东大陆石油装备有限公司提供担保的原因如下：

（1）山东大陆石油装备有限公司资信状况良好，违约风险小。

（2）实现双方互惠互利。通过为山东大陆石油装备有限公司提供担保，获得山东大陆石油装备有限公司为公司银行贷款的担保，从而达到融资的目的，实现双方互惠互利。

基于以上信息，主办券商认为大陆石油违反银行贷款合约的风险在可控范围之内，从而公司履行担保责任的可能性较低，对于公司未来经营情况影响有限。

2. 关联担保履行的内外部决议程序。经核查，公司在有限公司阶段存在一定不规范行为，对外担保的决策流程未能完全符合相关规定，但已取得全体股东同意。但在股份公司成立后，为规范对外担保行为、防范经营风险，公司承诺严格按照《公司章程》、《山东鼎盛精工股份有限公司股东大会议事规则》、《山东鼎盛精工股份有限公司董事会议事规则》、《山东鼎盛精工股份有限公司关联交易决策制度》、《山东鼎盛精工股份有限公司对外担保管理制度》等规定执行，强化公司内控和决策审批程序。

截至本反馈回复出具之日，公司在2015年未发生新的担保事项，并且暂无对外担保计划。

3. 经查验《审计报告》其他应收款、公司提供的还款凭证及说明，报告期内，公司关联方信达工贸存在向公司借款的情形，该笔借款已于2014年偿还。根据公司控股股东、实际控制人高欣水先生出具的《实际控制人声明与承诺》，除信达工贸存在向公司借款的情形外，高欣水及其控制的其他企业最近2年内不存在占用公司资金的情况，亦不存在拆借资金给公司使用的情况。

截至本反馈回复出具之日，公司不存在控股股东、实际控制人及其关联方占用或转移公司资金、资产及其他资源的情况。

4. 经查验《审计报告》其他应收款，并经公司控股股东、实际控制人高欣水的说明，公司控股股东、实际控制人高欣水报告期内不存在利用公司资源损害公司和其他股东的合法权益的情形。

综上，主办券商认为在有限公司阶段，公司治理和内控制度不健全；股份公司成立以后，公司规范了治理机制及内部控制制度。公司控股股东、实际控制人高欣水作出承诺，将积极督促公司严格按照《公司章程》、《关联交易决策制度》、《对外担保管理制度》、《对外投资管理制度》等制度的要求，履行必要的对外担保、关联交易审批手续，完善公司治理机制，确保内控制度得到有效执行。

三、广东裕田霸力科技股份有限公司

关于关联担保。(1)请公司说明为关联方提供担保的金额、方式、期限等具体情况；(2)请公司说明关联担保是否履行了相应的决策程序，是否符合《公司法》第16条、《非上市公众公司监督管理办法》第13条、《非上市公众公司监管指引第3号——章程必备条款》以及《公司章程》的规定；(3)请公司说明关联担保的贷款额度、余额，被担保方借款的实际用途，被担保方的财务状况及履约还款能力；(4)请公司结合自身及被担保方的资产负债等财务情况说明该等关联担保是否对公司持续经营产生重大不利影响；(5)公司是否符合“公司治理规范”、“合法规范经营”、“具有持续经营能力”的挂牌条件；(6)请主办券商、律师补充核查并发表明确意见；(7)请公司就该问题进行重大事项提示。

1. 公司在报告期内为关联方提供担保的具体情况如下表所示:

合同及编号	担保方	债权人	债务人	担保方式	被担保债权	签订日期
《最高额保证合同》[(里水)农商高保字(2012)第0064号]	裕田霸力、鸿港实业、佛山市南海区里水潮城工贸有限公司、邱伟平	广东南海农村商业银行股份有限公司里水支行	南海霸力	连带保证责任	自2012年9月25日至2017年9月25日期间在广东南海农村商业银行股份有限公司里水支行处办理的在各项业务所形成的债务(最高限额为人民币5278万元)	2012.9.25

因南海霸力经营需要及广东南海农村商业银行股份有限公司里水支行要求,2012年裕田霸力为南海霸力的贷款进行了连带保证担保。担保期限自2012年9月25日至2017年9月25日,未收取担保费用。截至目前,该笔贷款余额为2400万元,尚未发生代偿风险。

2. 因有限公司阶段公司治理不规范,有限公司未制定关联交易管理制度,因此,报告期内的关联担保未在发生时履行关联交易决策程序。为此,公司于2015年5月5日召开的第一届董事会第四次会议以及于2015年5月22日召开的2015年第一次临时股东大会,审议通过了《关于确认公司最近两年及一期关联交易情况的议案》,对公司最近两年及一期关联交易情况进行了确认。关联董事及关联股东在审议该议案时回避表决情况为:公司共5位董事,关联董事为邱伟平,已回避表决。公司股东共3位,全部为关联股东,因此股东大会决议由3位法人股东盖章并增加了董事签字确认。

3. 关联担保的贷款总额为3500万元,余额为2400万元,主要用于南海霸力补充生产经营流动资金。

4. 上述贷款余额尚有2400万元且将于2015年8月21日、9月4日到期,如南海霸力不能按期偿还且由公司进行代偿,将对公司带来较大的现金流压力并将影响公司2015年的经营业绩。针对以上风险,南海霸力2015年6月23日出具了《还款计划》,南海霸力目前贷款余额为2400万元,分别于2015年8月21日偿还950万元,2015年9月4日偿还1450万元,上述贷款还款来源均为南海霸力的流动资金,如有不足,邱伟平先生将提供补充,上述贷款不会逾期,因此不会对裕田霸力持续经营带来不良影响。

公司2013年及2014年收入呈现上升趋势,2014年度营业收入相比较2013年度上升约9.13%，达到40,674.56万元，2014年净利润为3509.51万元，经营活动产生的现金流量净额为1.03亿元。2015年2月28日，公司货币资金为2026万元。从上述财务指标看，并考虑到公司未来收入与盈利规模将持续增长，因此，公司经营状况良好，具备一定的抵御代偿风险的能力。

5.公司整体变更为股份有限公司后，公司根据有关法律、法规和规范性文件的规定制定《公司章程》、《股东大会议事规则》、《董事会议事规则》、《关联交易决策管理办法》，对关联交易的审批权限、决策程序、关联股东或关联董事的回避表决进行了明确规定。

6.综上所述，主办券商和律师认为公司符合“公司治理规范”、“合法规范经营”、“具有持续经营能力”的挂牌条件。

第六章　互保关系

【基本理论】

一、现实背景分析

关于互相担保(以下简称互保)的问题,小兵思考了很久都不能明确的给予其一个准确的界定,国外是不是也有类似的情况不得而知,不过至少这也算是中国的一种特色吧。

大家都知道一个企业至少会有三套财务报表,一套是对税务局的(利润越少越好),另一套是对银行的(资产和利润越多越好),还有一套是真实的数据(锁在老板的保险柜里)。当然,某些企业可能会有多达五六份的财务报表(还有对科技局、发改委的等),有时候税务局和银行的报表差距之大简直超乎你的任何想象。

我们见到过很多企业质地并不是很好,而向银行申请借款的报表却是净资产过亿(几个亿净利润),这就是中国的现实。为什么会这个样子,很简单就是希望能够向银行多借贷一些资金,至于报表数据的真实性,银行有自己的核查方式,我们就不再论述。有些情况下,企业自身虚构资产借贷已经无法满足需求了,会采用股份代持的情形利用自己的亲属或其他关联方设立很多法律上没有关联关系的企业互相担保进行借贷,然后再统一回到企业统一使用。

企业借贷"对付"银行的另外一种方式,那就是互保。也就是说,这两家企业可能真的没有关联关系,那么我借款别人给我担保,别人借钱我再给他担保。将这样的一种方式称之为"对付",可能不是很准确甚至武断,但是小兵一直想不明白的一个基本逻辑就是:为什么企业自身担保不能借贷的情况下,通过第三方周转一下就可以实现借贷了呢?

小兵对于银行的审批流程以及风控措施并不是很了解,可能是企业的某些资产通过另外一种途径有不同的评估和定价方式,从而可以重新获得借贷资金,但是如果这样借贷资金金额很大的话,那么还是要有理由去怀疑的。

二、新三板审核关注要点

目前,对于新三板挂牌企业来讲,互保问题还不是红线问题,审核机构也有着明确的审核思路,会关注相对固定明确的问题,如果挂牌企业能够进行充分的解释,那么不会构成企业新三板挂牌的实质性障碍。关于互保问题的关注,其核心在于如何保证被担保方的资产状况以及贷款的偿还能力,至于第三方为挂牌企业进行的担保,由于不会涉及潜在的重大债务风险一般不会重点关注。

在新三板的审核过程中,关于互保问题的关注要点主要在:

1. 公司与互保单位之间是否存在关联关系。如是,关联担保是否履行了相应的决策程序,是否符合《公司法》第 16 条、《非上市公众公司监督管理办法》第 13 条、《非上市公众公司监管指引第 3 号——章程必备条款》以及《公司章程》的规定。

2. 公司报告期内与互保单位互保的具体情况,包括但不限于:关联担保的时间、贷款期限、贷款额度、余额、被担保方借款的实际用途,被担保方的财务状况及履约还款能力等。

3. 公司与互保单位是否存在互保协议,如是,该协议是否存在其他附属债权和相关条款,公司是否存在潜在的重大债务纠纷。

4. 公司与互保单位互保履行的内部决议程序。

5. 互保单位的财务状况和资信情况。结合被担保对象的主要财务指标,分析其偿债能力、偿债意愿及保证合同行权的可能性。

6. 公司是否存在因承担连带保证责任影响公司持续经营的风险。

7. 公司是否具备健全的内控制度。

8. 公司是否符合“公司治理规范”、“合法规范经营”、“具有持续经营能力”的挂牌条件。

9. 请主办券商、律师补充核查并发表明确意见。请公司全面披露上述内容,并对相关重大事项提示做相应修改。

三、实践核查重点

审核机构对于互保问题关注到了比较全面的风险问题,其实,在实践中我们重中之重需要关注的问题其实就一个:挂牌企业的互保单位是否有按时还款的能力。根据这个问题,我们可能需要关注以下几个细节的情形:

1. 担保(借款)的期限:借款是刚借的还是很久以前借的,这个还是很关键的,因为他会对这些因素有很大影响:(1)借款的余额,借款是很久以前借的那么现在可能余额已经很小了,反之亦然。(2)借款到期的时间,如果借款已经很久了,那么借款可能在不远的将来就到期了,那么也就可以解除担保了,挂牌企业的风险会小很多。(3)互保单位历史的偿还情况,是否存在违约记录。如果借款是很久以前借的,那么可能会存在互保单位多次的还款记录(一般借款是分期偿还的),还可以关注互保单位是否有违约记录,从而也可以佐证挂牌企业是否存在重大担保风险。

2. 担保的金额:当然,这也是关注担保风险最核心的一个指标,担保的金额要与挂牌企业的营运资金、净资产、净利润等指标进行比对。在这种情况下,我们一般情况下会做一个最坏的假设,那就是:如果互保单位违约了,那么挂牌企业承担的担保责任是多少,是否存在直接抽干了资金企业不能正常经营的情形。说实话,很多互保的情形如果真出现被担保方违约那么担保方基本上都是承受不了的,只是互保关系之外存在千丝万缕的其他因素,这也就使得这个链条不会轻易被破坏,彼此相安无事而已。

3. 被担保方的资产盈利情况:只要是关注这个问题,自然会想到这个事情,在实践案例中也都会把互保单位的财务报表进行列示和披露,但是这里有一个问题就是:这个财务报表是未经审计的,是否是真实的无法判断,这也就回到了我们开头提到的多张财务报表的问题。

最后,简单总结并发表小兵的观点:个人认为,互保问题对于企业的经营还是存在重大风险隐患的,这样的行为作为企业前期融资的一种"非常规"过渡措施是可以的(类似于票据融资),但是挂牌企业作为公众公司还是应该在挂牌之前对存在重大风险嫌疑的互保问题进行清理才可以。

【实践案例】

一、江苏皓月汽车锁股份有限公司

请公司补充披露与被担保方的关系、公司对外担保履行的审批和决议程序,公司在资金紧张、偿债压力较大的情况下大额对外担保的原因,以及由此带来的财务风险和应对措施;被担保公司的偿债意愿及偿债能力包括不限于被担保方的主要财务指标,公司担保能否如期解除。请主办券商补充核查上述事项,并就公司治理是否规范以及上述事项对公司财务状况的影响发表意见。

截至2015年4月28日,公司对外担保的情况如下表所示:

单位:元

担保方	被担保方	担保受益人	合同担保金额	实际担保金额	担保期限
江苏皓月汽车锁股份有限公司	江苏中瑞路桥建设有限公司	中信银行股份有限公司泰州分行	60,000,000.00	35,000,000.00	2014.3.11~2015.3.11
江苏皓月汽车锁股份有限公司	江苏中瑞路桥建设有限公司	交通银行股份有限公司	6,000,000.00	5,000,000.00	2014.3.14~2015.3.14
江苏皓月汽车锁股份有限公司	江苏五晟机械制造有限公司	江苏银行股份有限公司靖江支行	30,000,000.00	30,000,000.00	2014.6.24~2015.6~23
江苏皓月汽车锁股份有限公司、武汉佳特轿车零部件有限公司	靖江市恒远经贸有限公司	江苏长江商业银行	10,000,000.00	10,000,000.00	2014.7.21~2015.7.20
江苏皓月汽车锁股份有限公司、武汉佳特轿车零部件有限公司	靖江加加利贸易有限公司	江苏长江商业银行	18,000,000.00	18,000,000.00	2013.5.14~2015.5.13
江苏皓月汽车锁股份有限公司	靖江市长城建筑有限公司	江苏靖江农村商业银行人民北路支行	15,000,000.00	15,000,000.00	2014.6.30~2015.6.29
江苏皓月汽车锁股份有限公司	江苏华昊建设集团有限公司	中国工商银行股份有限公司靖江支行	20,000,000.00	20,000,000.00	2015.3.27~2015.9.25

续表

担保方	被担保方	担保受益人	合同担保金额	实际担保金额	担保期限
江苏皓月汽车锁股份有限公司	靖江市明明汽车零部件有限公司	中国建设银行股份有限公司靖江支行	10,000,000.00	10,000,000.00	2015.1.6～2015.7.5
合计			169,000,000.00	143,000,000.00	

截至本反馈回复意见签署日，公司对外担保余额为8500万元。公司上述对外担保均系公司的正常商业行为，公司与被担保方不存在关联关系。

2014年5月15日，江苏皓月召开2014年第三次临时股东大会，会议审议通过了公司对江苏中瑞路桥建设有限公司等五家公司提供担保的议案。

2015年1月10日，江苏皓月召开临时董事会，会议审议通过了公司对江苏华昊建设集团有限公司、靖江市明明汽车零部件有限公司提供担保的议案。

公司对外担保事项已经公司2014年第三次临时股东大会审议、2015年1月临时董事会审议通过，公司按照《章程》及《对外担保管理办法》履行了内部决策程序，符合相关规定。

江苏皓月为中瑞路桥提供担保，中瑞路桥同时为江苏皓月提供借款担保，双方形成直接的互保关系。2014年8月18日，公司与中国建设银行股份有限公司靖江支行签订《人民币流动资金贷款合同》（编号：14361230071）借款金额为人民币2500万元，借款期限为2014年8月18日至2015年8月17日，借款利率为6%。此项借款以中瑞担保。2012年8月15日，江苏中瑞路桥建设有限公司与中国建设银行股份有限公司靖江支行签订《最高额保证合同》（编号：12923083），江苏中瑞路桥建设有限公司愿意为皓月股份与中国建设银行股份有限公司靖江支行间自2012年8月15日至2015年8月14日期间在最高余额人民币3910万元内的借款承担连带保证责任。

除皓月股份与中瑞路桥上述直接互保关系外，其余担保为皓月股份在当地企业联盟内的互保行为，公司所在地政府为支持企业发展，能够更多地从银行获得贷款额度，组织当地企业形成企业联盟，联盟内的企业彼此互相提供担保，以提升企业的信用，增强企业的债权融资能力。公司在靖江市属于当地政府重点支持的企业，参与了当地的企业间的互保，因此账面上显示企业对外担保余额较大。

被担保方主要财务指标如下（来自企业2014年12月31日未经审计的财务报表）：

单位：万元

财务指标	中国路桥	五晟机械	恒远经贸	长城建筑	加加利	明明汽车	华昊建设
总资产	271,467.39	19,862.66	7410.64	15,543.20	9164.17	1887.70	67,864.03
流动资产	247,874.49	13,092.67	5403.76	12,918.59	8662.79	1423.41	34,309.88
净资产	131,605.06	12,935.93	5892.48	9089.16	3791.74	818.49	44,409.57
流动资产占总资产比例	91.31%	65.92%	72.92%	83.11%	94.53%	75.40%	50.56%
资产负债率	51.52%	34.87%	20.49%	41.52%	58.62%	56.64%	34.56%
营业收入	209,175.16	24,017.35	16,054.70	23,483.21	16,952.30	5847.18	78,923.42
净利润	13,516.00	2927.45	664.21	8176.98	814.65	429.59	5681.30
担保余额	已解除	3.000	1.000	1.500	已解除	1.000	2.000

从上表可以看出，被担保方目前的经营状况良好，流动资产占总资产的比重较高，资产负债率较低，无大额有息负债，被担保人的偿债能力较强，盈利能力较强高，公司代偿风险较低。

公司在日常经营过程中，面临较大的资金压力，为获得银行流动资金借款，参与了当地政府组织的企业联盟间的互保行为，以此来获得银行贷款。公司未来拟准备逐步减少对外担保的行为，公司历史上存在大股东占用公司资金的情形，2015年4月，公司大股东偿还其占用的资金后，公司的资金压力将得到缓解，待部分担保到期后，公司将解除部分对外担保，从而降低因对外担保产生的代偿风险。截至目前，公司已经解除对靖江加加利贸易有限公司的担保1800万元，解除与江苏中瑞路桥建设有限公司的担保4000万元，预计7月公司对靖江市恒远经贸有限公司的担保1000万元到期后也将解除。

公司与上述被担保方不存在关联关系，上述对外担保均按照《章程》和《对外担保管理办法》履行了内部决策程序。

被担保方主要财务指标如下表所示：

单位:万元

财务指标	中国路桥	五晟机械	恒远经贸	长城建筑	加加利
总资产	271,467.39	19,862.66	7410.64	15,543.20	9164.17
流动资产	247,874.49	13,092.67	5403.76	12,918.59	8662.79
净资产	131,605.06	12,935.93	5892.48	9089.16	3791.74
流动资产占总资产比例	91.31%	65.92%	72.92%	83.11%	94.53%
资产负债率	51.52%	34.87%	20.49%	41.52%	58.62%
营业收入	209,175.16	24,017.35	16,054.70	23,483.21	16,952.30
净利润	13,516.00	2927.45	664.21	8176.98	814.65

从上表可以看出,被担保方目前的经营状况良好,流动资产占总资产的比重较高,资产负债率较低,无大额有息负债,被担保人的偿债能力较强,盈利能力较强,公司代偿风险较低。

项目组查阅了公司的企业信用报告,查阅了公司相关董事会决议、股东大会决议,查阅了公司章程、对外担保管理办法等制度文件,检索了全国企业信用信息查询系统,查询了被担保方的基本信息,查询了企业对外担保的合同及银行贷款合同,查询了被担保方的财务报表,访谈了公司控股股东、实际控制人。

经核查,主办券商认为:公司对外担保事项已经公司相关董事会、股东大会审议通过,公司按照《章程》及《对外投资管理办法》的规定履行了内部决策程序,符合相关内部管理制度的规定,公司治理规范。

公司目前资金压力较大,为获得银行流动资金借款,参与了当地政府组织的企业联盟间的互保行为,以此来获得银行贷款,因此账面上显示公司的对外担保余额较大。公司上述对外担保行为系正常的商业行为,不存在不存在利益输送等事项。公司在大股东姚明成归还其占用的资金后,逐步偿还银行贷款,解除了部分对外担保,未来在部分担保到期后,公司将继续解除部分对外担保,降低对外担保的风险。公司上述对外担保事项未对公司的财务状况产生不利影响。

二、江阴延利汽车饰件股份有限公司

公司存在数额较大的对外担保，公司在2013年3月3日与华夏银行无锡分行签订了《最高额保证合同》，约定公司为江阴市华富纺织制衣有限公司的借款提供担保，担保金额为1800万元。公司与该公司为互保关系。请主办券商、律师补充核查并发表意见：(1)公司与江阴市华富纺织制衣有限公司是否存在关联关系。(2)公司报告期内与上述公司互保的具体情况。(3)上述公司的公司财务状况和资信情况。公司与上述公司是否存在互保协议，如是，该协议是否存在其他附属债权和相关条款，公司是否存在潜在的重大债务纠纷。(4)与上述公司互保履行的内部决议程序。(5)结合被担保对象的主要财务指标，分析其偿债能力、偿债意愿及保证合同行权的可能性。(6)公司是否存在因承担连带保证责任影响公司持续经营的风险。(7)公司是否具备健全的内控制度。(8)请公司全面披露上述内容，并对相关重大事项提示做相应修改。

(一)尽调过程

主办券商取得并核查了江阴市华富纺织制衣有限公司(以下简称华富纺织)的营业执照、公司章程、2013年度和2014年10月的财务报表，在中国人民银行征信系统查询了该公司的信用记录；要求公司及华富纺织就双方之间的互保情况及关联关系出具证明文件；核查了报告期内双方互保的具体担保合同、公司对华富纺织提供担保的股东会决议等文件；在全国企业信用信息公示系统查询了江阴市新华富染整有限公司(以下简称新华富染)的基本资料，核查了华富纺织股东与新华富染股东之间的关联关系。

(二)事实依据

1. 华富纺织的营业执照，公司章程，2013年度和2014年10月的财务报表，在中国人民银行征信系统对该公司进行查询的记录。

2. 华富纺织就双方互保情况出具的证明文件。

3. 公司就双方互保情况出具的证明文件。

4. 报告期内双方互保的的具体担保合同。

5. 在全国企业信用信息公示系统对新华富染的查询记录。

6. 华富纺织与新华富染股东之间关联关系的证明文件。

(三)分析过程

1. 华富纺织成立于2000年12月22日，目前的注册资本为9080万元，其中顾永华出资4721.6万元，占注册资本的52%，曹兵出资

4358.4 万元，占注册资本的 48%。顾永华担任该公司的执行董事兼总经理，曹兵担任监事。

华富纺织的股东、高管与本公司无关联关系，除本公司向其提供担保外，公司与华富纺织之间不存在其他关联关系。公司与华富纺织均出具了声明文件，证明双方之间为互保的关系，除此之外，双方不存在其他关联关系。

2. 公司与华富纺织之间互保的具体形式为：公司为华富纺织在银行的借款提供担保，新华富染为公司在银行的借款提供担保。

新华富染成立于 2003 年 4 月 4 日，目前的注册资本为 3500 万元，其中曹甫全出资 2950 万元，占注册资本的 84%，曹健出资 550 万元，占注册资本的 16%。曹甫全担任该公司的执行董事兼总经理，曹健担任监事。

根据华富纺织提供的说明，华富纺织与新华富染为同一家族控制的企业，顾永华、曹甫全为夫妻关系，曹兵、曹健为顾永华和曹甫全的儿子。

报告期内，双方互保的具体情况如下表所示：

担保人	被担保人	担保合同	担保金额	担保期限
延利饰件	华富纺织	《最高额保证合同》(NJ1630(高保)20140005)	1800 万元	2014.3.3 ~ 2015.3.3
		《最高额保证合同》(NJ1604(高保)20130011)	1960 万元	2013.3.4 ~ 2014.3.4
		《最高额保证合同》(NJ1604(高保)20120011)	960 万元	2012.2.22 ~ 2014.2.22
新华富染	延利饰件	《保证合同》(YB9207201428019301)	500 万元	2014.8.7 ~ 2015.8.7
		《最高额保证合同》(ZB9207201200000053)	1500 万元	2012.10.25 ~ 2014.10.25
		《最高额保证合同》(ZB9207201100000040)	1100 万元	2011.8.4 ~ 2013.8.4

3. 根据华富纺织提供的财务报表，该公司的财务状况如下表所示：

项目	2014 年 10 月 31 日	2013 年 12 月 31 日
资产总计(元)	792,270,976.75	729,162,660.84
负债总计(元)	371,305,651.15	338,047,723.43
股东权益合计(元)	420,965,325.60	391,114,937.41
资产负债率	46.87%	46.36%
流动比率	1.71	1.63
权益乘数	1.88	1.86
项目	2014 年 1 ~ 10 月	2013 年度
主营业务收入(元)	477,272,111.29	550,030,347.93
营业利润(元)	33,037,794.76	38,284,978.00
净利润(元)	29,850,388.19	36,562,780.68

主办券商对华富纺织在中国人民银行征信系统的信息进行了查询，未发现华富纺织存在大额借款逾期未偿还等不良负债情况。

公司与华富纺织均签署了声明文件，证明双方之间未签订过互保协议。

4. 公司上述对外担保事宜发生在有限公司时期，公司内控制度尚不完善，公司股权相对集中，公司章程未对公司对外投资、对外担保等事宜应当履行的内部审议程序进行规定。公司在签订上述对外担保合同时未履行内部审议程序。

5. 经分析上述华富纺织的财务指标，华富纺织的资产总额、收入、净利润等财务指标均远高于本公司，具有较强的偿债能力，能够有效保证其借款合同的履行。该公司资信状况良好，不存在大额借款逾期未偿还等不良负债情况，具有较强的偿债意愿。

6. 主办券商核查了华富纺织的财务指标及资信情况，该公司资产规模较大，信用状况良好，能够按期偿还银行借款，不存在大额借款逾期未偿还等不良负债情况。延利饰件因其逾期未偿还银行借款而承担连带保证责任的可能性较低。但是，若确实发生该公司逾期未偿还银行借款的情形，则公司可能要在保证合同约定的担保金额内承担连带保证责任，会对公司的正常生产经营活动造成一定的影响。

7. 股份公司成立后，公司依据《公司法》等有关规定，结合公司的具体情况制定了《公司章程》,依法设立了股东大会、董事会、监事会,建立健全了公司治理机制。此外,公司还通过制定《股东大会议事规则》、《董事会议事规则》、《监事会议事规则》、《董事会秘书工作细则》、《总经理工作细则》、《对外投资管理制度》、《关联交易管理制度》等内部治理细则,对公司对外担保、重大对外投资、关联交易等公司重大事项约定了明确的内部审议程序。目前,公司已建立了健全的内控制度。

(四)结论性意见

主办券商及律师认为:

1. 公司与华富纺织除互保的关系外,不存在其他关联关系。

2. 公司与华富纺织之间未签订过互保协议。

3. 华富纺织具备较强的偿债能力和良好的偿债意愿,能够有效保证合同行权。

4. 华富纺织资产规模较大,信用状况良好,能够按期偿还银行借款,不存在大额借款逾期未偿还等不良负债情况。公司因其逾期未偿还银行借款而承担连带保证责任的可能性较低。但是,若确实发生该公司逾期未偿还银行借款的情况,则公司可能要在保证合同约定的担保金额内承担连带保证责任,会对公司的正常生产经营活动造成一定的影响。

5. 公司已建立了健全的内控制度。

(五)补充披露情况

上述内容已在公司公开转让说明书第二节"公司业务"之"四、公司业务收情况(四)公司重大业务合同及履行情况"中进行补充披露。

公司在公开转让说明书"重大事项提示(三)对外担保数额较大的风险"及第四节之"公司财务"之"十一、风险因素及自我评估(九)对外担保数额较大的风险"中进行了修改并进行了补充披露。其具体如下:

目前,公司存在数额较大的对外担保。2014 年 3 月 3 日,公司与华夏银行股份有限公司无锡分行签订了编号为 NJ1630(高保)20140005 的《最高额保证合同》,约定公司为江阴市华富纺织制衣有限公司在该银行的借款提供最高额保证,担保金额为人民币 1800 万元,合同期限为 2014 年 3 月 3 日至 2015 年 3 月 3 日。

江阴市华富纺织制衣有限公司的注册资本为 9080 万元,截至 2014 年 10 月 31 日,其净资产为 420,965,325.60 元。该公司资产规模较大,信用状况良好,能够按期偿还银行借款,不存在大额借款逾期未偿还等不良负债情况，公司因其逾期未偿还银行借款而承担连带保证责任的可能性较低。但是，若确实发生该公司逾期未偿还银行借款的情况，则公司可能要在保证合同约定的担保金额内承担连带保证责任，会对公司的正常生产经营活动造成一定的影响。

三、河南利欣制药股份有限公司

公司报告期内与南阳山川皮革制品有限公司存在互保关系。请主办券商补充核查并发表意见：(1)公司报告期内与上述公司互保的具体情况。(2)分析该公司财务状况和资信情况，核查公司与该公司是否存在互保协议，如是，核查上述协议是否存在其他附属债权和相关条款，公司是否存在潜在的重大债务纠纷并发表意见。(3)公司与上述公司是否存在关联关系，如是，关联担保是否履行了相应的决策程序，是否符合《公司法》第16条、《非上市公众公司监督管理办法》第13条、《非上市公众公司监管指引第3号——章程必备条款》以及《公司章程》的规定。(4)关联担保的贷款额度、余额，被担保方借款的实际用途，被担保方的财务状况及履约还款能力。(5)结合自身及被担保方的资产负债等财务情况说明该等关联担保是否对公司持续经营产生重大不利影响。(6)公司是否符合"公司治理规范"、"合法规范经营"、"具有持续经营能力"的挂牌条件。(7)请主办券商、律师补充核查并发表明确意见。请公司补充披露上述核查事项并对该问题作重大事项提示。

1. 公司报告期内与上述公司互保的具体情况：

(1)2015年2月3日，公司与中原银行股份有限公司镇平支行签订编号为2015年B201501288091001的保证合同，为南阳山川皮革制品有限公司在中原银行镇平支行的500万元借款提供连带保证担保，保证期限自2015年2月3日至2016年2月2日。

(2)2014年8月28日，南阳山川皮革制品有限公司与镇平县农村信用合作联社业务部签订农信保字〔2014〕第08001号担保协议，为公司从镇平县农村信用合作联社业务部借入的500万元短期借款提供连带保证担保，保证期限自2014年8月28日到2015年8月27日。

主办券商经核查后认为：公司与南阳山川皮革制品有限公司报告期内曾存在为对方提供担保的情形。

律师核查发表意见如下：

"根据公司提供的保证合同等资料，2015年2月3日，公司与中原银行股份有限公司镇平支行签订《保证合同》(编号：2015年

B201501288091001号),为南阳山川皮革制品有限公司的500万元借款提供连带责任保证,担保债务履行期限自2015年2月3日至2016年2月2日。

2015年8月18日,公司与镇平县农村信用合作联社公司签订《流动资金借款合同》(编号:2014年1410888601002号),公司借款500万元用于购买原材料,借款期限自2015年8月28日至2016年8月27日止,南阳山川皮革制品有限公司与镇平县农村信用合作联社公司签订《保证合同》,为该借款提供连带责任保证。"

2. 分析该公司财务状况和资信情况,核查公司与该公司是否存在互保协议,如是,核查上述协议是否存在其他附属债权和相关条款,公司是否存在潜在的重大债务纠纷并发表意见。

南阳山川皮革制品有限公司系由镇平虹发皮件厂和德国山川贸易公司出资设立的中外合资企业,注册资本:150.8056万美元,企业经营范围为生产、销售劳保日用手套、皮服装及长毛绒玩具产品;进出口业务(不含分销业务)。南阳山川皮革制品有限公司2014年和2015年1~8月财务状况如下:

(1)资产情况

项目	2015.8.31(未经审计)	2014.12.31(经审计)
资产总额	42,611,646.59	33,964,156.85
其中:流动资产	30,516,479.36	21,551,517.87
非流动资产	12,095,167.23	12,412,638.98
负债总额	15,123,833.56	7,976,153.09
其中:流动负债	15,123,833.56	7,976,153.09
非流动负债	0.00	0.00
所有者权益	27,487,813.03	25,988,003.76
其中:实收资本	10,000,000.00	10,000,000.00
资本公积	264,836.90	264,836.90
盈余公积	2,977,679.57	2,977,679.57
未分配利润	14,245,296.56	12,745,487.29

(2)盈利情况

项目	2015 年 1～8 月(未经审计)	2014 年度(经审计)
营业收入	26,835,825.07	31,469,563.43
营业成本	21,955,182.46	25,741,125.47
营业税金及附加	0.00	1,710.65
管理费用	3,399,877.98	4,129,663.40
财务费用	-246,848.37	316,025.34
投资收益		212,314.35
营业利润	1,727,613.00	1,493,352.92
营业外收入	430,499.55	661,009.54
营业外支出	548.76	0.00
利润总额	2,157,563.79	2,154,362.46
所得税费用	653,664.23	557,160.32
净利润	1,503,899.56	1,597,202.14

据上表可知,截至 2014 年 12 月 31 日(数据经南阳福盛泰会计师事务所审计),南阳山川皮革制品有限公司净资产为 25,988,003.76 元,负债为 7,976,153.09 元,资产负债率为 23.48%,负债主要是短期借款和其他应付款等流动负债。截至 2015 年 8 月 31 日(数据未经审计)净资产为 27,487,813.03 元,负债为 15,123,833.56 元,资产负债率为 35.49%,负债主要是短期借款、应付账款和其他应付款等流动负债。2014 年度和 2015 年 1～8 月南阳山川皮革制品有限公司的净利润分别为 1,597,202.14 元和 1,503,899.56 元,盈利状况良好。

南阳山川皮革制品有限公司的净资产远远大于公司提供担保的借款金额,且盈利情况良好;经查全国企业信用信息公示系统南阳山川皮革制品有限公司近期无重大违法违规经营行为,没有被列入失信被执行人名单和没有执行案件,南阳山川皮革制品有限公司财务状况和资信情况良好。

因此,主办券商经核查后认为:公司与南阳山川皮革制品有限公司不存在互保协议。相互担保的情形仅仅是公司在有限公司阶段,为了解决流动性不足的问题,偶发性通过互相担保的形式筹集资金。针对可能存在南阳山川皮革制品有限公司不能按期偿还债务,公司需要承担保证责任的风险，公司大股东李明虎承诺：如河南利欣制药股份有限公司因上述保证事项而需承担相关保证责任，其愿意承担上述500万元保证借款的保证责任，保证河南利欣制药股份有限公司不会因此遭受任何损失，公司不存在潜在的重大债务纠纷。

律师核查发表意见如下：

“根据2015年9月2日南阳福盛泰会计师事务所对南阳山川皮革制品有限公司2014年12月31日资产负债表、2014年度利润表、现金流量表进行审计并出具的《审计报告》(宛福审字〔2015〕第12号)，截至2014年12月31日，南阳山川皮革制品有限公司净资产为25,988,003.76元，负债为7,976,153.09元，2014年度净利润为1,597,202.14元，资产负债率为23.48%，负债主要是短期借款和其他应付款等流动负债。根据2015年8月南阳山川皮革制品有限公司的资产负债表、利润表，截至2015年8月31日，南阳山川皮革制品有限公司净资产为27,487,813.03元，负债为15,123,833.56元，2015年1~8月利润为1,503,899.56元，资产负债率为35.49%，负债主要是短期借款、应付账款和其他应付款等流动负债。

南阳山川皮革制品有限公司的净资产远远大于公司提供担保的借款金额，且盈利情况良好；经本所律师登录全国法院被执行人信息查询系统(http://zhixing.court.gov.cn)、全国法院失信被执行人名单信息公布与查询系统(http://shixin.court.gov.cn)查询，未发现南阳山川皮革制品有限公司作为被执行人或被列入失信被执行人名单的情况。南阳山川皮革制品有限公司财务状况和资信情况良好。

根据公司说明并经本所律师核查，公司与南阳山川皮革制品有限公司不存在互保协议。针对可能存在南阳山川皮革制品有限公司不能按期偿还债务，公司需要承担保证责任的风险，公司大股东李明虎承诺：如河南利欣制药股份有限公司因上述保证事项而需承担相关保证责任，其愿意承担上述500万元借款的保证责任，保证河南利欣制药股份有限公司不会因此遭受任何损失。”

3.公司与上述公司是否存在关联关系，如是，关联担保是否履行了相应的决策程序，是否符合《公司法》第16条、《非上市公众公司监督管理办法》第13条、《非上市公众公司监管指引第3号——章程必备条款》以及《公司章程》的规定。

根据公司说明并登录全国企业信用信息公示系统(http://gsxt.saic.gov.cn)查询，南阳山川皮革制品有限公司系成立于1993年12月30日的有限责任公司(中外合资)，注册资本为150.8056万美元，法定代表人为姜书堤，住所为镇平县工业园区，经营范围为生产、销售劳保日用手套、皮服装及长毛绒玩具产品，进出口业务（不含分销业务），主要投资人为镇平虹发皮件厂、德国山川贸易公司。

主办券商认为：南阳山川皮革制品有限公司与公司不存在关联关系。

律师核查发表意见如下：

“根据公司说明并经本所律师登录全国企业信用信息公示系统（http://gsxt.saic.gov.cn）查询，南阳山川皮革制品有限公司系成立于1993年12月30日的有限责任公司（中外合资），注册资本为150.8056万美元，法定代表人为姜书堤，住所为镇平县工业园区，经营范围为生产、销售劳保日用手套、皮服装及长毛绒玩具产品，进出口业务（不含分销业务），主要投资人为镇平虹发皮件厂、德国山川贸易公司。南阳山川皮革制品有限公司与公司不存在关联关系。”

4. 关联担保的贷款额度、余额，被担保方借款的实际用途，被担保方的财务状况及履约还款能力。

报告期内公司存在为关联方南阳中誉医药有限公司提供担保的情况。2015年2月16日，公司与中国建设银行股份有限公司南阳分行签订编号为建宛小工流（2015）049抵01的抵押合同，以国用第200902536号土地使用权，以房权证字00004486、00004487、00004488号房产，为关联方南阳中誉医药有限公司（2015年9月17日，王世印、袁根分别将其持有的南阳中誉医药有限公司35%、15%的股权转让给第三方，股权转让后公司与南阳中誉医药有限公司不存在关联方关系）在建行南阳分行的963万元借款提供抵押担保。

经核查，主办券商认为：关联方的上述借款用途为日常生产经营，2015年10月10日南阳中誉医药有限公司已将上述贷款归还，公司上述对关联方的担保已解除，并解除了上述土地、房产等资产的抵押登记，被担保方的财务状况及履约还款能力等不会对公司的生产经营产生影响。

律师核查并发表意见如下：

“报告期内公司存在为关联方南阳中誉医药有限公司提供担保的情况。2015年2月16日，公司与中国建设银行股份有限公司南阳分行签订编号为建宛小工流（2015）049抵01的抵押合同，以国用第200902536号土地使用权，以房权证字00004486、00004487、00004488号房产，为南阳中誉医药有限公司在建行南阳分行的963万元借款提供抵押担保。

关联方的上述借款用途为日常生产经营，2015 年 10 月 10 日，南阳中誉医药有限公司已将上述贷款归还，2015 年 10 月 14 日，抵押权人中国建设银行股份有限公司与公司向镇平县国土资源局出具《土地抵押权注销证明》，因贷款结清、合同中止，确认国用第 200902536 号土地使用权抵押权终止。

公司上述对关联方的外担保已解除，并解除了上述土地、房产等资产的抵押登记。"

5. 结合自身及被担保方的资产负债等财务情况说明该等关联担保是否对公司持续经营产生重大不利影响。

主办券商通过查阅公司及相关方的财务报表，访谈了公司的总经理李明虎、财务负责人郭洪章后认为，截至 2015 年 10 月 10 日，公司上述对关联方的担保已解除，不会对公司持续经营产生重大不利影响。

律师核查发表意见如下：

"截至 2015 年 10 月 10 日，公司上述对关联方的担保已解除，不会对公司持续经营产生重大不利影响。"

6. 公司是否符合"公司治理规范"、"合法规范经营"、"具有持续经营能力"的挂牌条件。

公司在有限阶段治理制度不完善，中介机构进场后、股份公司设立时，完善了议事规则、制定了《关联交易决策与控制制度》等一系列制度，并由股东大会对报告期内的关联交易进行审议确认，解除了对关联方的担保。关联方担保对公司持续经营未产生不利影响。股份公司设立以来，公司严格按照议事规则、治理制度进行公司规范治理，确保公司在经营中合法规范，公司具有持续经营能力，符合挂牌相关条件。

因此，主办券商认为：股份公司设立以来，公司严格按照议事规则、治理制度进行公司规范治理，确保公司在经营中合法规范，公司具有持续经营能力，符合挂牌相关条件。

律师核查发表意见如下：

"公司在有限阶段治理制度不完善，中介机构进场、股份公司设立时，完善了三会议事规则、制定了《关联交易决策与控制制度》等一系列制度，并由股东大会对报告期内的关联交易进行审议确认，解除了对关联方的担保。关联方担保对公司持续经营未产生不利影响。股份公司设立以来，公司严格按照议事规则、治理制度进行公司规范治理，确保公司在经营中合法规范，公司具有持续经营能力，符合挂牌相关条件。"

7. 请主办券商、律师补充核查并发表明确意见。请公司补充披露上述核查事项并对该问题作重大事项提示。

主办券商的核查情况详见本反馈意见之“一、公司特殊问题”之“3. 公司报告期内与南阳山川皮革制品有限公司存在互保关系。”

经核查，主办券商认为公司对关联方的担保已解除，并解除了上述土地、房产等资产的抵押登记，上述担保解除后公司不存在为关联方提供担保情形，不会对持续经营产生重大不利影响。

四、承德博琳包装制品股份有限公司

公司、露露包装与其共同的长期供应商森信公司签订承诺书，约定无论是否作为合同相对方，公司及露露包装将同时对其与森信公司今后的采购合同连带承担对货款及违约金的责任。请主办券商补充核查并发表意见：(1)公司与露露包装是否存在互保关系，如是，公司报告期内与上述公司互保的具体情况。(2)分析露露包装的公司财务状况和资信情况，说明上述承诺书是否存在其他附属债权和相关条款，公司是否存在潜在的重大债务纠纷。(3)公司与上述公司互保履行的内部决议程序。(4)结合露露包装的主要财务指标，分析其对已决诉讼的剩余还款责任的还款能力、还款意愿、公司承担上述还款连带责任的可能性及对公司生产经营及财务状况的影响。(5)公司是否具备承担未来发生采购合同连带责任的能力，是否存在因为承担连带责任而影响公司持续经营、损害公司利益的风险、该风险是否可控。(6)公司是否具备健全的内控制度。(7)请公司全面披露上述内容，并对公司与露露包装的互保及连带承担已决诉讼中的还款责任的风险作重大事项提示，并针对上述风险作出明确的规范措施。

2013 年 5 月 1 日，有限公司和森信公司签订《供货协议书》，由森信公司向有限公司供应纸张。同日，森信公司、露露包装和有限公司签订了《承诺书》，露露包装长期委托有限公司向森信公司购买纸张，从 2013 年 5 月 1 日开始，无论露露包装以自己名义或是以有限公司的名义向森信公司购买纸张，露露包装和有限公司都同时连带承担偿付所有货款及违约金的责任。

据此，有限公司和露露包装针对森信公司存在互保的情况。在实际操作中，露露包装与森信公司没有直接接触，露露包装与森信公司所有的订货均是通过委托有限公司进行采购的方式完成。

2014 年 6 月，露露包装因拖欠森信公司购货款，被森信公司起诉至北京市朝阳区人民法院。2014 年 7 月 24 日，三方经协商达成一致意见,北京市朝阳区人民法院出具了〔2014〕朝民初字第24841号《民事调解书》:1.露露包装、博琳舒适给付原告森信纸业货款及违约金共计2,931,163.92元(分4期支付);2.若被告露露包装、博琳舒适有任何一期未按照上述期限履行还款义务,则森信纸业有权就全部欠款一次性申请强制执行,并另行支付违约金20万元。案件受理费15,181元、保全费5000元由露露包装、博琳舒适负担。

截至本反馈回复出具之日,露露包装已全额向森信公司支付完毕〔2014〕朝民初字第24841号《民事调解书》项下的全部款项。因露露包装与森信公司的采购均通过股份公司完成,截至2014年12月5日,根据股份公司的陈述,露露包装与森信公司已不存在其他债权债务。

2014年11月20日,股份公司与森信公司签订《担保终止协议》,森信公司同意从2014年7月25日起终止股份公司对露露包装的保证责任,即《承诺书》效力终止。

公司与露露包装的互保发生在有限公司阶段,其内部管理不规范,公司和露露包装、森信公司签订《承诺书》时没有履行相关内部决议程序。现股份公司已通过了公司《章程》、《对外担保管理制度》、《内部控制制度》等各项规章制度,公司可以通过以上程序杜绝未经审批的对外担保事项发生,以防范给公司带来重大风险。

上述情况已经补充披露于《公开转让说明书》之“第三节 公司治理”之“公司二年内资金占用、对外担保等情况以及公司为防止股东及其关联方占用或者转移公司资金、资产及其他资源的行为发生所采取的具体安排”之“(二)公司对外担保、委托理财、重大投资及关联交易的执行情况”。

补充核查公司与露露包装的互保情况

经核查:

公司与露露包装存在互保的原因如下,2013年5月1日,有限公司(有限公司为“博琳包装”改制前身)和森信公司签订《供货协议书》,由森信公司向有限公司供应纸张。同日,森信公司、露露包装和有限公司签订了《承诺书》,露露包装长期委托有限公司向森信公司购买纸张,从2013年5月1日开始,无论露露包装以自己名义或是以有限公司的名义向森信公司购买纸张,露露包装和有限公司都同时连带承担偿付所有货款及违约金的责任。据此,有限公司和露露包装针对森信公司形成互保义务。

2014年6月,露露包装因拖欠森信公司购货款,被森信公司起诉至北京市朝阳区人民法院。2014年7月24日,三方经协商达成一致意见,北京市朝阳区人民法院出具了〔2014〕朝民初字第 24841 号《民事调解书》:1. 露露包装、博琳舒适(本公司)给付原告森信纸业货款及违约金共计 2,931,163.92 元(分 4 期支付);2. 若被告露露包装、博琳舒适有任何一期未按照上述期限履行还款义务,则森信纸业有权就全部欠款一次性申请强制执行,并另行支付违约金 20 万元。案件受理费 15,181 元、保全费 5000 元由露露包装、博琳舒适负担。

截至本反馈回复出具之日,露露包装已全额向森信公司支付完毕〔2014〕朝民初字第 24841 号《民事调解书》项下的全部款项。2014 年 11 月 20 日,公司与森信公司签订《担保终止协议》,森信公司同意从 2014 年 7 月 25 日起终止股份公司对露露包装的保证责任,即《承诺书》效力终止。

综上,公司与露露包装的互保问题已经解除,公司已经不存在与露露包装的任何互保风险。

第七章　生物资产

【基本理论】

一、生物资产的独特规律

其实，关于生物资产的核算并不复杂和高深，会计准则也有着明确的规定。只是由于IPO审核过程中，最近几年农业类企业上市的少之又少，从而导致生物资产的问题出现的机会很少，很多人没有关注甚至忽略了而已。

由于新三板的包容性，导致很多农业类企业选择在新三板挂牌，那么这就必然涉及生物资产的核算问题。关于生物资产的核算，最核心的一个问题在于生产性生物资产和消耗性生物资产的核算方面，由于两种生物资产的分类可能会导致公司经营业绩的巨大差异，因此两种生物资产的划分标准、隔离墙的设置以及具体的核算就成为一个重点关注的问题。

二、新三板审核关注要点

在新三板的审核案例中，关于生物资产关注的要点主要有以下几个方面：

1. 请说明消耗性生物资产与生产性生物资产如何划分。这个标准并不难确定，只是在实践中如何执行是需要重点关注的问题。关注针对生物资产的盘点方法、程序和分类结果等，请主办券商及申报会计师说明监盘方法。

2. 生产性生物资产的规模、分布构成及储备情况，是否符合公司的行业特点，是否与公司的经营规模相适应，是否与公司实际产能和产量相匹配。比如以养猪企业为例，如果幼崽不存在外购的情况下，那么企业的养殖规模与种猪的规模应该是有着一定的比例对应关系的，这种情况下种猪的数量和价值应该有着一个基本的范围（生产性生物资产)。

3.补充说明并披露生产性生物资产分类成新率和平均成新率,说明生产性生物资产规模与成新率对公司业务经营、创新能力和成长性的影响。

4.生产性生物资产的具体情况,包括项目内容、来源(外购和自行繁殖)、养殖时间、投资规模、累计投资成本、转固时间及其金额(如适用)。结合产品特点及存栏结构披露消耗性生物资产初始入账价值如何确定、生产成本的归集内容与分配方法、营业成本的结转方法等,并结合业务特点、经营规模、生产流程等披露期末消耗性生物资产期末余额的合理性。由于生产性生物资产的账面原值会对企业的生产经营业绩产生较大影响,因此要对生产性生物资产的入账以及核算进行详细的说明。

5.生产性生物资产的确认与计量是否符合《企业会计准则》的相关规定;生物资产跌价准备或减值准备的计提方法。

6.主办券商及申报会计师说明针对生物资产的存在、计价与分摊所执行的尽职调查及审计程序,并对生物资产的会计核算是否符合《企业会计准则》的要求发表专业意见。

三、生物资产类比固定资产

如果做一个简单的、不严谨的类比,那么消耗性生物资产类似于存货而生产性资产类似于固定资产。在实践中,如果将生产性资产核算清楚,那么消耗性生物资产的基本问题也就搞清楚了。由于生产性生物资产存在账面价值确定、摊销期限确定等问题,而这些问题又会直接影响到经营业绩,因而在实践中会重点关注。

至于生物资产的盘点问题,地上跑的还是可以的,毕竟看得见摸得着,至于这水里游的,就比较麻烦了。这里我们探讨的不是存货盘点问题,就不再详细论述了。有兴趣的朋友可以网上找一些资料自我学习。

【实践案例】

一、青海小西牛生物乳业股份有限公司

关于生物资产。(1)请公司披露消耗性生物资产与生产性生物资产如何划分;(2)请公司说明并披露消耗性生物资产的存栏结构情况、

生产性生物资产的分类成新率及平均成新率;(3)请公司结合产品特点及存栏结构披露消耗性生物资产初始入账价值如何确定、生产成本的归集内容与分配方法、营业成本的结转方法等,并结合业务特点、经营规模、生产流程等披露期末消耗性生物资产期末余额的合理性;(4)请公司说明针对生物资产的盘点方法、程序和分类结果等,请主办券商及申报会计师说明监盘方法;(5)请申报会计师说明生产性生物资产的确认与计量是否符合《企业会计准则》的相关规定;(6)请申报会计师说明生物资产跌价准备或减值准备的计提方法;(7)请主办券商及申报会计师说明针对生物资产的存在、计价与分摊所执行的尽职调查及审计程序,并对生物资产的会计核算是否符合《企业会计准则》的要求发表专业意见。

(一)请公司披露消耗性生物资产与生产性生物资产如何划分

从会计核算角度,公司生物资产分为消耗性生物资产和生产性生物资产两类。消耗性生物资产,是指为出售而持有的、或在将来收获为农产品的生物资产。其是一次性消耗并终止其服务能力或未来经济利益,在一定程度上具有存货的特征,作为存货在资产负债表中列报。公司列示的消耗性生物资产主要为公牛。

生产性生物资产,是指为产出农产品、提供劳务或出租等目的而持有的生物资产。具有能够在生产经营中长期、反复使用,从而不断产出农产品或者是长期役用的特征。在一定程度上具有固定资产的特征,并计提折旧。生产性生物资产分为未成熟和成熟两类。成熟是指青年牛生下牛犊开始产奶的奶牛。之前则为未成熟。

(二)请公司说明并披露消耗性生物资产的存栏结构情况、生产性生物资产的分类成新率及平均成新率

1. 消耗性生物资产的存栏结构情况

报告期内,公司消耗性生物资产中主要分为公牛犊和公牛,其存栏情况如下表所示:

项目	2015.3.31	2014.12.31	2013.12.31
公牛犊	43.46	25.70	51.84
公牛	65.99	118.39	72.72
合计	109.45	144.09	124.55

注:上述内容公司已在《公开转让说明书》"第四节　公司财务"之"三、(四)"之"5.存货"中进行补充披露。

2.生产性生物资产的分类成新率及平均成新率

报告期内，公司生产性生物资产分为成熟牛和未成熟牛，未成熟牛不存在成新率，成熟牛各期的成新率分别为如下表所示：

项目	2015.3.31		2014.12.31		2013.12.31	
	账面价值	成新率	账面价值	成新率	账面价值	成新率
成乳牛	943.61	75.43%	932.72	78.70%	961.83	93.37%
未成熟牛	582.99		579.02		519.79	
合计	1526.60		1511.74		1481.62	

注：上述内容公司已在《公开转让说明书》“第四节 公司财务”之“三、(四)”之“9.生产性生物资产”中进行补充披露。

(三)请公司结合产品特点及存栏结构披露消耗性生物资产初始入账价值如何确定、生产成本的归集内容与分配方法、营业成本的结转方法等，并结合业务特点、经营规模、生产流程等披露期末消耗性生物资产期末余额的合理性

公司消耗性生物资产公牛主要为公牛和公牛犊。犊牛的初始价值是按照母牛怀孕第三个月后，所需的物料消耗成本比较当时市场小牛犊的卖价，暂估为刚出生牛犊的初始入账价值，牛犊按照成长期间所领取的原材料平均分摊到每头牛的成本中，直至成为成熟牛。公司目前成牛期间为548天，548天所生物资产所消耗的原材料等全部计入生物资产成本中，成熟后的牛所消耗的原材料等全部计入当期损益。公司生物资产中的消耗性生物资产占比较小，不是公司的主营业务项目，公司将出售的消耗性生物资产全部计入其他业务收入中。

(四)请公司说明针对生物资产的盘点方法、程序和分类结果等，请主办券商及申报会计师说明监盘方法

公司在初始建牛栏时就把牛栏按照牛群的种类划分好，1～3个月的未断奶的犊牛分成一类，3～6个月的断奶犊牛分成一类，6～18个月的育成牛分成一类，18个月至产犊前牛分成一类，产犊后的成乳牛分成一类。在盘点牛之前，先把一类牛栏里的牛群赶到空过道里，排好队，再一个个数数赶进牛栏里，依照这样的方法来盘点牛的数量。每头牛都有耳标，公司把每头牛按照耳标的编号录入固定资产卡片中(每一头牛的相关信息全部记录在卡片中)。主办券商及会计师按照固定资产的盘点方法对其公司的生物资产进行监盘。

（五）请申报会计师说明生产性生物资产的确认与计量是否符合《企业会计准则》的相关规定

公司为对生物资产准确确认、计量、对成本进行核算和相关信息披露，根据《企业会计准则》及相关会计法律法规，制定牛场生物资产及成本核算制度。

1. 外购生物资产确认

外购成本包括购买价款、税费、运输费、保险费及其他可直接归属于购买该资产的其他成本。

2. 自行繁育生物资产确认

生物资产在达到预定生产经营目的之前的饲养、管护费用应资本化计入生物资产成本，成熟生物资产后期饲养、管护费用计入当期损益。

经核查，申报会计师认为，公司生产性生物资产的确认与计量符合《企业会计准则》的相关规定。

（六）请申报会计师说明生物资产跌价准备或减值准备的计提方法

生物资产减值准备应根据每年年度终了对消耗性生物资产和生产性生物资产的检查，有确凿证据表明由于遭受自然灾害、动物疫病侵袭或市场需求变化等原因，使消耗性生物资产的可变现净值或生产性生物资产的可收回金额低于其账面价值的，按照可变现净值或可收回金额低于账面价值的差额，计提生物资产跌价准备或减值准备。

公司每月都会对每头牛进行核实，将不能正常生产牛奶的牛全部予以淘汰，报告期内生物资产全部为优质牛，不存在减值现象，报告期末对生物资产计提减值准备。

（七）请主办券商及申报会计师说明针对生物资产的存在、计价与分摊所执行的尽职调查及审计程序，并对生物资产的会计核算是否符合《企业会计准则》的要求发表专业意见

主办券商及申报会计师查阅了公司制定的生物资产的核算办法及相关制度，针对其指定的相关制度是符合《企业会计准则》的要求，进行如下核查：

1. 了解了生物资产的计量价值：对于外购生物资产，检查采购合同、发票、保险单、发运凭证等支持性文件，确定入账价值是否正确，授权批准手续是否齐备，会计处理是否正确；对于自行繁育的生物资产，检查生物资产确认时点是否符合企业会计准则的规定，入账价值与后续相关入账记录是否核对相符。

2. 实地检查重要生物资产，确定其是否存在，关注是否存在已淘汰但仍未核销的资产。

3. 取得检查生物资产的所有明细，每头牛均有编号，对其进行核实。

4. 检查本期生物资产的处置：(1)结合固定资产清理科目，抽查生物资产账面转销额是否正确。(2)检查出售、盘亏、转让的生物资产是否经授权批准，会计处理是否正确。(3)检查其他减少固定资产的会计处理是否正确。

5. 检查累计折旧：(1)获取或编制生产性生物资产的累计折旧分类汇总表，复核加计正确，并与总账数和明细账合计数核对。(2)检查被公司制定的折旧政策和方法是否符合相关会计准则的规定，确定其所采用的折旧方法能否在生产性生物资产预计使用寿命内合理分摊其成本，前后期是否一致，预计使用寿命和预计净残值是否合理。(3)复核各期折旧费用的计提和分配：第一，复核各期折旧费用的计提是否正确，关注已计提减值准备的生物资产的折旧；第二，检查折旧费用的分配方法是否合理，是否与上期一致；第三，分配计入各项目的金额占本期全部折旧计提额的比例与上期比较是否有重大差异。(4)将“生产性生物资产的累计折旧”账户贷方的本期计提折旧额与相应的成本费用中的折旧费用明细账户的借方相比较，检查本期所计提折旧金额是否已全部摊入本期产品成本或费用。(5)检查生产性生物资产的累计折旧的减少是否合理、会计处理是否正确。

经核查，主办券商认为公司生物资产的核算符合《企业会计准则》。

二、甘肃华瑞农业股份有限公司

关于生物资产。(1)请公司披露消耗性生物资产与生产性生物资产如何划分；(2)请公司说明并披露生产性生物资产的分类成新率及平均成新率；(3)请公司结合产品特点及存栏结构披露消耗性生物资产初始入账价值如何确定，并结合业务特点、经营规模、生产流程等披露期末消耗性生物资产期末余额的合理性；(4)请公司说明针对生物资产的盘点方法、程序和分类结果等，请主办券商及申报会计师说明监盘方法；(5)请申报会计师说明生产性生物资产的确认与计量是否符合《企业会计准则》的相关规定；(6)请申报会计师说明生物资产跌价准备或减值准备的计提方法；(7)请主办券商及申报会计师说明针对生物资产的存在、计价与分摊所执行的尽职调查及审计程序，并对生物资产的会计核算是否符合《企业会计准则》的要求发表专业意见。

(一)请公司披露消耗性生物资产与生产性生物资产如何划分

公司已在公开转让说明书"第四节 公司财务会计信息"之"四、报告期的主要会计数据和财务指标及分析"之"(一)主要会计政策和会计估计"之"10. 生物资产"部分,披露了如下内容:

"公司的生物资产为消耗性生物资产和生产性生物资产。公司消耗性生物资产主要核算:待对外销售的公犊牛。

公司生产性生物资产划分为两类,分别为:'成熟生产性生物资产'和'未成熟生产性生物资产'。公司将开始产奶的成熟母牛在'成熟生产性生物资产——成母牛'项下进行核算;将尚未开始产奶但牛龄大于6个月的母奶牛在'未成熟生产性生物资产——育成牛'项下进行核算;将牛龄小于6个月(含6个月)的母奶牛在'未成熟生产性生物资产——母犊牛'项下进行核算。"

(二)请公司说明并披露生产性生物资产的分类成新率及平均成新率

公司已在公开转让说明书"第四节 公司财务会计信息"之"四、报告期的主要会计数据和财务指标及分析"之"(七)报告期内各期末主要资产情况及重大变动分析"之"10. 生物资产"部分,补充披露了内容。

(三)请公司结合产品特点及存栏结构披露消耗性生物资产初始入账价值如何确定,并结合业务特点、经营规模、生产流程等披露期末消耗性生物资产期末余额的合理性

公司已在公开转让说明书"第四节 公司财务会计信息"之"四、报告期的主要会计数据和财务指标及分析"之"(七)报告期内各期末主要资产情况及重大变动分析"之"5. 存货"部分,补充披露了如下内容:(省略相关详细内容)

(四)请公司说明针对生物资产的盘点方法、程序和分类结果等,请主办券商及申报会计师说明监盘方法

公司生物资产的盘点方法为永续盘存制。公司从牛只出生或购买之日起,按照公司统一编码方法进行唯一编号,制作统一牛耳标进行标识,按牛只类别、身体状况等相关信息资料分圈舍圈养管理。牛只的转群根据转群单进行实地转群,同时更新牛群圈舍信息资料。月末根据牛群管理信息分圈舍打印出各圈舍牛只信息,由牛场圈舍管理人员、牛群信息管理员及财务人员监督盘点。

主办券商监盘方法说明:主办券商项目组成员在通过当地防疫检

查后，进入了公司的牛舍，根据牛群圈舍信息资料，对公司全部牛舍中的所有生物资产逐一进行了清点。

申报会计师监盘方法说明：盘点日，审计人员分两组，每组四人，由牛场管理员、财务人员、审计人员组成，在牛场管理人员的配合下，根据牛群圈舍信息资料，自盘点表中相关牛只信息到实际牛只信息，从实际牛只信息到盘点表信息，对牛群进行全部监盘，根据盘点结果分别确认各分类牛群的数量。经盘点，公司牛群账实相符。

（五）请申报会计师说明生产性生物资产的确认与计量是否符合《企业会计准则》的相关规定

经核查，会计师认为，公司生产性生物资产的确认与计量符合《企业会计准则》的相关规定。

（六）请申报会计师说明生物资产跌价准备或减值准备的计提方法

申报期内公司生物资产分为消耗性生物资产和生产性生物资产。对于消耗性生物资产，由于公司以出售为目的，因此跌价准备的计提方法为成本与可变现净值孰低计量。可变现净值是指在日常活动中，消耗性生物资产的估计售价减去估计的销售费用以及相关税费后的金额。消耗性生物资产减值的影响因素已经消失的，减记金额应当予以恢复，并在原已计提的跌价准备金额内转回，转回的金额计入当期损益。截至 2015 年 3 月 31 日，公司消耗性生物资产公牛犊每头约为 4111.30 元，每头售价约为 4500 ~ 5000元，不存在跌价情况。

（相关方法省略）

经核查，会计师认为，公司生物资产不存在减值迹象，不计提跌价准备。

（七）请主办券商及申报会计师说明针对生物资产的存在、计价与分摊所执行的尽职调查及审计程序，并对生物资产的会计核算是否符合《企业会计准则》的要求发表专业意见

主办券商核查情况：

1. 尽调核查过程描述

主办券商项目组成员向公司管理层、财务部门了解公司生物资产内容，公司生物资产会计政策，及会计核算的相关情况，取得外购生物资产采购合同、发票等资料，对公司生物资产进行了逐一清点，并观察牛群实际状态；获取报告期内生物资产明细表，核查生物资产的取得和处置、转销资料，核查生产性生物资产累计折旧和生物资产减值准备的计提和分摊情况。

2. 事实依据

公司生物资产会计政策、外购生物资产采购合同和发票、生物资产盘点记录、报告期内生物资产明细表、生产性生物资产累计折旧计算表等。

3. 分析过程

主办券商项目组成员将获取的生物资产明细表,与总账数和明细账合计数核对,重新计算公司生产性生物资产折旧计提,结合生产性生物资产累计折旧和生物资产减值准备与报表数核对。获取外购生物资产的采购合同、发票、入库单等凭证,通过生产成本归集检查公司自行繁育的生物资产价值;对于出售、淘汰、死亡的生物资产,检查公司账务处理以及原始凭证、出库单、销售发票、销售合同等单据,核查生物资产账面价值转销的合理性,对于淘汰并出售的生物资产作为公司养殖业收入处理,对于死亡的生物资产在取得牛群死亡确认表后,核对计入营业外支出的数据。

4. 核查结论

通过核查,主办券商认为:公司生物资产的会计核算符合《企业会计准则》。经核查,会计师认为,公司生物资产的会计核算符合《企业会计准则》的要求。

三、河南龙凤山农牧股份有限公司

(一)关于生产性生物资产

(1)补充披露生产性生物资产的规模、分布构成及储备情况,是否符合公司的行业特点,与公司的经营规模相适应;与公司实际产能和产量相匹配。(2)补充说明并披露生产性生物资产分类成新率和平均成新率,说明生产性生物资产规模与成新率对公司业务经营、创新能力和成长性的影响。(3)补充说明并披露生产性生物资产的具体情况,包括项目内容、来源(外购和自行繁殖)、养殖时间、投资规模、累计投资成本、转固时间及其金额(如适用)。

公司已在《公开转让说明书》中“第四节 公司财务”之“六、公司最近两年主要资产情况”之“(七)生产性生物资产”中补充披露:

(省略明细表)

公司生产性生物资产全部为用于繁殖生猪的种猪。2014 年年末,公司生产性生物资产账面价值较 2013 年年末下降 35.57%,主要系 2013 年后公司繁育用种猪逐渐由外购改为自繁,导致初始入账成本大幅下降所致。

公司采用人工授精方式繁育小猪，一头种公猪可以供应 50～80 头种母猪，一头种母猪一年可以产 20～24 头健康仔猪，公司产能为出栏量 13 万头/年，公司种猪规模与公司出栏量相匹配。

（二）关于生产性生物资产

请公司按照育成期及生产期披露生产性生物资产，并披露生产性生物资产的初始确认、后续支出、折旧、处置及盘盈盘亏等的核算方法。

公司已在《公开转让说明书》中“第四节　公司财务”之“六、公司最近两年主要资产情况”之“（七）生产性生物资产”中补充披露：（第一次回复中有相关内容）

（三）请主办券商及会计师补充核查

（1）生产性生物资产的确认与计量是否符合《企业会计准则》的相关规定；（2）折旧及减值准备的计提是否谨慎；（3）公司盘点方法是否科学合理，并对生物资产的会计核算是否符合《企业会计准则》的要求发表专业意见。

项目小组查阅了公司会计政策，与生产性生物资产相关的会计凭证，与公司生产负责人、财务总监等进行了访谈，并与同类上市公司、新三板挂牌公司会计政策进行了比较。

经核查，主办券商认为：

1. 公司生产性生物资产的确认与计量符合《企业会计准则》的规定。

2. 公司生产性生物资产的折旧政策谨慎、合理；公司生产性生物资产整体生产效率较高，生产部门对生产用种猪的指标实施动态检测，一旦出现不合格会对其立即进行处置，因此报告期内未发生生产性生物资产减值的情形。

3. 公司生产部门、财务部门每月对生产性生物资产进行逐一盘点。公司所有生产用种猪均配备耳标、专用栏位和资产卡片，因此未发生盘盈或盘亏的情况。

综上所述，公司生物资产的会计核算符合《企业会计准则》的要求。

第八章　对赌协议

【基本理论】

一、对赌基本情形

根据股转公司的审核要求,新三板挂牌对于对赌协议的要求是:投资者与公司的对赌是禁止的(如果存在,会友好地提醒你清理);投资者与股东的对赌是允许的,但是需要关注一些事项。小兵在 IPO 研究的过程中对于对赌问题已经论述了很多也表达了自己的观点,不管怎样新三板的这个规定算是一个很大的进步。

投资者与股东的对赌条款,如果总结起来实践中主要是以下几种情形:(1)股权回购,如果达不到业绩条件,股东需要根据约定的价格将股权购买回去。(2)现金补偿,如果达不到业绩条件,股东需要根据模型计算的结果补偿投资者现金。这两种方式也是实践中投资者最愿意签署的协议,毕竟对于自己投资的风险有着比较实实在在的"真金白银"的保障和修正。(3)其他一些条款:比如一票否决权、提前审阅财务报告、相关决策及时通知、必须在某个时点挂牌或者上市等。这些条款有些可能无伤大雅也是正常要求,只需要充分披露就可以(知情权);有些可能与现行的规则有出入,只要调整之后就可以(审阅财务报告不得早于公开披露时间);有些可能是直接违反相关规则规定的,那么就需要禁止(一票否决权)。

二、新三板审核关注要点

关于实践中上述比较常见的对赌协议条款,基本的关注要点和解决思路简单总结如下:

1. 关于股权回购,重点关注对赌协议的执行是否会影响公司股权的稳定性,假定最差的一种情形,那么股权回购之后实际控制人是否会发生变更,公司股权结构是否会发生重大变化。

2. 关于现金回购，重点关注在最不利情况下需要补偿的现金金额、股东的个人资产情况，如果个人资产不足以支付补偿款那么补救措施是什么，股东是否会通过占用挂牌主体资金从而履行对赌协议？还需要关注的是，如果是股权转让的情况下，是否可以对股东的股转转让款进行一定比例的封存，以保证对赌协议能够有效履行，从而不影响挂牌主体的生产经营。

3. 关于以挂牌或者上市作为对赌条件，这在新三板的审核过程中是允许的，并且实践中很经常看到"如果在某个基准日之前能够挂牌或者上市成功，则对赌协议自动失效"的条款，这样的条款也是允许的。这里有一个问题就是，如果是投资者与公司对赌的协议，如果规定只要是挂牌成功协议就自动终止，是否应该允许？小兵的观点是：如果在对赌协议签署至申报新三板挂牌材料这段时间里没有触发对赌条款或者触发之后对挂牌主体生产经营的影响非常小，那么在可预期的时间里可以判断对赌协议的影响有效，小兵觉得是可以有限制的允许这样的对赌协议。

4. 关于其他对赌条款，可以在实践中灵活把握，关注的核心要点主要就在于：是否会对公司资金使用、公司控制权及股权结构、公司治理、公司未来的持续经营及公司的其他权益产生不利影响。

三、尽调核查思路

当然，这里还需要交代一点，那就是在对对赌条款进行理解和处理的时候，一定先要把相关的情况全面深入地了解清楚，然后再进行判断，了解的基本情况包括但是不限于：对赌协议的权利义务主体、主要内容以及履行情况。

这里还需要注意的一点，那就是中介机构需要判断对赌协议条款触发的可能性到底有多大，尽管这样的判断只能是一个概率事件，但是也是有意义的。如企业前一年的净利润是500万元，如果企业根据相关的预期认为公司来年的净利润可以达到800万元甚至1000万元，小兵认为还是有可能的；但是，如果对赌来年的净利润2000万元甚至是5000万元，那么我们需要重点关注业绩预测的依据和相关因素是否合理审慎。

【实践案例】

一、杭州南广影视股份有限公司

2015年4月27日,绍兴越商、昆明中金、苏州易联及正友二号(甲方)与南广有限(乙方),徐云、祝卫红(丙方)签订协议。甲方于2014年对南广有限进行增资,经协商,就甲方向乙方增资的有关对赌事宜达成补充协议;2015年6月增资时的投资协议中也存在对赌协议。(1)请公司补充提供对赌协议文本;请主办券商及律师核查并补充说明对赌协议的权利义务主体、主要内容以及履行情况。(2)若协议为股东之间的股权对赌协议,请主办券商和律师结合对赌协议的主要内容、公司股东及公司在协议中的权责关系和地位,就该协议的履行是否会对公司资金使用、公司控制权及股权结构、公司治理、公司未来的持续经营及公司的其他权益产生不利影响。(3)若协议为股东与公司之间的股权对赌协议,请公司予以清理。

(一)对赌协议的权利义务主体、主要内容以及履行情况

2015年4月27日,绍兴越商恒旺投资合伙企业(有限合伙)(以下简称绍兴越商)、昆明中金人和壹投资合伙企业(有限合伙)(以下简称昆明中金)、苏州易联工业园区易联投资中心(以下简称苏州易联)和宁波正友二号投资合伙企业(有限合伙)(以下简称正友二号)与南广影视、徐云和祝卫红签署《协议书》。

1. 权利义务主体

根据主办券商核查上述协议书的内容,协议书中甲方为绍兴越商、昆明中金、苏州易联和正友二号,乙方为南广影视,丙方为徐云、祝卫红。协议中涉及对赌的权利义务方为甲方和丙方,不涉及南广影视。

2. 主要内容

《协议书》中约定,终止2014年5月签署的《增资补充协议》和2014年11月签署的《增资协议》,并重新对业绩对赌条款和回购条款进行的约定。其中关于对赌和回购条款的约定如下:

(1)业绩对赌条款

公司2015年度实现的净利润(净利润指非经常性损益后公司主营业务实现的净利润,报表由投资方认可的具有证券从业资格的会计师事务所审计出具)不低于5500万元,如完成目标额的90%,则不进行估值调整或现金补偿。

如果公司实现净利润未达到上述目标额的 90%，则徐云和祝卫红需向绍兴越商、昆明中金、苏州易联和正友二号进行现金补偿，2015 年度现金补偿金额 =（1 - 2015 年实现净利润/5000 万元）×4000 万元

（2）补偿豁免条款

①公司被并购，并购时的估值达到 4 亿元以上或者；②公司在新三板上市后市值连续 10 个交易首日以上达到 4 亿元以上。

（3）回购条款

公司若不能于 2015 年年底在上交所、深交所或新三板上市，则徐云和祝卫红回购绍兴越商、昆明中金、苏州易联和正友二号持有的公司股权，收购价格为绍兴越商、昆明中金、苏州易联和正友二号投资本金加年化 10% 的收益。徐云和祝卫红应无条件回购上述股权，并在 2016 年 3 月底前足额及时支付上述款项。

3. 履行情况

根据协议各方确认并经主办券商核查，截至本反馈意见回复出具日，不存在触发《协议书》中约定内容的事项。

2015 年 5 月 22 日，宁波正友永和投资合伙企业（有限合伙）（以下简称正友永和）、昆明祺铭投资合伙企业（有限合伙）（以下简称昆明祺铭）、杭州绩优卓源创业投资合伙企业（有限合伙）（以下简称绩优卓源）、浙江联德创业投资有限公司（以下简称浙江联德）、方莉、孙锋、吴铮、王蕊与南广影视、徐云和祝卫红签署《增资协议》。

（1）权利义务主体

根据主办券商核查上述增资协议的内容，增资协议中甲方为正友永和、昆明祺铭、绩优卓源、浙江联德、方莉、孙锋、吴铮、王蕊，乙方为南广影视，丙方为徐云、祝卫红。协议中权利义务方为甲方和丙方，不涉及南广影视。

（2）主要内容

增资协议中对南广影视 2015 年 6 月增资事项的增资金额和增资方式进行了约定。除增资事宜外，协议约定：

①回购条款。乙方若不能于 2016 年 3 月底前在新三板或创业板或主板挂牌上市，则由丙方回购甲方出资，回购价格为投资本金加年化 10% 的回报率。甲方提出回购要求后，丙方应当在 3 个月内完成上述回购事宜。

②股份锁定条款。2015 年 5 月新增股东的股票分三批解除转让限制，每批解除转让限制的数量均为其挂牌前所持股票的 1/3，解除转让限制的时间分别为挂牌之日、挂牌期满 6 个月和 1 年。

经主办券商核查,截至本反馈意见回复出具日,不存在触发《增资协议》中回购约定的事项。

(二)协议的履行是否会对公司资金使用、公司控制权及股权结构、公司治理、公司未来的持续经营及公司的其他权益产生不利影响

根据主办券商核查,2015年4月27日签订的《协议书》中关于对赌和回购的内容以及2015年5月22日签订的《增资协议》为股东之间的约定。根据协议中的约定,若触发对赌条款或回购条款,公司实际控制人徐云及其配偶祝卫红以现金向协议甲方进行补偿或收购甲方所持有的公司股权。业绩对赌条款不涉及股权变动,回购条款不减少实际控制人的控制权,但对公司的股权结构存在调整。2015年8月,徐云和祝卫红出具承诺,确认若触发协议中约定的对赌条款或回购条款,徐云和祝卫红将以自有资金或自筹资金解决,不会动用公司资金,不会对公司的持续经营和公司的其他权益造成影响。

主办券商核查了徐云和祝卫红及其家族的资产情况,并结合实际控制人出具的承诺和《协议书》的约定,主办券商认为,上述协议的履行不会对公司资金使用、公司控制权、公司治理、公司未来的持续经营及公司的其他权益产生不利影响。

二、深圳市捷佳伟创新能源装备股份有限公司

关于对赌条款。请公司补充说明对赌条款的触发情况,协议方履行条款义务对公司控制权、公司治理、公司持续经营的具体影响,股东之间是否存在(或潜在)纠纷及其对公司治理及正常运营的影响。请主办券商补充核查前述事项。

(一)请公司补充说明对赌条款的触发情况

根据2011年7月公司、公司原六位自然人股东(蒋柳健、左国军、余仲、李时俊、伍波、张勇)与新入股的八家财务投资者(富海银涛、松禾成长、上海科升、益富海、架桥富凯、麦瑞世纪、麦瑞投资、恒丰投资)签署了具有业绩对赌性质的《增资扩股补充协议书》,对赌条款的触发条件如下:公司承诺2012年、2013年的净利润不少于25,000万元、45,000万元。若无法达到上述业绩情况,公司、公司原六位自然人股东对八家财务投资者进行现金和股份补偿。

鉴于2012年行业景气度急剧下降,公司2012年净利润只有3080万元,经营业绩与《增资扩股补充协议书》中承诺业绩差异很大,触

发对赌条款。2013 年 7 月公司、原六位自然人股东、八家财务投资者以及三家员工持股企业(恒兴业、弘兴远业、鼎兴伟业)签订了《投资重组协议》,对原对赌协议的补偿方式和金额进行了修改。根据《投资重组协议》,公司、原六位自然人股东以现金和所持公司股份对八家财务投资者、三家员工持股企业合计补偿人民币 49,143.6828 万元。

自该《投资重组协议》签署以来,公司及原六位自然人股东履行该协议偿付义务如下表所示:

序号	应偿付金额(万元)	是否偿付	偿付日期	偿付方式
1	24,875.1975	是	2013.10	以蒋柳健、左国军、余仲、李时俊、伍波、张勇用其合计持有捷佳伟创 27.3021% 的股份抵偿
2	14,156.6164	是	2015.5	以蒋柳健、左国军、余仲、李时俊、伍波、张勇用其合计持有捷佳伟创 8.3142% 的股份抵偿
3	8089.4951	是	2014.1	公司回购股份
4	2022.3738	否	—	现金(该笔欠款包括捷佳伟创 2013 年减资事项中部分应付款项,即 16,630,929.00 元)
合计	49,143.6828	—	—	—

根据公司股东间签署的具有对赌性质《投资重组协议》,在下列情形下公司及原六位自然人股东仍对八家财务投资者和三家员工持股企业具有股份回购的义务:

“(1)以甲方(指捷佳伟创)2012 年净利润计人民币 3080 万元为基数,甲方 2013 年、2014 年、2015 年的净利润未能比上年同期有所增长或 2015 年的净利润未能达到人民币 4466 万元……

(2)在 2016 年 12 月 31 日前,甲方未能实现在上海证券交易所主板、深圳证券交易所中小企业板或深圳交易所创业板挂牌交易,但是中国证券监督管理委员会向甲方下发的关于不予核准甲方首次公开发行股票决定的文件中将甲方减资事项作为不予核准甲方首次公开发行股票的唯一原因的情况除外。”

2015年6月23日，公司八家财务投资者和三家员工持股企业分别签署了《声明函》，同意免除上述《投资重组协议》中所约定的在触发相关条件下应由捷佳伟创对上述各方所持公司股份进行回购的义务，如出现《投资重组协议》中约定的股份回购事项，上述各方将向蒋柳健等原六位自然人股东主张其应履行的回购本方所持捷佳伟创股份的义务。2015年6月23日，蒋柳健等原六位自然人股东分别签署了《声明函》，同意承担《投资重组协议》中所约定的在触发相关条件下应由捷佳伟创对八家财务投资者和三家员工持股企业所持公司股份进行回购的义务。至此，《投资重组协议》约定的公司在不利情形下需履行的回购义务得以免除。

如果触发回购条款，公司原六位自然人股东将存在回购财务投资者和员工持股平台持有的公司股份的义务。如果公司原六位自然人股东履行股份回购义务，公司实际控制人蒋柳健、左国军、余仲三人的持股比例将会上升，公司的高管团队和经营业务业不会因履行未完毕的对赌条款发生变化，不会对公司控制权、公司治理及持续经营产生重大影响。

鉴于公司已经处于申请在股转系统挂牌的程序之中，为了实现公司的健康发展，公司、原六位自然人股东、八家财务投资者以及三家员工持股企业基于友好协商于2015年8月5日签订了《投资重组协议之补充协议》，约定自公司股票在股转系统挂牌的申请经股转系统核准之日起，原《投资重组协议》中尚未执行的股份回款条款失效，原《投资重组协议》中约定的合同各方相对应的权利义务同时终止。

综上，对赌条款中已触发的有关业绩补偿部分已基本执行完毕；若公司在股转系统成功挂牌，尚未执行的股份回购条款将失效，不会被触发。

（二）协议方履行对赌条款义务对公司控制权、公司治理、公司持续经营的具体影响

报告期内，公司及自然人股东根据《投资重组协议》履行了对赌条款的业绩补偿义务。公司对赌条款履行前后公司股权结构如下表所示：

	对赌条款履行前	对赌条款履行后
实际控制人	蒋柳健、左国军、余仲（三人合计持股66.5018%）	蒋柳健、左国军、余仲（三人合计持股47.0229%）
股本规模	29,967万元	24,000万元
5%以上主要股东	蒋柳健、左国军、余仲、李时俊、伍波、张勇、富海银涛	蒋柳健、左国军、余仲、李时俊、富海银涛
主要高管团队	蒋柳健、左国军、余仲、李时俊、伍波、张勇	未变化

由上表可知，协议方对赌条款履行对公司控制权、公司治理未产生重要影响。对赌条款履行前后，公司业务正常开展，协议方履行对赌条款不影响公司的持续经营。对赌条款履行后，公司原六位自然人的持股比例有所下降，相应地，财务投资者的持股比例有所上升，但并未对公司控制权造成重大影响，对赌条款履行前后公司股本结构如下表所示：

股东	对赌条款履行前持股比例（%）	对赌条款履行后持股比例（%）
蒋柳健	33.3027	23.7087
余仲	16.7439	12.2235
左国军	16.4552	11.0907
李时俊	9.0692	5.6989
伍波	7.5058	4.5572
张勇	7.5058	4.5572
富海银涛	3.3186	13.0210
松禾成长	0.9956	3.9064
上海科升	0.9956	3.9064
益富海	0.9956	3.9064
架桥富凯	0.8960	3.5157
麦瑞世纪	0.6638	2.6042
麦瑞投资	0.6638	2.6042
杭州恒丰	0.4480	1.7579

续表

股东	对赌条款履行前持股比例(%)	对赌条款履行后持股比例(%)
恒兴业	0.2052	1.5375
弘兴远业	0.1348	1.0100
鼎兴伟业	0.1004	0.3941
合计	100.00	100.00

(三)股东之间是否存在(或潜在)纠纷及其对公司治理及正常运营的影响

截至本文件出具之日,对赌条款中关于股份和现金补偿的内容已经基本履行完毕,根据股东出具的确认意见,公司股东之间不存在纠纷或潜在纠纷。

(四)主办券商的补充核查

主办券商核查了公司机构投资者入股时签订的《增资扩股协议》、《增资扩股补充协议》、《验资报告》及工商登记资料,后续签订的《投资重组协议》,按照《投资重组协议》进行后续股份和现金补偿的股权转让股东大会决议、股权转让合同、银行流水,解除对赌协议各方出具的《声明函》及《投资重组协议补充协议》等文件。并就对赌协议的历史履行情况及未来解决方案访谈了公司实际控制人及主要机构投资者。经过核查,主办券商确认公司引入机构投资者以降的历次交易真实有效,各份合同及声明的签署是各方真实意思的表示,公司及公司股东之间不存在纠纷或潜在纠纷。

三、深圳市一览网络股份有限公司

请主办券商及律师核查公司股东之间、公司股东与公司之间是否签署股权对赌协议(条款)。如存在,(1)请公司补充提供对赌协议文本;请主办券商及律师核查并补充说明对赌协议的权利义务主体、主要内容以及履行情况。(2)若协议为股东之间的股权对赌协议,请主办券商和律师结合对赌协议的主要内容、公司股东及公司在协议中的权责关系和地位,就该协议的履行是否会对公司资金使用、公司控制权及股权结构、公司治理、公司未来的持续经营及公司的其他权益产生不利影响。(3)若协议为股东与公司之间的股权对赌协议,请公司予以清理。

一览网络 2011 年 11 月引进创东方高新、创东方富凯等机构投资者所签订《深圳市一览网络有限公司之增资协议》(以下简称《增资协议》)、2011 年 12 月引进天津久丰时所签订的《股权转让协议》(以下简称《转让协议》)了解到,增资协议、转让协议中存在如下有损公司利益之风险条款:

(一)风险条款

1.《增资协议》第 5.3 条、《转让协议》第 5.1 条约定:投资方(受让方)享有作为股东所享有的对公司经营管理的知情权和进行监督的权利,投资方有权取得公司财务、管理、经营、市场或其他方面的信息和资料,投资方有权向公司管理层提出建议并听取管理层关于相关事项的汇报。公司应按时提供给投资方以下资料和信息:

5.2.1　每日历月度最后一日起 15 日内,提供月度资产负债表、利润表;

5.3.2　每日历年度结束后 120 日,提供经审计的公司年度利润表、资产负债表和现金流量表、财务报表附注;

5.3.3　如有重大的风险发生或被发现,须立刻提交告知并向投资方提交书面报告;

5.3.4　年度经营管理报告在每次董/监事会会议召开的一周前提交。

对于上述标的公司向投资方提供的所有信息,投资方(受让方)承诺未经标的公司或原股东书面同意,不向任何第三方进行披露。

可能风险:若一览网络股票未来在全国中小企业股份转让系统成功挂牌,按照《公司法》、《证券法》、《非上市公众公司监督管理办法》、《全国中小企业股份转让系统业务规则(试行)》等法律法规及业务规则的要求,应当依法对外履行相关披露义务。一是若继续履行增资协议之约定,一览网络需向创东方高新、创东方富凯、天津久丰等机构投资者单独提前披露月度财务报表,不排除公司财务信息提前失密之风险,二是若公司日后成功挂牌新三板,对于非上市公众公司来讲本身就应该依照相关规则披露半年度、年度财务数据,因此从必要性方面来讲,该条款的继续履行也不具有现实意义。

2.《增资协议》第 7.3 条、《转让协议》第 7.3 条约定:《增资协议》第 7.3 条约定,“如新投资者根据某种协议或者安排导致其最终投资价格低于本协议投资方的投资价格,则标的公司应将其间的差价返还投资方,或原股东无偿转让所持标的公司的部分股权给投资方。投资方有权以书面通知的形式要求标的公司或原股东中任何一位或全体履行上述义务。”

《转让协议》第7.3条约定,“如新投资者根据某种协议或者安排导致其最终投资价格低于本协议受让方的投资价格,则转让方需无偿转让所持标的公司的部分股权给受让方,直至本协议受让方的投资价格与新投资者投资的价格相同。受让方有权以书面通知的形式要求转让方履行上述义务。”

可能风险:按照《增资协议》、《转让协议》第7.3条约定,若日后公司新引进投资者的投资价格低于创东方富凯、创东方高新、天津久丰进入时的投资价格,则一览网络负有补足其间差价之义务,或原股东需无偿转让所持一览公司的部分股权给投资方,因此若继续履行该条款之义务则可能对挂牌主体的控制权,持续经营能力等挂牌必要条件产生影响,对公司的自身发展可能带来诸多不确定影响。

条款履行情况:经主办券商及律师核查公司工商登记资料并经公司确认,《增资协议》及《股权转让协议》签署后,未发生因低于创东方富凯、创东方高新、天津久丰投资价格引进新投资者导致公司向其补偿差价,或原股东无偿转让股权的情形。

(二)风险条款解除情况

2015年5月26日,创东方富凯、创东方高新、张海东、览众投资、五岳投资、一览网络等原增资协议相关当事人经过友好协商,一致同意签订《〈深圳市一览网络有限公司增资协议〉之补充协议》。2015年5月26日,天津久丰、张海东、一览网络等原转让协议相关当事人经过友好协商,一致同意签订《〈股权转让协议〉之补充协议》、对前述风险条款作出如下变更:

1.《增资协议》第5.3条、《转让协议》第5.1条变更为:投资方(受让方)享有作为股东所享有的对公司经营管理的知情权和进行监督的权利,投资方(受让方)有权向公司管理层提出建议并听取管理层关于相关事项的汇报。

标的公司股票在全国中小企业股份转让系统挂牌后,标的公司应当严格按照《公司法》、《证券法》、《非上市公众公司监督管理办法》、《全国中小企业股份转让系统业务规则(试行)》等法律法规及业务规则的要求,依法对外履行相关披露义务。

2.《增资协议》、《转让协议》第7.3条变更为:各方经过友好协商同意解除本条约定。

(三)核查结论

主办券商及律师认为,公司股东之间、公司股东与公司之间除上述部分条款涉及公司股权纠纷风险外,不存在其他对赌条款;上述存在风险的条款已通过股东与公司之间的友好协商予以解除，相关的风险亦随之消除，因此不会对公司资金使用、公司控制权及股权结构、公司治理、公司未来的持续经营及公司的其他权益产生不利影响。

第九章　分拆挂牌

【基本理论】

一、IPO 禁止分拆上市

分拆上市一直是一个市场的热门话题，从目前的审核政策来看，上市公司分拆公司在 A 股上市仍属于禁区，不论佐力药业还是国民技术都不属于典型的分拆上市的情形。所谓分拆上市，就是本属于上市公司有机组成部分的某些资产分拆出去单独上市，说的直白些，就是上市公司的控股子公司单独上市的问题。小兵认为，上市公司参股公司（或者说不能实际控制的公司）的独立上市问题，不属于分拆上市的讨论之列。

至于为什么禁止上市公司分拆上市，隐约中觉得理由很多很充分，但是小兵一直也没有想明白到底有什么核心的理由。新三板创新超前发展的事实证明，其实本来也没多少事情，因为上市公司分拆子公司在新三板挂牌的案例已经非常丰富了。

从某个层次讲，上市公司不过就是投资者更加广泛的公众公司，不管怎样本质上还是一个公司，允许分拆上市不过是允许发行人或者挂牌主体的控股股东为上市公司而已，这跟股东是外资股东或者投资机构有什么本质区别？任何打着保护投资者利益做出的违反常理的政策都是有点要流氓的意味，再说了，保护投资者的措施和手段有很多种，不一定就是简单的因噎废食。

二、分拆挂牌的主要情形

在实践中，关于上市公司分拆挂牌新三板的情形，我们按照几个标准进行简单的划分：

1. 根据子公司的来源，一种是上市公司一开始设立并且发展壮大的；另一种是上市公司收购（或者增资）别人的公司之后挂牌新三板的,比如,(1)深圳市康铭盛科技实业股份有限公司是长方照明在2015年4月收购的,以2015年6月30日作为基准日申请挂牌;(2)芜湖市金贸流体科技股份有限公司是华伍股份在2013年11月通过增资才取得挂牌企业控制权的。

2. 根据子公司的业务,一种是跟上市公司业务完全属于不同的行业,一点关系都没有;另一种是跟上市公司业务在大的行业或者很长的产业链上可能存在相似或者互补的情形。需要关注到同业竞争的问题,但是关注起来不应过于严苛,比如,(1)华海药业的主营业务是医药制造,挂牌主体是保健品研发;(2)民和牧业是禽畜的养殖,而挂牌主体是沼气的开发等。

3. 根据是否存在少数股东,一种是上市公司的全资子公司;另一种是上市公司的控股子公司。

4. 根据是否使用募集资金,一种是使用上市公司募集资金设立并发展的;另一种是使用自有资金设立并发展的。

关于是否使用募集资金这一条,小兵这里要多说几句。从审核理念来讲,禁止上市公司分拆上市,其中非常明确的一条是不允许使用了募集资金的子公司独立上市,理由当然还是要保护中小投资者的利益。这个逻辑就是:既然投资者买了你的股票给了你钱让你发展募投项目,那么就要好好干不能有别的想法,不能再上市与别人分享发展成果。

小兵认为这样的观点是值得商榷的:(1)我上市募集了资金并不是卖给小投资者了,不是什么都不能干了,我把企业做大做强把市值做大应该是符合投资者利益的。(2)子公司上市又不是见不得人的事情,又不是就是把企业拱手让给别人了,子公司上市同样可以做大市值为原来投资者回报,就算是子公司上市引入了新的投资者,这又有什么关系,虽然分享者多了,但是“蛋糕”也比原本大了不知道多少倍。(3)上市公司和子公司都有着独立的法人地位,就应该允许各自有着各自的发展路径,上市也不应该过多限制。

三、新三板审核关注要点

在上市公司子公司挂牌新三板的审核实践中,一些典型的问题(有些可能只会存在于分拆挂牌)需要关注一下,小兵与大家探讨如下:

1. 前后披露的财务数据是否存在重大差异。这个问题不可避免也非常尖锐,就是上市公司年报披露的子公司的数据与新三板挂牌披露的数据是否一致。很多人以为上市公司已经规范治理，那么子公司的规范运作应该可以满足新三板挂牌的要求，其实不然，我们看到某些项目两个财务数据几乎每个都有差异且有的差异还不小，项目组在那里如履薄冰，实在是让人捏一把汗。

2. 是否存在同业竞争的问题。前面我们提到，新三板挂牌的子公司有的在业务上与上市公司没有任何关系，完全是两个不同的大行业，有的则是可能在产业链或者大的行业范围上有着一些联系。这种情况下，小兵的观点是既要关注同业竞争问题也不要过度纠结同业竞争问题，如果有合理的理由保证两个主体能够完全保持独立并各自独立发展，那么我觉得应该是可以允许的。当然，如果存在明显的同业竞争，那是需要在挂牌之前处理的。

3. 是否存在关联交易。关联交易问题也是分拆挂牌比较典型的一个问题，甚至是这种挂牌主体更加常见的一种情形。上市公司子公司在设立之时，在供应和销售还存在一定障碍的情况下，那么可能就存在大股东上市公司先帮一把的情况。如果这样的关联交易是必要的且情况逐步改善应该没有问题，但是如果关联交易很严重甚至影响到了挂牌主体业务的独立性，那么还是需要解决这个问题的。

4. 是否存在资金往来的问题。上市公司在钱的问题上很可能走两种极端，一种是不差钱，一种是很差钱，不管是哪一种情况都有可能导致与下属子公司存在金额较大的资金往来，并且由于是控股子公司合并报表可以抵销所以不会很在意。但是，在子公司单独挂牌上市的情况下，那么子公司就应该按照单独的主体进行规范要求，资金往来问题需要尽可能清理完毕。

5. 是否存在客户或者供应商重合的问题。这里提出这个问题，另外一个层面也是要关注到挂牌主体子公司业绩真实性的问题，毕竟对于上市公司来说，帮助一个小的子公司来做业绩还是很简单的，要关注是不是存在代付费用、通过相同客户或者供应商窜货等情形（尤其是当挂牌子公司的业绩增长以及相关财务指标明显与行业平均水平背离的时候）。

6. 上市公司募集资金是否投入到挂牌主体。从目前的案例来看，基本上都是详细披露了上市公司历次募集资金的投资情况，并表示不存在募投项目投入的情形。如果存在，小兵认为需要关注的是：投资的金额以及占募集资金的比例，更重要的是关注挂牌主体的经营业绩情况，是否达到了上市公司募集资金时承诺的业绩，是否存在减值的情况。毕竟，上市公司分拆子公司挂牌新三板之后，一个是上市公司，另一个是挂牌公司，都是公众公司，两边的投资者都要保护好。

7. 上市公司业绩来源于挂牌主体的情况。这个问题是不可避免的，不过也没必要过度关注，我们需要重视的是：描述清楚挂牌主体的业绩情况以及占上市公司业绩的比例，挂牌主体约定的利润分配政策情况，挂牌主体净资产收益率是否要高于上市公司收益率（也就是上市公司投资者挂牌主体比自己开展现有的业务更加赚钱，也算是保护投资者了）。

8. 其他一些程序性的问题也需要关注：(1)关于子公司挂牌的问题，上市公司是否履行了完备的程序并且进行了信息披露；(2)子公司是否存在违法违规行为，是否进行了及时整改并做了信息披露；(3)上市公司股东或者高管是否存在在子公司任职或者持股的情形；(4)子公司少数股东的基本情况以及少数股东权益的变动情况；(5)挂牌主体与上市公司在“五独立”方面的基本情况，当然主要是前面关注的同业竞争、关联交易以及资金往来问题。

还需要提醒一点，也是前面已经讲到的，就是上市公司子公司原来是跟上市公司在一个合并报表体系里，很多内部之间的往来或者交易是可以抵销的，有些问题也就不是障碍也无须处理。但是，如果子公司需要独立挂牌上市，那么这两个主体就应该被看作单独的两个主体，两个主体之间需要保持基本上的清洁和独立，要将两个主体之间的联系以及相关的关联交代清楚并处理到位。

四、股转公司反馈意见

最后，我们关注一下除了上述重点问题之外，股转公司在审核这类企业时“标准”的反馈意见，关注的主要问题如下：

1. 上市公司有关本次子公司申请挂牌所履行的决策程序（如履行董事会、股东大会决议等）以及是否符合法律法规、公司章程等规定的议事规则。

2. 公司承诺，本次挂牌前所属上市公司符合证券交易所及监管部门要求并充分履行了信息披露义务；公司挂牌前后履行相关信息披露义务并保持与上市公司信息披露的一致和同步。

3. 上市公司公开募集资金是否投向公司业务，投入的金额、比例及对公司财务状况和经营成果的影响。

4. 公司业务、资产、机构、人员、财务、技术等资源要素与所属上市公司的关系及分开情况，是否具有独立面向市场能力和持续经营能力。

5. 上市公司经营业绩来源于公司的比例，本次挂牌对上市公司维持独立上市地位、持续盈利能力的影响；报告期公司对所属上市公司资产总额、营业收入、利润总额、净利润等财务数据的比例及重要财务指标的实际影响。

6. 上市公司及其关联方与公司是否存在同业竞争或关联交易，以及解决或规范情况。

7. 上市公司及所属企业股东、董事、监事、高级管理人员及其关联人员持有公司股份情况。

8. 公司在公开转让说明书中就上述情况的重点事项作重大事项提示。

【实践案例】

（分拆挂牌案例不完全统计基本情况）

公司名称	持股比例	公司主营业务	报告期财务状况	
			营业收入	净利润
南京臣功制药股份有限公司	南京高科（代码 600064）直接持有臣功制药 99% 的股份，并间接持有臣功制药 1% 的股份	公司的药品产品主要为面向儿童和成人的西药制剂	2013 年、2014 年，营业收入分别为 254,236,032.52 元、281,696,462.74 元	2013 年、2014 年，公司净利润分别为 45,024,982.99 元、54,818,922.84 元
深圳市恒宝通光电子股份有限公司	青山纸业（代码 600103）持股比例为 81.44%	公司主营光通信模块及组件产品的研发、生产及销售，系国家级高新技术企业。为全球大型模拟半导体设备供应厂商 Avago 逾十年的供应商	2012 年、2013 年、2014 年 1～9 月营业收入分别为 130,136,228.75 元、97,393,868.22 元、122,032,402.95 元	2012 年、2013 年、2014 年 1～9 月净利润分别为 5,271,088.15 元、201,948.34 元、8,114,801.72 元

续表

公司名称	持股比例	公司主营业务	报告期财务状况	
			营业收入	净利润
北京中盈安信技术服务股份有限公司	恒泰艾普(代码300157)全资子公司北京博达瑞恒科技有限公司持股比例为51%	公司致力于油气田及油气储运领域的信息技术化服务,核心是为客户提供基于地理信息系统(GIS)的数字油田及油气管道管理系统	2013年、2014年、2015年1~5月营业收入分别为68,902,941.72元、80,140,451.20元、6,391,478.81元	2013年、2014年、2015年1~5月净利润分别为29,219,865.67元、41,788,612.98元、-8,924,524.29元
北京摩诘创新科技股份有限公司	海格通信(代码002465)持股比例为90%	公司专业从事模拟器和电动运动仿真平台的研发、生产、销售与服务。主要产品包括模拟器、多自由度电动运动平台、视景系统、操纵负荷系统、动感座椅和单兵训练系统等	2013年、2014年、2015年1~6月营业收入分别为110,266,734.82元、132,915,593.95元、1,680,670.70元	2013年、2014年、2015年1~6月净利润分别为1,680,670.70元、50,227,104.51元、1,538,650.82元
贵州大自然科技股份有限公司	南方汇通(代码000920)持有公司51%股权	植物纤维弹性材料及制品、健康环保家具、健康环保寝具、棕榈综合开发产品的研发、制造、销售于一体的国家级高新技术企业	2013年、2014年、2015年1~5月营业收入分别为270,996,892.72元、305,333,570.06元、102,359,917.92元	2013年、2014年、2015年1~5月净利润分别为27,704,277.21元、48,756,690.56元、12,371,786.35元

续表

公司名称	持股比例	公司主营业务	报告期财务状况	
			营业收入	净利润
湖南现代环境科技股份有限公司	现代投资（代码000900）的全资子公司现代环投和现代经营持有公司100%的股份	固体废物、污水等垃圾的处理处置服务，包括城市生活垃圾处理处置、重金属污染治理及资源化、土壤修复、污泥处理处置、工业废水处理等项目投资运营，以及环保设备销售、环境咨询服务等	2013年、2014年、2015年1~3月营业收入分别为83,919,200.83元、88,086,182.18元、18,643,136.43元	2013年、2014年、2015年1~3月净利润分别为8,528,232.38元、10,741,421.08元、1,151,461.69元
江苏省高科技产业投资股份有限公司	综艺股份（代码600770）持股比例为53.85%	主要运用自有资金从事股权投资、私募股权投资基金，投资行业以节能环保、新一代信息技术、生物医药、高端装备制造、新能源、新材料产业、新能源汽车与金融行业为主	—	2013年、2014年、2015年1~3月净利润分别为54,451,731.95元、171,647,544.33元、79,299,941.33元
上海科特新材料股份有限公司	沃尔核材（代码002130）全资子公司上海蓝特新材料有限公司68.89%的股份	公司主要从事功能材料（高分子PTC热敏电阻和高分子温度系数导电材料）及相关器件的研究、开发、生产和销售	2012年、2013年、2014年1~4月营业收入分别为39,262,234.46元、37,525,831.99元、7,819,369.96元	2012年、2013年、2014年1~4月净利润分别为-2,028,616.29元、-481,142.45元、-2,198,835.66元

续表

公司名称	持股比例	公司主营业务	报告期财务状况	
			营业收入	净利润
山东民和生物科技股份有限公司	民和牧业(代码002234)直接持有90%的股份,并间接持有10%的股份	公司主要从事沼气发电、生物天然气提纯、有机固态肥、有机水溶肥的生产与销售等业务	2013年、2014年、2015年1~7月营业收入分别为16,745,263.94元、43,427,969.80元、12,627,798.77元	2013年、2014年、2015年1~7月净利润分别为-14,971,458.84元、415,851.49元、-25,359,823.14元
深圳市康铭盛科技实业股份有限公司	长方照明(代码300301)持有公司60%的股份	专业从事LED移动照明应用产品研发、生产、销售的企业	2013年、2014年、2015年1~6月营业收入分别为441,063,493.45元、773,895,660.27元、440,735,567.56元	2013年、2014年、2015年1~6月净利润分别为42,509,271.93元、48,763,090.30元、52,330,173.73元
深圳毅能达金融信息股份有限公司	综艺股份有限公司(代码600770)持股比例为57.60%	本公司从事智能卡及其应用技术、系统集成和手持式智能卡移动终端的研发、设计、制造、营销与服务于一体的中外合资企业	2013年、2014年、2015年1~4月营业收入分别为90,861,233.18元、178,599,275.10元、61,164,184.57元	2013年、2014年、2015年1~4月净利润分别为7,210,214.14元、41,993,469.62元、15,504,546.74元
苏州胜禹材料科技股份有限公司	胜利精密(代码002426)持股比例为60%	公司主营业务为提供新型金属材料的加工及配套物流供应链服务,为客户提供包括选材、仓储、分拣、套裁、包装、配送,以及相应的技术支持等环节的供应链综合一站式服务	2012年、2013年、2014年1~5月营业收入分别为324,290,203.23元、472,513,661.92元、249,616,321.96元	2012年、2013年、2014年1~5月净利润分别为14,114,564.04元、14,468,830.56元、11,751,901.76元

续表

公司名称	持股比例	公司主营业务	报告期财务状况	
			营业收入	净利润
同方健康科技(北京)股份有限公司	同方股份(代码600100)全资子公司北京同方创新投资有限公司持股比例为46.22%，为公司控股股东。同方股份直接持股比例为33.78%	公司主营业务为人体体质健康检测产品的研发与销售。主要产品有体质测试器材、人体成分分析仪、体脂分析仪等	2013年、2014年营业收入分别为33,177,729.74元、47,774,309.78元	2013年、2014年净利润分别为2,587,785.29元、3,048,424.94元
芜湖市金贸流体科技股份有限公司	华伍股份(代码300095)持股比例为51.22%	公司主营业务为金属管件、环保型阀门等流体控制产品的自主研发、生产与销售	2013年、2014年、2015年1~8月营业收入分别为120,999,342.85元、143,582,289.69元、73,947,259.91元	2013年、2014年、2015年1~8月净利润分别为5,008,186.07元、12,057,489.95元、8,621,342.77元
上海长望气象科技股份有限公司	长江投资(代码600119)持股比例为75%	气象仪器领域内的四技服务；气象仪器、环保仪器、晶体管收音机、收发讯数据整理设备、电子报警装置、渔业仪器、水电节能仪器生产	2013年、2014年、2015年1~6月营业收入分别为85,272,558.97元、93,260,952.45元、37,056,510.27元	2013年、2014年、2015年1~6月净利润分别为11,008,804.64元、8,084,604.38元、6,206,848.91元

续表

公司名称	持股比例	公司主营业务	报告期财务状况	
			营业收入	净利润
北京华谊兄弟创星娱乐科技股份有限公司	华谊兄弟持股比例为53.14%，为公司的控股股东	多屏整合运营及粉丝生态运营。公司致力于构建以粉丝（fans）用户为核心，内容IP为基础的"娱乐+"生态系统，提供连通多屏终端的内容产品及相关服务，以及线上与线下全方位的粉丝经济娱乐服务	2013年、2014年、2015年1～4月，公司营业收入分别为25,161,304.62元、113,141,916.65元和60,247,308.31元	2013年、2014年、2015年1～4月，公司净利润分别为10,431,465.23元、29,141,881.10元、11,779,957.67元
新道科技股份有限公司	用友网络占公司股份总数的69.67%，系公司控股股东	公司是具有互联网基因的经管类专业实践教学的解决方案提供商。主要面对应用型本科、高职、中职的经管专业院校	2013年、2014年、2015年1～3月，公司营业收入分别为146,353,743.59元、181,686,363.16元、22,494,486.23元	2013年、2014年、2015年1～3月，公司净利润分别为22,299,252.75元、33,502,669.26元、3,136,615.98元
长兴制药股份有限公司	华海药业（代码600521）持股比例为65%	公司一直致力于冬虫夏草深层发酵技术产品、胶囊制剂系列产品的生产，生物酶法催化医药中间体系列产品的生产、销售，利用现代高科技生物工程技术，开发出冬虫夏草原料药、医药中间体原料、中成药、保健品等	2013年、2014年、2015年1～6月营业收入分别为58,952,408.49元、91,198,539.30元、36,079,373.92元	2013年、2014年、2015年1～6月净利润分别为2,864,424.47元、651,115.76元、438,130.31元

一、贵州大自然科技股份有限公司

公司为上市公司子公司。请公司说明：(1)上市公司有关本次子公司申请挂牌所履行的决策程序(如履行董事会、股东大会决议等)以及是否符合法律法规、公司章程等规定的议事规则。(2)公司承诺，本次挂牌前所属上市公司符合证券交易所及监管部门要求并充分履行了信息披露义务；公司挂牌前后履行相关信息披露义务并保持与上市公司信息披露的一致和同步。(3)上市公司公开募集资金是否投向公司业务，投入的金额、比例及对公司财务状况和经营成果的影响。(4)公司业务、资产、机构、人员、财务、技术等资源要素与所属上市公司的关系及分开情况，是否具有独立面向市场能力和持续经营能力。(5)上市公司经营业绩来源于公司的比例，本次挂牌对上市公司维持独立上市地位、持续盈利能力的影响；报告期公司对所属上市公司资产总额、营业收入、利润总额、净利润等财务数据的比例及重要财务指标的实际影响。(6)上市公司及其关联方与公司是否存在同业竞争或关联交易，以及解决或规范情况。(7)上市公司及所属企业股东、董事、监事、高级管理人员及其关联人员持有公司股份情况。(8)公司在公开转让说明书中就上述情况的重点事项做重大事项提示。

1. 上市公司有关本次子公司申请挂牌所履行的决策程序(如履行董事会、股东大会决议等)以及是否符合法律法规、公司章程等规定的议事规则。上市公司南方汇通股份有限公司(以下简称南方汇通)于2015年9月18日披露了第四届董事会第三十五次会议公告。根据该公告，南方汇通董事会于2015年9月4日发出了董事会会议书面通知，并于2015年9月17日召开会议。该次董事会会议审议通过了《关于同意控股子公司贵州大自然科技股份有限公司申请在全国中小企业股份转让系统挂牌的议案》。同日，南方汇通还披露了《关于控股子公司拟申请在全国中小企业股份转让系统挂牌的公告》、《独立董事关于同意控股子公司贵州大自然科技股份有限公司申请在全国中小企业股份转让系统挂牌的独立意见》。就本次大自然申请挂牌事项，南方汇通履行了董事会决议程序并及时披露了相关信息。

根据南方汇通于2015年1月披露的最新《公司章程》，股东大会依法行使下列职权：“(一)决定公司经营方针和投资计划；(二)选举和更换非由职工代表担任的董事、监事，决定有关董事、监事的报酬事项；(三)审议批准董事会的报告；(四)审议批准监事会的报告；

(五)审议批准公司的年度财务预算方案、决算方案;(六)审议批准公司的利润分配方案和弥补亏损方案;(七)对公司增加和减少注册资本作出决议;(八)对发行公司债券作出决议;(九)对公司合并、分立、解散、清算或者变更公司形式作出决议;(十)修改本章程;(十一)对公司聘用或者解聘会计师事务所作出决议;(十二)审议批准第四十一条规定的担保事项;(十三)审议公司在一年内购买、出售重大资产超过公司最近一期经审计总资产30%的事项;(十四)审议批准变更募集资金用途事项;(十五)审议股权激励计划;(十六)调整公司利润分配政策;(十七)审议法律、行政法规、部门规章或本章程规定应当由股东大会决定的其他事项。"因此,关于控股子公司申请挂牌新三板事项并不属于必须提交股东大会审议的事项范围。南方汇通董事会有权审议大自然公司申请挂牌新三板事项。同时,南方汇通章程规定:"临时董事会的通知方式为书面通知(包括传真)或电话通知,通知时限为会议召开前10日。董事会会议应有过半数董事出席方可举行。董事会作出决议须经全体董事过半数通过。"因此,前述南方汇通董事会会议符合了法律法规及公司章程规定的通知、表决程序等议事规则。

2. 公司承诺,本次挂牌前所属上市公司符合证券交易所及监管部门要求并充分履行了信息披露义务;公司挂牌前后履行相关信息披露义务并保持与上市公司信息披露的一致和同步。公司就"本次挂牌前所属上市公司符合证券交易所及监管部门要求并充分履行了信息披露义务;公司挂牌前后履行相关信息披露义务并保持与上市公司信息披露的一致和同步"事项出具了书面承诺。

3. 上市公司公开募集资金是否投向公司业务,投入的金额、比例及对公司财务状况和经营成果的影响。南方汇通系募集设立股份公司,其发行日期为1999年4月23日,成立日期为1999年5月11日。根据《南方汇通股份有限公司(筹)招股说明书概要》,南方汇通公开募集资金投向情况包括:"(一)进行铁路货车大修、改造技术改造;(二)进行铁路提速重载车辆弹簧生产线技术改造;(三)进行铁路特种专用车辆技术改造;(四)引进树脂自硬砂铸造生产线;(五)改建铁路车辆用棕纤维弹性材料配件生产项目;(六)进行民用棕纤维弹性材料生产线技术改造;(七)在北京昌平机车车辆厂新建我国北方第一条棕纤维弹性材料生产线;(八)进行销售网点建设;(九)项目配套流动资金。"南方汇通于2002年进行了配股募集,发行股份2100万股。项目组取得了《南方汇通2002年配股说明书》。该次募集资金主要投向两个项目:(1)采用自主开发技术对现有棕纤维弹性材料生产线进行技术改造项目;(2)新建 6 条片式绕线电感器生产线和 1 条叠层陶瓷片式电感器生产线项目。现有棕纤维弹性材料生产线技术改造项目主要用于现有棕纤维弹性材料生产线技改扩产,产品主要为车辆用垫材及淋水降噪材料、滤尘材料及民用床垫。除前述公开募集资金外,南方汇通无其他公开募集资金的情况。

由于贵州大自然科技有限公司成立于 2010 年,南方汇通 1999 年首次公开募集资金及 2002 年配股募集资金均未直接投向大自然。有限公司设立后,南方汇通先后投入 2 ~4 号生产线等固定资产、商标权等无形资产、现金资产。截至股份公司成立前,南方汇通向大自然出资投入合计金额为 2550 万元,其中固定资产出资 297.46 万元、无形资产出资 850.04 万元、货币出资 1402.50 万元。截至 2015 年 5 月 31 日,前述出资金额占有限公司净资产比例较低。考虑到相关固定资产、商标权等无形资产经过长期使用并计提折旧摊销,南方汇通投入大自然的资产对挂牌公司现在的财务状态和经营成果无重大影响。同时,南方汇通投入大自然的固定资产、无形资产经中水资产评估有限公司评估,并出具了中水评报字〔2009〕第 1128 号《资产评估报告》。贵州致远会计师事务所有限公司对出资情况进行了审验并出具了《验资报告》。因此,南方汇通投入有限公司投入有限公司的资产作价公允、程序合法,未损害上市公司股东利益及大自然股东利益。

4. 公司业务、资产、机构、人员、财务、技术等资源要素与所属上市公司的关系及分开情况,是否具有独立面向市场能力和持续经营能力。大自然是一家集植物纤维弹性材料及制品、健康环保家具寝具、棕榈综合开发产品的研发、制造、销售于一体的高新技术企业。南方汇通主要通过大自然开展棕纤维相关业务。挂牌公司拥有完全独立的业务体系和自主经营能力,完全独立于控股股东及其他关联方。相关业务开展均依靠公司自身的采购、运营、研发、市场推广系统,自主组织经营活动,不依赖于控股股东。控股股东及实际控制人及其控制的其他公司未从事与公司具有实质性竞争的业务。大自然与控股股东及其控制公司不存在影响业务独立性的经常性关联交易。

大自然拥有独立完整的运营、研发、采购、市场销售系统及各流程配套设施,拥有办公设备、车辆、房产等固定资产以及商标、专利、土地使用权等无形资产,资产独立。报告期内,大自然存在租赁关联方南方汇通、宇宙钢丝绳有限公司厂房的情况。公司与关联方签订了租赁合同并根据市场价格支付租金。该事项对公司资产独立性不构成重大不利影响。

大自然总经理、副总经理、财务总监、董事会秘书等高级管理人员未在主要股东、实际控制人及其控制的其他企业中担任除董事、监事以外的其他职务，未在主要股东、实际控制人及其控制的其他企业领薪。挂牌公司高管、财务人员等员工均与公司签订劳动合同，并由公司缴纳社保、发放薪酬福利。公司存在劳务派遣员工占比较高，不符合相关法律法规规定。对劳务派遣人员，公司正按照法律法规的规定将劳务派遣的人数降低至 10% 以内。该事项对公司人员独立性不构成重大不利影响。

大自然设有财务负责人、财务部并配备专职财务人员，建立了独立的财务管理与会计核算体系，能够独立做出财务决策。公司具有较为规范的财务会计制度和财务管理办法。公司拥有独立自主筹措、使用资金的权利，不存在关联方资金占用等问题。公司独立在银行开立账户，依法独立纳税。挂牌公司的财务人员未在主要股东、实际控制人及其控制的其他企业中兼职。

大自然的生产经营和办公机构完全独立于控股股东，不存在混合经营、合署办公的情况。

因此，挂牌公司业务、资产、机构、人员、财务、技术等资源要素与所属上市公司分开，具有独立面向市场能力和持续经营能力。

5. 上市公司经营业绩来源于公司的比例，本次挂牌对上市公司维持独立上市地位、持续盈利能力的影响；报告期公司对所属上市公司资产总额、营业收入、利润总额、净利润等财务数据的比例及重要财务指标的实际影响。南方汇通及大自然近两年财务数据及占比情况如下表所示：

项目	南方汇通 2013 年	大自然 2013 年	2013 年占比	南方汇通 2014 年	大自然 2014 年	2014 年占比
资产总额	2,471,210,257.60	244,104,247.80	9.88%	1,572,103,878.31	322,964,038.25	20.54%
营业收入	2,284,546,419.97	270,996,892.72	11.86%	2,062,118,885.77	305,333,570.06	14.81%
利润总额	150,364,952.59	58,841,029.72	39.13%	268,365,581.46	32,693,120.86	12.18%
净利润	128,627,246.27	48,756,690.56	37.91%	241,469,076.79	27,704,277.21	11.47%

2013年度大自然有限占上市公司利润总额及净利润比例较高，主要系大自然有限2013年度营业外收入较大所致。该款项为公司搬迁的政府补偿款。扣除该因素，挂牌公司占上市公司经营业绩比例较小。因此，报告期内，公司对南方汇通资产总额、营业收入、利润总额、净利润等财务数据及重要财务指标影响较小。

南方汇通于2014年进行重大资产重组，业务内容由铁路货车相关业务转变为复合反渗透膜业务、棕纤维相关业务及其他股权管理业务。上市公司主要定位于股权投资管理平台。由于南方汇通持有大自然51%股权，大自然挂牌后，南方汇通仍继续保持对大自然的控股权并将其纳入合并报表。大自然挂牌新三板对南方汇通合并报表范围不产生影响。因此，本次挂牌对上市公司维持独立上市地位、持续盈利能力无重大不利影响。

6. 上市公司及其关联方与公司是否存在同业竞争或关联交易，以及解决或规范情况。根据南方汇通2014年年度报告及2015年半年报披露，上市公司及其关联方主要包括中国南车集团公司、贵州南方汇通世华微硬盘有限公司、贵州中车汇通净水科技有限公司、南车贵阳车辆有限公司、南车青岛四方机车车辆股份有限公司、南车成都机车车辆有限公司、中国南车集团贵阳车辆厂、贵阳时代沃顿科技有限公司等。根据南方汇通公开披露文件显示，南方汇通2015年上半年重大资产重组实施完毕，南方汇通成为以环保、健康、循环经济为业务核心、支持各业务板块专业化发展的多元化投资控股型上市公司。其旗下业务主要包括膜业务、棕纤维业务、汇通净水。其中，棕纤维业务由大自然负责运营开展。

经核查，上市公司及其关联方未开展与公司存在实质同业竞争的业务。同时，为避免出现同业竞争，南方汇通还出具了《避免同业竞争承诺函》。该承诺函内容已披露于公开转让说明书第三节“五、同业竞争情况”之“（二）关于避免同业竞争的承诺”。

报告期内，南方汇通及其关联方与大自然不存在经常性关联交易。偶发性关联交易主要包括：（1）偶发性关联采购和销售；（2）租用南方汇通、宇宙钢丝绳有限公司厂房；（3）南方汇通为大自然公司贷款进行关联担保；（4）大自然从南方汇通进行资金拆入；（5）小额的关联应收应付。公司与关联方交易均基于市场定价，不存在经营性的显失公允的关联交易或通过关联交易输送利益的情形，不存在对于关联方的持续依赖。为规范关联交易，公司控股股东、持股5%以上的其他股东、董事、监事及高级管理人员出具了《关于规范关联交易的承诺书》。该承诺书内容已披露于公开转让说明书第三节“六、关联方资金占用情况”之“（三）公司采取的减少或避免关联交易的措施”。

7. 上市公司及所属企业股东、董事、监事、高级管理人员及其关联人员持有公司股份情况。大自然现有股东19名，包含2名法人股东及17名自然人股东。17名自然人股东为大自然核心经营团队成员及核心员工，不属于上市公司及所属企业股东、董事、监事、高级管理人员及其关联人员。

因此，上市公司及所属企业股东、董事、监事、高级管理人员及其关联人员不持有申请挂牌公司股份。

8. 公司在公开转让说明书中就上述情况的重点事项做重大事项提示。就前述事项，公司在公开转让说明书“重大事项提示”部分做如下补充披露：

“公司控股股东南方汇通系深交所上市公司。南方汇通关于公司申请在全国股份转让系统挂牌事宜所履行的程序合法合规，符合证监会和深圳证券交易所的政策要求及公司章程、相关议事规则等内部管理制度的规定。关于公司本次申请挂牌事项，南方汇通没有违反证券交易所及监管部门要求的信息披露义务。公司承诺，本次挂牌前所属上市公司符合证券交易所及监管部门要求并充分履行了信息披露义务，挂牌前后将履行相关信息披露义务并保持与上市公司信息披露的一致和同步。

公司业务、资产、机构、人员、财务、技术等资源要素与南方汇通不存在冲突、共用或依赖的关系。公司业务和资产独立、完整，具有独立面向市场的能力和持续经营能力。本次申请挂牌不影响南方汇通在资产、业务、人员、技术等的独立性和完整性。

截至本公开转让说明书签署日，公司控股股东南方汇通及所属企业股东、董事、监事、高级管理人员及其关联人员未直接或通过上市公司以外的机构间接持有公司的股份，亦未在公司担任除董事、监事外的职务。

公司资产规模、营业收入及净利润等主要财务指标占上市公司的比例较低。由于南方汇通持有公司51%股权，公司挂牌后，南方汇通仍继续保持对公司的控股权并将其纳入合并报表。公司挂牌新三板对南方汇通合并报表范围不产生影响。因此，本次挂牌对上市公司维持独立上市地位、持续盈利能力不构成重大不利影响。”

二、湖南现代环境科技股份有限公司

申请文件显示，公司为上市公司现代投资间接控制的全资子公司。请公司披露下列事项：(1)上市公司有关本次子公司申请挂牌履行的决策程序，决策程序的合法合规性及是否符合公司章程的规定；(2)上市公司是否符合证券交易所及监管部门要求并充分履行了信息披露义务，公司挂牌前后的相关信息披露与上市公司信息披露的一致性与同步性；(3)上市公司公开募集资金对公司业务的投入金额、比例等情况，若上市公司公开募集资金投向公司业务，对公司财务状况和经营成果的影响；(4)上市公司经营业绩来源于公司的比例，若上市公司经营业务部分来源于公司，本次挂牌对上市公司维持独立上市地位、持续盈利能力的影响；报告期公司对所属上市公司资产总额、营业收入、利润总额、净利润等财务数据的比例及重要财务指标的实际影响；(5)上市公司及其关联方与公司是否存在同业竞争或关联交易，以及解决或规范情况；(6)上市公司及所属企业股东、董事、监事、高级管理人员及其关联人员持有公司股份情况；(7)公司业务、资产、机构、人员、财务、技术等资源要素与所属上市公司的关系及分开情况，公司是否具有独立面向市场能力和持续经营能力；(8)针对公司挂牌前后相关信息披露与上市公司信息披露一致性出具承诺；(9)在公开转让说明书中就上述情况的重点事项做重大事项提示。

1. 上市公司有关本次子公司申请挂牌履行的决策程序，决策程序的合法合规性及是否符合公司章程的规定。主办券商查阅了现代投资《公司章程》、《子公司管理办法》、2014 年年度报告董事会决议等文件，与现代投资负责信息披露事务有关人员进行访谈，核查情况如下：

(1)关于现代环科拟在全国中小企业股份转让系统挂牌的有关事宜，现代投资董事会写进了 2014 年年度报告，并经现代投资第七届董事会第二次会议审议通过。

(2)现代投资《公司章程》未对子公司在全国中小企业股份转让系统挂牌等有关事项作出明确规定。

(3)为实施对子公司的规范管理，现代投资制定了《子公司管理办法》，《子公司管理办法》第 4 条规定，“公司主要通过委派股东代表、董事、监事及推荐财务人员等办法实施对子公司的规范管理”。第 5 条规定，“子公司在公司发展战略目标框架下，独立经营和自主管理，合法有效地运作企业法人财产，独立承担民事责任”。第 8 条规定，“子公司改制重组、收购兼并、投资融资、资产处置、收益分配等重大事项，委派董事须事先书面报告公司相关部门”。第 17 条规定,“子公司因其经营发展和资金统筹需要对外融资时,应充分考虑偿债能力和贷款利息承受能力,依据子公司相关制度履行相应审批程序”。上市公司现代投资向子公司委派的董事就子公司在全国中小企业股份转让系统申请挂牌事项已书面报告上市公司董事会,并经董事会审议通过。

主办券商认为,从现代投资《公司章程》、《子公司管理办法》的规定来看,上市公司不直接干预子公司的经营决策,主要通过向子公司委派股东代表、董事、监事及推荐财务人员等办法实施对子公司的规范管理。现代投资向子公司委派的董事就子公司在全国中小企业股份转让系统申请挂牌事项已书面报告上市公司董事会,并经董事会审议通过,决策程序符合上市公司内部管理制度,不违反《公司章程》及有关法律法规。

2. 上市公司是否符合证券交易所及监管部门要求并充分履行了信息披露义务,公司挂牌前后的相关信息披露与上市公司信息披露的一致性与同步性。上市公司现代投资在《2014 年年度报告》对子公司现代环科拟在全国中小企业股份转让系统申请挂牌情况进行了信息披露,在投资者关系互动平台对子公司现代环科拟在全国中小企业股份转让系统申请挂牌及有关工作进展情况进行了披露,符合深圳证券交易所及监管部门的要求,公司申请挂牌的相关信息披露与上市公司信息披露保持一致性与同步性。

3. 上市公司公开募集资金对公司业务的投入金额、比例等情况,若上市公司公开募集资金投向公司业务,对公司财务状况和经营成果的影响。根据上市公司、现代环投的书面说明及《现代投资股份有限公司关于对子公司增资的公告》(公告编号:2013 - 006),上市公司子公司现代环境科技投资有限公司成立于2010 年3 月,成立时注册资本5000 万元,2013 年 4 月增资到 3 亿元,其资金全部来源于上市公司自有资金。公司成立于 2010 年 4 月,成立时注册资本 2000 万元,2013 年 11 月增资到 3 亿元。公司的注册资金全部来源于现代环境科技投资有限公司的自有资金。

经核查,主办券商认为,不存在上市公司公开募集资金投向公司业务的情况。

4. 上市公司经营业绩来源于公司的比例,若上市公司经营业务部分来源于公司，本次挂牌对上市公司维持独立上市地位、持续盈利能力的影响；报告期公司对所属上市公司资产总额、营业收入、利润总额、净利润等财务数据的比例及重要财务指标的实际影响。公司系上市公司现代投资的全资二级子公司，财务数据纳入现代投资的合并报告范围。报告期内，公司对现代投资财务数据的比例如下表所示：

单位：万元

项目	本公司（现行环科）	所属上市公司（现代投资）	现代环科占比（%）
2015年3月31日			
资产总计	62,332.43	1,768,549.62	3.53
2015年1~3月			
营业收入	1864.31	128,854.81	1.45
利润总额	149.66	12,621.84	1.19
净利润	115.15	9274.15	1.24
2014年12月31日			
资产总计	57,964.82	1,700,502.96	3.41
2014年度			
营业收入	8808.62	433,141.65	2.03
利润总额	1157.33	56,257.62	2.06
净利润	1074.14	40,991.48	2.62
2013年12月31日			
资产总计	37,737.50	1,609,094.88	2.35
2013年度			
营业收入	8391.92	175,415.48	4.78
利润总额	906.44	72,151.10	1.26
净利润	852.82	53,965.42	1.58

比较本公司与现代投资的经营业绩情况，公司对现代投资的业绩贡献度在1%~5%之间。根据现代投资的公开资料显示，截至2014年12月底，现代投资共拥有22家全资子公司、2家非全资子公司，业务范围涵盖高速公路投资经营、期货、小额贷款、房地产、环保、担

保、资产管理等多个领域，公司作为在现代投资在环保行业的主体公司，本次挂牌不会对上市公司维持独立上市地位、持续盈利能力造成不利影响。从报告期公司对现代投资资产总额、营业收入、利润总额、净利润等财务数据的比例来看，公司与现代投资的财务指标均为正相关，公司的各财务指标对现代投资的财务指标产生一定的促进作用。

经核查，主办券商认为：现代投资的经营业绩一部分来源于公司但比例较低，公司本次挂牌对上市公司维持独立上市地位、持续盈利能力不会造成不利影响；报告期公司对现代投资的资产总额、营业收入、利润总额、净利润等财务数据的比例在1% ~5%之间，对其重要财务指标存在一定的促进作用。

5. 上市公司及其关联方与公司是否存在同业竞争或关联交易，以及解决或规范情况。上市公司及其关联方与公司不存在同业竞争，详见《公开转让说明书》“第三节　公司治理”之“五、同业竞争情况”。上市公司及其关联方与公司关联交易情况，详见《公开转让说明书》“第四节　公司财务”之“九、关联方、关联方关系及关联方交易、关联方往来”。

6. 上市公司及所属企业股东、董事、监事、高级管理人员及其关联人员持有公司股份情况。公司只有两个法人股东，即现代环境科技投资有限公司和湖南现代投资资产经营管理有限公司，上述两个法人股东均是上市公司的全资子公司，上市公司及所属企业股东、董事、监事、高级管理人员及其关联人员未持有公司股份。

7. 公司业务、资产、机构、人员、财务、技术等资源要素与所属上市公司的关系及分开情况，公司是否具有独立面向市场能力和持续经营能力。公司在业务、资产、机构、人员、财务、技术等方面均独立于现代投资（详见《公开转让说明书》“第三节　公司治理”之“四、公司的独立性”），公司具有独立面向市场开展业务的能力，并从报告期内业绩和后续合同签订情况等方面来看，公司拥有较强的持续经营能力（详见本反馈意见回复4.1）。

经核查，主办券商认为，公司业务、资产、机构、人员、财务、技术等资源要素与所属上市公司独立，公司具有独立面向市场的能力和持续经营能力。

8. 针对公司挂牌前后相关信息披露与上市公司信息披露一致性

出具承诺。2015年8月20日,公司出具书面承诺:(1)本次挂牌前,公司已按照全国中小企业股份转让系统及相关监管部门的规定履行了信息披露义务,且披露信息与上市公司现代投资披露的信息一致,不存在重大差异;(2)挂牌后将按照《全国中小企业股份转让系统挂牌公司信息披露细则》及相关业务指引的要求履行相关信息披露义务,根据相关法律法规或规则,保持与上市公司信息披露的一致性。

9. 在公开转让说明书中就上述情况的重点事项做重大事项提示。公司不存在就上述情况应做重大事项提示的内容。主办券商认为:公司不存在就上述情况应做重大事项提示的内容。

三、吉林亚融科技股份有限公司

公司为上市公司子公司。请公司说明:(1)上市公司有关本次子公司申请挂牌所履行的决策程序(如履行董事会、股东大会决议等)以及是否符合法律法规、公司章程等规定的议事规则。(2)公司承诺,本次挂牌前所属上市公司符合证券交易所及监管部门要求并充分履行了信息披露义务;公司挂牌前后履行相关信息披露义务并保持与上市公司信息披露的一致和同步。(3)上市公司公开募集资金是否投向公司业务,投入的金额、比例及对公司财务状况和经营成果的影响。(4)公司业务、资产、机构、人员、财务、技术等资源要素与所属上市公司的关系及分开情况,是否具有独立面向市场能力和持续经营能力。(5)上市公司经营业绩来源于公司的比例,本次挂牌对上市公司维持独立上市地位、持续盈利能力的影响;报告期公司对所属上市公司资产总额、营业收入、利润总额、净利润等财务数据的比例及重要财务指标的实际影响。(6)上市公司及其关联方与公司是否存在同业竞争或关联交易,以及解决或规范情况。(7)上市公司及所属企业股东、董事、监事、高级管理人员及其关联人员持有公司股份情况。(8)公司在公开转让说明书中就上述情况的重点事项做重大事项提示。

1. 上市公司吉恩镍业于第五届董事会第二十四次会议审议通过《关于对控股子公司实施债转股的议案》并将相关董事会决议及议案内容公告。

议案内容包含:"公司控股子公司吉林吉恩亚融科技有限公司改制为吉林亚融科技股份有限公司(以下简称亚融科技),亚融科技改制后进行增资扩股,并拟择机申报新三板挂牌。"

公告内容包含:"十九、审议通过了《关于对控股子公司实施债转股的议案》。

公司控股子公司吉林吉恩亚融科技有限公司改制为吉林亚融科技股份有限公司(以下简称亚融科技),亚融科技改制后进行增资扩股,并拟择机申报新三板挂牌。为支持亚融科技的战略发展,公司以对亚融科技的10,144万元人民币的债权,通过债转股的方式认购亚融科技增发的股份6400万股。本次通过债转股认购股份完成后,公司共计持有亚融科技7150万股股份,持股比例为79.31%。"

上市公司董事会会议决策程序严格按照公司法等规定召开,符合公司章程及其董事会议事规则的要求,符合法律法规、公司章程等规定的议事规则。

2. 公司承诺,本次挂牌前所属上市公司符合证券交易所及监管部门要求并充分履行了信息披露义务;公司挂牌前后履行相关信息披露义务并保持与上市公司信息披露的一致和同步。

3. 上市公司公开募集资金未投向公司,故未对公司财务状况和经营成果形成任何影响。

4. 公司业务、资产、机构、人员、财务、技术等资源要素与所属上市公司的关系及分开情况如下:

(1)业务独立。由于公司为吉恩镍业控股子公司,公司的水、电、汽等费用及员工社保缴纳由吉恩镍业统一缴纳,为体现挂牌公司的独立性,公司目前正在积极办理相关手续,独立缴纳此费用。在硫酸镍及氢氧化镍钴物料采购方面,由于吉恩镍业为国内第二大镍生产企业、第一大硫酸镍生产企业,市场占有率非常高,产品质量好,公司与大股东吉恩镍业之间虽然有较大的关联采购,但采购价格均为市场公允价格,公司也将逐步拓宽自身的采购渠道,降低采购风险。

公司已建立起独立完整的采购、生产、销售体系,并设有专门的采购、生产、销售部门,配备专职人员开展业务,公司拥有独立的经营决策权和实施权。实际控制人及其控制的其他企业间不存在同业竞争及显失公平的关联交易。公司具有完整的业务流程以及独立的生产运营维护体系,具有独立面向市场自主经营的能力。

(2)资产完整。公司主要财产包括机器设备、电子设备、运输工具、专利等,财产完整。目前,公司仍通过协议无偿使用大股东吉恩镍业的商标，但已拟办理新的商标；同时公司与吉恩镍业签订了房屋及设备租赁协议用于加工原料及处理废料。公司具备与生产经营有关的生产系统、辅助生产系统和配套设施，合法拥有与生产经营相关的土地、厂房、机器设备以及专利、非专利技术等资产的所有权或使用权。自公司设立至今历次增资均经过中介机构出具的验资报告验证，并通过了磐石市工商行政管理部门的变更登记确认。截至本公开转让说明书出具之日，公司不存在资产被控股股东、实际控制人及其控制的其他企业占用的情形，不存在为控股股东、实际控制人及其控制的其他企业提供担保的情形。

(3)人员独立。公司董事、监事及高级管理人员均严格按照《公司法》、《公司章程》规定的程序推选和任免，不存在股东越权任免决定的情况。公司的人事及工资管理与股东单位完全分离，公司总经理、副总经理、财务负责人和董事会秘书等高级管理人员未在控股股东、实际控制人及其控制的其他企业中担任除董事、监事以外的其他职务，未在控股股东、实际控制人及其控制的其他企业领薪；公司财务人员未在控股股东、实际控制人及其控制的其他企业中兼职；公司董事、高级管理人员不存在兼任监事的情形。

目前，公司的员工均与吉恩镍业签订劳动合同，相关费用经吉恩镍业统一缴纳。股份公司设立后，公司正在办理相关的手续，将重新签订亚融科技与员工之间的劳动合同。公司目前已建立并独立执行劳动、人事及工资管理制度。

(4)机构独立。公司通过股东大会、董事会、监事会制度，强化了公司的分权制衡和相互监督，形成了有效的法人治理结构。在内部机构设置上，公司建立了适应自身发展需要的组织机构，明确了各机构职能，定员定岗，并制定了相应的内部管理与控制制度，独立开展生产经营活动。公司与控股股东、实际控制人及其控制的其他企业不存在机构混同的情形。自公司设立以来，未发生股东干预公司正常生产经营活动的情况。

(5)财务独立。公司在财务上规范运作、独立运行，设立了独立的财务部门，配备了独立的财务人员，建立了独立的会计核算体系，独立进行财务决策，享有充分独立的资金调配权。公司开设独立的银行账户，作为独立的纳税人，依法独立进行纳税申报和履行纳税义务。公司根据企业发展规划，自主决定投资计划和资金安排，不存在公司股东干预公司财务决策、资金使用的情况；不存在以资产、权益或信誉为股东单位、下属公司或任何个人的债务提供担保，或以公司名义的借款、授信额度转借给前述法人或个人使用的情形。

(6)技术独立。公司目前生产使用的核心设备如第六代反应釜及新建厂房的第六代反应釜升级版、中央控制系统等，均为自行设计开发，技术优势明显。公司通过多年不断的进行自身工艺技术、流程改良及设备改造，在合成、反应控制等方面积累了丰富的经验，形成一系列成熟的技术和工艺诀窍，为进一步争取镍氢电池领域的优势地位，并向锂离子电池领域拓展打下坚实基础。

综上，公司业务、资产、机构、人员、财务、技术等资源要素与所属上市公司能够保持独立，具有独立面向市场能力和持续经营能力。

5. 亚融科技 2013 年度资产总额、营业收入、利润总额、净利润占吉恩镍业 2013 年度合并口径资产总额、营业收入、利润总额、净利润的比例分别为 0.9%、5%、9%、13%。亚融科技 2014 年度资产总额、营业收入、利润总额、净利润占吉恩镍业 2014 年度合并口径资产总额、营业收入、利润总额、净利润的比例分别为 0.5%、4%、0.1%、0.2%。因上述比例较小，本次公司挂牌对上市公司维持独立上市地位、持续盈利能力的影响极小。

6. 公司与吉恩镍业在主营产品、业务定位及业务发展目标上有较大不同，因此上市公司及其关联方与公司不存在同业竞争，但有经常性关联交易行为，具体情况已在公开转让说明书“第四节　公司财务”中“七、关联方及关联交易”中“(二)关联交易”部分进行了详细披露。

解决方式为：从 2015 年开始，公司将与中冶瑞木签署采购协议，直接向其采购原料，公司与吉恩镍业之间的采购关联交易金额将有所减少。规范情况为：公司严格执行《公司章程》、《股东大会议事规则》、《董事会议事规则》、《关联交易管理制度》等文件中对于关联交易的规定。同时，公司控股股东吉恩镍业、实际控制人昊融集团分别出具了《吉恩镍业股份有限公司关于规范和减少关联交易的承诺函》、《吉林昊融集团有限公司关于规范和减少关联交易的承诺函》。

7. 上市公司股东、董事、监事、高级管理人员及其关联人未持有本公司股份。上市公司所持公司股份已在公开转让说明书中披露。

8. 公司已在公开转让说明书中就上述情况的重点事项作出重大事项提示。

第十章　研发费用资本化

【基本理论】

一、IPO 为什么禁止研发费用资本化

先开门见山交代一个原则，在目前的审核制度下，在交易所 IPO 上市原则上不允许研发费用资本化，而新三板挂牌没有明确的限制。

关于 IPO 为何要禁止资本化的问题，其实也很简单，在很多软件企业或者科技企业中，研发费用可能会占企业费用的很大一部分，同时在企业收入规模和利润规模中等偏下的情况下，那么利用研发费用资本化来调节利润的做法还是有很大的技术空间的。于是，在审核实践中出现了这样的悖论：如果大额的资本化，那么审核会重点关注需要详细核查资本化的过程以及金额是否合理；而如果允许较小金额的资本化，那么可能对于企业又没有太大的意义，于是最后也就几乎没有企业在 IPO 过程中资本化了。

二、现实的困境

其实，本来研发费用资本化是一个让很多人激动的会计准则的改革，因为这个措施可以从本质上解决科技企业所谓的“轻资产运行”的一个困局。传统企业如果挣了钱是可以去买房子买地买设备，而这些就成为企业的固定资产或者无形资产在账上体现，那么企业多年经营的成果也都看得见，摸得着。而科技企业则不同，企业也可能挣了很多钱可是没必要买房子买地买设备，可能更多的钱都投入了研发，而如果研发费用不进行资本化那么企业的盈利全部被研发吞噬也不会有账面资产。这就是我们所谓的轻资产运营公司，也是很多科技企业要吐槽委屈的一个现实。

尽管理论上一个好的制度在目前的审核体制下被“一刀切”地禁用有些武断，不过这与我们企业的内部控制现实也有着很大的关联。

关于研发费用资本化，关注的主要问题在于：(1)研发费用的核算和归集；(2)研究和开发结算的时点确认；(3)专业机构对于研发费用审核的独立性和专业性。这三个问题直接影响到研发费用资本化的真实性和合理性，而这三个问题在国内企业中几乎都没有得到很好地解决。

关于问题的解决，我们应该建立完善的内部控制制度以及可以留痕和固化的研发过程管理系统，这样才能保证在论证研发费用资本化金额的时候不是随便找一些表格、随便按照一些原则调整一下就可以了。研发过程的留痕和细化管理是研发费用资本化制度可以真正实施的根本前提，现在我们还做得远远不够。

三、新三板审核关注要点

为什么新三板可以允许研发费用资本化问题的存在呢？肯定不是因为新三板企业在内部控制上要优于 IPO 企业，只是在于：(1)新三板挂牌企业在目前的制度设计下企业并没有明显的调节业绩的动机；(2)新三板既然是要求在很多制度上创新并且是注册制的“试验田”，那么在研发费用资本化问题上有所宽容也是可以理解的。

在新三板审核过程中，对于研发费用资本化问题的关注主要体现在以下几个方面：(1)请公司对照会计准则按项目详细披露研究阶段、开发阶段的划分情况，包括：①公司研究开发的具体过程和步骤；②研究阶段、开发阶段的划分方法、文件资料或证明单据；③开发阶段支出资本化的具体时点和条件；④开发阶段支出确认无形资产的具体时点和条件；⑤各具体研发项目各步骤的开始和完成时间；⑥公司上述会计核算是否符合企业会计准则的规定。(2)请公司按项目披露开发支出费用化和资本化的具体情况，分析合理性；测算资本化金额费用化对报告期公司损益的影响，并作重大事项提示。(3)请公司补充披露研发项目的储备情况、研发进度、预计实现产业化的周期、步骤、人员和资金投入等，分析研发项目失败的概率以及影响。(4)请主办券商和申报会计师对以上所有事项发表明确核查意见。

还有一点要注意的是，在计算研发费用资本化对于公司净利润影响的时候，应该关注到税收的影响，这里有两个方面：一个是研发费用存在 150% 加计扣除的情形，另一个是研发费用资本化可能增加的所得税费用。这一点其实在很多案例中都没有明确关注，只有在山东海格尔信息技术股份有限公司的案例中明确有表述。

【实践案例】

据不完全统计，在现有新三板挂牌企业中，存在研发费用资本化的案例有：珠海上富电技股份有限公司、浙江启鑫新能源科技股份有限公司、无锡杰西医药股份有限公司、微网信通（北京）通信技术股份有限公司、深圳淘绿信息科技股份有限公司、深圳市易流科技股份有限公司、上海网映文化传播股份有限公司、山东海格尔信息技术股份有限公司、清投视讯（北京）科技股份有限公司、南昌康富科技股份有限公司、洛阳国润新材料科技股份有限公司、吉林省中研高性能工程塑料股份有限公司、华烁科技股份有限公司、河北丰源环保科技股份有限公司、杭州东忠科技股份有限公司、北京腾信软创科技股份有限公司、北京聚智未来科技股份有限公司、随锐科技股份有限公司。

一、浙江启鑫新能源科技股份有限公司

公司存在开发支出资本化。(1)请公司对照会计准则详细披露研究阶段、开发阶段的具体划分情况，包括：公司研究开发的具体过程和步骤；研究阶段、开发阶段的具体划分方法、文件资料或证明单据；开发阶段支出确认无形资产的具体时点和条件；各具体研发项目各步骤的开始和完成时间。(2)请公司测算并披露开发支出资本化对报告期公司损益的影响，并作重大事项提示。(3)请主办券商及会计师说明公司在研发支出资本化方面是否制定了相关的内控制度并有效执行，能否保证研发支出计量和确认的准确性、一致性，并对对公司研发支出资本化的处理是否符合《企业会计准则》发表明确意见。

1. 请公司对照会计准则详细披露研究阶段、开发阶段的具体划分情况，包括：公司研究开发的具体过程和步骤；研究阶段、开发阶段的具体划分方法、文件资料或证明单据；开发阶段支出确认无形资产的具体时点和条件；各具体研发项目各步骤的开始和完成时间。

公司已在《公开转让说明书》“第二节　公司业务”之“三、业务关键资源要素”之“（八）研发能力和技术储备情况”中披露公司研究开发的具体过程和步骤，具体情况如下：

“公司研发流程如下：

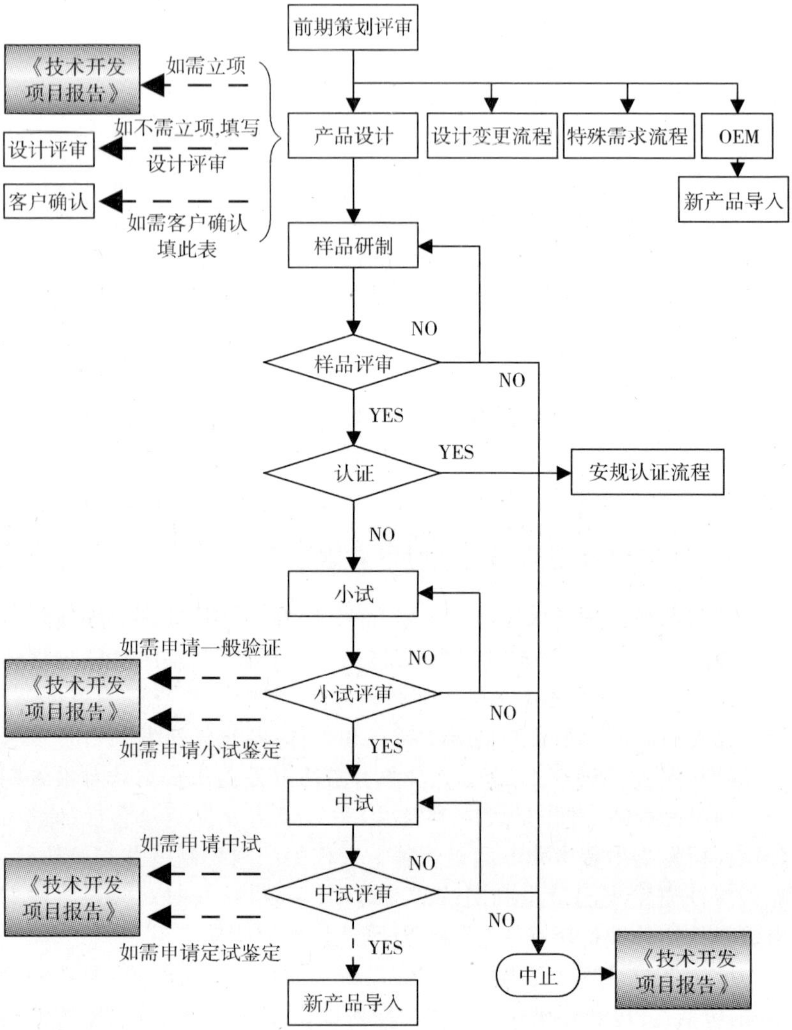

研发中心根据公司市场调研情况，提交项目研发申请报告，制定可行性分析及风险评估；经总经理会议预审通过，技术部立项，并开展相关产品技术研发工作；研发成果需经总经理办公室会议评审，由技术部根据评审结果修改相应方案；总经理会议评审通过，技术部联合生产部组织产品小试、中试并最终达到正式投产。新产品取得客户认可并到达良好销售业绩后，由技术部对项目进行总结，并视具体情况申请专利或技术成果的申报。”

公司已在《公开转让说明书》“第四节　公司财务”之“四、主要会计政策、会计估计和前期差错”之“（十六）无形资产”中披露研究阶

段、开发阶段的具体划分方法和开发阶段支出确认无形资产的具体时点和条件,具体情况如下:

“3.划分研究阶段和开发阶段的具体标准

公司内部研究开发项目的支出分为研究阶段支出和开发阶段支出。

研究阶段:为获取并理解新的科学或技术知识等而进行的独创性的有计划调查、研究活动的阶段。

开发阶段:在进行商业性生产或使用前,将研究成果或其他知识应用于某项计划或设计,以生产出新的或具有实质性改进的材料、装置、产品等活动的阶段。

4. 开发阶段支出资本化的具体条件

内部研究开发项目开发阶段的支出,同时满足下列条件时确认为无形资产:

(1)完成该无形资产以使其能够使用或出售在技术上具有可行性;

(2)具有完成该无形资产并使用或出售的意图;

(3)无形资产产生经济利益的方式,包括能够证明运用该无形资产生产的产品存在市场或无形资产自身存在市场,无形资产将在内部使用的,能够证明其有用性;

(4)有足够的技术、财务资源和其他资源支持,以完成该无形资产的开发,并有能力使用或出售该无形资产;

(5)归属于该无形资产开发阶段的支出能够可靠地计量。

开发阶段的支出,若不满足上列条件的,于发生时计入当期损益。研究阶段的支出,在发生时计入当期损益。”

根据反馈意见的要求,公司已在《公开转让说明书》“第四节 公司财务”之“七、报告期内主要资产情况”中增加“(十一)开发支出”,并补充披露了研究阶段、开发阶段的文件资料或证明单据以及各具体研发项目各步骤的开始和完成时间,具体情况如下:

研究阶段主要资料如下:市场调研报告、项目可行性分析报告及解决方案、立项报告、立项审批通知书、人员分配表、开发进度任务表。

开发阶段主要资料如下:测试报告、测试总结、工艺方案、工艺规程、电池产品规格书、组件产品规格书、N 型双面电池发明专利等。

研发项目各步骤的开始和完成时间如下:

2. 请公司测算并披露开发支出资本化对报告期公司损益的影响，并作重大事项提示。

根据反馈意见的要求，公司已在《公开转让说明书》“第四节 公司财务”之“七、报告期内主要资产情况”中增加“（十一）开发支出”，并补充披露了发支出资本化对报告期公司损益的影响，具体情况如下：

“报告期内，公司研发费用投入金额及对损益的影响情况如下表所示：

项目	2015 年 1 ~ 6 月	2014 年度	2013 年度
研发费用投入金额	10,049,551.14	26,237,750.73	21,612,512.47
研发费用投入占主管业务收入比例	2.85%	3.61%	3.25%
研发费用资本化金额	2,597,049.75	3,433,307.55	
研发费用资本化金额占研发投入的比例	26.00%	13.00%	
研发费用资本化金额占净利润比例	34.27%	67.35%	
研发费用资本化当期摊销金额			
研发费用资本化金额扣除当期摊销金额后占净利润的比例（%）			

报告期内，公司开发支出尚未结转无形资产，尚未进行摊销，对公司损益不存在影响。”

根据反馈意见要求，公司在《公开转让说明书》“重大事项提示”和“第四节 公司财务”之“十五、特有风险提示”中补充披露了研发项目失败的风险：

“目前，公司高效 N 型太阳能双面组件研发项目处于专利申报阶段，如该项目最终研发失败、专利申请失败等将导致公司研发费用资本化金额计入费用，影响公司利润；如研发和申请专利成功后，该技术不能形成量产或量产后不能取得良好市场反应，这也将会形成对无形资产计提减值的风险。”

3. 主办券商的核查意见：

（1）核查程序和方法

第一，风险评估程序：了解被审计单位及其环境时，主办券商与会计师了解到公司制定的与研发有关的内部控制制度在本期没有发生变化，并执行了穿行测试，穿行测试的结果表明公司制定的与研发有关的内部控制是合理的，并得到执行。

第二，控制测试：主办券商和会计师从公司研发项目明细账中抽样选取了多笔研发支出记录，追踪该研发支出记录的发生、处理及记录过程，控制测试的结果表明，公司制定的与研发有关的内部控制得到有效执行。

第三，实施实质性程序：主办券商和会计师实施了检查、分析等程序来验证公司报告期内研发支出计量和确认的准确性、一致性，检查公司研发支出资本化处理是否符合具体条件：

①检查各研发项目的材料领用出库单上的签名是否为研发部人员，并与研发项目的立项文件中记载的研发成员核对；

②检查各研发项目的薪酬费用开支是否为研发部人员，并与研发项目的立项文件中记载的研发成员核对；

③检查材料领用、薪酬费用及其他费用的发生是否存在跨期情况；

④分析报告期内研发费用构成比例是否合理；

⑤检查研发项目资本化是否符合具体条件，公司所研究的高效N型太阳能组件已形成相应成果并正在进行专利申报。

(2)核查结论

经核查，主办券商认为，公司在研发支出资本化方面制定了相关的内控制度并得到有效执行，能保证研发支出计量和确认的准确性、一致性，公司研发支出资本化的处理符合《企业会计准则》的相关规定。

二、无锡杰西医药股份有限公司

研发支出资本化。报告期内公司无形资产数额较大，主要为专利权。请公司：结合生产经营特点、研究开发过程，对照会计准则补充披露研究阶段、开发阶段的划分情况，包括：(1)公司研究开发的具体过程和步骤；(2)研究阶段、开发阶段的划分方法、文件资料或证明单据；(3)开发阶段支出资本化的具体时点和条件；(4)开发阶段支出确认无形资产的具体时点和条件；(5)各具体研发项目各步骤的开始和完成时间；(6)如报告期内存在某期未将研发支出资本化的情况，请公司补充说明原因，会计政策是否保持一致。

(一)公司研究开发的具体过程和步骤

公司主要致力于原创新药的研究开发,研发具体过程和步骤披露如下表所示:

序号	步骤	程序	目的
1	项目立项	靶标的确定	确定候选药物
		模型的建立	
		发现化合物	
2	临床前研究	原料药与制剂工艺研究	完成临床前研究,申请临床研究资格
		质量标准及稳定性研究	
		药理及机理研究	
		安全性评价	
3	临床研究	Ⅰ期临床试验	药理学及人体安全性评价
		Ⅱ期临床试验	对适应症患者的治疗作用和安全性
		Ⅲ期临床试验	治疗作用的确证
4	药品申请与上市	申请与认证	获得药品上市条件
		Ⅳ期临床试验	考察药品疗效及不良反应

(二)研究阶段、开发阶段的划分方法、文件资料或证明单据

根据《企业会计准则》的规定,企业内部研究开发项目的支出,应当区分研究阶段支出与开发阶段支出:其中,研究是指为获取并理解新的科学或技术知识而进行的独创性的有计划调查;开发是指在进行商业性生产或使用前,将研究成果或其他知识应用于某项计划或设计,以生产出新的或具有实质性改进的材料、装置、产品等。考虑公司原创新药的研究开发过程,自Ⅱ期临床试验起对适应症患者进行药物有效性研究,并在研究结果的基础上对药物治疗作用和安全性进行进一步改善,符合开发阶段的一般要求,因此公司将取得国家食品药品监督管理总局出具的《药物临床试验批件》进行项目Ⅱ期临床试验的时点作为研究阶段、开发阶段的划分时点。该划分时点的确认与制药行业特征及行业惯例一致。

(三)开发阶段支出资本化的具体时点和条件

公司目前主要致力于 JC－5411 项目的研究开发。2013 年 8 月 1 日,公司收到国家食品药品监督管理总局出具的《药物临床试验批件》

(批件号:2013L01626),批准 JC－5411 项目(药物名称:苯乙基异硫氰酸酯胶囊)进行Ⅱ期临床试验。自该时点起,与 JC－5411 项目相关的开发支出予以资本化。除上述外,无其他资本化的研发项目。

(四)开发阶段支出确认无形资产的具体时点和条件

根据《企业会计准则》的规定,企业内部研究开发项目开发阶段的支出,同时满足下列条件的,才能确认为无形资产:(1)完成该无形资产以使其能够使用或出售在技术上具有可行性;(2)具有完成该无形资产并使用或出售的意图;(3)无形资产产生经济利益的方式,包括能够证明运用该无形资产生产的产品存在市场或无形资产自身存在市场,无形资产将在内部使用的,应当证明其有用性;(4)有足够的技术、财务资源和其他资源支持,以完成该无形资产的开发,并有能力使用或出售该无形资产;(5)归属于该无形资产开发阶段的支出能够可靠地计量。

根据制药行业特征与行业惯例,结合公司新药生产流程,公司应在 JC－5411 项目取得《新药证书》时确认无形资产,将报表中开发支出科目余额结转至无形资产科目。

(五)各具体研发项目各步骤的开始和完成时间

公司目前主要时间如下表所示(研发项目为 JC－5411 的前列腺增生新药研究,各步骤开始和完成时间):

序号	步骤	程序	目的	
1	项目立项	靶标的确定	2000 年	2004 年
		模型的建立		
		发现化合物		
2	临床前研究	原料药与制剂工艺研究	2005 年	2006 年
		质量标准及稳定性研究	2005 年	2007 年
		药理及机理研究	2004 年	2007 年
		安全性评价	2006 年	2008 年
3	临床研究	Ⅰ期临床试验	2009 年	2012 年
		Ⅱ期临床试验	2013 年	至今
		Ⅲ期临床试验	尚未开始	尚未开始
4	药品申请与上市	申请与认证	尚未开始	尚未开始
		Ⅳ期临床试验	尚未开始	尚未开始

（六）如报告期内存在某期未将研发支出资本化的情况，请公司补充说明原因，会计政策是否保持一致

公司在2013年8月1日前的研究费用均费用化，2013年8月1日以后的开发支出均资本化，报告期内不存在某期未将研发支出资本化的情况，会计政策在报告期内始终保持一致。

（七）请主办券商、会计师应补充核查

主要核查上述公司披露事项以及公司在研发支出资本化方面是否制定了相关的内控制度并有效执行，能否保证研发支出计量和确认的准确性、一致性，并对公司研发支出资本化的处理是否符合《企业会计准则》发表意见。

1. 请主办券商、会计师补充核查上述公司披露事项：

（1）核查程序

第一，询问公司研发负责人药品研发主要流程及步骤，了解公司主要研发项目进度及各阶段实施时间；

第二，了解公司各研发项目研发开支资本化时点并取得相关证明单据，判断资本化时点的确定是否符合企业会计准则的规定。

（2）核查内容

取得国家食品药品监督管理总局出具的批准JC－5411项目进行Ⅱ期临床试验的《药物临床试验批件》，JC－5411项目自2013年8月起发生的研发支出应予以资本化。

（3）核查结论

经核查，主办券商及会计师认为，公司上述披露事项真实、完整。

2. 公司在研发支出资本化方面是否制定了相关的内控制度并有效执行，能否保证研发支出计量和确认的准确性、一致性，并对公司研发支出资本化的处理是否符合《企业会计准则》发表意见。

（1）核查程序

项目组获取了公司研究开发等相关的管理制度文件，并结合管理层和员工访谈与穿行测试等，对相关管理制度的执行情况进行了验证。

（2）核查内容

对于研发开支，公司规定应于业务发生时填写研发用途及付款申请，经研发部门负责人及财务部门负责人审批，严格区分研发支出与一般经营管理支出。每一笔研发支出均有对应的业务单据，单据能及时交予财务部门，财务部门及时处理上述单据，核对无误后入账。对于不同阶段的研发开支，财务部门会同研发部门确认相应审批文件与

研发进度，并严格按照《企业会计准则》及一般行业惯例的要求，分别计入当期损益或研发项目成本，并经财务总监审核。

项目组取得了公司财务报表、总账、明细账及记账凭证，核查了研发开支账务处理情况，以及相关的原始单据，包括合同、发票、银行单据、付款凭单、审批文件等，关注原始附件的内容、日期、金额与记账凭证的一致性，以及授权审批程序的完整性。

(3)核查结论

经核查，主办券商及会计师认为公司在研发支出资本化方面制定了相关的内控制度并有效执行，能保证研发支出计量和确认的准确性、一致性。

三、微网信通(北京)通信技术股份有限公司

公司存在研发支出资本化情形。(1)请公司对照会计准则按项目详细披露研究阶段、开发阶段的划分情况，包括：①公司研究开发的具体过程和步骤；②研究阶段、开发阶段的划分方法、文件资料或证明单据；③开发阶段支出资本化的具体时点和条件；④开发阶段支出确认无形资产的具体时点和条件；⑤各具体研发项目各步骤的开始和完成时间；公司上述会计核算是否符合企业会计准则的规定。(2)请公司按项目披露开发支出费用化和资本化的具体情况，分析合理性；测算资本化金额费用化对报告期公司损益的影响，并作重大事项提示。(3)请公司补充披露研发项目的储备情况、研发进度、预计实现产业化的周期、步骤、人员和资金投入等，分析研发项目失败的概率以及影响。(4)请主办券商和申报会计师对以上所有事项发表明确核查意见。

1. 请公司对照会计准则按项目详细披露研究阶段、开发阶段的划分情况，包括：①公司研究开发的具体过程和步骤；②研究阶段、开发阶段的划分方法、文件资料或证明单据；③开发阶段支出资本化的具体时点和条件；④开发阶段支出确认无形资产的具体时点和条件；⑤各具体研发项目各步骤的开始和完成时间；公司上述会计核算是否符合企业会计准则的规定。

(1)公司研究开发的具体过程和步骤

已在公开转让说明书“第四节”之“六”之“(五)”之“9. 开发支出”之“(3)研发费用资本化及形成无形资产的说明”之“①公司研究开发的具体过程和步骤”中补充披露，具体如下：

公司的研发项目一般经历以下步骤：市场调研—立项前评估—研

发项目立项—项目总结验收—产品试产—产品量产。

(2)研究阶段、开发阶段的划分方法以及研发费用资本化和结转无形资产的时点和条件

已在公开转让说明书"第四节"之"六"之"(五)"之"9. 开发支出"之"(3)研发费用资本化及形成无形资产的说明"之"②研究阶段、开发阶段的划分方法以及研发费用资本化和结转无形资产的时点和条件"中补充披露,具体如下:

公司的研发活动主要为产品应用层面的开发工作。公司根据市场需求,在比较同类产品的基础上,对相关产品功能、用料及外观进行设计,在经过前期调研基础上,由研发部门撰写《项目计划书》并提交总经理办公会讨论,讨论通过的项目以总经理办公会决议的形式向研发项目组下发《立项决议书》,项目立项之前为研发阶段,发生的相关费用直接计入当期损益。

项目立项之后为开发阶段,发生的相关费用进行资本化处理计入开发支出;项目结项之后,由研发项目组提交《研究开发项目成果研究报告》,公司同时开始准备相关产品的样品试产、合格度测试以及市场反馈信息收集,如果通过该阶段的测试,那么相关项目开发阶段的支出结转计入无形资产,否则相关支出结转计入当期损益。

(3)各具体研发项目各步骤的开始和完成时间

已在公开转让说明书"第四节"之"六"之"(五)"之"9. 开发支出"之"(3)研发费用资本化及形成无形资产的说明"之"③报告期内,公司的开发支出资本化的具体项目情况"中补充披露,具体如下:

①WayTone G100 互通网关。WayTone G100 互通网关是"一种使用互通网关实现两种不同网络对接,继而实现两种网络远程半双工对讲,包括一种网络中的终端连接另一种网络终端,一种网络中的终端获取话权、另一种网络中的终端监听;一种网络中的终端释放话权、另一种网络中的终端释放话权、两种网络中的终端重新进入竞争话权状态"的技术,主要解决不同网络的不兼容性,从而实现在不改变原有设备的前提下,对产品进行局部更新,让用户得到价格低廉,外观优美的 QCHAT 终端。2012 年 3 月,该项技术通过立项进入开发阶段,2014 年 12 月,该项技术完成开发阶段工作,产品通过试产后符合市场需求,满足资本化条件且达到预定可使用状态,转入无形资产。

②WayTone D400A 天翼对讲集群调度系统。WayTone D400A 天翼对讲集群调度系统是基于高通 QCHAT 无线对讲技术的通信指

挥调度和业务管理的工作台，它能够提升企业的通信效率和快速反应力。2014 年 3 月，该项技术通过立项进入开发阶段，2014 年 12 月，该项技术完成开发阶段工作，产品通过试产后符合市场需求，满足资本化条件且达到预定可使用状态，转入无形资产。

③D2（终端）。D2（终端）是一种集成本公司的智慧司法功能、最新的 QCHAT 基线版本，可以实现群组强插、群组强拆功能的双模、三防对讲功能机。2014 年 3 月，该项技术通过立项进入开发阶段，2014 年 12 月，该项技术完成开发阶段工作，产品通过试产后符合市场需求，满足资本化条件且达到预定可使用状态，转入无形资产。

④蓝牙手麦。蓝牙手麦是一种通过蓝牙连接到对讲手机的手麦，具有机身小巧、声音大、无线连接和携带方便等特点。2015 年 1 月，该项技术通过立项进入开发阶段，截至报告期末，相关开发工作尚未完成。

⑤WayTone 天翼对讲终端 Q1 +。WayTone 天翼对讲终端 Q1 + 是一种沿袭原机型 Q1 外观设计，为提高终端音量而重新设计开发的一种三防对讲手机。2015 年 3 月，该项技术通过立项进入开发阶段，截至报告期末，相关开发工作尚未完成。

⑥WayTone 天翼对讲终端 Q7 +。WayTone 天翼对讲终端 Q7 + 是一种沿袭原机型 Q7 外观设计，集成本公司的智慧司法功能、最新的 QCHAT5.0 基线版本，能够提高终端音量和电池寿命的三防对讲手机。2015 年 3 月，该项技术通过立项进入开发阶段，截至报告期末，相关开发工作尚未完成。

⑦天翼对讲视频调度运营平台。天翼对讲视频调度运营平台是一种基于高通 QCHAT 无线对讲技术、可实现应急指挥调度和业务管理的工作台，通过提高工作人员的通信设备，实时记录一线现场情况，利用无线传输（3G/4G/WIFI 等），将音视频图像实时传输到指挥调度中心，结合 GIS/GPS 系统和智能手机音频采集，音视频，语音对讲等能力，实现统一管理和指挥。2015 年 5 月，该项技术通过立项进入开发阶段，截至报告期末，相关开发工作尚未完成。

（4）企业会计准则关于研发费用的规定

根据《企业会计准则第 6 号——无形资产》及其应用指南的规定：研究阶段：是指为获取新的科学或技术知识并理解它们而进行的独创性的有计划调查。

研究阶段是探索性的，为进一步开发活动进行资料及相关方面的准备，已进行的研究活动将来是否会转入开发、开发后是否会形成无形资产等均具有较大的不确定性。

开发阶段：是指在进行商业性生产或使用前，将研究成果或其他知识应用于某项计划或设计，以生产出新的或具有实质性改进的材料、装置，产品等。

相对于研究阶段而言，开发阶段应当是已完成研究阶段的工作，在很大程度上具备了形成一项新产品或新技术的基本条件。公司关于研发费用的会计核算严格按照企业会计准则及其应用指南的规定执行。

通过核查公司报告期内的研发项目立项资料、结项资料以及产品实际生产销售情况，主办券商认为，公司的研发项目对研究阶段和开发阶段的划分合理，研发费用资本化及结转无形资产的条件和时点合理，不存在通过将费用化支出资本化进行利润调节的情况。

2. 请公司按项目披露开发支出费用化和资本化的具体情况，分析合理性；测算资本化金额费用化对报告期公司损益的影响，并作重大事项提示。

(1)开发支出资本化的情况已在公开转让说明书“第四节”之“六”之“(五)”之“9. 开发支出”之“(1)开发支出资本化情况”中披露。

开发支出费用化的情况已在公开转让说明书“第四节”之“六”之“(五)”之“9. 开发支出”之“(2)开发支出费用化情况”中补充披露，具体如下：

①2015 年 1～6 月开发支出费用化情况

单位：元

项目	2015 年 1 月 1 日	本期增加	本期减少	2015 年 6 月 30 日
WayTone 天翼对讲 H218		19.82	19.82	

②2014 年开发支出费用化情况

单位：元

项目	2014 年 1 月 1 日	本期增加	本期减少	2014 年 12 月 31 日
JY6506 手机终端		32.57	32.57	

续表

项目	2014 年 1 月 1 日	本期增加	本期减少	2014 年 12 月 31 日
WayTone 天翼对讲 H200		56.43	56.43	
WayTone D400 天翼对讲集群调度系统		34.30	34.30	
WayTone 天翼对讲 H218		47.17	47.17	
WayTone 双模对讲终端 D1		47.51	47.51	
A8S 终端		31.00	31.00	
Q6S		72.52	72.52	
合计		315.50	315.50	

③2013 年开发支出费用化情况

单位:元

项目	2015 年 1 月 1 日	本期增加	本期减少	2015 年 6 月 30 日
WayTone 天翼对讲 H100		78.38	78.38	
WayTone 双模对讲终端 D1		40.72	40.72	
合计		119.10	119.10	

(2)开发支出资本化金额费用化后报告期公司损益的影响已在公开转让说明书“第四节”之“十二、风险因素”之“(八)研发支出资本化”中补充披露,具体如下:

报告期内,公司存在研发支出资本化的情况,2013 年度、2014 年度和 2015 年 1 ~ 6 月研发支出本化金额分别为 132.10 万元、145.99 万元和 92.44 万元,同时,公司于 2014 年结转研发支出 371.70 万元进入无形资产。若公司将研发支出全部费用化,扣除摊销等因素的影响后,将减少 2013 年度、2014 年度和 2015 年 1 ~ 6 月的利润总额 132.10 万元、139.80 万元和 55.27 万元,会对公司报告期内经营业绩产生一定的影响。

在核查公司研发支出费用化和资本化会计政策的基础上，通过核查公司报告期内研发项目的实施进度、实施结果，分析公司研发支出费用化和资本化的合理性以及相关处理方式对公司经营业绩的影响，主办券商认为，公司严格按照企业会计准则的相关规定对研发支出的费用化和资本化进行划分，不存在通过将费用化支出资本化进行利润调节的情况。

3. 请公司补充披露研发项目的储备情况、研发进度、预计实现产业化的周期、步骤、人员和资金投入等，分析研发项目失败的概率以及影响。

（1）已在公开转让说明书“第四节”之“六”之“（五）”之“9. 开发支出”之“（4）公司的研发项目储备情况”中补充披露，具体如下：（略）

（2）研发项目失败的概率以及影响已在公开转让说明书“第四节”之“十二、风险因素”之“（九）研发项目失败的风险”中补充披露，具体如下：

公司根据市场需求，在比较同类产品的基础上，对相关产品功能、用料及外观进行设计，在经过前期调研、初步论证的基础上进行研发项目的立项，进而组织开展相关项目的研发工作。虽然公司的研发项目在启动之前都经过了详细的前期调研和初步论证，同时也配备了充足的人力和财力，但市场情况瞬息万变，仍然存在公司所研发的产品无法投向市场或投向市场后不符合市场需求，导致公司研发项目失败的风险。

经核查，主办券商认为，公司对研发项目储备情况的披露真实、完整，对相关风险的披露充分、客观。

四、深圳淘绿信息科技股份有限公司

公司无形资产均为软件著作权，报告期内的账面价值分别为3,933,039.34元、4,207,061.84元、4,011,311.58元，公司存在研发支出资本化情形。（1）请公司对照会计准则按项目详细披露研究阶段、开发阶段的划分情况，包括：①公司研究开发的具体过程和步骤；②研究阶段、开发阶段的划分方法、文件资料或证明单据；③开发阶段支出资本化的具体时点和条件；④开发阶段支出确认无形资产的具体时点和条件；⑤各具体研发项目各步骤的开始和完成时间；公司上述会计核算是否符合企业会计准则的规定。（2）请公司按项目披露开发支出费用化和资本化的具体情况，分析合理性；测算资本化金额费用化对报告期公司损益的影响，并作重大事项提示。（3）请公司补充披露研发项目的储备情况、研发进度、预计实现产业化的周期、步骤、人员和资金投入等,分析研发项目失败的概率以及影响。(4)请主办券商和申报会计师对以上所有事项发表明确核查意见。

1. 请公司对照会计准则按项目详细披露研究阶段、开发阶段的划分情况,包括:(1)公司研究开发的具体过程和步骤;(2)研究阶段、开发阶段的划分方法、文件资料或证明单据;(3)开发阶段支出资本化的具体时点和条件;(4)开发阶段支出确认无形资产的具体时点和条件;(5)各具体研发项目各步骤的开始和完成时间;公司上述会计核算是否符合企业会计准则的规定。

(1)公司研究开发的具体过程和步骤

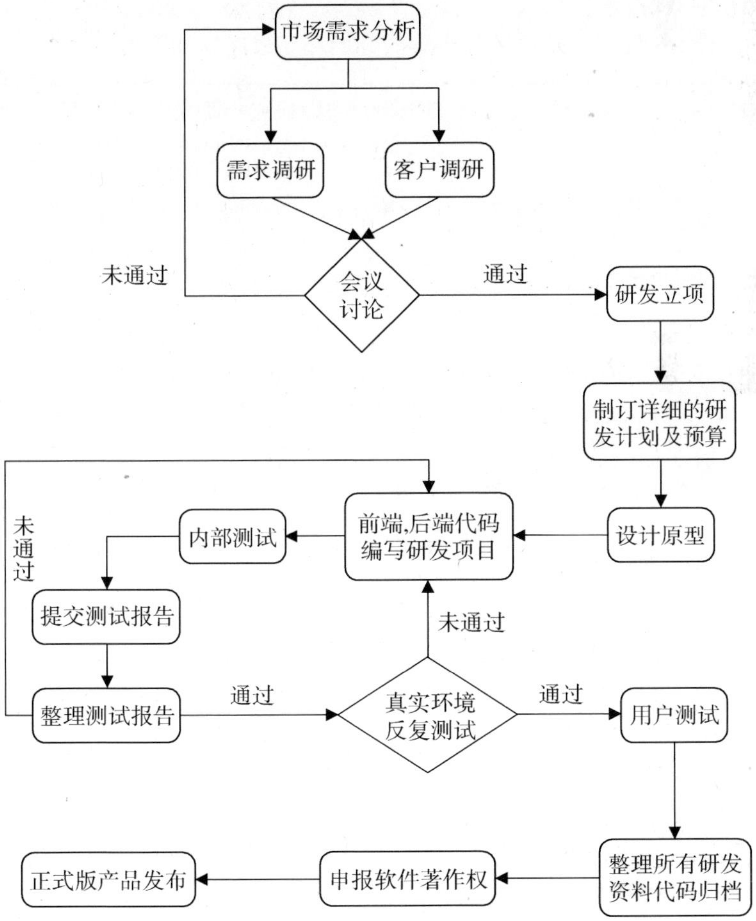

(2)研究阶段、开发阶段的划分方法、文件资料或证明单据

公司研究阶段和开发阶段划分以研发立项作为划分依据,具体文件资料为《立项项目表》。

(3)开发阶段支出资本化的具体时点和条件

报告期内,公司开发阶段支出的的资本化起始时点为项目立项,具体为公司对项目立项进行立项审批,具体文件记录为《立项项目表》。

(4)开发阶段支出确认无形资产的具体时点和条件

开发阶段支出确认无形资产,即资本化终止时点为:项目研发成果达到预期可使用状态,具体为系统测试验收,具体文件记录为:形成《内部测试报告》。

(5)各具体研发项目各步骤的开始和完成时间如下表所示:

项目	资本化金额	研究阶段起始时间	研究阶段完成时间	开发阶段起始时间	开发阶段完成时间
再生资源回收体系信息化系统	845,754.47	2009-1	2009-3	2009-4	2009-6
电子废料报价中心平台	806,874.74	2009-7	2009-9	2009-10	2012-6
电子废料委托交易管理系统	983,799.90	2010-1	2010-3	2010-4	2012-6
渠道买家委托采购服务平台管理系统	868,417.81	2010-7	2010-9	2010-10	2012-6
手机在线回收管理系统	572,515.73	2011-2	2011-3	2011-4	2012-6
手机估值平台管理系统	386,773.96	2011-7	2011-9	2011-10	2012-6
手机回收换灯助学平台管理系统	301,778.13	2011-7	2011-12	2012-1	2012-6
废旧手机回收平台	324,400.00	2011-9	2012-12	2013-1	2014-01
废旧物品交易中心	390,135.11	2013-8	2013-12	2014-1	2014-10
淘绿回收手机APP	333,640.54	2014-6	2014-9	2014-10	尚未完成

续表

项目	资本化金额	研究阶段起始时间	研究阶段完成时间	开发阶段起始时间	开发阶段完成时间
行业进销存管理系统	242,677.00	2014－7	2014－10	2014－11	尚未完成
分拣仓储管理系统		2015－1	尚未完成	尚未完成	尚未完成
线上支付系统		2015－5	尚未完成	尚未完成	尚未完成
合计	6,056,767.39				

根据企业会计准则的规定，企业内部研究开发项目研究阶段的支出，应当于发生时计入当期损益；开发阶段的支出，同时满足下列条件的，才能确认为无形资产，作为研发资本化开始时点确认的依据：

“（一）完成该无形资产以使其能够使用或出售在技术上具有可行性；

（二）具有完成该无形资产并使用或出售的意图；

（三）无形资产产生经济利益的方式；

（四）有足够的技术、财务资源和其他资源支持，以完成该无形资产的开发，并有能力使用或出售该无形资产；

（五）归属于该无形资产开发阶段的支出能够可靠地计量。”

综上所述，公司会计核算符合企业会计准则的规定。

公司已在公开转让说明书“第四节　公司财务”中“六、报告期主要财务数据及财务指标分析”对上述情况进行了补充披露。

2. 请公司按项目披露开发支出费用化和资本化的具体情况，分析合理性；测算资本化金额费用化对报告期公司损益的影响，并作重大事项提示。

公司已在公开转让说明书“第四节　公司财务”中“六、报告期主要财务数据及财务指标分析”对上述情况进行了补充披露。具体披露如下：

报告期内，公司内部研究开发项目支出如下表所示：

项目	2015 年 1～6 月	2014 年度	2013 年度
费用化支出	285,123.55	577,206.75	320,251.53
其中：废旧手机回收平台软件	—	—	—
淘绿回收手机 APP	—	253,493.75	—

续表

项目	2015 年 1 ~ 6 月	2014 年度	2013 年度
行业进销存管理系统	—	323,713.00	—
废旧物品交易中心	—	—	320,251.53
分拣仓储管理系统	183,212.38	—	—
线上支付系统	101,911.17	—	—
资本化支出	453,459.12	512,993.53	324,400.00
其中:废旧手机回收平台软件	—	—	324,400.00
淘绿回收手机 APP	253,928.14	79,712.40	—
行业进销存管理系统	199,530.98	43,146.02	—
废旧物品交易中心	—	390,135.11	—
研发支出合计	738,582.67	1,090,200.28	644,651.53

2013 年度研发支出总额 644,651.53 元,其中资本化支出 324,400.00 元,占总额 50.32%,2013 年度公司研发的项目主要为废旧手机回收平台软件,该项目 2013 年 1 月进入开发阶段,2014 年 1 月开发完成,当年研发支出相对较少。

2014 年度研发支出总额 1,090,200.28 元,其中资本化支出 512,993.53 元,占比 47.05%,2014 年度公司研发的项目主要为:(1)废旧物品交易中心,2014 年 1 月进入开发阶段,2014 年 10 月开发完成;(2)行业进销存管理系统,2014 年 11 月进入开发阶段,目前尚未开发完成;(3)淘绿回收手机 APP,2014 年 11 月进入开发阶段,目前尚未开发完成。2014 年公司研发项目增加,研发支出有所提高。

2015 年 1 ~ 6 月研发支出总额 738,582.67 元,其中资本化支出 453,459.12 元,占总额 61.40%,2015 年度公司研发的项目主要为:行业进销存管理系统、淘绿回收手机 APP、分拣仓储管理系统和线上支付系统。

研发费资本化金额费用化对报告期公司损益的影响如下表所示:

项目	2015 年 1 ~ 6 月	2014 年度	2013 年度
开发阶段支出	453,459.12	512,993.53	324,400.00
对净利润的影响额(考虑所得税影响后)	340,094.34	384,745.15	243,300.00

续表

项目	2015 年 1 ~ 6 月	2014 年度	2013 年度
报表净利润	-1,109,541.03	1,818,779,93	-1,762,511.68
扣除资本化因素后净利润	-1,563,000.15	1,305,786.4	-2,086,911.68

公司已对研发费用资本化对报告期损益有较大影响的风险作为重大事项在公开转让说明书“重大事项提示”之“六、研发费用资本化对报告期损益有较大影响的风险”中补充披露，具体如下：

“2013 年度、2014 年度、2015 年 1 ~ 6 月，研发费用资本化金额对损益影响金额分别为 243,300.00 元、384,745.15 元、340,094.34 元，占各期盈利或亏损的比例分别为 13.80%、21.15%、30.65%，如果公司研发项目失败或未产生预期效益可能会对公司当期损益产生较大影响。”

3. 请公司补充披露研发项目的储备情况、研发进度、预计实现产业化的周期、步骤、人员和资金投入等，分析研发项目失败的概率以及影响。

公司目前研发的项目有行业进销存管理系统、淘绿回收手机 APP、交易平台软件更新项目，研发进度、预计实现产业化的周期、步骤、人员和资金投入等如下表所示：

研发项目	研发进度	研发周期（月）	研发人员（人）	资金投入
淘绿回收手机 APP（安卓版）	用户测试	18	9	120 万元
淘绿回收手机 APP（IOS 版）	内部测试	18	9	
行业进销存管理系统	内部测试	18	9	120 万元
线上支付系统	研发立项	12	11	100 万元
分拣仓储管理系统	研发立项	16	11	130 万元

上述项目，其中行业进销存管理系统、淘绿回收手机 APP 已经基本开发完成。公司目前研发的项目失败的概率较少。

公司已在公开转让说明书“第四节　公司财务”中“六、报告期主要财务数据及财务指标分析”对上述情况进行了补充披露。

4. 请主办券商和申报会计师对以上所有事项发表明确核查意见。

经查阅公司研发流程相关制定文件；各研发项目的研发立项、立项报告、验收报告、软件著作权证书等相关资料，并对各研发项目情况与无形资产资本化的五个条件严格进行对比；测算了资本化金额费用化对报告期公司损益的影响；了解了公司研发项目的储备情况并分析研发项目失败的概率以及影响。

主办券商及会计师认为，公司在研发支出资本化方面制定了详细的业务流程，研究阶段与开发阶段划分合理；公司在报告期内，无形资产的相关支出资本化情况符合《企业会计准则》的相关规定；公司研发项目储备情况良好，项目失败的概率较低，对公司运营的风险较小。

五、山东海格尔信息技术股份有限公司

关于研发费用资本化。(1)请公司对照会计准则详细披露研究阶段、开发阶段的划分情况，包括：①公司研究开发的具体过程和步骤；②研究阶段、开发阶段的划分方法、文件资料或证明单据；③开发阶段支出资本化的具体时点和条件；④开发阶段支出确认无形资产的具体时点和条件；⑤各具体研发项目各步骤的开始和完成时间。(2)请公司测算并披露开发支出资本化对报告期公司损益的影响，并作重大事项提示。(3)请主办券商、会计师说明公司在研发支出资本化方面是否制定了相关的内控制度并有效执行，能否保证研发支出计量和确认的准确性、一致性。(4)请主办券商、会计师对公司研发支出资本化的处理是否符合《企业会计准则》发表意见。

1. 请公司对照会计准则详细披露研究阶段、开发阶段的划分情况，包括：(1)公司研究开发的具体过程和步骤；(2)研究阶段、开发阶段的划分方法、文件资料或证明单据；(3)开发阶段支出资本化的具体时点和条件；(4)开发阶段支出确认无形资产的具体时点和条件；(5)各具体研发项目各步骤的开始和完成时间。

(1)公司研究开发的具体过程和步骤；研究阶段、开发阶段的划分方法、文件资料或证明单据。

公司的研究开发过程具体包括立项、需求分析、技术设计、项目开发、项目验证、项目确认等。

公司参照《企业会计准则第6号——无形资产》规定，将企业内部研究开发项目的支出划分为研究阶段支出和开发阶段支出。具体划分如下：

研究阶段：为获取并理解新的科学或技术知识等而进行的独创性的有计划调查、研究活动的阶段。具体包括市场前景预测分析、核心技术及创新点、立项等，在该阶段公司一般要求项目组依据立项目的、

市场前景预测分析、核心技术和创新点等资料提供立项报告书等。

开发阶段：在进行商业性生产或使用前，将研究成果或其他知识应用于某项计划或设计，以生产出新的或具有实质性改进的材料、装置、产品等活动的阶段。其具体包括项目开发、项目验证、项目确认等，在开发阶段公司要求项目组提供相关项目进度计划、经费预算、测试报告、版本发布报告等，以及后续形成著作权、专利、专利受理证明、检测报告等。

(2)开发阶段支出资本化的具体时点和条件。公司研发项目进入在开发阶段，公司财务部结合以下标准开始进行资本化：

第一，该无形资产完成后具备能使其使用或出售的技术可能性；

第二，完成该无形资产具备完成后的使用或出售意图；

第三，无形资产产生经济利益的方式，包括能够证明运用该无形资产生产的产品存在市场或无形资产自身存在市场，无形资产将在内部使用的，应当证明其有用性；

第四，有足够的技术、财务资源和其他资源支持，以完成该无形资产的开发，并有能力使用或出售该无形资产；

第五，归属于该无形资产开发阶段的支出能够可靠地计量。

不符合以上标准即没有为任何已经立项或者有可行性报告的产品所进行的直接支出，均进行费用化。已经费用化的支出，日后不得再调剂为资本化。

(3)开发阶段支出确认无形资产的具体时点和条件。公司在开发阶段完成并形成产品，申请并取得相关资质证书如软件著作权证书、软件产品证书时，将开发阶段支出确认为无形资产。

(4)各具体研发项目各步骤的开始和完成时间。针对上述回复，已在原公开转让说明书“第四节　公司财务”之“四、无形资产”之“2. 开发项目支出情况”修改补充披露如下：

公司参照《企业会计准则第 6 号——无形资产》规定，将企业内部研究开发项目的支出划分为研究阶段支出和开发阶段支出。具体划分如下：

研究阶段：为获取并理解新的科学或技术知识等而进行的独创性的有计划调查、研究活动的阶段。具体包括市场前景预测分析、核心技术及创新点、立项等，在该阶段公司一般要求项目组依据立项目的、市场前景预测分析、核心技术和创新点等资料提供立项报告书等。

开发阶段：在进行商业性生产或使用前，将研究成果或其他知识应用于某项计划或设计，以生产出新的或具有实质性改进的材料、装置、产品等活动的阶段。其具体包括项目开发、项目验证、项目确认等,在开发阶段公司要求项目组提供相关项目进度计划、经费预算、测试报告、版本发布报告等,以及后续形成著作权、专利、专利受理证明、检测报告等。

公司经过项目前期的市场前期预测分析研究,先确认市场上存在对该类产品的需求、该项目实施后可以产生价值或者符合公司目前业务发展需要,然后由研发部提交立项报告经过审批后开始实质进入开发阶段。因此在项目进入开发阶段后开始进行资本化处理,将此时点作为资本化的开始时点和条件。

公司在开发阶段完成并形成产品,申请并取得相关资质证书如软件著作权证书、软件产品证书时,将开发阶段支出确认为无形资产。或者依据合理判断符合下列五个条件,即确认为无形资产,由研发支出科目转入无形资产。

①完成该无形资产以使其能够使用或出售在技术上具有可行性;

②具有完成该无形资产并使用或出售的意图;

③无形资产产生经济利益的方式,包括能够证明运用该无形资产生产的产品存在市场或无形资产自身存在市场,无形资产将在内部使用的,能证明其有用性;

④有足够的技术、财务资源和其他资源支持,以完成该无形资产的开发,并有能力使用或出售该无形资产;

⑤归属于该无形资产开发阶段的支出能够可靠地计量。

对于没有取得相关资质证书和依据合理判断不能确认无形资产的支出,即没有为任何已经立项或者有可行性报告的产品所进行的直接支出,均计入该科目费用化。已经费用化的支出,日后不得再调剂为资本化。

2. 请公司测算并披露开发支出资本化对报告期公司损益的影响,并作重大事项提示。公司2013年将科目三考试计算机自助评判系统V1.0、科目二考试计算机自助评判系统V1.0、ARK安全存储网关系统V2.0等研发项目开发支出合1,052,128.33元资本化,若全部费用化,按150%享受所得税税前加计扣除,将减少所得税费用157,819.25元,净利润由2,066,549.28元降至1,172,240.20元,将比本期减少894,309.08元。

公司2014年将科目三考试计算机自助评判系统V2.0、科目二考试计算机自助评判系统V2.0、交警事故快速处理系统V1.0等研发项目开发支出合1,967,028.20元资本化,若全部费用化,按150%享受所得税税前加计扣除，将减少所得税费用295,054.23元，净利润由3,244,787.83元降至1,572,813.86元，将比本期减少1,671,973.97元。

由于研发项目会具有一定程度的不确定性，对损益的影响较大导致风险的产生，故在公开转让说明书之“重大事项提示”补充披露如下：

“七：报告期内研发费用对损益影响较大的风险

公司2013年、2014年将研发项目开发支出进行资本化的金额分别为1,052,128.33元、1,967,028.20元，若全部费用化，按150%享受所得税税前加计扣除，将减少2013年、2014年净利润894,309.08元、1,671,973.97元。由于研发项目会具有一定程度的不确定性，提醒投资者注意研发对损益的较大影响所带来的相关风险。”

3.请主办券商、会计师说明公司在研发支出资本化方面是否制定了相关的内控制度并有效执行，能否保证研发支出计量和确认的准确性、一致性。

公司目前制定了《海格尔研发支出资本化和费用化规定及要求》、《技术研发部管理制度》等内控文件。主办券商通过访谈财务负责人、研发人员，查阅《海格尔研发支出资本化和费用化规定及要求》、《技术研发部管理制度》等相关内控文件并了解了企业研发的相关流程及内控的执行情况，核查研发过程中的立项报告、测试报告、版本发布报告以及著作权、专利证书，并对相关开发支出内部控制进行了符合性测试。

技术研发部根据销售部的需求拟定《新产品立项报告》，报技术研发部经理审核，总经理批准后，协同销售部编订《产品规格书》等设计文件，并依据文件指定项目负责人进行设计开发，协调和管控开发进度。

开发完成后工程施工部依据《新产品项目实施工作安排》、《产品规格书》的要求，组织新产品测试，并由测试人员、部门经理对测试报告签字确认。

测试完毕形成测试报告后，由项目负责人组织公司相关部门进行评审，编制《版本发布报告》，由测试人员、评审工作人员签字，并经总经理审核。最后按照要求完成新产品的安全认证并按国家有关要求进行能效备案并根据新产品的特性是否申请专利。

财务部依据《海格尔研发支出资本化和费用化规定及要求》、《技术研发部管理制度》、《企业会计准则》等相关规定严格进行研发支出的费用化和资本化。

因此，主办券商通过对内部控制制度文件的查阅，核查研发过程中的立项报告、测试报告、版本发布报告以及著作权、专利证书，并对相关开发支出内部控制进行了符合性测试，公司在研发支出资本化方面制定了相关的内控制度并有效执行，能够保证研发支出计量和确认的准确性、一致性。

4. 请主办券商、会计师对公司研发支出资本化的处理是否符合《企业会计准则》发表意见。主办券商通过对公司研发支出会计政策的了解，研发支出资本化的时点、依据，并相应研发支出内控制度及研发流程情况的核查，主办券商认为公司研发支出资本化的处理符合《企业会计准则》的相关规定。

第十一章　IPO 转战新三板

【基本理论】

一、"好项目"的标准

在实践中,新三板的参与者往往可能要在一个问题上纠结,那就是:好的项目不好做,好做的项目不一定好。这里说的好项目是指企业所处行业、财务指标、未来发展都有着很大的潜力,这里说的不好做就是企业问题或者瑕疵比较多,项目承做起来需要很大的工作量和很长的周期。当然,我们应该是以发展和投资的眼光来做新三板业务,理论上应该选择优质的有前途的项目去做,而不好的项目就算是有"快钱"也不一定要做。

完美的理论理应如此,不过现实的风险就是:(1)企业有发展前途但是问题太多投入太多精力有点"得不偿失";(2)我们目前拥有的资料对于企业是否好坏的判断是不是靠谱准确。这里要提醒大家的是,上述提到的情形在实践中只是以特殊情况存在,更多情况下优质的企业也会是一个非常好做的新三板项目,这当然也是中介和企业最愿意看到的一个结果。

二、IPO 转战新三板的典型情形

关于 IPO 企业转战新三板的问题,在实践中应该有两种典型的情形:(1)一种是本来是动了 IPO 的念头,但是因为各种原因思虑再三之后还是决定上新三板;(2)另一种是已经提交了 IPO 的审核资料,只是由于各种原因没有通过审核或者主动撤回材料,然后申请挂牌新三板。

1. 关于第一种情形,由于只是"念头"因而也就没有客观的资料,是不是有过 IPO 的想法也只能是猜测(当然有些可能是有过辅导申请)。从案例中看,如果企业的财务指标达到了 IPO 的基本门槛(如净

利润3000万元以上),那么我们就有理由相信企业是在IPO和新三板之间做了权衡然后选择了新三板。这也就是为什么在新三板的审核过程中,审核人员看到规模比较大的企业一般都会问是否以前申报过IPO了,不管是不是报过,先问了反正没有过错。

2. 关于第二种情形,那就比较好理解了,就是去证监会IPO审核那里转了一圈因为没有成功所以回来了。这里有比较明显的特点需要交代一下:(1)近期我们看到的IPO转战新三板的企业都是一些老面孔,也就是很早之前就被否决或者撤回的企业。(2)这些IPO转战新三板的企业业绩较之IPO申报时已经明显下滑,大部分企业利润最近一年在2000万元左右(这个规模确实比较尴尬)。这里我们可以简单得出一个结论,那就是:在现有情况下,除非特殊情况,如果企业有IPO的机会和可能,企业的第一选择仍然会是IPO而不是新三板,除非企业的生产经营以及业绩发展已经不能满足IPO的要求而"不得已"来到了新三板(现实中还有一种情况,那就是投资者的"威逼利诱,我需要退出IPO不行新三板必须上)。当然,我们也不排除有些企业对新三板情有独钟或者IPO不成功有机会也不再去直接转战新三板的情形。

三、实践操作细节

我们在接手一个IPO撤回转战新三板的项目时,千万不要只有"瘦死的骆驼比马大"的思维,觉得IPO做不成功做个新三板还是简简单单就可以搞定的事情。这里面会有很多因素可能会导致企业新三板挂牌也会有很多障碍:(1)财务指标已经远远低于申报IPO时候的水平,单纯以财务数据作为企业好坏评判的优势已经不明显。(2)企业当年为了申报IPO可能做了很多整改和规范的工作,有一天如果发现上市无望有可能会破罐子破摔,将当年不规范的事情变本加厉重新实施,这些问题规范起来仍旧难以处理,甚至会成为挂牌的实质性障碍。(3)企业管理层毕竟在IPO过程中经历了辅导、改制、中介机构等各个阶段,往往会有一种先入为主的概念,有时候在沟通方面会有明显的障碍。

具体到业务操作的具体细节,那么在新三板审核过程中对于曾经申报过IPO的企业,关注点应该是一致的,主要包括以下几个方面:(1)IPO申报的时间以及过程;(2)IPO否决的原因以及撤回的原因;(3)上次存在的问题时候是否已经清理,已经整改;(4)上市IPO是否经历过财务核查,是否有核查结果,是否存在重大问题;(5)本次信息披露与上次IPO信息披露是否存在重大差异(主要是财务数据)。

【实践案例】

一、陕西红旗民爆集团股份有限公司(2011 年否决)

请公司说明是否申报 IPO,被否原因是否得到落实、信息披露是否一致。

公司曾于 2011 年申报 IPO,并于 2011 年 3 月 17 日取得了中国证监会行政许可申请材料接收凭证。中国证券监督管理委员会(以下简称中国证监会)于 2011 年 10 月 24 日出具了“证监许可〔2011〕1700 号”《关于不予核准陕西红旗民爆集团股份有限公司首次公开发行股票申请的决定》:“中国证监会发行审核委员会于 2011 年 10 月 12 日举行 2011 年第 223 次发审委会议,对公司的首次公开发行股票申请进行了审核。

发审委在审核中关注到,你公司存在以下情形:

根据申报材料,榆林正泰系纳入榆林市商务局管理的国有控股企业,为你公司第一大客户,你公司在申报期对其销售占比分别为 56.27%、48%、51.41% 和 54.49%。榆林正泰有 19 名职工为你公司股东,合计持有你公司 1.73% 的股份,该 19 名职工中:闫志远、韩增秀、周润合 3 人合计持有榆林正泰 34.97% 的股权;景强、马志东、周润合 3 人分别担任榆林正泰的监事、副总经理和董事。你公司与榆林正泰职工存在利害关系,在独立性方面存在缺陷。

发审委认为,上述情形与《首次公开发行股票并上市管理办法》(证监会令第 32 号)第二十条的规定不符。”

因此证监会对公司的首次公开发行股票申请作出不予核准的决定。

目前该问题已妥善解决,2012 年 9 月,闫志远等 17 名自然人股东将持有的发行人合计 1,894,471 股股份全部转让给宝鸡市人民政府国有资产监督管理委员会(以下简称宝鸡市国资委),剩余 2 名股东由于与宝鸡市国资委未能达成一致意见,不同意转让其所持红旗民爆股份。该 2 名股东为杨廷芳和杨东波,二人为父子关系,合计持有公司 37,146 股股份(后由于公司资本公积转增股本,二人合计持股数增至 44,575 股,持股比例仍为 0.028%)。根据榆林正泰出具的情况说明,杨廷芳已经于 2009 年 12 月从榆林正泰退休,杨东波为榆林正泰待岗员工;该二人均不会对榆林正泰的经营管理、决定决策等事项产生任何影响。

上述股份转让事宜已在公开转让说明书之“第一节 公司基本情况”之“四、公司设立以来的股本形成与变化情况”之“(十三)股份公司第二次股权转让”中如实披露。

二、青海小西牛生物乳业股份有限公司(2012年否决)

关于IPO被否。请公司补充说明:(1)被否原因;(2)目前有关问题是否已经规范、整改或解决;(3)是否曾经历财务核查及核查情况。请中介机构补充核查以上事项,说明对公司财务真实性履行的核查程序,并表明确意见。

(一)被否原因

根据中国证监会《关于不予核准青海小西牛生物乳业股份有限公司首次公开发行股票申请的决定》(证监许可〔2012〕494号),公司被否原因如下:

发审委在审核中关注到,你公司存在以下情形:你公司2009年度、2010年度和2011年度主营业务收入分别为7967.46万元、14,719.11万元和19,290.05万元,销售费用分别942.19万元、779.62万元和1452.78万元,销售费用与主营业务收入的比例分别为11.83%、5.3%和7.53%,该比例远低于同行业可比公司水平。你公司生产的乳制品属于快速消费品,其销售区域已拓展至全国大部分地区,且募集资金投资项目达产后鲜奶的日处理能力将由目前的55吨增至300吨,为消化新增产能将加大品牌建设和市场开拓力度,你公司是否能保持较低的销售费用存在较大不确定性。

发审委认为,上述情形与《首次公开发行股票并上市管理办法》(证监会令第32号)第37条第6项的规定不符。

《首次公开发行股票并上市管理办法》(证监会令第32号)第37条第6项的规定如下:

“第三十七条 发行人不得有下列影响持续盈利能力的情形:(一)发行人的经营模式、产品或服务的品种结构已经或者将发生重大变化,并对发行人的持续盈利能力构成重大不利影响;(二)发行人的行业地位或发行人所处行业的经营环境已经或者将发生重大变化,并对发行人的持续盈利能力构成重大不利影响;(三)发行人最近1个会计年度的营业收入或净利润对关联方或者存在重大不确定性的客户存在重大依赖;(四)发行人最近1个会计年度的净利润主要来自合并财务报表范围以外的投资收益;(五)发行人在用的商标、专利、专有技术以及特许经营权等重要资产或技术的取得或者使用存在重大不利变化的风险;(六)其他可能对发行人持续盈利能力构成重大不利影响的情形。”

(二)目前有关问题是否已经规范、整改或解决

公司 IPO 申请被否的主要原因系,公司销售费用率与同行业上市公司相比较低,发审委认为公司未来不能继续维持这一较低的比率,会使得公司的持续盈利能力受到影响。

1. 公司 IPO 申报期销售费用率较低的原因说明

公司销售费用主要由广告宣传费、促销费、赠品支出和运输费用构成。公司各项销售费用支出较低的主要原因为:

(1)运输费用较低

运输费指公司自有的销售业务用车及配送货物用车的车辆使用费。销售业务用车用于销售部人员的市场巡查、业务调研、市场推广等活动。配送货物用车负责将青海省偏远州县及外省的部分经销商所购公司产品运送至第三方物流公司所设西宁货运站,由该物流公司负责配送至各经销商处,物流公司的运费由各经销商承担。报告期内,公司产品出现供不应求的局面,经销商更多地选择主动到公司提货的做法,公司运输费较低。

(2)广告宣传费较低

报告期内,公司“青海老酸奶”产品供不应求,市场上经常出现断货的局面,而公司此时已经满负荷生产,因而广告投入较低。

(3)促销费较低

公司促销费是用于购买、印制促销宣传品、参加展会、年会以及向商超支付的节庆费、快讯(海报)费、地堆费、促销人员管理费、销售返利等相关费用。报告期内,由于公司产品供不应求,并经常出现断货的情况,在产能受限的情况下,公司无须在宣传、促销品方面有太多投入,基本不参加各类促销展会,促销费用较低。

(4)赠品支出较低

赠品是公司为扩大销售而赠送的产品或参加商超各类促销活动向消费者送的商品。报告期内,公司“青海老酸奶”产品供不应求,市场上经常出现断货的情况,而公司已经满负荷生产,因此公司很少使用赠品促销。

因此,在公司的销售活动中,广告宣传费、促销费和赠品支出往往是公司基于产品销售情况、行业竞争状况、市场环境变化等多种因素而进行的一种经营策略的选择,运输费支出则与公司的销售模式有

关,以上四项费用均与销售收入不存在必然的匹配关系。

2. 公司的解决措施

(1)公司 IPO 申报期与挂牌申请报告期销售费用率情况对比

IPO 申报期销售费用率情况

单位:元

项目	2011 年度	2010 年度	2009 年度
销售费用	14,527,818.76	7,796,190.12	9,421,879.57
销售费用占比	7.53%	5.30%	11.83%

挂牌申请报告期销售费用率情况

单位:元

项目	2015 年 1 ~3 月	2014 年度	2013 年度
销售费用	6,522,354.55	23,133,945.18	13,451,116.21
销售费用占比	10.86%	12.30%	7.09%

通过对比可知,挂牌申请报告期内公司销售费用占主营业务收入的比例相较于 IPO 申报期已有较大幅度提高,主要原因系:公司于 2013 年开始通过自筹资金方式建设原 IPO 募投项目"日处理鲜奶 300 吨扩建项目"以解决公司产品供不应求、产能严重不足的问题,随着公司产能的提高、青海省外市场的不断开拓以及一系列新产品的陆续推出,公司促销费、赠品支出也在持续增加。

(2)公司未来销售发展规划

公司未来仍将继续加大青海省外市场的开拓力度,推广公司青藏高原特色的产品形象。公司已于 2015 年 3 月开始增加天猫商城、一号店以及苏宁易购等电商销售渠道,并加大重点省市上海、北京、天津、长沙、成都、深圳等外省市场的销售渠道建设,公司计划加大在青海省和全国的广告宣传投入,加大企业品牌和企业形象的推广,使公司的品牌影响力和知名度进一步扩大,未来公司销售费用支出也将保持在近两年较高水平的基础上略有增加。

(三)是否曾经历财务核查及核查情况

按照中国证监会反馈意见要求,2011 年 11 月,小西牛 IPO 申报的保荐机构民生证券、申报会计师中准会计师事务所分别出具了针对公司经营成果真实性的专项核查报告和专项审计报告。

民生证券在项目组成员之外成立由公司内核负责人、3 名具有保荐代表人资格的人、1 名注册会计师组成的 5 人专项核查组经过对项目组工作底稿的复核、对收入、成本、费用、补贴收入的专项核查、以及对申报会计师报告及相关财务资料的复核等，认为小西牛 IPO 报告期各期的收入、成本、费用、净利润真实、准确、完整、可靠，不存在成本、费用不入账、虚构客户及销售的情形；各期政府补助收入均已收到，获得依据合法合规，不存在将政府补助收入计入主营业务收入的情况；通过各项财务指标分析公司财务状况良好，具有持续的盈利能力。中准会计师事务所在项目组成员之外成立由公司 5 名注册会计师、5 名审计人员组成的 10 人专项审计小组经过对收入、成本、费用、补贴收入的专项审计以及申报会计师报告及相关财务资料的复核等，认为小西牛 IPO 报告期各期的收入、成本、费用、净利润真实、准确、完整、可靠，不存在成本、费用不入账、虚构客户及销售的情形；各期政府补助收入均已收到，获得依据合法合规，不存在将政府补助收入计入主营业务收入的情况；通过各项财务指标分析公司财务状况良好，具有持续的盈利能力。

（四）中介机构核查情况

主办券商针对在本次挂牌的尽职调查工作中已按照《全国中小企业股份转让系统主办券商尽职调查工作指引（试行）》以及民生证券尽职调查工作手册的有关要求切实履行了针对公司财务真实性的各项核查工作且出具了主办券商推荐报告，在收到股转公司“关于青海小西牛生物乳业股份有限公司挂牌申请文件的反馈意见”后，主办券商针对公司的收入、成本、费用项目以及重要的资产、负债项目再次进行了核查，经核查，主办券商认为公司报告期财务核算符合企业会计准则的要求、财务数据真实可靠。

会计师在本次审计中按照中国注册会计师审计准则的要求对公司报告期各期执行了审计工作并出具了无保留审计报告，并根据“关于青海小西牛生物乳业股份有限公司挂牌申请文件的反馈意见”的要求，会计师针对公司的收入、成本、费用项目以及重要的资产、负债项目再次进行了核查，经核查，会计师认为公司报告期财务核算符合企业会计准则的要求、财务数据真实可靠。

三、北京能量影视传播股份有限公司（2014 年否决）

公司是一家电视及网络视频内容服务提供商，主要从事视频节目的研发、制作和发行以及针对客户提供节目相关服务，主要产品为栏目、纪录片、品牌服务类节目和电视剧。

2013年、2014年、2015年1~3月，公司营业收入分别为271,471,599.51元、398,714,169.84元和94,437,761.47元。2013年、2014年、2015年1~3月，公司净利润分别为42,617,295.42元、27,986,353.39元、6,890,326.91元。2013年、2014年、2015年1~3月，公司经营性现金流量净值分别为-34,427,276.90元、-63,701,091.04元、-44,132,052.48元。

四、深圳市捷佳伟创新能源装备股份有限公司（2013年撤回）

关于公司曾申报IPO。请主办券商、律师核查下述事项并发表相应意见：(1)相关中介机构是否更换过，两次申报的财务数据、信息披露内容存在的差异；(2)终止审查的原因，申报时存在的问题是否规范、整改或解决，规范解决的有关情况。

1. 相关中介机构是否更换过，两次申报的财务数据、信息披露内容存在的差异公司IPO申报和本次挂牌申报的中介机构没有更换。

公司IPO申报的报告期为2009~2011年，公司本次挂牌申报的报告期为2013~2015年3月，两次申报报告期不存在交叉。两次申报信息披露的差异主要是本次挂牌申报相较于上次IPO申报公司收入确认准则发生了变化，公司已在公开转让说明书“第四节 公司财务”之“三、主要会计政策、会计估计的变更”中披露相应情况如下：

报告期以前年度，公司将“设备安装调试完毕并取得客户验收资料”作为收入确认条件。2012年由于行业景气度急剧下降，公司下游客户资金紧张，存在推迟验收和拖欠货款的情形。虽然公司销售的光伏设备已经安装调试完毕并正常运行较长时间，但下游客户未按交易惯例及时验收，因此仅按“取得客户验收资料”作为收入确认条件不能合理反映公司各期的实际经营情况。为了更加合理地反映企业的实际经营情况，报告期内公司将“设备安装调试完毕并取得客户验收资料或收款达到一定比例（一般为80%以上）时”作为收入确认条件。

按照报告期以前年度的收入确认政策对报告期内公司收入进行模拟测算，收入政策变更前后的影响数如下表所示：

捷佳伟创

金额:元

时间	报告期前政策	报告期政策	变动金额
2013 年	408,280,618.91	360,793,439.42	-47,487,179.49
2014 年	347,096,369.60	296,732,239.35	-50,364,130.25 (其中政策变更调整金额-44,243,589.74元,上海超日重组调整收入金额-6,120,540.51)
2015 年 1~3 月	58,837,062.36	57,311,934.16	(浙江嘉毅已破产,冲减销售收入1,525,128.20元)

常州捷佳创

金额:元

时间	报告期前政策	报告期政策	变动金额
2013 年	56,572,153.81	43,131,726.46	-13,440,427.35
2014 年	105,824,397.31	105,126,448.59	-697,948.72
2015 年	7,987,164.18	7,987,164.18	

2. 终止审查的原因,申报时存在的问题是否规范、整改或解决,规范解决的有关情况。公司于 2012 年 7 月向证监会提交了创业板上市申请材料,2012 年 9 月证监会提出了第一次反馈意见。由于受欧美双反政策影响,光伏行业 2012 年的景气度大幅下降,公司业绩也随之大幅下滑,考虑到未来业绩存在很大不确定性,不符合当时创业板需要业绩持续增长的发行条件,公司于 2012 年 12 月 27 日向证监会提出了中止审核申请,2013 年 1 月 14 日证监会发给了中止审查通知书。

结合订单情况及对于光伏行业的理解,公司预计 2013 年公司业绩将进一步下滑,且证监会 IPO 审核处于停滞状态,公司于 2013 年 3 月向证监会提出了撤回材料申请。公司 IPO 申报终止审查。

经主办券商核查,公司终止审查的原因是公司由于业绩下滑主动撤回材料。公司撤回材料之后直至本次挂牌申报,光伏行业整体处于低迷状态,虽然公司通过加大研发改进产品性能,更加贴近下游客户需求,同时大力开拓海外市场,降低双反对于公司业绩的影响,报告期内公司整体业绩呈上升趋势。公司前次 IPO 申报终止审查的原因不会对本次挂牌造成影响。

五、株洲南方阀门股份有限公司(2007年撤回)

请公司说明:(1)是否曾申请IPO;(2)若是,请申请挂牌企业和中介机构提供申报IPO相关材料以及被否或撤销申报原因;(3)相关中介机构是否更换过,两次申报的财务数据、信息披露内容存在的差异。(4)IPO申报时存在的问题是否规范、整改或解决,规范解决的有关情况。

1. 公司曾于2007年6月申请IPO,中介机构为华欧国际证券有限责任公司、湖南启元律师事务所以及深圳南方民和会计师事务所有限责任公司。

2. 2007年7月23日,公司收到中国证监会行政许可项目审查反馈意见通知书(071039号)。鉴于公司申报报告期的合并现金流仅略高于当时最低要求标准5000万元,且公司预计2007年下半年的应收账款余额会增加,直接导致合并现金流指标达不到要求,且短期内难以整改完毕。根据当时的申报经验,公司认为过会的可能性极小。因此主动撤回了申请。

3. 公司目前的中介机构除律师事务所仍然为湖南启元律师事务所外,主办券商更换为西南证券股份有限公司、会计师事务所更换为天健会计师事务所(特殊普通合伙)。公司本次申报的报告期与2007年申报IPO的报告期相距8年之久,无法比较相关数据和内容上的差异。

4. 对于IPO的反馈意见,证监会主要提到了将持股比例低于50%的子公司纳入合并报表的原因、子公司向职工借款是否合法、株洲弘博管理咨询公司是否存在委托持股情况、2005年收购南方航空铸锻机械厂破产资产是否合法的问题。尽管2007年公司主动撤回了IPO申报,但公司仍然按上市公司的相关标准规范内部治理和日常运营,IPO反馈意见中所提及的相关问题均已规范解决完毕。

六、天合石油集团汇丰石油装备股份有限公司(2013年撤回)

公司曾申报IPO。请公司补充说明:(1)撤材料原因;(2)目前有关问题是否已经规范、整改或解决;(3)是否曾经历财务核查及核查情况。请中介机构补充核查。

1. 撤材料原因:根据公司出具的《关于终止境内上市的申请》的陈述,其IPO撤材料的原因如下:"随着公司国际市场比例越来越高,根据公司发展战略的需要以及公司快速发展过程中对资金的需求,我公司股东大会决定终止公司向中国证监会提交首次公开发行人民币普通股(A股)股票并上市的申请,改为拟发行境外上市外资股(H股)并在香港联合交易所有限公司主板挂牌上市。”

2.目前有关问题是否已经规范、整改或解决:是。

3.是否曾经历财务核查及核查情况:是。根据中国证监会发行监管函〔2012〕551号《关于做好首次公开发行股票公司2012年度财务报告专项检查工作的通知》的相关要求,天合石油集团汇丰石油装备股份有限公司对首次公开发行报告期内财务会计信息的真实性、准确性、完整性开展了全面自查工作。同时根据中国证监会行政许可申请终止审查通知书(证监会〔2013〕214号),公司于2013年5月27日终止了IPO,撤回了IPO审查材料。

七、宁波维科电池股份有限公司(2014年辅导验收)

请主办券商和律师补充说明公司报告期内是否申报过IPO。如涉及IPO撤材料或被否,请核查并说明撤材料或被否原因,目前有关问题是否已经规范、整改或解决,规范解决的有关情况。

维科电池报告期内未曾申报过IPO,但为申报IPO做过相关准备工作,具体如下:维科电池于2011年完成了股份制改造,经内部评估,公司管理规范、内控体系健全、财务核算准确、盈利能力较强,基本符合IPO要求,故公司原计划申报IPO,并曾于2014年1月向宁波证监局提交辅导工作备案申请,主办券商曾作为保荐机构向宁波证监局报送了辅导备案材料并获备案登记,与其他中介机构一起开始对维科电池进行辅导,后分别于2014年6月、2014年12月和2015年6月向宁波证监局报送了第一次、第二次辅导工作备案报告和辅导总结报告。此次公司拟公开发行事项于2015年6月通过了保荐机构内核委员会的审核和宁波证监局的辅导验收。

此次公司拟公开发行事项于2015年6月通过了保荐机构内核委员会的审核和宁波证监局的辅导验收。但公司正处于转型期,急需投入大量资金扩大产能以满足市场需求,公司急需打开与资本对接的顺畅通道,考虑目前的IPO审核节奏,经审慎研究,公司决定暂时放弃IPO并申请在贵公司挂牌并公开转让,此项决议已于2015年10月8日经公司第三次临时股东大会审议通过。主办券商及律师曾作为维科电池拟申报IPO的保荐机构和发行人律师参与公司原计划的拟公开发行事项准备工作,因此,主办券商及律师认为,维科电池报告期内未曾申报过IPO,不存在IPO撤材料或被否的情形。

第十二章　董事高管任职资格

【基本理论】

一、主要规则体系

与其说董监高任职资格问题在实践中并不是很常见，还不如说核心原因在于这个问题一般不会成为企业 IPO 或者新三板挂牌的实质性障碍。这里有两个核心的因素需要关注：(1)从实践来看，对于中国绝大多数企业的公司治理现状来说，公司的决策权和控制权都在于实际控制人，公司董事会或董事的角色、定位以及职能是非常弱化的。如果实际控制人存在问题，那么一般都会重点关注并衡量对企业的影响。(2)从规则来看，我们对于挂牌企业董监高的任职标准主要是针对现任的董监高，换句话说，如果有的董事监事或者高管任职资格出现了问题，那么一般情况下只要换掉这个董监高，并充分论证不会对企业的生产经营构成重大不利影响就可以了。

关于新三板挂牌企业董监高的任职资格，根据现有规则体系主要体现在《公司法》第 147 条，以及《全国中小企业股份转让系统挂牌条件适用基本标准指引(试行)》(股转系统公告〔2013〕18 号)第三部分关于公司治理和规范运行的规定。其实，在小兵看来，在上市公司上市规则、规范运作指引等文件中规定的关于董监高任职资格的问题，应该也同样适用于新三板挂牌企业，毕竟两者都是公众公司也都受到证监会的监管，如被证监会处罚市场禁入还没有期满的、被证监会公开批评的处罚等。当然，如果某些规定可能是交易所认定的条件(如交易所认定不得担任董监高的情形)，那么由于分属于不同的机构可以暂时不执行。同样的道理，股转公司也可以自行规定一些不同于交易所的关于董监高任职资格的规定。

二、新三板审核关注要点

关于董监高任职资格问题比较典型和实践中比较常见的需要关注的情形主要有以下几个方面：

1. 因贪污、贿赂、侵占财产、挪用财产或者破坏社会主义市场经济秩序，被判处刑罚，执行期满未逾五年，或者因犯罪被剥夺政治权利，执行期满未逾五年。关于这一条实践中没有太多的争议，需要探讨的在于被判处刑罚的这些情形，因为上述情形有些并不是明确的刑法罪名甚至不是大的刑法类罪名，这就在到底哪些罪名是在这一条款里适用的。以小兵个人的观点来说，只要是经济类犯罪被判处刑罚，那么都应该从严执行这样的一个标准。

2. 担任破产清算的公司、企业的董事或者厂长、经理，对该公司、企业的破产负有个人责任的，自该公司、企业破产清算完结之日起未逾三年；担任因违法被吊销营业执照、责令关闭的公司、企业的法定代表人，并负有个人责任的，自该公司、企业被吊销营业执照之日起未逾三年。

(1)这一条第一个需要注意的是，破产清算的人员范围要比吊销营业执照的要广，前者是董事、厂长或经理，而后者只限定法定代表人，当然法定代表人根据公司法只能是董事长、执行董事或者经理才能担任。

(2)关于这一条，还有一个重要的问题就是如何界定是否负有个人责任，这个在实践中还是比较难以处理的。破产清算实践中比较罕见先不说，公司经营过程中因为未办理定期年检等原因而被吊销营业执照的现象屡见不鲜。根据《关于企业法定代表人是否负有个人责任问题的答复》(工商企字〔2002〕123号)，企业逾期不接受年度检验，被工商行政管理机关依法吊销营业执照，该企业的法定代表人作为代表企业行使职权的负责人，未履行法定的职责，应负有个人责任，但年检期间法定代表人无法正常履行职权的除外。自该企业被吊销营业执照之日起未逾三年的，不得担任法定代表人该类人员仍然在其他企业中担任法定代表人的，相关企业应按规定办理法定代表人变更登记。相关企业不按规定办理变更登记的，工商行政管理机关一经发现或经举报核实，应责令相关企业限期办理不定代表人变更登记。

3. 个人所负数额较大的债务到期未清偿。这一条在实践中一般不会出现，当然也比较容易被忽略。其实，在信用卡以及个人担保借款比较普遍的情况下，如果个人存在借款逾期未偿还的情况下，那么都应该去审视是否因为这样的限制而影响到董监高的任职资格。

4. 现任董事、监事和高级管理人员应具备和遵守《公司法》规定的任职资格和义务，不应存在最近24个月内受到中国证监会行政处罚或者被采取证券市场禁入措施的情形。这是前面提到的关于监管机构行政处罚措施的情形。这里需要注意的是，对于董监高的任职资格要求要比实际控制人宽松很多，关于控股股东、实际控制人合规运行的规定要更加严格，最近24个月内不存在涉及以下情形的重大违法违规行为：控股股东、实际控制人受刑事处罚；受到与公司规范经营相关的行政处罚，且情节严重（不存在重大违法违规行为）；涉嫌犯罪被司法机关立案侦查，尚未有明确结论意见。

5. 被交易所公开谴责或三次以上通报批评。这一条是适用于上市公司的，以后新三板挂牌企业可能也会参照执行。

三、刑事处罚的实践核查要点

从现有的新三板案例来看，基本的情况都是由于某些违法行为被刑事拘留，最后的结果都是被检察院做出不予起诉的决定。其实在这些情况下，对于这个问题的解决其实也比较简单：(1)如果是董监高被刑事处罚，那么只要离职之后聘任新的人员就可以了。(2)如果董监高最终被免予刑事起诉，那么应该也符合董监高任职条件，可以继续担任。(3)这里需要重点提示的一点，一般情况下要论证董监高的违法行为纯粹是个人行为而与公司没有关系，不会影响企业的挂牌上市资格和规范运行。

【实践案例】

一、中博农畜牧科技股份有限公司

（一）基本事实情况

1. 韩已武（原董事、副总经理，现已辞去副总经理职务，并已被股东大会免去董事职务）因于2012年年底发生醉酒闹事，被认定为寻衅滋事罪，判处有期徒刑6个月缓刑1年。

韩已武并未就其受到刑事处罚事项向公司进行报告，违背了董事/高管的诚信义务。2015年5月6日，公司董事会作出决议，辞去韩已武董事、副总经理职务，提名卢爱敏为公司董事，聘任张辉为公司副总经理。2015年6月2日，中博农作出股东大会决议，选举卢爱敏为公司董事。

2. 公司原副总经理许飞(现已被董事会免去副总经理职务)在任职中博农之前,信用卡透支金额约 17 万元人民币,未按时还款,涉嫌信用卡犯罪于 2015 年 5 月 21 日被拘留,因取保候审不致发生社会危害性而被荆州市公安局沙市区分局释放。鉴于许飞因涉嫌刑事犯罪而取保候审,其是否会被认定触犯法律尚存在不确定性,2015 年 5 月 25 日,中博农董事会免去许飞副总经理职务,并聘请宋丽华担任公司的副总经理。

3.《公司法》第 146 条规定:"有下列情形之一的,不得担任公司的董事、监事、高级管理人员:

(一)无民事行为能力或者限制民事行为能力;

(二)因贪污、贿赂、侵占财产、挪用财产或者破坏社会主义市场经济秩序,被判处刑罚,执行期满未逾五年,或者因犯罪被剥夺政治权利,执行期满未逾五年;

(三)担任破产清算的公司、企业的董事或者厂长、经理,对该公司、企业的破产负有个人责任的,自该公司、企业破产清算完结之日起未逾三年;

(四)担任因违法被吊销营业执照、责令关闭的公司、企业的法定代表人,并负有个人责任的,自该公司、企业被吊销营业执照之日起未逾三年;

(五)个人所负数额较大的债务到期未清偿。

公司违反前款规定选举、委派董事、监事或者聘任高级管理人员的,该选举、委派或者聘任无效。

董事、监事、高级管理人员在任职期间出现本条第一款所列情形的,公司应当解除其职务。"

韩己武系因寻衅滋事罪获刑,不属于《公司法》第 146 条第 1 款第 2 项"因贪污、贿赂、侵占财产、挪用财产或者破坏社会主义市场经济秩序,被判处刑罚,执行期满未逾五年,或者因犯罪被剥夺政治权利,执行期满未逾五年"的情形。其担任公司董事、高级管理人员并未违反《公司法》第 146 条,但其受到刑事处罚事项及隐瞒该事实的行为已不适宜再担任公司董事、高级管理人员。许飞透支信用卡未按时还款的行为是否构成犯罪尚待司法机关予以认定,现时亦不适宜担任公司高级管理人员。韩己武已辞去了董事和副总经理职务、许飞已辞去了副总经理职务。

(二)中介核查意见

请主办券商及律师核查以下事项并发表相应意见:(1)现任董事、

监事、高管是否存在违反法律法规规定或章程约定的董事、监事、高管义务的问题,若存在,请核查具体情况、对公司的具体影响以及公司的解决措施。(2)公司的董事、监事、高管最近24个月内是否存在重大违法违规行为。(3)请对公司董事、监事、高管的合法合规情况发表意见。

1. 律师核查意见

(1)根据公司的书面声明以及现任董事、监事和高级管理人员的《声明与承诺》,公司现任董事、监事、高管不存在违反法律法规规定或章程约定的董事、监事、高管义务的问题。

(2)根据公司的书面声明以及现任董事、监事和高级管理人员的《声明与承诺》以及现任董事、监事和高级管理人员户籍所在地或居住地派出所出具的《无犯罪证明》,报告期内除原董事/副总经理韩己武受到过刑事处罚,许飞被采取过刑事强制措施但尚未被采取刑事处罚外,现任董事、监事和高级管理人员最近24个月内不存在重大违法违规行为。

(3)综上所述,律师认为,报告期内公司董事、副总经理韩己武被处以刑事处罚。其隐瞒自己受过处罚的行为违反了董事的忠实义务,公司副总经理许飞涉嫌信用卡诈骗被拘留,截至补充法律意见书出具之日法院仍未对许飞的涉嫌违法行为进行判决。公司发现上述情况后,对相关人员进行了调整,现任董事、监事和高级管理人员中具备和遵守法律法规规定的任职资格和义务,不存在最近24个月内受到中国证监会行政处罚或者被采取证券市场禁入措施的情形,不存在重大违法违规行为。

①韩己武受到刑事处罚、许飞涉嫌刑事犯罪,均系其个人行为不当所致,与公司无任何关联性;该二人的上述行为对公司的声誉造成一定影响;该二人已辞去了相应的公司董事和高级管理人员职务。现任董事、监事和高级管理人员中不存在不具备法律法规规定的任职资格或违反法律法规规定、所兼职单位规定的任职限制等任职资格方面的瑕疵。

②根据公司的书面说明和现任董事、监事和高级管理人员的声明和承诺以及律师在中国证券监督管理委员会及上海及深圳证券交易所的官方网站等公开渠道检索结果,现任董事、监事和高级管理人员最近24个月内不存在受到中国证监会行政处罚或者被采取证券市场禁入措施的情形。

③根据查阅公司提供的现任董事、监事和高级管理人员的简历以

及公司董事、监事、高级管理人员分别出具的《声明与承诺》，律师认为：公司现任董事、监事、高级管理人员具备和遵守法律法规规定的任职资格。

2. 主办券商的核查意见

主办券商获取了公司出具的关于董事、监事和高级管理人员的个人简历，取得了董事、监事和高级管理人员关于不存在重大违法违规行为的声明，取得了董事、监事、高级管理人员户籍所在公安机关开具的关于无犯罪记录的证明，核查了各董事、监事和高级管理人员的个人征信报告，同时通过互联网搜索查询的方式确认相关人员无重大违法违规行为记录。同时，主办券商通过访谈员工和部分主要股东、查阅董事会/监事会会议文件等形式，了解公司董事、监事和高级管理人员勤勉尽责的情况。经核查，主办券商认为：现任董事、监事、高管不存在违反法律法规规定或章程约定的董事、监事、高管义务的问题，最近24个月内不存在重大违法违规行为。

报告期内公司董事、副总经理韩己武被处以刑事处罚。其隐瞒自己受过处罚的行为违反了董事的忠实义务，公司副总经理许飞涉嫌信用卡诈骗被拘留，截至反馈意见回复之日法院仍未对许飞的涉嫌违法行为进行判决。公司发现上述情况后，对相关人员进行了调整，现任董事、监事和高级管理人员具备和遵守法律法规规定的任职资格和义务，不存在最近24个月内受到中国证监会行政处罚或者被采取证券市场禁入措施的情形，不存在重大违法违规行为。

主办券商获取了公司出具的关于董事、监事和高级管理人员的个人简历，取得了董事、监事和高级管理人员就相关事项出具的声明，取得了董事、监事、高级管理人员户籍所在公安机关开具的关于无犯罪记录的证明，核查了各董事、监事和高级管理人员的个人征信报告，查询了中国证监会网站、全国被执行人查询系统网站信息，核对了《公司法》等关于董事、监事和高级管理人员任职资格和义务的规定，通过访谈员工和部分主要股东、查阅董事会/监事会会议文件等形式，了解公司董事、监事和高级管理人员勤勉尽责的情况。核查了韩己武提供的《北京市海淀区人民法院刑事判决书》和许飞提供的《荆州市公安局沙市区分局释放证明书》，调查了二人相关问题的前后经过。

同时，主办券商对于外部董事/监事，则根据其个人出具的兼职情况声明，并通过互联网检索的形式，核查其是否违反《公务员法》或《关于加强高等学校反腐倡廉建设的意见》等关于任职限制的规定。

经核查，公司现任董事、监事、高管均具有民事行为能力，无犯罪记录，无因违法被吊销营业执照、责令关闭的企业任职经历，个人信用良好，无生效的借款纠纷判决，不存在违反兼职单位任职限定的情形。中国证监会网站无关于公司董事、监事和高级管理人员的处罚决定。公司原董事/副总经理韩己武受到刑事处罚、原副总经理许飞涉嫌刑事犯罪，均系其个人行为不当所致，与公司无任何关联性；该二人的上述行为对公司的声誉造成一定影响；该二人已辞去了相应的公司董事和高级管理人员职务。现任董事、监事和高级管理人员中不存在不具备法律法规规定的任职资格或违反法律法规规定、所兼职单位规定的任职限制等任职资格方面的瑕疵。

关于公司原董事/副总经理韩己武、原副总经理许飞的任职资格瑕疵问题，公司已披露至公开转让说明书“第三节　公司治理”之“七、公司董事、监事、高级管理人员及核心技术人员的相关情况”之“（七）其它对公司持续经营有不利影响的情况”。

二、武汉南华工业设备工程股份有限公司

请主办券商、律师核查公司的控股股东、实际控制人最近24个月内是否存在重大违法违规行为，对控股股东、实际控制人的合法合规情况发表意见。

经核查，报告期内，实际控制人苗凤林曾因承担科研项目经费问题被检察院以涉嫌贪污立案侦查并采取刑事强制措施，后检察院决定不起诉。诉讼程序如下：2012年6月12日，苗凤林因涉嫌贪污被武汉市洪山区人民检察院刑事拘留并立案侦查。2012年6月26日，武汉市人民检察院批准对其逮捕。2012年10月29日，洪山区人民检察院决定对其取保候审。2013年12月2日，武汉市洪山区人民检察院出具《不起诉决定书》（武洪检刑不诉〔2013〕016号），决定对苗凤林不起诉。

根据刑事诉讼法及相关法律规定，苗凤林前述案件涉及的行为已经人民检察院作出不起诉决定终结，不属于“涉嫌犯罪被司法机关立案侦查，尚未有明确结论意见”的情形；苗凤林个人不存在依法被认定为刑事犯罪的情形，也不存在被刑事处罚的情形。

经核查，武汉市公安局东湖新技术开发区分局茅店派出所2015年4月7日出具的《违法犯罪记录查询证明》、武汉理工大学2014年10月14日出具的《证明》，公司实际控制人苗凤林最近24个月内不存在违法犯罪记录，未受到相关部门的行政处罚。

经查询中国证券监督管理委员会、全国中小企业股份转让系统、

上海证券交易所、深圳证券交易所、全国法院被执行人信息查询网、中国裁判文书网等网站,未发现公司实际控制人苗凤林存在受到行政处罚、公开谴责及严重违法信息、被执行信息、裁判文书等情形。

公司实际控制人出具了诚信声明,声明不存在下列违反诚信的情形:“最近三年内因违反国家法律、行政法规、部门规章、自律规则等受到刑事、民事、行政处罚或纪律处分;因涉嫌违法违规行为被司法机关立案侦查,或者涉嫌违法违规被中国证监会等有权机关立案调查,尚无定论;最近三年内对所任职(包括现任职和曾任职)的公司因重大违法违规行为而被处罚负有责任;被中国证监会采取证券市场禁入措施,且仍在禁入期;最近三年内受到中国证监会行政处罚、被采取证券市场进入措施,或者受到全国股份转让系统公司公开谴责;存在个人负有数额较大债务到期未清偿的情形;欺诈或其他不诚实行为等情况。”

主办券商经核查后认为:公司控股股东、实际控制人报告期内不存在重大违法违规行为。

三、江西贝融循环材料股份有限公司

2015 年 1 月 7 日,南昌贝融法定代表人、董事长古力围因涉嫌非法占用农用地罪被南昌市湾里区人民检察院决定刑事拘留,同日由南昌市公安局湾里分局执行刑事拘留。同年 1 月 20 日因涉嫌非法占用农用地罪经南昌市湾里区人民检察院对其取保候审。2015 年 1 月 8 日,南昌贝融总经理孙奇志因涉嫌非法占用农用地罪被南昌市湾里区人民检察院决定刑事拘留,同日由南昌市公安局湾里分局执行刑事拘留。同年 1 月 23 日因涉嫌非法占用农用地罪经南昌市湾里区人民检察院对其取保候审。

2015 年 9 月 16 日,南昌市湾里区人民检察院做出湾检刑不诉〔2015〕06 号《南昌市湾里区人民检察院不起诉决定书》,认定:“被不起诉人古力围作为南昌市贝融环保建材有限公司直接负责的主管人员,违反土地管理法规,非法占用农用地,改变被占用农用地的用途,造成 40.4 亩农用地大量毁坏,已实施了《中华人民共和国刑法》第三百四十二条、第三百四十六条的行为,但犯罪情节轻微,同时具有坦白情节。根据《中华人民共和国刑法》第三十七条的规定,不需要判处刑罚。依据《中华人民共和国刑事诉讼法》第一百七十三条第二款的规定,决定对古力围作不起诉”。

2015 年 9 月 17 日,南昌市湾里区人民检察院做出湾检刑不诉

〔2015〕07号《南昌市湾里区人民检察院不起诉决定书》，认定："被不起诉人孙奇志作为南昌市贝融环保建材有限公司直接负责的主管人员，违反土地管理法规，非法占用农用地，改变被占用农用地的用途，造成40.4亩农用地大量毁坏，已实施了《中华人民共和国刑法》第三百四十二条、第三百四十六条的行为，但犯罪情节轻微，同时具有坦白情节。根据《中华人民共和国刑法》第三十七条的规定，不需要判处刑罚。依据《中华人民共和国刑事诉讼法》第一百七十三条第二款的规定，决定对孙奇志作不起诉"。

根据《刑事诉讼法》的相关规定，刑事拘留、取保候审是刑事诉讼过程中采取的强制措施，检察院作出的不起诉决定属于检察院侦查终结案件作出的一种决定，均不属于《行政处罚法》规定的行政处罚种类，也不属于《刑法》规定的刑事处罚种类。此外，股份公司控股股东、实际控制人古陵波、张岩青、江西汇诚、古力围均出具《江西贝融循环材料股份有限公司控股股东及实际控制人守法情况声明函》，承诺最近二年不存在重大违法违规及受处罚行为，也不涉及任何重大诉讼或仲裁事项。此外，鹰潭市公安局高新开发区分局白露派出所于2016年1月出具股份公司的董事、监事、高级管理人员在本辖区无违法犯罪的证明。鉴于此，本所律师经核查认为，股份公司董事、监事、高级管理人员最近两年内没有因违反国家法律、行政法规、部门规章等受到刑事、行政处罚的情况，目前不存在尚未了结的或可预见的重大诉讼、仲裁及行政处罚案件的情况。

四、华烁科技股份有限公司

2015年7月10日，公司一致行动人、监事李翔因醉酒涉嫌危险驾驶被取保候审。武汉市黄陂区人民检察院于2015年9月25日出具陂检公诉刑不诉〔2015〕17号《不起诉决定书》，认为李翔实施了《刑法》第133条之一规定的醉酒驾驶机动车的行为，但犯罪情节轻微，不需要判处刑罚，决定对李翔不起诉。

除此事项外，公司控股股东、实际控制人刘良炎等14名一致行动人最近两年及一期无因违反国家法律、行政法规、部门规章、自律规则等受到刑事、民事、行政处罚或纪律处分；无因涉嫌违法违规行为处于调查之中尚无定论的情形；最近两年及一期无对所任职（包括现任职和曾任职）的公司因重大违法违规行为而被处罚负有责任的情形；无个人负有数额较大债务到期未清偿的情形；无欺诈或其他不诚实行为。

五、吉林正方农牧股份有限公司

2015 年 5 月 8 日公司的董事发生变动的原因:(1)2015 年 4 月 16 日,郑方国因挪用公款案被检察院刑拘,董事担任的适格性存在障碍,故退出第六届董事会;(2)杨瑞海系吉林省国有资产经营管理有限公司委派的董事,现已经退出吉林省国有资产经营管理有限公司,故退出第六届董事会;(3)刘立军因身体原因无法完全履行董事职责,故退出第六届董事会;(4)王成担任董事、董事长,系控股股东吉林省杉松岗矿业集团有限公司的股东代表董事;(5)郑楠担任董事,系作为郑方国的儿子担任董事,代为行使郑方国的股东权利;(6)宋连仁担任董事,系吉林省国有资产经营管理有限公司的股东代表董事。

2015 年 5 月 8 日公司的董事发生变动的影响:公司 2015 年 5 月 8 日变动的主要影响在于郑方国,为此,本所律师和主办券商于 2015 年 6 月 4 日对郑方国挪用公款案专案组进行了访谈,了解到:(1)正方股份及现任董事、监事、高级管理人员不存在因郑方国案件受到司法机关调查的刑事风险;(2)郑方国在正方股份的股权资金来源并非违法所得,不会对正方股份的资金和股权产生影响;(3)该案件不会损害正方股份的公司利益。

经了解,根据浑检反渎保〔2015〕3 号取保候审执行通知书,2015 年 8 月 26 日,经郑楠、满娜向检察院出具保证书,郑方国已被取保候审。

六、东宝生物(300239)

1. 生物制品(发行人的控股子公司)因工作人员工作失误未及时参加 2006 年度年检,被包头市工商局稀土高新技术产业开发区分局于 2007 年 11 月吊销营业执照,经该局于 2010 年 11 月 29 日出具《证明函》认定,“以上事项不构成重大违法行为,该公司法定代表人王军对此不负有个人责任。除此之外,该公司未因违反法律、法规的规定而被行政处罚情形。”(该子公司已于 2009 年被注销。)

2. 生物保健品公司是实际控制人王军持股 62.5% 的公司。生物保健品公司被吊销营业执照时的法定代表人为王富荣,目前在公司担任技术中心主任、质量部部长(兼),不是公司董事、监事、高级管理人员,该公司被吊销营业执照事项对公司董事、监事和高级管理人员任职资格无影响。(该公司现已被注销)

东宝生物的解释方式是:生物制品被吊销是工作人员的失误,法定代表人王军不负有个人责任。

根据《关于企业法定代表人是否负有个人责任问题的答复》(工商企字〔2002〕123 号)规定,企业逾期不接受年度检验,被工商行政管理机关依法吊销营业执照,该企业的法定代表人作为代表企业行使职权的负责人,未履行法定的职责,应负有个人责任,但年检期间法定代表人无法正常履行职权的除外。

从这一规定形式来看,法定代表人无法正常履行责任是免除责任的唯一要件,仅仅是工作人员失误,法定代表人恐怕不能据此免除法定代表人责任。但分析这一规定,因为工作人员失职,法定代表人就要丧失董、监、高的任职资格,确实过于严苛。

第十三章 实际控制人变更

【基本理论】

一、新三板允许实际控制人变更

新三板挂牌的基本条件中，并没有规定实际控制人不得变更的实质要求，这也是很多人都知道的其与 IPO 最大的不同之一。尽管如此，还是很多人以为存在“窗口指导”或者“潜规则”，认为实际控制人变更是不符合新三板挂牌条件的。

其实，在新三板挂牌的审核实践中，实际控制人变更已经有了非常成熟的审核思路，也有了一些比较典型的审核案例。至于实践中为什么实际控制人变更挂牌上市的企业并不多，这是企业生产经营的现实，而跟审核理念和挂牌要求没有什么关系。

二、新三板审核关注要点

在审核实践中，报告期内发生实际控制人变更的，主要关注以下问题：

1. 实际控制人发生变更的原因，目前公司股权是否明晰，是否存在潜在的股权纠纷，公司股权是否(曾经)存在委托持股情形。

2. 对比公司管理团队的变化，说明实际控制人经营公司的持续性、公司管理团队的稳定性。

3. 对比实际控制人变更前后公司业务的发展方向、业务具体内容的变化。

4. 对比实际控制人变更前后客户的变化情况。

5. 实际控制人变更前后公司收入、利润变化情况。

主办券商就实际控制人变更对公司业务经营、公司治理、董监高变动、持续经营能力等方面是否产生重大影响发表明确意见，公司结合上述内容就实际控制人变更事项做重大事项提示。

三、简要总结

在新三板的挂牌条件中没有对于实际控制人不能变更的限制,因此在审核过程中,对于该问题还是有条件的接受,前提是变更不影响公司业务稳定和持续经营能力。《非上市公众公司信息披露内容与格式准则第1号——公开转让说明书》第10条规定,申请人应简述最近2年内实际控制人变化情况。对于该问题,还是秉承如实披露的原则,对于实际控制人发生变化或变更,中介机构应判断对公司持续经营的影响。

从现有的案例中,已经挂牌企业大部分都是在报告期初存在实际控制人发生变更的情形,那么我们要关注报告期什么时间实际控制人发生变更才不构成障碍,是不是实际控制人一经变更就可以马上申请挂牌?个人认为,原则上可以考虑运行一段时间(比如一个季度),至少这样能够有时间证明实际控制人变更不会对公司的生产经营产生重大不利影响。

【实践案例】

一、新乡天力锂能股份有限公司

公司报告期内发生变更。请主办券商、律师补充核查以下事项并发表明确意见:(1)实际控制人发生变更的原因,目前公司股权是否明晰,是否存在潜在的股权纠纷;(2)对比公司管理团队的变化,说明实际控制人经营公司的持续性、公司管理团队的稳定性;(3)公司目前实际控制人的职业背景与公司业务的匹配性;(4)对比实际控制人变更前后公司业务的发展方向、业务具体内容的变化;(5)对比实际控制人变更前后客户的变化情况;(6)实际控制人变更前后公司收入、利润变化情况。主办券商就实际控制人变更对公司业务经营、公司治理、董监高变动、持续经营能力等方面是否产生重大影响发表明确意见,公司结合上述内容就实际控制人变更事项做重大事项提示。

1. 实际控制人发生变更的原因,目前公司股权是否明晰,是否存在潜在的股权纠纷。报告期初,股东李树群持有公司92.86%的股份,担任公司执行董事及总经理一职,为公司的控股股东及实际控制人。

2014年1月,李树群先生因病去世。李树群的法定继承人其父李俊林、其母祁兰英、配偶陈伯霞放弃继承权，李树群持有的公司92.86%的股权由女儿李雯、李轩共同继承。李雯、李轩各持有公司46.43%股份。

2014年1月27日，李俊林、祁兰英、陈伯霞签署放弃继承权的声明书，自愿放弃对李树群所持天力有限1950万元出资相应股权及股东资格的继承权，该声明书已经河南省新乡市红旗公证处公证员刘红艳公证。陈伯霞出具声明，确认其在李树群所持天力有限1950万元出资相应股权中所享有的夫妻共同财产部分，以加入继承财产一并计算的方式，分别赠与李雯50%、李轩50%，通过公证及过户的方式一并完成了赠与与继承，其确认李雯、李轩取得李树群所持天力有限1950万元出资相应股权的权利真实、有效，其不会于未来任一时间主张享有该等天力有限的1950万元出资相应股权中的任何权利，对于该等股权不存在任何争议、纠纷或潜在的争议、纠纷。

2014年1月27日，公司股东李玉臣将其持有的公司股权75万元（占股权比例的3.57%）、股东尚保刚将其持有的公司股权50万元（占股权比例的2.38%）、股东李璟将其持有的公司股权25万元（占股权比例的1.19%）转让给李雯。本次变更完成后，公司股东为李雯及李轩，其中，李雯持有公司1125.00万元股权（占股权比例的53.57%），李轩持有公司975.00万元股权（占股权比例的46.43%）。

2014年2月11日，公司股东李雯将其持有的公司股权315万元（占股权比例的15%）、李轩将其持有的公司股权315万元（占股权比例的15%）转让给王瑞庆。本次变更完成后，公司股东为李雯、李轩及王瑞庆，其中，李雯持有公司810.00万元股权（占股权比例的38.57%），李轩持有公司660.00万元股权（占股权比例的31.43%），王瑞庆持有公司630.00万元股权（占股权比例的30.00%）。

为了公司长期稳定发展，王瑞庆、李雯、李轩于2014年2月签署了《一致行动人协议》，以保证公司控制权的持续、稳定。

2014年1月27日，公司召开股东会，选举王瑞庆为公司执行董事。同时，公司法定代表人由李树群变更为王瑞庆。

据上，公司控股股东、实际控制人变更为王瑞庆、李雯、李轩。

经核查，主办券商认为，上述股权变更均经股东会批准通过，《股权转让协议》及相关文件签署完备，公司股权继承经公证处公证，且经工商登记，变更过程合法有效。

公司上述股权变动均符合相关法律的规定，不存在权属争议的情况。李树群先生去世后，其与公司有关的遗产已经按照法定继承方式处置完毕,公司股权清晰,无潜在纠纷和争议;符合“股权明晰、股份发行转让合法合规”的挂牌条件。

2. 对比公司管理团队的变化,说明实际控制人经营公司的持续性、公司管理团队的稳定性。实际控制人变更前后,公司管理团队的变化情况如下表所示:

项目	变更前(2014 年 1 月)	变更后(2014 年 2 月)
实际控制人	李树群任执行董事兼总经理	王瑞庆任董事长兼总经理
其余高级管理人员	1. 蔡碧博任董事、副总经理、技术部长、总工程师; 2. 陈国瑞任董事、副总经理; 3. 李艳林任财务总监	1. 蔡碧博任董事、副总经理、技术部长、总工程师; 2. 陈国瑞任董事、副总经理; 3. 李洪波任董事、董事会秘书; 4. 李艳林任财务总监

除实际控制人外,公司其余高级管理人员为董事、副总经理、技术部长、总工程师蔡碧博,董事、副总经理陈国瑞,董事、董事会秘书李洪波,财务总监李艳林。其中 3 人在实际控制人发生变更前已经在公司任职,并未产生变化。实际控制人变更后,增加了董事、董事会秘书李洪波。

公司管理团队经验丰富且稳定,有利于公司持续发展,公司实际控制人经营公司具有持续性。

3. 公司目前实际控制人的职业背景与公司业务的匹配性。公司控股股东、实际控制人基本情况如下:

(1)王瑞庆:男,1969 年 9 月出生,中国国籍,无境外永久居留权,2015 年 6 月至今任公司董事长、总经理。

(2)李雯:女,1987 年 12 月出生,中国国籍,无境外永久居留权,2015 年 6 月至今任公司董事。

(3)李轩:女,1995 年 1 月出生,中国国籍,无境外永久居留权,本科在读,现就读于江南大学。

经过项目组对公司管理层及实际控制人王瑞庆进行访谈,确认公司原实际控制人李树群与现实际控制人王瑞庆系姻亲关系,现实际控制人王瑞庆为原实际控制人李树群的妹夫。原实际控制人李树群在世时,现实际控制人王瑞庆即长期担任企业发展顾问,就公司业务发展及管理问题献言献策,其提供的经营管理方面的合理化建议多被采纳。据上,现实际控制人王瑞庆对公司及行业情况有较深的了解,其对公司业务的熟悉度不弱于原实际控制人李树群。

且王瑞庆与其配偶李树灵在新乡市投资创办2所民办学校,在此期间王瑞庆累积了大量的经营管理经验。王瑞庆的经营风格较为稳健,具备管理公司并促进其健康发展的能力和经验,且王瑞庆曾长期担任企业发展顾问,对公司及行业情况有较深的了解。

经项目组对公司管理层及现实际控制人李雯进行访谈,李雯为原实际控制人李树群之女,在李树群因病去世后,李雯继承了其父亲的股权。李雯因父亲李树群的关系,对公司发展情况及行业情况较为了解,其于2013年9月正式进入公司财务部任职会计一职。

为了公司长期稳定发展,王瑞庆,李雯、李轩姐妹于2014年2月签署了《一致行动人协议》,约定三方采取共同行动,若无法达成相同的意思表示,则以王瑞庆的意思表示为准,王瑞庆的意思表示即代表李雯、李轩共同的意思表示。

实际控制人变更后,2014年,公司营业收入153,754,768.28元,较2013年营业收入136,759,478.09元增长了16,995,290.19元,2015年1~3月,公司营业收入为43,531,264.74元,继续保持持续增长态势,且原实际控制人李树群去世后,公司保留了原有组建的管理团队,核心管理人员均直接持有公司股份。公司管理团队经验丰富且十分稳定,有利于公司持续发展。

据上所述,实际控制人王瑞庆、李雯有能力持续领导公司未来经营。

4.对比实际控制人变更前后公司业务的发展方向、业务具体内容的变化。2014年1月实际控制人变更前,公司的具体业务及发展方向即为三元材料和锌粉产品的研发、生产和销售。2014年2月实际控制人变更后,公司的具体业务及发展方向未发生变化,仍为三元材料和锌粉产品的研发、生产和销售。实际控制人的变更未对公司业务的发展方向和具体内容产生重大影响。

5.对比实际控制人变更前后客户的变化情况。2013年、2014年、2015年1~3月前五名大客户营业收入占公司全部营业收入分别在60.76%、62.35%、68.52%,权重较大,基本上可以反映出公司客户情况。

报告期内前五名客户销售额及其占当期销售总额比重情况如下表所示:

年度	序号	客户名称	销售额(元)	占当年销售总额比例(%)	备注
2015年1~3月	1	深圳卓能新能源科技有限公司	19,152,991.45	44.09	—
		广西卓能新能源科技有限公司	2,728,205.13	6.28	广西卓能新能源科技有限公司的全资子公司,广西卓能于2014年年底投产
	2	深圳市博富能电池有限公司	4,196,256.41	9.66	2013年销售额为0元,2014年销售额为6,842,375.71元
	3	辉县旭日电源有限公司	2,160,418.79	4.97	2013年销售额为1,856,512.82元,2014年销售额为3,447,809.39元
	4	山东神工海特电子科技有限公司	1,525,641.03	3.51	2013年销售额为0元,2014年销售额为0元
	5	江苏海四达电源股份有限公司	1,194,017.09	2.74	2013年销售额为6400.00元,2014年销售额为4,934,500.00元
	合计		30,957,529.90	71.25	—
2014年度	1	深圳卓能新能源科技有限公司	52,680,965.66	34.26	—
	2	新乡奇鑫电源材料有限责任公司	19,442,230.77	12.64	—
	3	山东驰翔新能源科技有限公司	8,915,466.67	5.80	2013年销售额为35,388.03元,2015年1~3月销售额为0元
	4	山东精工电子科技有限公司	7,433,418.80	4.83	2013年销售额为2,174,894.19元,2015年1~3月销售额为70,940.17元

续表

年度	序号	客户名称	销售额(元)	占当年销售总额比例(%)	备注
2014年度	5	新乡市阳光电源制造有限公司	7,400,972.14	4.81	2013年销售额为1,058,119.66元,2015年1~3月销售额为1,058,962.61元
	合计		95,873,054.03	62.35	—
2013年度	1	深圳卓能新能源科技有限公司	53,946,193.56	39.63	—
	2	新乡奇鑫电源材料有限责任公司	10,384,857.44	7.63	—
	3	山东兴宇新能源科技有限公司	8,902,820.51	6.54	2014年销售额为1,075,641.03元,2015年1~3月销售额为0元,山东兴宇新能源与公司合作逐年减少的原因为山东兴宇转型
	4	唐山金能电子科技有限公司	4,745,299.15	3.49	2014年销售额为3,310,933.66元,2015年1~3月销售额为302,564.10元
	5	湖北天神高新技术有限公司	4,731,623.93	3.48	2014年销售额为1,769,082.99元,2015年1~3月销售额为27,445.30元
	合计		87,710,794.58	60.76	—

公司的客户主要为电源制造企业和新能源科技企业,公司的主要客户在实际控制人变化前后并无重大变化。

由上表可以看出,实际控制人变更后,公司在维持了与原主要客户合作的同时,也拓展了较多的新客户,客户的变化是公司按照既有经营战略扩大规模和拓展业务的结果,实际控制人的变更并未对公司客户的开拓产生重大影响。

6. 实际控制人变更前后公司收入、利润变化情况。实际控制人变更前，公司 2013 年营业收入 136,759,478.09 元。实际控制人变更后，公司 2014 年营业收入 153,754,768.28 元，2015 年 1～3 月营业收入 43,531,264.74 元，实际控制人变更未对公司生产经营造成不利影响，营业收入持续稳定增长。

实际控制人变更前，公司 2013 年净利润 6,591,287.03 元。实际控制人变更后，公司 2014 年净利润 4,703,879.36 元，2015 年 1～3 月净利润 2,763,693.14 元。

经项目组核查，2014 年度较 2013 年度净利润减少 1,887,407.67 元，主要原因为 2014 年度公司计提了较多资产减值准备及坏账。

2014 年度，公司计提了资产减值准备 4,877,069.33 元，较 2013 年计提的资产减值准备 3,930,169.39 元增加了 946,899.94 元。同时，公司还对其他应收款中新乡市北海砂浆成套设备有限公司所欠公司 250 万元全额计提了坏账准备金。

2015 年第一季度，公司净利润为 2,763,693.14 元，较 2013 年度和 2014 年度保持稳步增长趋势。

综上所述，项目组认为实际控制人的变更未对公司盈利产生不利影响。

主办券商核查了公司历次工商登记变更材料、继承公证书、报告期审计报告、报告期内董事、监事、高级管理人员的变化情况、前 5 大客户情况及公司业务发展等资料；了解了实际控制人王瑞庆、李雯在公司运营中的作用。

经核查，主办券商认为：报告期内公司实际控制人变更对公司业务经营、公司治理、董监高变动、持续经营能力等方面未产生重大影响。

二、杭州蜂派科技股份有限公司

请公司披露：(1)控股股东、实际控制人发生变更的原因，及目前公司股权是否明晰，是否存在潜在的股权纠纷，请律师核查；(2)控股股东、实际控制人变更前后，公司管理团队的变化、业务发展方向和业务具体内容的变化、公司收入和利润的变化，控股股东、实际控制人变更对公司治理、董监高变动、业务经营、持续经营能力等方面是否产生重大影响；(3)结合上述内容就控股股东、实际控制人变更事项做重大事项提示。

1. 变更的原因。公司控股股东和实际控制人最近两年一期内有变化。2012 年 11 月有限公司成立时，公司股东樊今明持有公司 53% 的股权，为公司的控股股东和实际控制人。随着公司股权的转让和公司注册资本的增加，至股份公司设立时，樊今明仍为公司第一大股东，直接持有公司 33.93% 的股权，同时通过杭州蜂派投资间接持有公司 2% 的股权，合计持有公司 35.93% 的股权。

根据公司历史上的决策情况，自有限公司阶段控股股东和实际控制人樊今明因股权转让导致持股比例下降而变为公司第一大股东以来，樊今明、方升、吴菲、徐永健四名公司股东在公司发展战略、日常及重大经营活动中均保持相同意见，并且在历次股东会表决中保持一致；2015 年 4 月 30 日，四人出具书面说明，确认了四人自公司控股股东和实际控制人樊今明变为公司第一大股东以来均保持一致行动的事实。2015 年 3 月 31 日，为保障公司将来的长期稳定发展，确保公司实际控制权的持久稳定性，樊今明、方升、吴菲、徐永健正式签署《一致行动人协议》，四人共直接持有公司 64.08% 的股权，同时樊今明、方升、吴菲三人还通过杭州蜂派投资间接持有公司 4.60% 的股权，因此樊今明、方升、吴菲、徐永健四人通过直接和间接持有公司 68.68% 的股权，为公司的控股股东和共同实际控制人。

公司控股股东、实际控制人发生变更的原因是随着外部投资者进入公司及公司内部股权的转让，原公司控股股东、实际控制人樊今明丧失了绝对控股地位，为了保障公司将来的长期稳定发展，确保公司实际控制权的持久稳定性，公司股东樊今明、方升、吴菲、徐永健签订了《一致行动人协议》，四人直接和间接持有公司 68.68% 的股份，公司的控股股东、实际控制人变更为樊今明、方升、吴菲、徐永健四人。

通过查阅公司工商底档、对公司股东进行访谈，目前公司股权清晰，不存在潜在的股权纠纷。

2. 公司董事、监事、高级管理人员最近两年内的变动情况及其原因中披露如下：

(1)董事变动情况。有限公司期间，公司未设董事会，2012 年 11 月公司通过股东会决议，选举樊今明为执行董事，至股份公司设立未发生变更。2015 年 4 月 20 日，股份公司召开的创立大会选举产生了由樊今明、方升、吴菲、徐永健、俞伟伟、李振磊、祁晶组成的第一届董事会。

（2）监事变动情况。有限公司期间，公司未设监事会，2012 年 11 月公司通过股东会决议，选举方升为监事，至股份公司设立未发生变更。2015 年 4 月 20 日，股份公司召开的创立大会选举产生了徐鹏飞和吴鹏担任公司监事，公司职工大会选举产生了职工代表监事俞勇信。

（3）高级管理人员变动情况。有限公司期间，2012 年 11 月公司通过股东会决议，选举樊今明担任公司总经理，至股份公司设立以来未发生变动。2015 年 4 月 20 日，股份公司召开第一次董事会聘任樊今明担任公司总经理，根据总经理提名，吴佳任公司财务负责人；2015 年 4 月 30 日，股份公司召开第二次董事会聘任吴菲为公司分管美术部副总经理，聘任方升为分管公司运营部副总经理兼董事会秘书，聘任徐永健为公司分管程序部副总经理。

公司董事、监事和高级管理人员的变动系因完善股份公司法人治理结构而增选，上述任职变化履行了必要的法律程序，符合相关法律法规和《公司章程》的规定。

3. 主营业务变化。公司的主营业务系移动终端游戏产品的研发和运营。公司自成立以来，一致力于移动终端单机和网络游戏的技术开发、内容设计以及运营、推广等，主营业务未发生变更。公司现已成功开发运营了多款精品游戏，在移动终端权威排行榜 App Store、Google Play 上均取得不错成绩。

单位：元

项目	2015 年 1 ~ 2 月	2014 年	2013 年
营业收入	5,052,287.95	27,508,332.94	4,395,646.71
营业成本	181,464.22	720,373.42	68,369.76
综合毛利率	96.41%	97.38%	98.44%
营业利润	3,200,169.85	15,056,631.38	1,164,323.22
利润总额	4,222,193.45	15,009,086.80	1,159,853.51
净利润	3,671,431.87	14,993,437.00	1,077,280.40

报告期内，公司营业收入系利润的主要驱动因素，变动趋势一致，匹配度较高。

由上述已披露内容可知，控股股东、实际控制人的变更是为了加强公司治理，保障公司将来的长期稳定发展，确保公司实际控制权的持久稳定性；公司董事、监事、高级管理人员的变动是为了完善股份公司法人治理机构,公司董监高人员亦未发生重大变动;公司主营业务仍为移动终端游戏产品的研发和运营;公司的主营收入及利润亦保持持续增长,公司具备持续经营能力。公司控股股东、实际控制人的变更未对公司治理、董监高变动、业务经营、持续经营能力等方面产生重大不利影响。

4. 报告期内控股股东、实际控制人发生过变更的提示。报告期内公司的控股股东、实际控制人由樊今明一人变更为樊今明、方升、吴菲、徐永健四人,上述控股股东、实际控制人的变更是为了加强公司治理,保障公司将来长期稳定发展,确保公司实际控制权持久稳定。在控股股东、实际控制人变动前后,公司治理、董监高人员未发生重大变动,公司的主营业务亦未发生变化,公司的营业收入及利润能够持续增长,此事项未对公司的持续经营能力等方面产生重大不利影响。

第十四章　无实际控制人

【基本理论】

一、实际控制人认定主要情形

关于实际控制人认定的问题,在实践中非常普遍(每个项目都躲不开),也有了丰富的实际操作经验,但其仍旧是一个争议比较大的问题。至于原因,无非是实际控制人认定是一个纯粹"公说公有理,婆说婆有理"的问题,对于同一家企业的情形可能会有完全不同的认定结论(实践中有这样的案例)。综上,对于实际控制人的认定,小兵的基本观点就是:只要企业和中介机构能够自圆其说充分论证,就要尊重经过论证的结论。

关于实际控制人认定的情形,总结起来主要有三种:(1)单一实际控制人,这是实践中出现最多的情形;(2)共同实际控制人,需要论证一致行动并签署一致行动协议;(3)无实际控制人,小兵一直认为这是一种不负责任的鸵鸟型论证,这里也不详细论述。小兵在 IPO 企业上市解决之道的相关论述中已经区分不同的情形做了全面的解释,并且也有非常丰富的案例,这里就不再详细论述了。

二、新三板审核关注要点

在本章中,我们主要对新三板挂牌企业中关注的几种比较典型的实际控制人问题进行简要分析:

1. 夫妻双方均持有公司股权,但一方不在公司担任任何职务,是否一定要认定夫妻双方为共同控制人。关于这个问题,很多人从夫妻共有财产的角度认为需要认定为共同实际控制人,这也是夫妻关系的特有之处。小兵并不认同这样的观点,理由是:(1)实际控制权认定的是对公司的实际控制权,控制的主要是企业的生产经营决策,而不是财产的处置权。(2)就算是实际控制人包括财产处置权,那么财产处置的权利是婚姻法对于夫妻关系的界定，跟是否认定为共同实际控制人没有任何关系。(3)如果夫妻一方仅是股东持股比例很低的小股东，且没有但任何职务，公司的经营决策、人事任免等重要事项均由另外一人控制，那么可以认定该人就是公司实际控制人。需要特别强调的是，新三板监管机构已经形成基本的窗口指导：只要是夫妻双方均持有公司股权，必须界定为共同实际控制人。

2. 无实际控制人问题。关于无实际控制人问题，小兵在 IPO 论述中提到这不过是中介机构为了解决认定问题做的一种技术处理而已，其实从正常的企业经营决策来讲，一个企业不应该没有实际控制人。在新三板的审核过程中，现有案例也允许挂牌企业没有实际控制人，但是需要重点关注以下事项：(1)结合股东参与公司管理情况，依法、合理说明不存在实际控制人的依据，并明确其依据是否充分、合法；(2)系统梳理公司股东、董事、监事、高级管理人员与公司的关联交易情况；(3)要求公司系统梳理公司股东、董事、监事、高级管理人员与公司是否存有同业竞争情况；(4)详细核查前十名股东的基本情况，并且根据股份锁定的基本规则对前十名股东按照控股股东的标准进行股份锁定。特别注意的是，其实新三板审核对于无实际控制人的企业做个更加严格的规定，既然无法核查控股股东和实际控制人，那么就需要对主要的股东均需要进行核查。

3. 实际控制人的任职瑕疵问题。在公司法等基本法规和新三板的具体挂牌规则中，并没有规定关于实际控制人的任职瑕疵问题，倒是对董监高的任职资格有一些条件限制。在这种情况下，如果实际控制人存在瑕疵（如取保候审、控制企业被注销或吊销等），那么实际控制人可以不担任董监高职位。

【实践案例】

一、南京领先环保技术股份有限公司：无实际控制人

第一次反馈回复：关于公司无实际控制人。请主办券商、律师补充核查以下事项并发表明确意见：要求根据公司股东持股情况，结合股东参与公司管理情况，依法、合理说明不存在实际控制人的依据，并明确其依据是否充分、合法；要求公司系统梳理公司股东、董事、监事、高级管理人员与公司的关联交易情况；要求公司系统梳理公司股东、董事、监事、高级管理人员与公司是否存有同业竞争情况。

1. 要求根据公司股东持股情况，结合股东参与公司管理情况，依法、合理说明不存在实际控制人的依据，并明确其依据是否充分、合法。

综合公司股权结构、董监高任命、董事会及股东大会决议、公司实际管理情况，认为公司不存在控股股东和实际控制人。

(1)公司股权结构分散报告期内，公司股权结构未发生任何变化，且股权结构分散。公司股权结构如下表所示：

序号	股东名称	持股数量(万股)	持股比例
1	SUN YONGJIAN	660.000	30.000%
2	南京源力	646.140	29.370%
3	江苏威望	297.000	13.500%
4	淮安普利	275.000	12.500%
5	常熟科博	215.930	9.815%
6	杭州利轩	105.930	4.815%
合计		2200.00	100.00%

(2)公司单一股东无法控制董监高任命。公司董事 SUN YONGJIAN、王岩、方向明、吴建秀、毛婷婷、许松元、杨斌，监事崔广柏、严晓建系经公司创立大会暨第一次股东大会选举产生；职工代表监事何淑静系公司职工代表大会选举产生。公司董事长 SUN YONGJIAN 由董事会选举产生，公司高级管理人员 SUN YONGJIAN、王岩由董事会聘任。公司董监高任命程序符合《公司法》、《公司章程》的规定，董事、监事、高级管理人员的推荐、选举及表决程序等方面均不存在被单一股东控制的情形。

(3)公司单一股东无法控制股东大会。根据《公司法》及《公司章程》的规定，股东大会作出决议，须经出席会议的股东所持表决权过半数通过，特殊事项须经出席会议的股东所持表决权的 2/3 以上通过。公司任一股东所持公司股份均未超过公司总股本的 30%，因此，公司任何单一股东均无法控制股东大会或对股东大会决议产生决定性影响。

(4)公司单一股东无法控制董事会。有限公司董事会由七名董事组成，其提名和选聘情况如下表所示：

序号	姓名	职务	提名人
1	SUN YONGJIAN	董事兼副总经理	SUN YONGJIAN
2	王岩	董事兼副总经理	南京源力
3	方向明	董事	南京源力
4	吴建绣	董事	常熟科博
5	毛婷婷	董事	杭州利轩
6	许松元	董事	江苏威望
7	杨斌	董事	淮安普利

有限公司7位董事分别由各股东委派，各股东在董事会席位上的分配比较均衡，有限公司任何单一股东均没有能力决定半数以上的董事会成员的选任。

股份公司7位董事由股东大会选举，并以普通决议形式通过而产生，且各股东按各自的表决权参与董事选举的投票表决。因此，公司任何单一股东均没有能力决定半数以上董事会成员的任选。

（5）公司单一股东无法控制公司实际经营管理。有限公司阶段，公司设董事会，董事会为公司的最高决策结构，董事会成员由各股东委派，由外资方推荐总经理，中方推荐副总经理，董事会聘任产生高级管理人员，并设监事一名。有限公司阶段，按照《公司章程》的规定，总经理对董事会负责，行使职权；副总经理协助总经理工作。董事会年会和临时董事会应当有2/3以上董事出席方能举行。有限公司阶段，公司已按照《公司法》和《公司章程》建立了有效的公司治理机制，公司不存在单一股东决定公司实际经营管理的情形。

股份公司阶段，公司建立健全了三会制度，股东大会为公司最高决策机构，经股东大会选举产生董事会，由董事会聘任产生高级管理人员，并建立健全监事会制度。股东大会由全体股东组成，是公司的最高权力机构；董事会对股东大会负责；监事会是公司的监督机构。2014年4月18日，公司召开创立大会暨第一次股东大会，审议通过了《股东大会议事规则》、《董事会议事规则》、《监事会议事规则》等制度，公司已按照《公司法》等法律、法规的规定，建立了规范的法人治理结构和健全的组织机构，公司各部门职权明确、分工合理、运转有效，股份公司阶段，公司不存在单一股东决定公司实际经营管理的情形。

(6)公司股东间无一致行动协议。公司的全体股东已于2015年4月18日出具《声明》:各股东之间未签订任何一致行动协议或实施任何可能约束数名股东共同行使权力而实际控制公司的行为。

综上,南京领先股权较为分散;公司任何单一股东无法控制董监高人员任命;公司任何单一股东均没有能力控制董事会和股东大会;公司任何单一股东无法控制公司实际经营管理;公司无通过投资关系、协议关系或者其他安排,能够实际支配公司行为的人。主办券商及律师认为公司无控股股东和实际控制人,依据充分、合法。

2. 要求公司系统梳理公司股东、董事、监事、高级管理人员与公司的关联交易情况。公司已在公开转让说明书"第四节　公司财务"之"四、关联方关联交易"中作了系统梳理和披露(略)。

3. 要求公司系统梳理公司股东、董事、监事、高级管理人员与公司是否存有同业竞争情况。公司已就同业竞争情况在公开转让说明书"第三节　公司治理"之"五、同业竞争及其承诺"中作了如下披露:公司不存在控股股东,第一大股东为SUN YONGJIAN,第二大股东为南京源力,其他股东均为财务投资人。公司与SUN YONGJIAN、南京源力不存在同业竞争的情况。

4. 请公司补充披露前十大股东的基本情况。请主办券商和律师补充核查其股东适格性。

公司已于公开转让说明书"第一节　基本情况"之"三、股权结构及主要股东情况"中披露了公司现有股权结构情况及公司股东的持股情况。

第二次反馈意见回复:公司无实际控制人。请主办券商、律师补充核查公司全部股东控制的企业与申请挂牌公司是否存在同业竞争,并对解决同业竞争的措施的有效性发表意见。请公司补充披露相关内容。

截至本回复出具之日,公司全部股东包括1名自然人股东SUN YONGJIAN和5名法人股东。公司不存在控股股东,第一大股东为SUN YONGJIAN,第二大股东为南京源力,其他股东常熟科博、杭州利轩、淮安普利和江苏威望均为财务投资人,与公司不存在同业竞争的情形。

二、南京浦江合金材料股份有限公司:多名股东亲属关系认定单一控制人

关于公司实际控制人。任启才被认定为公司的控股股东、实际

控制人,公司股东杨玉平与任启才系夫妻关系,任启才与任曦为父女关系,杨玉平与任曦为母女关系,田毅菲与任曦为夫妻关系,请主办券商、律师补充核查公司实际控制人只认定为任启才的依据及合理性。

根据公司工商登记资料记载,公司自 2010 年 4 月设立之日起至今,任启才的出资额或所持有的股份均占公司资本总额或股本总额的绝对多数,其最低时也占公司资本总额或股本总额的 68.39%,足以对股东会或股东大会决议产生决定性影响,能够实际支配公司的行为。另,自公司成立以来,任启才也一直担任公司的法定代表人、执行董事或董事长兼总经理,并且是公司核心技术人员,因此其能决定公司的日常经营管理、财务决策、核心技术研发及管理层人事任免。

杨玉平与任启才系夫妻关系,但 2014 年 10 月之前杨玉平从未直接或间接持有公司的股权,并非公司的董事、监事、高级管理人员,也未参与公司的经营管理。目前杨玉平虽持有公司 2% 的股权,但仍不是公司的董事、监事和高级管理人员,不参与公司的经营管理,对公司经营决策和经营管理不施加任何影响。杨玉平也从未与任启才签署任何一致行动的相关协议,不会对任启才的决策造成任何影响。

任曦与任启才为父女关系,田毅菲与任曦为夫妻关系,目前,任曦持有公司 5% 的股权并担任公司高管,田毅菲持有公司 2% 的股权并担任公司董事和高管。任曦与田毅菲均具有完全民事行为能力,他们也未与任启才签署任何一致行动的相关协议,不会对任启才的决策造成任何影响,且他们完全可以按照各自的意愿行使参与公司重大决策和选择管理者等权利。

根据以上分析,任启才自公司 2010 年 4 月设立之日起至今始终拥有公司的控制权,其个人已经完全能够决定和实质影响公司的经营方针、决策和经营管理层的任免,足以保证公司控制权的稳定性且在可预期期限内也是稳定的,不会对公司的持续发展和持续盈利能力带来重大不确定性。杨玉平、任曦、田毅菲虽与任启才存在夫妻、父女等关联关系,但他们均未与任启才通过签署一致行动协议等方式来共同拥有公司的控制权,且任曦、田毅菲在公司的经营管理过程中可独立表达自己的意愿。鉴于以上原因,将任启才个人认定为公司的实际控制人。

此外,经核查杨玉平本人不存在对外兼职、对外投资之情形,任曦、田毅菲作为公司高管、董事之核查信息已在公开转让说明书及尽职调查报告中做出相应披露。

三、深圳市奥科斯特智能装备股份有限公司:夫妻关系认定单一实际控制人

公司股东为王令杰和张琳,二人系夫妻关系。公司仅将王令杰认定为实际控制人。请公司说明对实际控制人的认定依据,请主办券商及律师补充核查并发表明确意见。

公司股东为王令杰和张琳,二人系夫妻关系。公司仅将王令杰认定为实际控制人,其依据与理由如下:

从持股比例角度分析。王令杰持有公司71.00%的股份。据奥科斯特《公司章程》"第六节　股东大会的表决和决议",该持股比例已达到通过股东大会的普通决议与特别决议的表决数(不含审议有关关联交易事项时的普通决议与特别决议)。张琳持有公司16.00%的股份。虽然张琳与王令杰为夫妻关系,但张琳无法影响王令杰的表决权。

从担任公司职务角度分析。王令杰担任奥科斯特董事长与总经理,独立决策公司的日常经营和重大事项。张琳未担任奥科斯特董监高中的任何职务,在奥科斯特外拥有独立的职业,未参与公司的经营。

从婚姻关系的角度分析。奥科斯特有限设立于2006年9月9日,王令杰与张琳于2007年3月29日登记结婚。据《最高人民法院关于适用〈中华人民共和国婚姻法〉若干问题的解释(一)》第19条的规定,王令杰于奥科斯特有限设立时持有的40.00%公司股份,系王令杰之婚前财产,归其本人所有。王令杰上述40.00%持股份额虽被稀释,但与其后续新增持股份额足以稳定持续控制公司。

综上所述,主办券商及律师一致认为王令杰持续性主导公司重大事项决策,应当认定为奥科斯特的实际控制人。张琳与王令杰虽系夫妻关系,但其并未支配公司权力,事实重于形式,不宜认定为奥科斯特的实际控制人。

四、深圳市德润达光电股份有限公司:实际控制人瑕疵不担任董监高

请公司结合实际控制人企业四家企业吊销原因等因素说明实际控制人在公司的任职是否符合"公司治理规范"的挂牌条件,请主办券商及律师补充核查并发表明确意见。

主办券商、律师项目组对控股股东金丰琦对外投资情况进行访谈和调查,取得了关联公司相关情况,通过各地工商网站、全国企业信用

信息公示系统对关联公司进行落实核查,并核查了金丰琦个人取得的公安机关出具的无犯罪记录证明。

金丰琦控制的四家关联公司均因未按时年检被吊销,项目组通过"全国企业信用信息公示系统"对关联公司行政处罚、严重违法违规情况进行查询,"全国企业信用信息公示系统"显示,关联公司均不存在行政处罚信息、严重违法信息。

金丰琦所控制的四家企业由于未按时年检被吊销,但金丰琦并未因为持有被吊销公司而收到行政处罚、刑事处罚,金丰琦户籍所在地公安机关已出具其报告期内不存在违法犯罪记录的证明。

经核查,实际控制人金丰琦并未在公司担任职务,实际控制人金腊生担任公司董事长、总经理,金腊生满足担任公司董事、监事、高级管理人员的任职资格,主办券商、律师一致认为,实际控制人金腊生在公司的任职符合"公司治理规范"的挂牌条件。

第十五章　主营业务发生变化

【基本理论】

1. 企业主营业务发生重大变化并不构成企业挂牌新三板的实质性障碍,这是首先要明确的。不过从关注要点来看,在该种情况下还是要关注企业业务的商业逻辑和背景,业务变更之后企业经营的稳定性和持续性,业务变更之后客户的开拓情况以及业绩变动情况等。如果上述问题在业务变更之后是一个向好的发展方向,那么不会构成障碍,反之,可能会存在企业不具备持续经营能力的质疑。

2. 关于主营业务的变化,一般情况下也是一种有渊源有连续性的变更,而不是断崖式的变更(如以前是做服装的,突然直接就开始开发软件了)。关于主营业务的变更,可能会存在以下几种情形:(1)主要产品的变更,比如从销售服装衣架到服装吊牌产品;(2)销售模式的变更,比如以前进行产品的贸易业务,后来进行专门的产品研发、生产和销售;(3)商业模式的变更,比如以前是为别人的产品提供平台到现在企业自己进行产品的生产和销售。值得注意的是,主营业务的变化还有一种特殊的情况,那就是企业因为实际控制人的变化而主营业务发生变化,换句话说,新的实际控制人为企业带来了新的业务和利润增长点。

3. 从审核实践来看,主营业务发生变更的案例在新三板挂牌企业中并不是很常见,其实这个也非常容易理解:(1)企业的生产经营稳定和持续最重要,一般情况下不会轻易改变业务内容;(2)企业的业务转型有时候是成功的有时候可能是不成功的,不成功的也就不会挂牌新三板了;(3)有些业务的变化可能只是原有业务的延续或者微调,不能称之为典型意义上的主营业务变化。

【实践案例】

一、海豹信息

（一）主营业务变更带来的经营风险

报告期内，公司主营业务发生重大变化。2013 年至 2014 年 5 月，公司采取的是与九色源公司合作的代运营模式，即公司提供自主研发的 APP 销售平台并负责平台系统的运营，九色源公司负责自建仓库、采购、销售、售后及产品风险；在 APP 平台上成交的产品，公司向九色源公司按成交金额收取佣金。2014 年 6 月，公司进行了战略调整，逐渐转变成为集两性健康用品销售，两性知识交流、社区交流互动为一体，基于 B2C 模式的综合性两性健康电商服务平台的企业。

主营业务的变更要求公司对原有的组织架构和业务管理制度进行调整和完善，公司在管理模式、人力资源、经营制度、内控建设和财务规范等方面面临管理储备人员欠缺，管理制度未能及时调整等风险。一旦公司不能有效处理主营业务变更带来的上述风险，将会给公司经营带来一定不利影响。

（二）主营业务情况

公司是一家集两性健康用品销售，两性知识交流、社区交流互动为一体，基于 B2C 模式的综合性两性健康电商服务平台企业。公司通过自主开发和运营“他趣”手机应用软件，在线销售男士、女士避孕用品、情趣内衣和玩具类等两性健康产品，并通过运营他趣社区进一步增强用户与用户、用户与平台间的互动关系，将两性健康用品销售、两性健康话题互动、两性健康知识教育有机结合起来。

2013 年至 2014 年 5 月公司主营业务系为两性健康用品制造商、经销商提供代运营服务，2014 年 6 月公司商业模式转变为自营商城模式。公司凭借先发优势已在同类 APP 中具备了较高的知名度，自公司电商平台上线以来，从下游聚集了大量忠实客户群体。自 2013 年以来，平台积累了超过 2000 万名手机用户，他趣社区也已成为国内最大的两性健康知识交流社区之一，随着他趣品牌知名度的提升，他趣应用软件已经成为产品销售、用户互动关怀、两性健康教育的综合性垂直体验平台，在线销售两性健康用品是公司的主要收入来源。报告期内，公司主营业务清晰明确，主营业务发生变化但对公司持续经营未造成重大不利影响。

（三）按产品分类

公司主营业务为销售避孕套、男用玩具、女用玩具和情趣内衣等两性健康用品。公司最近两年营业收入的主要构成及变化趋势如下表所示：

单位:万元

项目	2015 年 1 ~9 月		2014 年		2013 年	
	金额	比例（%）	金额	比例（%）	金额	比例（%）
主营业务收入	3405. 06	99. 63	2450. 94	100. 00	—	—
自营销售商品	3405. 06	99. 63	2042. 52	83. 34	—	—
其中:1. 玩具用品	2067. 17	60. 48	1391. 45	56. 77	—	—
2. 避孕套	733. 95	21. 47	269. 02	10. 98	—	—
3. 情趣内衣	603. 94	17. 67	382. 05	15. 59	—	—
代销佣金	—	—	408. 42	16. 66	—	—
其他业务收入	12. 71	0. 37	—	—	22. 54	100. 00
技术服务费收入	12. 71	0. 37	—	—	22. 54	100. 00
合计	3417. 77	100. 00	2450. 94	100. 00	22. 54	100. 00

（四）营业收入及毛利率分析

2013 年至 2014 年 5 月，公司主营业务系为两性健康用品制造商、经销商提供代运营服务。2014 年 6 月公司业务转型，主要产品和服务是为用户提供两性健康用品购买平台，同时为用户交流讨论提供社区平台。公司主营业务收入为避孕套、男用玩具、女用玩具和情趣内衣等两性健康用品的销售收入。

报告期内，公司其他业务收入为在自有平台他趣 APP 上提供淘宝客推广服务收取的服务费收入。

报告期内，公司营业收入的主要构成及变化趋势如下：

2014 年 6 月之前，公司主要以代运营为主，以收取代运营佣金和技术服务费作为主要收入来源。公司于 2014 年 6 月转变商业模式，由代运营模式转变为自营商城模式，营业收入主要来自玩具用品、避孕套、情趣内衣的销售。2014 年和 2015 年 1 ~9 月公司主营业务收入占营业收入比例分别为 100. 00% 和 99. 63%，报告期内，公司其他业务收入占营业收入的比重逐渐降低，公司主营业务明确，收入结构稳定。

2015年1~9月主营业务收入较2014年增长38.93%，主要是因为公司转变商业模式后加强了推广宣传力度，扩大运营规模，加强研发投入等，使公司商城用户量、日活跃量、注册用户量等指标大幅提升，致使公司的营业收入出现了大幅增长。其中，2014年和2015年1~9月玩具用品销售收入占营业收入的比例分别为56.77%和60.48%，玩具用品主要分男女健慰器系列，可满足客户个性化生理健康需求，他趣应用软件为根据客户需求提供产品展示，保障了两性健康用品的私密性和用户的羞怯感，因此比例逐步提升。2014年和2015年1~9月避孕套销售收入占营业收入的比例分别为10.98%和21.47%，报告期内避孕套销售收入占比大幅增长主要是因为避孕套为标准化产品，该类产品属于大众消费品，随着中国社会观念的改变及政策环境改善，避孕套产品需求呈现高速增长态势；此外，随着他趣品牌知名度的提升，公司商城用户量不断增加，避孕套类的标准化产品销量也在上升。

（五）报告期内实际控制人发生变更及业务模式发生变化

2013年1月至6月7日，公司控股股东、实际控制人为林萍，2013年6月7日，广州市计世文化传播有限公司（互动派曾用名称）股东会作出决议同意股东钟健将原出资30万元全部转让给王耀明；同意股东林萍将原出资70万元中的40万元转让给王耀明。本次股权变更后，公司原控股股东、实际控制人林萍占股比例由70%变更为30%，王耀明占股比例为70%，王耀明开始成为公司控股股东、实际控制人。

实际控制人变更后，公司的主营业务发生变化，由传统的线下广告策划转变为移动互联网数字营销服务，公司的总经理由林萍变为王耀明，核心技术（业务）人员唐科、徐靖随王耀明一起进入公司，公司自实际控制人变更后开始开展移动互联网数字营销服务业务，移动互联网数字营销业务规模在报告期内快速增长，目前，该业务是公司的主要收入和盈利来源。

本公司主营业务收入按产品类型划分明细如下表所示：

项目	2015年1~8月		2014年		2013年	
	金额	占比	金额	占比	金额	占比
移动互联网数字营销服务收入	41,806,424.02	96.02%	9,242,371.13	86.15%	165,308.74	10.94%

续表

项目	2015 年 1 ~ 8 月		2014 年		2013 年	
	金额	占比	金额	占比	金额	占比
广告策划收入	1,731,056.59	3.98%	1,485,938.07	13.85%	1,345,421.54	89.06%
合计	43,537,480.61	100.00%	10,728,309.20	100.00%	1,510,730.28	100.00%

由上表可知，报告期内公司主营业务结构发生变化，由广告策划收入为主转为移动互联网数字营销收入为主。移动互联网数字营销业务是公司未来收入及利润的主要增长点，也是体现公司核心竞争力的业务，报告期内广告策划业务减少，移动互联网数字营销服务收入从 2013 年度的 16.53 万元增至 2015 年 1 ~ 8 月的 4180.64 万元，呈现迅猛增长趋势。

二、汇东管道

（一）公司主营业务

目前，公司主营业务为保温管道的研发、生产及销售，主要产品包括聚乙烯外护预制直埋热水保温管和蒸汽管，用于城镇集中供热及输原油管线，公司现有 8 条保温管生产线，年生产 DN50 – DN1680 保温管道 1800 公里。拥有先进的聚乙烯管材生产线 6 条，采用国际先进的螺旋模具挤出、真空定径、喷淋冷却、自动切割等工艺，年生产 Φ90 ~ Φ1800聚乙烯外套管 4 万吨。

此外，报告期内公司还经营过管件产品的商贸业务，经营模式为从管件生产商处购买管件，并卖给化工、电力、油气等下游行业，赚取差价，由于公司不具备管件的研发及生产能力，仅仅是从事管件产品的商贸业务，无技术含量且利润空间小。随着公司的发展，管理层逐渐明晰了公司发展策略，公司主营业务从最初的保温管道的研发、生产及销售及管件产品的商贸业务变为主要从事保温管道的研发、生产及销售，管件产品的商贸业务逐年减少，从 2015 年 8 月开始，公司变更经营范围，不再从事管件产品的商贸业务。

2015 年 1 ~ 8 月、2014 年度和 2013 年度，公司主营业务收入分别为 74,419,251.74 元、61,978,978.19 元、58,237,959.61 元，主要业务收入占营业收入比重分别为 100.00%、100.00% 和 99.15%，主营业务明确。

（二）主营业务发生变化情况分析

1. 主营业务转型的具体过程、原因及其合理性

公司成立于2011年6月1日，公司的销售团队具有多年的普通管件销售经验和较好的客户基础，因而在公司未生产普通管件的情况下仍能获得一定的订单，普通管件业务为贸易类业务，经营模式为从管件生产商处购买管件，并卖给化工、电力、油气等下游行业，赚取差价，由于公司不具备管件的研发及生产能力，仅仅是从事管件产品的商贸业务，无技术含量且利润空间小。

随着公司的发展，治理层逐渐明晰了公司发展战略，公司专注于保温管道领域，主营业务从最初的保温管道的研发、生产及销售和管件产品的商贸业务变为主要从事保温管道的研发、生产及销售，管件产品的商贸业务逐年减少，公司生产销售逐渐向保温管道倾斜，城市集中供热项目得到政府的支持，市场潜力巨大，市场对保温管道的需求逐年上升，并且此产品为高附加值产品，公司成立以来其研发项目全部与保温管道相关，目前取得的8项专利亦全部与保温管道相关，2015年10月"外护管及支管整体成型的保温管件"取得《河北省科学技术成果证书》，成果水平为"国际领先"，经过多年的研发，公司保温管道生产工艺日渐成熟，获取保温管道订单能力在逐年增强，产品质量获得客户的认可，业内口碑逐渐提高，订单数量及金额明显增加，因而公司将业务聚焦于保温管道，其收入逐年提高，从2015年8月开始，公司变更经营范围，不再从事管件产品的商贸业务。

公司业务逐步转型到保温管道产品生产销售，保温管道生产符合国家产业政策，公司的盈利能力和未来发展前景广阔，主营业务变更对公司的持续经营能力不会造成影响。

2. 主营业务转型前后的业务模式和因素模式

（1）转型前

转型前公司主营业务为保温管道的研发、生产及销售和管件产品的商贸业务。保温管道产品的业务模式为：公司采购主要原材料为钢管、管件、聚乙烯原料、聚乙烯外套管、异氰酸酯、聚醚多元醇等，产品主要用于城镇集中供热及输油管线，销售范围主要为长江以北的区域，公司在各个地区都安排有相应业务员，并及时跟进各大招标网站的动态，以了解各地的项目并对合适的项目跟踪，最后通过招标来赢取订单，合同签订后，公司在各种原材料合格供应商的名单里对原材料进行采购，每批原材料进厂后都会进行相应的检验，检验合格后方

可入库，生产部接到相应的生产通知单后开始生产，生产完成后由检测部门进行相应的检测，检测合格后标示、包装，最后成品入库，准备发货。管件产品的商贸业务的业务模式为：从管件生产商处购买管件，并卖给化工、电力、油气等下游行业，赚取差价。公司成立于2011年6月1日，公司的销售团队具有多年的普通管件销售经验和较好的客户基础，因而在公司未生产普通管件的情况下仍能获得一定的订单，公司成立前几年的发展阶段，在能够获得普通管件订单且能够获得一定利润的情况下，公司主营业务中除了保温管道的研发、生产及销售，同时还兼做普通管件产品的商贸业务。

（2）转型后

转型后公司主营业务为保温管道的研发、生产及销售。保温管道产品的业务模式依然为：公司采购主要原材料为钢管、管件、聚乙烯原料、聚乙烯外套管、异氰酸酯、聚醚多元醇等，产品主要用于城镇集中供热及输油管线，销售范围主要为长江以北的区域，公司在各个地区都安排有相应业务员，并及时跟进各大招标网站的动态，以了解各地的项目并对合适的项目跟踪，最后通过招标来赢取订单，合同签订后，公司在各种原材料合格供应商的名单里对原材料进行采购，每批原材料进厂后都会进行相应的检验，检验合格后方可入库，生产部接到相应的生产通知单后开始生产，生产完成后有检测部门进行相应的检测，检测合格后标示、包装，最后成品入库，准备发货。转型后公司逐渐减少普通管件的商贸业务，聚焦保温管道的研发、生产及销售业务，从2015年8月开始，公司变更经营范围，不再从事管件产品的商贸业务。

3. 主营业务转型对业绩的影响情况分析

报告期内，公司收入、成本及毛利构成情况如下表所示：

产品	2015年1~8月		2014年度		2013年度	
	金额（元）	占比（%）	金额（元）	占比（%）	金额（元）	占比（%）
保温管道	71,301,241.27	95.81	53,117,798.41	85.70	25,904,096.94	44.48
管件	3,118,010.47	4.19	8,861,179.78	14.30	32,333,862.67	55.52
主营业务收入合计	74,419,251.74	100.00	61,978,978.19	100.00	58,237,959.61	100.00

续表

产品	2015 年 1 ~ 8 月		2014 年度		2013 年度	
	金额（元）	占比（%）	金额（元）	占比（%）	金额（元）	占比（%）
保温管道	52,014,195.63	95.73	38,895,146.26	85.75	19,947,879.35	46.28
管件	2,322,727.79	4.27	6,463,607.19	14.25	23,155,341.95	53.72
主营业务成本合计	54,336,923.42	100.00	45,358,753.45	100.00	43,103,221.30	100.00
保温管道	19,287,045.64	96.04	14,222,652.15	85.57	5,956,217.59	39.35
管件	795,282.68	3.96	2,397,572.59	14.43	9,178,520.72	60.65
毛利合计	20,082,328.32	100.00	16,620,224.74	100.00	15,134,738.31	100.00

公司主营业务收入中，保温管道收入在 2015 年 1 ~ 8 月占同期主营业务收入的比重为 95.81%，2014 年度为 85.70%，2013 年度为 44.48%，占比不断上升；普通管件收入在 2015 年 1 ~ 8 月同期主营业务收入的比重为 4.19%，2014 年度为 14.30%，2013 年度为 55.51%，占比不断下降。

公司毛利中，保温管道毛利在 2015 年 1 ~ 8 月占同期毛利的比重为 96.04%，2014 年度为 85.57%，2013 年度为 39.35%，占比不断上升；普通管件毛利在 2015 年 1 ~ 8 月占同期毛利的比重为 3.96%，2014 年度为 14.43%，2013 年度为 60.65%，占比不断下降。

主营业务毛利的构成、毛利率的变动趋势及原因如下表所示：

2015 年 1 ~ 8 月	收入（元）	成本（元）	毛利（元）	毛利率（%）
保温管道	71,301,241.27	52,014,195.63	19,287,045.64	27.05
普通管件	3,118,010.47	2,322,727.79	795,282.68	25.51
合计	74,419,251.74	54,336,923.42	20,082,328.32	26.99
2014 年度	收入（元）	成本（元）	毛利（元）	毛利率（%）
保温管道	53,117,798.41	38,895,146.26	14,222,652.15	26.78
普通管件	8,861,179.78	6,463,607.19	2,397,572.59	27.06
合计	61,978,978.19	45,358,753.45	16,620,224.74	26.82

续表

2013 年度	收入(元)	成本(元)	毛利(元)	毛利率(%)
保温管道	25,904,096.94	19,947,879.35	5,956,217.59	22.99
普通管件	32,333,862.67	23,155,341.95	9,178,520.72	28.39
合计	58,237,959.61	43,103,221.30	15,134,738.31	25.99

公司 2015 年 1 ~8 月、2014 年度、2013 年度主营业务毛利率分别 26.99%、26.82%和 25.99%，报告期内公司主营业务毛利率总体呈小幅上升趋势，主要原因是公司保温管道生产工艺不断精进，业务规模有所扩大，产品结构逐步优化。2015 年 1 ~8 月、2014 年度、2013 年度公司保温管道业务毛利率分别 27.05%、26.78%和 22.99%，公司保温管道业务毛利率呈上升趋势。2015 年 1 ~8 月、2014 年度、2013 年度公司普通管件业务毛利率分别 25.51%、27.06%和 28.39%，公司普通管件业务毛利率呈小幅下降趋势。报告期内普通管件商贸业务毛利率呈小幅下降趋势，但是公司逐渐转型后公司逐渐减少普通管件的商贸业务，聚焦保温管道的研发、生产及销售业务，普通管件的商贸业务的销售收入占同期主营业务收入的比重:2013 年为 55.51%、2014 年为 14.30%、2015 年 1 ~8 月为 4.19%，占比逐渐减少，而保温管道产品的销售占比逐渐提高，使得公司主营业务毛利率总体保持小幅上升趋势。

三、睦合达

(一)报告期内公司主营业务变化的风险

报告期内，2013 年 1 ~12 月公司主营业务内容为针对汽车、信息技术、智能硬件等行业的投资咨询服务;2013 年 12 月 31 日之后，主营业务变更为通过智能化产品方案设计、定制化软件产品的研究、开发、转让和升级维护、定制化数据库技术服务及智能平台推广服务，为传统硬件生产商提供产品智能化升级全套解决方案，且此后公司收入均来源于软件开发、技术转让等服务。报告期内，公司主营业务发生变化，主营业务稳定性较差，且公司从事定制化软件产品的开发、转让以及定制化数据库技术服务的时间较短，主营业务存在不稳定的风险。

(二)实际控制人变更对公司经营的影响及关键业务人员流动风险

报告期初，自 2013 年 1 月 1 日至 2014 年 11 月，刘秀华一人持有有限公司 100.00%股权，刘秀华为公司的实际控制人。

2014 年 12 月 17 日,赵清洁向有限公司入资 1,700,000.00 元,入资后赵清洁持有有限公司 1,700,000 股股份,占公司总股本的 48.57%;赵清洁另于 2015 年 4 月向有限公司增资 1,263,600.00 元,增资后赵清洁持有有限公司 2,963,600 股股份,占有限公司总股本的 47.65%;2016 年 1 月,公司分别向北京点通宝科技有限公司及沈阳盈泰万通汽车贸易有限公司定向增发股票,赵清洁持有股份公司 2,963,600股股份,占股份公司总股本的 38.12%,因此,从 2014 年 12 月 17 日至报告期末,赵清洁为公司控股股东、实际控制人。

伴随着实际控制人变更,公司的主营业务发生变化、公司的客户数量增加、公司收入增长、收入来源分散度提升,有利于公司的持续经营。

公司业务的开展对其人力资本的依赖性较高,包括营销、研发等业务链环节都需要核心人员去决策、执行和服务,所以拥有稳定、高素质的专业人才对公司的持续发展壮大至关重要。报告期内,公司实际控制人发生变更;2015 年 6 月 19 日,公司总经理由池天宇更换为孙嵩。上述实际控制人的变更和关键业务人员的更换对公司的经营造成了一定的影响。考虑到目前行业内优秀人才的争夺较为激烈,如果未来公司实际控制人业务流程中的核心人员出现流失,则公司将可能面临着较高的经营风险。

(三)主要业务变化情况

报告期内公司主营业务:2013 年度,公司的主营业务为针对汽车、信息技术、智能硬件等行业的投资咨询服务;2014 年度和 2015 年 1 ~ 8 月,公司的主营业务为通过智能化产品方案设计、定制化软件产品的研究、开发、转让和升级维护、定制化数据库技术服务及智能平台推广服务,为传统硬件生产商提供产品智能化升级全套解决方案。

2013 年度,睦合达股份前身北京睦合达投资咨询有限公司主营业务为从事针对汽车、信息技术和智能硬件等行业的投资咨询服务,为企业及个人客户提供上述行业投资及资本市场投资的咨询服务。同时,从 2013 年度开始,公司在针对汽车、信息技术、智能硬件等行业开展投资咨询业务的基础之上,负责人池天宇进一步积极实施业务升级和拓展,按照其于 2012 年 12 月与孙嵩、刘秀华签属的《智能电商项目投资合作协议》安排,为后续新业务的开展奠定基础。

2014 年度开始,公司主营业务扩展为通过智能化产品方案设计、定制化软件产品的研究、开发、转让和升级维护、定制化数据库技术服务及智能平台推广服务,为传统硬件生产商提供产品智能化升级全套解决方案。

截至报告期末,公司主要客户为生产传统健康设备与环境治理设备的企业,公司帮助其进行产品智能化升级并提供大数据与互联网+服务,提升产品竞争力。

截至本次公开转让说明书签署之日,公司正在努力拓展智能产品垂直领域的电子商务平台业务,利用自身资源优势实现为客户从智能化产品方案设计,到产品软件功能开发与升级维护、大数据服务,再到推广营销与用户维护的整体解决方案。截至报告期末,公司已取得运营电子商务平台的相关资质,且电子商务平台已经搭建完成,正处于初步推广阶段,公司目前免费向合作企业提供电子商务平台服务。公司业务在传统环保、健康与运动产品的智能化升级基础上,正在向包括汽车、家居、休闲等行业的产品智能化升级进行尝试,并已与国产品牌汽车企业签定框架协议进入业务合作期。

(四)各期主要产品或服务的规模、销售收入

报告期内,公司的收入情况如下表所示:

服务名称	2015 年 1 ~8 月		2014 年度		2013 年度	
	金额	占比(%)	金额	占比(%)	金额	占比(%)
技术转让收入	4,847,018.70	98.23	3,750,000.00	100.00	—	—
投资咨询服务	—	—	—	—	38,430.00	100.00
其他业务收入	87,431.84	1.77	—	—	—	—
合计	4,934,450.54	100.00	3,750,000.00	100.00	38,430.00	100.00

1. 2013 年度,公司的主营业务为针对汽车、信息技术及智能硬件等行业的投资咨询服务,因此,公司 2013 年度的主营业务收入为投资咨询服务收入。由于公司自 2014 年度开始,不再开展投资咨询服务业务,投资咨询服务收入只存在于 2013 年度。

2. 公司管理层在 2013 年开始,对公司的业务进行新的探索,并取得较大进展,2014 年度,公司的主营业务变更为通过智能化产品设计、定制化软件产品的研究、开发、转让和升级维护、定制化数据库技术服务及智能硬件电商平台服务,为传统硬件生产商提供产品智能化升级全套解决方案。因此,公司在 2014 年度的主营业务收入主要来源于为客户提供产品智能升级服务中的技术转让收入。

3. 2015 年 1 ~8 月,公司的主营业务收入来自为客户提供产品智

能升级服务中的技术转让收入。另外，公司营业收入中的商品销售收入87,431.84元为其他业务收入，属于偶发性业务，是在智能化产品推广初期利用成熟电子商务平台1号店及国美在线进行辅助推广产品过程中发生，主要销售内容为QT500型空气净化器及检测器，非公司主营业务。

四、欧泰科

（一）主营业务变更风险

公司报告期内主营业务发生重大变化，公司目前主要从事智能服装吊挂系统的研发、生产和销售，以及相关售后维护和配件销售。报告期2012年度主营业务为数控裁剪机系统软件的研发和销售，自2013年4月公司进行战略调整，公司通过收购鹏昆科技欧泰科商标、智能吊挂系统的专利技术和软件著作权，同时引进管理人员、技术人员、销售团队等措施，公司逐渐转变成为智能服装吊挂系统的研发、生产和销售，以及相关售后维护和配件销售的企业。

主营业务的变更要求公司对原有的组织架构和业务管理制度进行调整和完善，公司在管理模式、人力资源、经营制度、内控建设和财务规范等方面面临管理储备人员欠缺，管理制度未能及时调整等风险。因此公司主营业务变更将给公司带来一定的风险。

（二）公司主营业务发生重大变化情况

	收购前	收购后
公司名称	上海和鹰软件科技有限公司	上海欧泰科智能科技有限公司
主营业务	数控裁剪机系统软件的研发、销售	智能服装吊挂系统的研发、销售
主要产品或服务	数控裁剪机系统软件	单轨、双轨、链式智能服装吊挂系统
所处行业	软件和信息技术服务业	通用设备制造业
主要客户	上海和鹰机电设备有限公司	服装生产企业、租赁公司、经销商

2013年4月，公司收购了鹏昆科技商标、专利技术、软件著作权、软件产品登记证以及吊挂系统相关生产设备，其中专利技术等无形资产主要是用于生产服装吊挂及服装仓储管理系统，该系统应用于服装生产和服装库存管理两个环节。收购上述无形资产增强了公司在智能吊挂系统研发、生产方面的能力。公司2013年度、2014年1月至10月，分别完成销售收入1995.00万元和4921.08万元、净利润290.55

万元和806.27万元，营业收入和净利润均实现大幅增长。

公司报告期内主营业务发生重大变化，公司主营业务由为关联方上海和鹰设备提供数控裁剪机系统软件的研发，变更为对外经营智能服装吊挂系统的研发、销售业务。自2013年4月起，公司通过收购专利技术、聘请管理技术人员、开发销售渠道等措施，逐步具备经营新业务所需的人员、技术、产品和客户。截至本说明书出具日，公司商业模式能直面市场竞争，公司销售收入和净利润均实现大幅增长，公司未来的发展规划与新业务一致。因此，公司报告期内主营业务重大变化有利于公司持续经营。

（三）公司业务收入的主要构成及各期主要产品及服务的销售收入

公司主营业务为智能服装吊挂系统的研发、生产、销售以及相关技术服务。报告期公司业务收入主要构成如下表所示：

产品类型	2014年1～10月		2013年度		2012年度	
	销售收入（元）	比例（%）	销售收入（元）	比例（%）	销售收入（元）	比例（%）
智能吊挂系统	48,450,768.85	98.46	19,870,829.46	99.60		
软件					940,170.99	100.00
售后维护及配件销售	760,021.15	1.54	79,199.14	0.40		
合计	49.210,790.00	100.00	19,950,028.60	100.00	940,179.99	100.00

第十六章　出资问题

【基本理论】

小兵已经多次提过，股东出资是企业运行的基础和根本，不论是什么原因或者什么政策背景，股东出资都必须是真实和充实的。从某种意义上讲，这不仅代表了股东的诚信问题，也代表了企业的运行是否合理。

一、出资问题出现原因

在企业上市过程中，遇到的最多的问题应该就是出资问题，甚至夸张点说，任何一个企业都或多或少或大或小的存在出资的问题。出资问题为何如此普遍，首先有一个前提就是我们这里将出资问题的界限划分的比较广泛，凡是可能影响到出资真实性和充足性的情形都界定为出资问题，这就导致企业在上市过程中很容易“就踩到雷”。当然上面说的前提只是一个表象，更深层次导致出资问题比较泛滥的原因在于以下几个方面：

（一）企业自身意识淡薄，更确切说是股东自身意识淡薄

企业在历次出资变动或调整过程中，股东总觉得我拿多少钱出资以及拿什么出资都是我自己家里的事情，想怎么做就怎么做，只要我情我愿，别人就管不着。

（二）中介机构推波助澜

股东自身意识淡薄，而让股东更加强化这种意识的，就是中介机构的“全力配合”。评估机构可以为你量身打造评估报告，结论怎么写都行，评估价值想是多少就是多少，甚至不是机构找个专家评估一下也算。至于验资报告，更是没有问题，只要给钱验资报告就可以出，验资甚至成为会计师事务所赚钱最轻松的一个业务，基本上什么事情都不用做盖个章就有几万元到账，比审计轻松多了。

(三)工商部门的一路绿灯

出资变动最终是要主管部门审批同意的,换句话说,不管企业和中介机构怎么折腾,只要主管部门不同意,这个事情最终也成不了,不过遗憾的是,这个事情往往就在工商部门的一路绿灯下成功了。一路绿灯的内在原因也会有很多,有工商部门业务水平不高的可能,有工商部门在政府压力下要支持当地企业发展简化程序的可能,当然也有工商部门服务意识提高真正为企业提供便利的可能。不管是什么样的可能,这都为后来我们看到的出资问题埋下了历史的隐患。

二、新三板挂牌对出资问题的考量

新三板挂牌企业可以对企业有更高的容忍度,但是对于出资问题也必须要满足"两性"。如果企业存在出资方面的问题,那么也需要整改,不然也是不符合新三板挂牌条件的。

当然,这里需要首先重点强调的一点就是:新三板企业出资问题解决之后没有必然的运行时间的要求,小兵认为这样的理解是非常正确的,至于原因在批判交易所上市运行时间问题方面已经有过论述。

基本原则我们都已经了解了,但是在实践中我们有一些具体业务性的细节问题还是需要我们好好把握,以免错误理解了问题,从而引起不必要的麻烦:

(一)我们要判断好什么情况属于出资不实的情形

在实践中,小兵看到了一些并不合理的情况:(1)对出资不实的本质没有把握清楚,将企业正常的出资行为误诊为出资不实。(2)对问题核查研究不够细致,对企业出资不实的性质和程度没有准确的界定。既然我们做项目是奔着解决问题来的,那么我们首要的前提和工作自然是要找出问题并分析清楚问题,如果问题搞不清楚,那么我们提出解决问题的方案不仅不一定能解决问题甚至有可能适得其反。

(二)提出解决问题的最佳方案

如果出资不实的瑕疵和问题已经明确,那么我们要提出解决方案,这里有几个问题需要明确:(1)以现金补足或者置换的解决方式是最佳方案但不一定就是唯一方案。(2)方案以最根本地解决问题为目的,并不是付出的代价越高越好,也并不是花的钱越多能够兜底的风险也就越多。

(三)向投资者提示可能还存在的风险

出资问题属于比较典型的历史问题,历史问题解决了出资问题也就解决了。但是由于出资问题还可能涉及股权以及股东之间的纠纷等特定问题，因而还需要关注：(1)股东曾经的出资不实行为是否会构成对于其他股东的违约责任，是否有股东对该责任提出主张。(2)股东曾经的出资不实行为是否引起了企业不必要的负债，是否存在因此而利息承担问题上的纠纷或者潜在纠纷。(3)企业历史上是否存在分红，是否会因股东出资不实问题而引起分红问题的纠纷。(4)股东曾经的出资不实是否会有其他股东对股东所持有股份存在质疑，认为当年股东的持股就应该是实际出资的部分而不是认缴的部分。

三、出资不实的主要情形

(一)以非法律规定的资产出资

根据《公司法》、《公司注册资本登记管理条例》及相关法律法规的规定，股东可以用货币出资，也可以用实物、知识产权、土地使用权等可以用货币估价并可以依法转让的非货币财产作价出资；但劳务、信用、自然人姓名、商誉、特许经营权或者设定担保的财产等除外。此外，国家工商总局2009年1月发布《股权出资登记管理办法》，2011年11月发布《公司债权转股权登记管理办法》，也就是说，股权和债权目前也可以成为出资方式。

对于股东以《公司法》等有关规定未明确列举的财产和权利(如采矿权、非专利技术、商标使用权等)作为出资是否予以认可，直接关系到股东是否存在出资不实的情形，这里并不能简单以股东出资的财产不属于法律法规列举的种类而予以否定，有些出资资产尽管并不实法律明确规定的但是如果符合货币估价、依法转让两大特征，那么这种出资方式应该也是应该认可的。当然，如果是法律明确规定不能出资的资产或者不符合两大条件的资产出资的，那么就会构成出资不实的情形。

(二)用于出资的非货币资产的实际价值显著低于出资额

根据《公司法》的规定，作为出资的实物、知识产权、土地使用权及其他非货币财产的实际价额显著低于公司章程规定的数额的，按照出资不实处理，应当由交付该出资的股东补足差额；公司设立时的其他股东承担连带责任。

实际价值显著低于出资额的部分视同出资不实，如(1)对用于出资的非货币资产采用收益法评估，结果投入公司后，并未产生预期的收益；(2)投入的非货币资产不属于公司生产经营必需，却以较高的评估价格投入公司，未产生相应效益，上述两种情形可能会被认定为高估资产价值，出资不实。如相关资产出资时评估价值公允，后在使用过程中发现由于出现了新技术而导致其市场价值下降的，不能视作实际价值显著低于出资额（具体分析见后续“出资是个时点概念”的论述）。

（三）以非货币资产出资但未办理财产转移手续

根据有关法律法规的规定，以非货币财产出资的，应当依法办理其财产权的转移手续。如股东未按发起人协议或公司章程将非货币资产（通常为所有权转移需要进行变更登记的资产，尤其是房屋、土地使用权、工业产权、商标等）转让至公司名下，但相关资产实际交给公司占有及使用，且股东未就公司使用相关资产取得或按照相关安排将要取得费用等，则按照实质重于形式的原则，在股东将相关资产所有权/使用权有效转移给公司，且由有关验资机构出具补充验资报告后，该等出资不实问题不应成为IPO项目的实质性障碍。倘若上述非货币资产的所有权/使用权有效转移给公司存在重大障碍（比如根本就没有权利证书，或者权利证书禁止转让等），应认定为股东出资不实的情形。

（四）股东出资资产存在权属瑕疵

根据相关法律规定的主旨，股东用以出资的资产必须是股东合法拥有并有权处置的，反之就出资不合规并构成出资不实。这种情况可能有这样几种情况：(1)股东用以出资的资产是职务发明；(2)股东用以出资的资产为公司法人资产（如职务发明）；(3)公司用以出资资产为非法所得。

（五）出资未及时到位

不论是出资设立还是股权增资，相关规则都规定了股东严格的出资时间限制，出资不到位就是指股东没有按照规则在规定的期限内缴足出资。这里也包括这样的情形：旧《公司法》不允许股东分期出资的而分期出资的情形；新《公司法》允许股东分期出资但是股东分期出资超过期限等。

【实践案例】

一、出资程序瑕疵

（一）佳星慧盟(430246)：设立时无验资报告

如果设立出资未经审验但符合当地工商局相关规定的，则如实披露；如果不符合当时法律法规但不属于出资不实的，须进行验资复核；

如果涉嫌出资不实的,则须现金补足出资。

《公司法》(1999年修正)第26条规定,"股东全部缴纳出资后,必须经法定的验资机构验资并出具证明。"北京市工商行政管理局2004年2月6日发布了《关于印发〈改革市场准入制度优化经济发展环境若干意见〉的通知》(京工商发〔2004〕19号)。《北京市工商局改革市场准入制度优化经济发展环境若干意见》(2004年2月15日起实施)第3条"改革内资企业注册资本(金)验证办法"之第13项规定,"投资人以货币形式出资的,应到设有"注册资本(金)入资专户"的银行开立"企业注册资本(金)专用账户"交存货币注册资本(金)。工商行政管理机关根据入资银行出具的《交存入资资金凭证》确认投资人缴付的货币出资数额";第14项规定,"投资人以非货币形式出资的,应当在申请登记注册时提交资产评估报告。工商行政管理机关根据评估报告确定的资产价值,确认投资人缴付的非货币出资数额。"有限公司在设立注册时的出资没有经过法定验资机构验资并出具验资报告,虽在程序上不符合当时《公司法》的规定,但鉴于有限公司是根据当时北京市工商局的相关规定办理的设立手续,且出资已实际到位,本次出资真实有效。

(二)四维传媒(430318):非货币资产出资未经评估(非货币性资产本身没有瑕疵)

2005年5月8日,四维有限股东会作出决议,同意四维有限的注册资本从100万元增加至1600万元。新增注册资本1500万元中,新股东四维投资以实物出资851万元,原股东罗险峰以实物出资603万元、现金出资46万元……

本次增资中,罗险峰用于出资的设备系其于出资前自上海益智进出口公司购入的1台日本三菱D3000LS－4四色胶印机,因采购时间与投入时间间隔极短,期间设备价值未发生重大变化,因此罗险峰将上述设备直接以购买价投入公司,未进行资产评估。

本次罗险峰以实物出资未经评估作价,不符合其出资时所适用的《公司法》(2004年修正)第24条关于"股东可以用货币出资、也可以用实物、工业产权、非专利技术、土地使用权作价出资。对作为出资的实物、工业产权、非专利技术或者土地使用权,必须进行评估作价,核实资产,不得高估或者低估作价"的规定。但根据出资设备的采购发票、出资设备机身载明的出厂日期(2005年1月)以及罗险峰本人的确认,该出资设备在罗险峰采购当时为全新设备,并在采购后立即用于本次出资,因此当时直接以发票价格作为出资作价依据。上海众华资产评估有限公司于2011年3月10日出具《关于罗险峰因投入上海四维文化传媒有限公司所涉及的日本三菱四色胶印机市场价值复核报告》(沪众评报字〔2011〕243号),确认出资设备在出资时点(即2005年6月8日)的评估价值为611万元,因此本次实物出资不存在出资不实情形。

本公司现有全体股东已作出承诺,确认不会对本次实物出资的真实性及未经评估作价事项提出异议。罗险峰于2012年2月23日作出承诺,若因实物出资作价而产生任何法律纠纷,其愿意承担相应的法律责任。

(三)奥尔斯(430248):无形资产出资未经评估,作减资处理

有限公司系由自然人李朱峰、赵振丰共同出资设立的有限责任公司,注册资本50.00万元,成立于2003年12月19日。2003年12月15日,北京驰创会计师事务所有限责任公司出具了京创会字〔2003〕第2-Y3311号《验资报告》,经审验,截至2003年12月15日,有限公司注册资本50.00万元已全部到位,其中李朱峰以货币资金出资6.40万元,以非专利技术"智能微电流传感器"出资25.60万元,出资额占公司注册资本64.00%;赵振丰以货币资金出资3.60万元,以非专利技术"智能微电流传感器"出资14.40万元,出资额占公司注册资本36.00%。根据1999年修订的《公司法》规定:"股东可以用货币出资,也可以用实物、工业产权、非专利技术、土地使用权作价出资。对作为出资的实物、工业产权、非专利技术或者土地使用权,必须进行评估作价,核实财产,不得高估或者低估作价。土地使用权的评估作价,依照法律、行政法规的规定办理。"公司设立时的无形资产非专利技术未进行评估作价,存在出资瑕疵。该部分无形资产出资已经在2012年7月进行了减资处理,出资瑕疵影响已经消除。

(四)风帆电镀(430221):验资报告和评估报告不符合规定,现金置换出资

武汉风帆电镀技术有限公司由武汉风帆表面工程有限公司、王志军、刘仁志和杨磊共同组建,其中,王志军、刘仁志、杨磊分别以货币方式出资5万元,风帆表面出资105万元,以其在"中外合资企业武汉风帆电镀技术有限公司"清算后净资产享有的权益进行出资。武汉鄂汉会计师事务有限责任公司出具鄂汉验报字〔2002〕006号验资报告进行了审验。该验资报告是以变更登记为目的出具的,导致验资报告的审验形式与工商登记方式不符,而且验资报告中所述的净资产出资作价系依据清算审计、评估报告,而不是以投资为目的的审计、评估报

告,因此该验资报告对净资产出资的审验程序存在瑕疵。

2012 年 10 月 20 日,有限公司通过股东会决议,决定股东风帆表面用现金 105 万元置换原 105 万元的净资产出资,以弥补原净资产出资审验程序上的瑕疵。风帆表面于 2012 年 11 月 9 日缴存现金 105 万元汇入有限公司账户。该 105 万元置换资金公司计入了资本公积。风帆表面原投入的净资产仍由有限公司所有。国富浩华会计师事务所(特殊普通合伙)湖北分所对风帆表面以现金置换原 105 万元净资产出资进行了审验,出具了国浩鄂验字〔2012〕503C26 号验资报告。本次出资方式置换后,公司累计注册资本(实收资本)仍为 1050 万元。2012 年 11 月 21 日,公司就本次出资置换办理了工商备案手续。

(五)吉事达(430402):验资报告存在瑕疵(验资报告未说明资本公积金额)

2010 年 12 月 3 日,自然人付放、闫炘、陈家甦与陈刚、任清荣签署《关于武汉吉事达激光技术有限公司增资扩股协议》,约定由付放、闫炘、陈家甦出资 500 万元,其中付放出资 300 万元,列入注册资本 16. 92 万元;闫炘出资 150 万元,列入注册资本 8. 46 万元;陈家甦出资 50 万元,列入注册资本 2. 82 万元;公司注册资本由 100 万元变更为 128. 2 万元。本次增资价格以公司未来盈利能力作定价依据。本次增资由武汉中谷会计师事务所有限公司审验,于 2010 年 12 月 30 日出具武中谷验字〔2010〕193 号《验资报告》,确认截至 2010 年 12 月 28 日,公司已收到股东付放、闫炘、陈家甦缴纳的新增注册资本合计 28. 2 万元。2010 年 12 月 31 日,武汉市工商行政管理局东湖分局核发《企业变更通知书》,核准本次注册资本和股东变更登记。

……

本次增资系溢价形式出资,武汉中谷会计师事务所有限公司出具的验资报告仅审验列入注册资本的金额,未表述列入资本公积的金额。北京兴华会计师事务所有限责任公司进行验资复核,于 2013 年 8 月 13 日出具了京会兴专字〔2013〕12170421 号《验资报告专项复核报告》,确认公司收到股东付方、闫炘、陈家甦出资 500 万元,其中 28. 2 万元列入注册资本,其余 471. 8 万元列入资本公积。

二、特殊出资方式

(一)联动设计(430266):以人力资源、管理资源出资

公司设立时,股东黄万良、朱桂兰、任德才、黄玉娇以人力资源出资 340 万元。根据 2001 年 2 月 19 日武汉东湖开发区管理委员会颁布

的《武汉东湖开发区委会关于支持武汉光电子信息产业基地（武汉·中国光谷）建设若干政策实施细则的通知》（武新管综〔2001〕10号）第7条之规定："股东以人力资源入股的，经全体股东约定，可以占注册资本的35%（含35%）以内"，因此公司以人资源出资事项符合该法规规定。

公司设立时，武汉留创园以管理资源出资10万元。根据2000年4月12日武汉市人民政府《关于加快高新技术创业服务中心建设与发展步伐的通知》（武政办〔2000〕63号）第7条之规定："鼓励创业中心通过投资、提供优质服务等方式持有在孵企业的一定股权。"武汉创业园为武汉东湖新技术开发区管委会依据《关于成立武汉留学生创业园管理中心的决定》（武新管人〔2002〕16号）设立的创业管理中心，因此其以管理资源出资符合《关于加快高新技术创业服务中心建设与发展步伐的通知》的规定。

为规范公司历史出资中存在的人力资源出资、管理资源出资等事项，公司于2012年10月向武汉市工商行政管理局东湖新技术开发区分局提交了情况说明。2012年10月20日，武汉市工商行政管理局东湖新技术开发区分局作出《关于指定武汉中天奇会计师事务所有限公司对武汉联动设计工程有限公司实收资本进行验资的函》，指定中天奇对有限公司实收资本进行验资。中天奇于2012年10月22日出具《关于武汉联动设计工程有限公司截至2012年10月19日止历次出资验资复核报告》（武奇会专审字〔2012〕001号），验证：2003年7月8日股东第一次出资中，管理资源出资10万元、人力资源出资340万元，共计350万元是依照武汉东湖开发区管理委员会文件武新管综〔2001〕10号文件出资；2004年7月5日股东第二次出资中实物出资382万元，由于时间久远，无法获取相关原始资料证明出资实物所有权已转移至公司。为规范上述情况，公司股东以货币出资对人力资源出资、管理资源出资、实物出资进行了置换。

（二）风格信息（430216）：人力资源出资

1. 相关法律法规

公司设立时有效的《公司法》（1999年修正）第24条第1款规定，"股东可以用货币出资，也可以用实物、工业产权、非专利技术、土地使用权作价出资。"根据国务院《鼓励软件产业和集成电路产业发展若干政策》（国发〔2000〕18号）和上海市人民政府颁发《关于本市鼓励软件产业和集成电路产业发展的若干政策规定》（沪府发〔2000〕54号）的精神，上海市工商行政管理局2001年出台的《关于鼓励软件产业和集成电路产业发展促进高新技术成果转化的若干实施意见》(沪工商注〔2001〕97 号)(2006 年 2 月 15 日失效)第 2 条规定"科技型企业、软件和集成电路的生产企业可以高新技术成果和人力资本、智力成果等无形资产作价投资入股。以人力资本和智力成果作价投资入股最高可占注册资本的 20%。"

另外,上海市工商行政管理局《关于印发〈关于张江高科技园区内内资企业设立登记的实施细则〉的通知》(沪工商注〔2001〕334 号)明确规定"鼓励推进科技成果转化和允许人力资本、智力成果作为物化资本投资。具有管理才能、技术特长或者有专利成果的个人,可以人力资源、智力成果作价投资入股,最高可达注册资本的 20%。"

2. 有限公司人力资源出资情况

2004 年 8 月 6 日,惠新标以其自身作为人力资源出资,全体股东召开股东会并作出决议,一致同意其人力资源作价 40.00 万元出资,占注册资本的 20.00%。2004 年 8 月 6 日,惠新标、张聪慧共同签署了《上海风格信息技术有限公司章程》,章程约定了有限公司设立时的出资金额、出资比例及出资方式。2006 年 6 月,公司股东惠新标通过将上述人力资源出资以零元价格转让给杨树和,由杨树和将 40.00 万元货币资金注入公司验资账户的方式置换人力资源出资。2006 年 6 月 19 日,上海上审会计师事务所出具了《验资报告》(沪审事业〔2006〕3754 号)进行出资验证。

2012 年 9 月 27 日,上海市工商行政管理局浦东新区分局出具《工商浦东分局关于〈关于商请就上海风格信息技术股份有限公司人力资源出资事项进行确认的函〉的复函》明确答复浦东新区推进中小企业上市工作联席会议办公室,"上海风格信息技术有限公司于 2004 年 8 月设立登记时注册资本中含有 40.00 万元(占注册资本 20.00%)人力资本的出资形式,符合市场准入改革创新试点政策"。

3. 结论

有限公司设立时以人力资源出资系依据上海市工商行政管理局《关于鼓励软件产业和集成电路产业发展促进高新技术成果转化的若干实施意见》(沪工商注〔2001〕97 号)和《关于印发〈关于张江高科技园区内内资企业设立登记的实施细则〉的通知》(沪工商注〔2001〕334 号)的规定,依法在上海市工商行政管理局浦东分局办理的设立登记手续。由于上海市工商行政管理局为鼓励本市企业发展设置了宽松的企业注册登记政策,引起风格信息存在出资方式与《公司法》之规定不一致的法律瑕疵。

鉴于风格信息及其股东不存在主动违法违规情形，且已于2006年以货币资金置换了人力资源出资，同时取得上海市工商行政管理局浦东新区分局关于有限公司以人力资源出资符合地方政府市场准入改革创新试点政策的确认函，故认为有限公司上述出资行为不存在重大违法违规行为。

（三）华敏测控（430354）：债权转股权

2013年7月4日，公司召开董事会，决议公司进行增资，增加股份数额为3,220,000股，增资价格为1元/股，其中股东刘翼翔以现金出资28万元人民币、以债权转股权出资90万元人民币，武汉柏乐投资合伙企业（有限合伙）以现金出资132万元人民币，李新天以现金出资15万元人民币，陶红喜以现金出资28万元人民币，向青以现金出资11万元人民币，郭新以现金出资18万元人民币。

2013年7月4日，公司与各出资股东签署了《增资协议书》。

2013年7月15日，湖北鑫京茂资产评估有限责任公司对股东刘翼翔债权转股权所涉权益价值进行评估，并出具了鄂鑫京茂评报字〔2013〕130713号评估报告，以2013年5月31日为评估基准日的，此次转股的债权评估价值为90万元人民币，无增减值。

2013年7月19日，湖北鑫京茂会计师事务有限公司出具了鄂鑫京茂验字〔2013〕180046号验资报告，对上述出资进行了审验。

2013年7月19日，公司召开2013年第二次临时股东大会，审议通过增资事项。

2013年7月24日，股份公司就本次变更办理了工商变更登记手续，并换领了企业法人营业执照。

三、无形资产出资瑕疵

关于无形资产出资瑕疵的解决方案，在新三板挂牌过程中本着“历史问题历史态度解决”的宽容态度，可以考量以下因素：(1)如果存在出资瑕疵的非专利技术在股改基准日仍有账面价值，有两种处理方法：①账面价值较小，一次性摊销；②如果账面价值较大可以采用货币资金置换无形资产的账面价值，或者减资，同时如实披露。(2)如果存在出资瑕疵的非专利技术等无形资产在股改基准日已摊销完毕，可以视为无形资产出资瑕疵已解决。

（一）奥特美克（430245）：无形资产出资涉及职务发明，现金补正

2006年4月，有限公司股东吴玉晓和路小梅以非专利技术“水资源远程实时监控网络管理系统技术”出资640万元，二人各自占比均

为50%。由于该项非专利技术与公司的生产经营相关,不排除利用了公司的场地和办公设备甚至公司的相关技术成果,无法排除出资人职务成果的嫌疑,以此项技术出资存在瑕疵,公司决定以现金对该部分出资予以补正。2012年8月29日,有限公司召开股东会,决议由股东路小梅和吴玉晓分别以现金320万元对公司2006年4月的非专利技术出资640万元进行补正,并计入资本公积。2012年8月31日,兴华会计师事务所出具〔2012〕京会兴核字第01012239号审核报告,对上述补正出资的资金进行了审验,确认截至2012年8月31日,公司已收到上述股东的补足出资,并已进行了合理的会计处理。补正该出资后,公司的注册资本,实收资本不变。

(二)东软慧聚(430227):出资的非专利技术并非任职内作品的说明

2009年4月13日,有限公司召开股东会,全体股东一致同意曲延斌以559.5万元知识产权出资;知识产权评估后,经全体股东确认,确认价值为574万元,其中:559.5万元计入实收资本,剩余的14.5万元计入资本公积。2009年4月9日,北京中财资产评估有限公司对曲延斌的非专利技术出资进行评估,并出具中财评报字〔2009〕003号资产评估报告,结论为曲延斌的非专利技术资产评估值为574万元,其中:贷款逾期自动结息(代扣代缴)管理系统评估值为64万元,企业仓储信息动态管理系统评估值为104万元,进口核销手册子模块评估值为167万元,物料可用性检查与可供货日期计算管理系统评估值为170万元,企业文件交互式管理系统评估值为69万元。此次出资经中财会计师事务所有限公司出具中财验字〔2009〕005号《验资报告》审验,并经北京市工商行政管理局海淀分局核准。根据曲延斌所任职的前一家公司和公司出具的说明,曲延斌用以出资的上述非专利技术在有限公司成立之前就已经形成,非职务作品。

(三)地大信息(430347):博士生科研成果毕业后申请专利不属于职务发明

根据软件著作权申请时间和马维峰任教时间判定,基于该软件信息平台为跨区域、跨网络的复杂大型网络三维地理信息系统软件,自正式任教之日起至首次发表日止,该期间内无法完成该系统的研究开发工作,该软件应为马维峰博士在读期间(2005~2008年)自主开发并完善;马维峰任教中国地质大学(武汉),主讲地貌第四纪(地学方向),也未承接任何科研项目,其主要工作与该软件开发及运用领域没有交集,工作单位也未提供相关资金、专业设备等物质条件。

因此，该软件不属于职务作品，马维峰在以该软件著作权出资时，不存在权利瑕疵。此外，马维峰和公司目前均不存在因该软件产生的知识产权纠纷。

（四）铜牛信息(430243)：非专利技术出资比例违反《公司法》规定

2004年8月28日修订的《公司法》第24条第2款规定："以工业产权、非专利技术作价出资的金额不得超过有限责任公司注册资本的百分之二十，国家对采用高新技术成果有特别规定的除外。"2000年12月8日，北京市人大常委会依据国务院《关于建设中关村科技园区有关问题的批复》（国函〔1999〕45号）颁布了《中关村科技园区条例》（北京市人大常委会公告第25号）（以下简称《条例》）（有效期至2010年12月23日），北京市人民政府于2001年3月2日颁布了《中关村科技园区企业登记注册管理办法》（北京市人民政府令第70号）（以下简称《办法》）（有效期至2007年11月23日）。

上述法规对中关村科技园区内企业以高新技术成果作价出资规定如下：《条例》第11条规定："以高新技术成果作价出资占企业注册资本的比例，可以由出资各方协商约定。"《办法》第13条规定："以高新技术成果出资设立公司和股份合作企业的，对其高新技术成果出资所占注册资本（金）和股权的比例不作限制，由出资人在企业章程中约定。企业注册资本（金）中以高新技术成果出资的，对高新技术成果应当经法定评估机构评估。"第14条规定："出资人以高新技术成果出资，应当出具高新技术成果说明书；该项高新技术成果应当由企业的全体出资人一致确认，并应当在章程中写明。经全体出资人确认的高新技术成果可以作为注册资本（金）登记注册。"第15条规定："工商行政管理机关对以高新技术成果作价出资的，应当在《营业执照》经营范围栏的最后项下注明作为非货币出资的技术成果的价值金额、占注册资本的比例以及是否办理了财产转移手续的情况。"根据当时有效的北京市工商行政管理局于2004年2月6日颁布的《关于印发〈改革市场准入制度，优化经济发展环境若干意见〉的通知》对内资企业注册资本（金）缴付方式进行改革的规定，"投资人以高新技术成果出资，应当出具经全体投资人一致确认的高新技术成果说明书。以高新技术成果作价出资占企业注册资本（金）的比例，可以由投资各方协商约定。"

2005年9月21日，由铜牛针织集团、高鸿波等9方共同签署了《高新技术成果说明书及确认书》，共同确认该非专利技术为高新技术成果，同意以该高新技术成果投入有限公司中。同时，用于出资的此项非专利技术亦由北京新京联成资产评估有限公司进行了评估，并出具评估报告书确认该项非专利技术的评估值为78万元。

2005年10月10日，公司所有股东签订了《财产转让协议》，将该非专利技术转移给有限公司，且经北京中万华会计师事务所审计，该非专利技术已完成转移手续。有限公司也于2005年10月10日召开股东会，全体股东一致同意以非专利技术出资78万元。该股东会决议通过的《公司章程》亦明确载有该项无形资产出资的内容。北京市工商行政管理局核准了公司的设立登记，并在公司营业执照的经营范围栏的最后项下注明了作为非货币出资的技术成果的价值金额。

因此有限公司成立时无形资产占注册资本的比例符合当时有效的相关规定，出资形式合法，出资有效到位。

关于非专利技术出资比例的事项，北京市国联律师事务所在其为本次公司进入全国中小企业股份转让系统出具的《法律意见书》中发表了如下意见：铜牛信息有限设立时，注册资本中非专利技术占比达到78%是符合当时相关规定的；并且取得了北京市工商局核准登记，铜牛信息有限的非专利技术出资合法、有效。北京纺织控股有限责任公司作为铜牛集团及铜牛信息的控股股东，于2013年5月24日出具了《关于北京铜牛信息科技股份有限公司历史沿革有关问题的报告》，确认"上述非专利技术出资虽未根据《国有资产评估管理若干问题的规定》进行国有资产评估备案，程序上存有瑕疵，但国有产权明晰，不存在纠纷，并未造成国有资产流失，亦未损害国有权益。"

四、出资不实的典型情形

（一）威门药业（430369）：在持续经营期间自行资产评估，并按照评估结果调整账务，其增值部分转增实收资本

解决方案：(1)作为会计差错调整；(2)货币资金补足；(3)工商部门出具专项出具无违法、违规证明；(4)如实披露。

1997年7月31日，贵阳审计师事务所出具《对贵州威门药业有限公司整体资产的评估报告》(〔97〕筑审事〈评〉字第101号)(以下简称《97年评估报告》)。根据该评估报告，截至1997年7月23日，威门有限总资产评估值为11,319,411.49元，总负债评估值为837,310.30元，净资产评估值为10,482,101.19元，增加资本公积6,960,029.81元。

1997年8月7日，贵阳审计师事务所出具《验资报告》(〔97〕筑审验字第104号)，确认：截至1997年8月5日，威门有限已经收到上述股东投入的800万元注册资本，威门有限实收资本为800万元；本次增加注册

资本650万元,其中:梁斌以其对威门有限享有的债权2,153,187.81元增加实收资本,从资本公积转增实收资本4,346,812.19元……

威门有限本次增资的出资方式为债权转股权及资本公积金转增,其中以债权转股权方式出资金额为2,153,187.81元,以评估增值部分的资本公积金转增方式出资金额为4,346,812.19元,本次增资具体事项及存在的问题说明如下:

……

根据《1997年验资报告》、《1997年评估报告》,本次增资的资本公积金系威门有限整体资产评估后的评估增值部分,即威门有限净资产值经评估机构评估后增加了6,960,029.81元净资产,威门有限将该增加的净资产全部转为资本公积金,此次增资时,威门有限将其中的4,346,812.19元资本公积金转增为股本。

威门有限以资产评估价格调增相关资产价值并将由此增加的净资产计入资本公积后转增股本,不符合企业会计处理的相关规定。因此,此次增资以评估增值后形成的资本公积转增股本存在瑕疵……

鉴于:

1. 梁斌等自然人的出资已经会计师验证,均已经到位。

2. 梁斌等自然人以债权以及资本公积金转增方式出资已获得主管部门贵州省工商局的认可。

3. 梁斌已于2010年12月6日以货币资金2,153,187.81元置换了上述增资以债权转股权的出资。

4. 威门有限此次增资时,通过评估增值转为资本公积的资产为存货和固定资产,其中存货评估增值为6,858,519.81元,固定资产评估增值为101,510.00元。上述存货在评估调账后于1997年和1998年已经全部形成产成品并实现对外销售,扣除应计缴的企业所得税147,716.70元,余额为6,710,803.11元,威门有限因存货评估增值导致的净资产虚增部分已有6,710,803.11元予以补足;根据北京天华会计师事务所于2001年5月31日出具的《审计报告》(天华审字〔2001〕397号)(以下简称《改制审计报告》),截至威门有限整体变更设立股份有限公司的审计基准日2001年4月30日,此次增资固定资产评估增值部分累计计提折旧31,549.43元,扣除应计缴的企业所得税2,491.46元,余额为29,057.97元,威门有限因上述固定资产评估增值导致的净资产虚增部分已有29,057.97元予以补足。

通过上述存货销售及固定资产折旧,威门有限上述增资因评估增值计入资本公积进而转增股本导致威门有限增加的净资产4,346,812.19

元,已经全部实现。因此,威门有限以2001年4月30日为基准日以净资产出资、折股方式整体变更为股份有限公司后,威门有限此次增资以评估增值计入资本公积进而转增注册资本的4,346,812.19元已全部予以补足。

根据《专项复核报告》,威门有限历次出资中因评估增值转为资本公积并转增资本、债权转股权、会计差错等导致的出资瑕疵事项,已经全部予以规范解决。

5.贵州省工商行政管理局已于2013年10月23日出具《贵州威门药业股份有限公司1997年增资及2001年股份公司设立相关事宜的确认函》,其中记载:

“(1)威门药业(含威门有限)上述出资瑕疵系因会计差错导致,不属于重大违法违规行为;

(2)上述出资瑕疵已经予以规范解决,且解决的过程合法、合规,该等瑕疵不影响威门药业的依法设立和有效存续,威门药业1997年增资及2001年股份公司设立具有充足的法律依据;

(3)我局不会就上述历史出资问题对威门药业进行行政处罚,亦不会追究其其他的任何法律责任。”

6. 2013年10月30日,威门药业实际控制人梁斌、杨槐夫妇出具承诺,承诺对于因上述问题导致的威门药业的任何损失将承担全部赔偿责任。

综上,主办券商认为,威门有限1997年增资时债权转股权未经评估的瑕疵已通过现金置换规范解决;以评估增值后形成的资本公积转增注册资本的部分已通过存货销售及固定资产折旧方式实现;威门有限本次增资存在瑕疵未损害股东或债权人利益,不存在纠纷及潜在纠纷,对本次挂牌不构成实质性影响。

金杜所认为,威门有限1997年增资时存在的不规范情形已经相关方规范解决并获得了主管工商部门的认可,此次增资不规范的情形不会导致威门药业面临潜在的法律风险,亦不会对其本次挂牌构成实质性法律障碍。

金杜所出具《补充法律意见书》认为,威门有限1997年增资不规范行为解决的过程合法、合规;威门有限1997年增资虽然存在瑕疵,但威门有限1997年以债权及资本公积金转增注册资本行为已获主管部门认可,有充足的法律依据。

（二）微纳颗粒（430410）：出资未及时到位（注册资金与实收资本不一致）

2005年10月，高维秀、任中京、徐俊杰、江海鹰等4个自然人共同出资设立济南微纳颗粒技术有限责任公司，公司注册资本为人民币50万元，实缴资本10万元，全体股东均以货币出资。

……

有限公司成立于2005年11月9日，应适用2004年修订后的《公司法》（以下简称原《公司法》）。原《公司法》第23条规定："有限责任公司的注册资本为在公司登记机关登记的全体股东实缴的出资额。有限责任公司的注册资本不得少于下列最低限额：（一）以生产经营为主的公司人民币五十万元。"有限公司设立时，实际缴纳的出资额与营业执照登记的注册资本不一致，不符合原《公司法》的上述规定。因此，有限公司设立时存在出资瑕疵。

但鉴于：

1. 有限公司设立时取得的《企业法人营业执照》"注册资本"一栏已载明："注册资本伍拾万元整（实缴资本拾万元整）"，对公司的真实出资情况予以明确标示。有限公司设立时不存在虚假出资情形，并经济南市工商行政管理局登记确认。

2. 上述出资情形符合《公司法》的有关规定。2005年11月9日有限公司成立时，《公司法》（2005年10月27日公布，2006年1月1日起施行）已经于2005年10月27日予以公布，虽然并未正式施行，但对各地工商行政管理部门的实务工作具有一定的指导性意义。

《公司法》第26条规定："有限责任公司的注册资本为在公司登记机关登记的全体股东认缴的出资额。公司全体股东的首次出资额不得低于注册资本的百分之二十，也不得低于法定的注册资本最低限额，其余部分由股东自公司成立之日起两年内缴足；其中，投资公司可以在五年内缴足。有限责任公司注册资本的最低限额为人民币三万元。法律、行政法规对有限责任公司注册资本的最低限额有较高规定的，从其规定。"有限公司设立时以认缴出资额确定为公司注册资本的情形符合《公司法》的有关规定。

3. 有限公司设立时的出资瑕疵并未对任何第三方造成实质性影响。

4. 2006年10月有限公司股权变更后，有限公司股东任中京、高维秀按照其各自认缴的出资额足额缴纳了全部出资。2006年10月26日工商局核发的《企业法人营业执照》载明："注册资本伍拾万元整，实收资本伍拾万元整。”至此,有限公司设立时的出资瑕疵得以纠正。

综合以上原因,公司律师认为,有限公司设立时处于公司法修订期间,其出资情况符合新修订的公司法精神,其出资瑕疵未造成不良法律后果且已得到纠正。因此,上述出资瑕疵对公司在全国股份转让系统挂牌不构成实质影响。

(三)乐升股份(430213):由关联方代缴出资

2006 年 9 月 27 日,XPECENTERTAINMENTHOLDINGS(CAYMAN)LTD. 代香港启升向有限公司汇入投资款 12.5423 万美元,作为香港启升投入有限公司的新增注册资本。2006 年 11 月 10 日、17 日及 29 日香港启升分别向有限公司汇出投资款 12.8005 万美元、10 万美元及 14.6587 万美元,以上四笔款项共计 50.0015 万美元,均存入有限公司在中国工商银行北京分行海淀支行营业部开立的账户,该营业部出具了《外汇款收账通知》。

2006 年 12 月 18 日,北京数码会计师事务所有限公司出具开验字〔2006〕1591 号《验资报告》,确认截至 2006 年 11 月 29 日,香港启升对有限公司新增加的 50 万美元出资已全部缴纳完成。2006 年 12 月 31 日,北京市工商行政管理局出具京工商注册企许字〔2006〕0035812 号《准予设立(变更、注销、撤销变更)登记(备案)通知书》,核准了 50 万美元出资已全部缴纳的变更登记事项。

公司律师认为:根据香港启升与 XPECENTERTAINMENTHOLDINGS(CAYMAN)LTD. 在 2006 年 9 月 27 日签署的关于委托支付投资款 12.5423 万美元的《委托协议》、双方出具的证明书及声明书,XPECENTERTAINMENTHOLDINGS(CAYMAN)LTD. 与香港启升之间是借款 12.5423 万美元的债权债务关系,不存在股权代持关系,且香港启升已经将该借款全部归还,双方不存在任何争议和法律纠纷。

(四)某挂牌企业:无形资产出资与主营业务不相关涉嫌出资不实

企业为了申报高新技术企业,创始股东与大学合作,购买与公司主营业务无关的无形资产或者通过评估出资至公司,或者股东自己拥有的专利技术或者非专利技术后来因为种种原因,虽然评估出资至公司,但是公司后来主营业务发生变化或者其他原因,公司从来没有使用过该等无形资产,则该等行为涉嫌出资不实。如果存在出资瑕疵的无形资产账面价值于股改基准日金额重大的,应采取减资或者现金置换;如果该无形资产摊销完毕的,视同瑕疵已经解决。

2007 年 10 月 15 日,经公司股东会决议批准,公司注册资本由

500.00万元增加至667.00万元,增资部分由新股东昝昕武以知识产权认缴。新增出资经重庆富勤会计师事务所有限公司审验,并于2007年9月28日出具渝富勤验字〔2007〕002号验资报告。新股东昝昕武用于出资的知识产权经重庆富勤资产评估有限公司评估,并于2007年8月30日出具富勤评字〔2007〕005号资产评估报告书,评估价值为626.00万元,全体股东确认的价值为626.00万元,新增实收资本167.00万元,增加资本公积(资本溢价)459.00万元。

公司股东用于出资的知识产权并未实际应用于公司产品和业务中,且截至2014年12月31日,昝昕武用于出资的知识产权均处于"视为撤回"或"终止"的法律状态。

考虑该知识产权出资并不在申报期内,且相关资产入账金额中5,607,916.38元已通过摊销的形式计入公司2014年以前的累计损益中,由于相关知识产权已终止,故对剩余账面价值全额摊销,摊销金额652,083.62元。

五、其他出资不实的情形

(一)三意时代(430255):设立时注册资本低于《公司法》的规定

经核查,依据有限公司设立时生效的《公司法》第23条的规定,科技开发、咨询、服务性公司的注册资本最低为人民币10万元。有限公司设立时注册资本为人民币3万元,不符合当时《公司法》的规定。但依据《北京市工商行政管理局转发市政府办公厅〈关于同意在中关村科技园区进行高新技术企业注册登记改制改组试点的通知〉的通知》(京工商发〔2000〕127号)第3条的规定,高新技术企业中有限责任公司申请登记注册时,其注册资本达到3万元(含)以上,即予登记注册。

因此,有限公司设立时注册资本虽不符合当时施行的《公司法》规定,但有限公司出资人的出资真实,且符合北京市人民政府以及北京市工商行政管理局的相关规定,不存在潜在法律风险,不会对本次挂牌转让造成不利影响。

(二)易同科技(430258):股份公司发起人未签订发起人协议

股份公司发起人当时未签订发起人协议,2013年3月10日,全体发起人出具了《关于公司整体变更的声明》,声明"有限公司的所有资产、业务、债权、债务及其它一切权益、权利和义务,自有限公司变更登记为股份公司之日起由公司承继。有限公司自2009年1月1日至股份公司完成变更登记之日止的经营损益由各发起人按照其持股比例承担或享有。发起人之间没有发生有关公司整体变更事项的争议,发起人认可公司整体变更的有效性，未来不就公司整体变更相关事项发生争议。”

（三）成科机电（430257）：未按原持股比例进行未分配利润转增资本

2001年9月1日，成科机电有限召开股东会作出决议，决定公司以累积未分配利润增加注册资本250万元，其中张钢转增220万元，张强转增20万元，胡凤兰转增10万元。上述增资情况经津天地验内字〔2001〕376号《验资报告》验证。会议决定变更公司经营范围，增加“成套输送设备制造（以环保部门审核为准）”业务；会议决定变更公司住所至天津新技术产业园区华苑产业区鑫茂科技园D1座五层A单元。公司按照要求修改了公司章程。2001年9月24日，公司就本次变更办理了工商变更登记，并取得了变更后的《企业法人营业执照》。公司律师认为：成科机电有限本次未按照原持股比例进行未分配利润转增的行为不违反法律、法规的强制性规定，且各股东均予认可，因此本次增资行为合法有效，不存在潜在的法律纠纷。

第十七章　股权清晰

【股份代持】

一、案例分析

股份代持也是我们在做项目过程中一个老大难的问题，不论是首发上市还是新三板挂牌。在企业上市过程中，由于股份代持问题可能会损害到拟上市公司股权的清晰问题，并且可能会引起很多的利益纠葛和法律纠纷，因而是被明文禁止的。那么新三板挂牌企业是不是也一定要禁止股份代持呢？是不是一点口子都不能开呢？

虽然目前新三板挂牌标准中还是要求将股份代持清理之后才可以，但是我们是否还可以有另外一些思考的角度和考量的因素呢？

关于股份代持的原因，小兵已经总结过多次，这里再简单说一下比较常见的几种：(1)某些人的身份当时不适合做股东；(2)一个团体的股份放在一个人身上，既保证了工商程序的简便也便于员工管理；(3)为了相互担保银行融资，通过代持的方式设立多家非关联企业。

关于股份代持的清理，基本上都是采取无对价股权转让的方式，这里就不再谈具体业务细节问题，小兵要说的是，是不是只要企业存在股份代持就不允许新三板挂牌呢？小兵的观点如下：

1. 企业不论登陆哪个层次的资本市场，我们都在强调信息披露，只要企业将问题说清楚讲明白就可以了。由于交易所上市有很多历史原因也有很多现实的牵绊，因为信息披露基本原则属于在“摸着石头过河”地实践，但是新三板挂牌我们可以实施得干脆些彻底些，当然现在我们也是这么做的。

2. 既然我们强调信息披露，那么股权代持问题能不能在某些特定条件下允许充分信息披露之后不再构成新三板挂牌的实质性障碍呢？首先我们说说信息披露需要关注的要点：(1)股份代持的原因；(2)股份代持的具体情况；(3)股份代持可能存在的后果，如果引起争议或者诉讼是否会导致股权大幅变动甚至是实际控制人变更;(4)股份代持没有及时解除的原因和障碍(比如成本太高或者时机不够成熟);(5)股份代持解除的具体时间和方案,以后如果存在问题的后续解决措施。

3. 如果企业充分披露了股份代持的相关情况(如上述的基本思路),并且愿意承担可能出现的后果(比如担心股权纠纷而无人问津甚至被强制退市),同时市场投资者等参与者能够认知并判断这种风险,那么对于入口的监管机构来说,就不应该"一刀切"地禁止这样的情形,而应该放权给市场进行博弈和取舍。

4. 此外,从另一个角度来看,如果一个企业愿意把股份代持问题一五一十地交代清楚,那么说明这个问题在企业心里就是没有鬼的,也是愿意接受监督和检验的,因此我们就应该允许企业进行这样的尝试。反之,如果某些股份代持会存在很大风险,那么这个时候企业也是不愿意主动披露的(比如通过股份代持关联担保的问题),这时候也是企业自主选择的一个问题。

最后,我们还需要说明一点的是,在实践中不论是交易所上市还是新三板挂牌,通过君子协定约定股份代持问题的我们都不能说没有。所以,从这个角度来看,对于问题堵不如疏。股份代持并不就是洪水猛兽,只是我们能不能正确看待这个问题。

二、案例情况

(一)神州云动(430262)

1. 股权代持及解除情况

2008 年 9 月 4 日有限公司设立时名义股东杨清利的全部 4 万元出资及 2010 年 1 月 20 日公司增加注册资本时杨清利认缴的 90 万元新增注册资本均为受孙满弟委托而出资。杨清利系孙满弟岳父。

2012 年 2 月 8 日,名义股东杨清利将其所持有限公司所有股权转让给孙满弟,恢复了孙满弟真实股东身份,股权代持关系解除。解除股权代持时未支付股权转让价款,孙满弟和杨清利确认代持行为和为恢复孙满弟真实股东身份而发生的出资转让行为系二人真实意思表示,二人不存在任何争议和纠纷。

2012 年 2 月杨清利将其所持股权转让给孙满弟的相关股东会决议和记录由当时公司股东杨清利、张长文签署,张长文同意杨清利将股权转让给孙满弟,放弃优先受让权。股东张长文签署《关于杨清利与孙满弟解除股权代持关系行为的确认》,确认代持行为解除未对其利益造成损害。因此可以确认上述代持关系的解除未对公司股东利益造成损害。

2. 股权代持原因

孙满弟、杨清利出具《关于代持行为的追认》，确认股权代持原因是为保护公司信息，避免公司注册信息泄露对公司及实际出资人孙满弟造成被广告推销等困扰，实际出资人孙满弟委托其岳父杨清利代持其出资。

实际出资人孙满弟承诺其不存在因违反《中华人民共和国公司法》、《中华人民共和国劳动合同法》、《中华人民共和国民法通则》、《中华人民共和国公务员法》等相关法律、法规而不能担任有限公司股东的情形。

（二）必可测（430215）

1. 股权代持的形成、变动及解除情况

（1）股权代持的形成

2007 年 7 月，北京圣地万隆科贸有限公司与何忧签署了出资转让协议书，将其持有北京必可测科技有限公司的出资额 125 万元分别转让给何忧，转让完成后，何忧的出资额为 125 万元，出资比例为 29.76%，何忧持有的出资额系代何立荣持有，何立荣与何忧为兄妹关系。

（2）股权代持的变动

2011 年 3 月，有限公司进行增资，注册资本由 420 万元增至 885 万元，其中何忧出资 162 万元，出资完成后，何忧的全部出资额为 287 万元，占注册资本的比例为 32.44%。何忧的本次出资亦是在何立荣的授意下以何忧的名义完成，实际出资人为何立荣。

（3）股权代持的解除

2012 年 5 月，何忧与何立荣通过签署股权转让协议的方式将其持有必可测有限 287 万元出资额转让给何立荣，并在工商局办理了变更登记手续，从而解除了代持关系。何立荣成为在工商登记注册的实际出资人，股权代持关系清理完毕。

2. 股权代持的合法性

《最高人民法院关于适用〈中华人民共和国公司法〉若干问题的规定（三）》第 25 条规定："有限责任公司的实际出资人与名义出资人订立合同，约定由实际出资人出资并享有投资权益，以名义出资人为名义股东，实际出资人与名义股东对该合同效力发生争议的，如无合同法第五十二条规定的情形，人民法院应当认定该合同有效。"

何立荣与何忧就双方代持关系出具了《股权代持情况说明》，书面确认:出资款由何立荣实际支付,何忧仅仅为在工商登记注册的名义股东,在何立荣的授权下行使各项股东权利。双方之间的股权代持关系已于2012年5月解除,并完成了工商变更登记,双方不存在股权纠纷。

何立荣与何忧之间代持关系的形成、变动以及最终的解除,均系双方真实的意思表示,且该行为不存在《合同法》第52条规定的欺诈、胁迫及损害国家、社会公共利益或者第三人利益等情形,也不存在任何非法目的,故双方之间的代持行为应当是合法有效的。

【股权质押】

一、案例分析

关于股权质押,首先我们必须承认这是一种在企业经营和商业运作中非常正常的融资方式,按理不应设置过多的限制,应该坚持放开空间尊重股东自主的原则。

股权质押到底可能会造成怎样的一些结果呢,小兵觉得主要有两个层次,这里总结如下:(1)股东可能会存在巨额到期不能偿还的债务,这样一来可能会导致股东在上市之后为了自己的债务而侵占上市公司的资产,二来还有可能构成违法违规行为。(2)如果说第一个层次的结果我们还有点"以小人之心度君子之腹"的话,那么股权质押最明显的影响就是可能影响股权的稳定性。如果股东到期不能偿还债务,那么股东就需要易主,而这种情况对于企业的正常生产经营显然是很大的不利,而现实中一般也没有出现过好的结果。也就是因为这个原因,尽管我们已经承认股东拿自己的股权质押融资是合理的事情,但是在上市实践中还是很难被允许,小兵一般都会建议股东在上市之前需要解除股权的质押。

不过在新三板挂牌的过程中,股权质押如果不会影响到公司股权的清晰稳定,不会造成纠纷或者潜在的法律风险,那么在充分披露信息的情况下,股权质押并不会成为企业挂牌新三板的实质性障碍。此外,以下特殊情形值得重点关注:

1. 小股东的股权质押。在此,小兵还是强调这里的小股东或是大股东不以持股5%为界限,而是需要假定一个最坏的结果来作一个实质的判断,即如果这个股东以后真还不上钱对公司的经营会有多少影响。

2. 股东的股权质押不是为了自己而是为了发行人,股东拿自己的股权作为拟上市企业融资的担保。从目前的案例来看,企业上市之前股权质押尚没有解除的基本上都是属于这种情形。这种情形之所以在特定条件上被认可,其主要的原因在于:①股东质押的理由没有主观恶意且合情合理,很多情况下股东都愿意用个人信用担保为发行人融资,用股权融资也无可厚非。②企业都已经达到了中国上市的标准,那么盈利能力和偿债能力基本上都有了保障,并且发行人的偿债能力都已经通过审计报告得到了检验,风险也比较小。

3. 股权质押金额较小,按时偿还债务不存在任何障碍。这种情况下,即便是大股东的股权进行了质押,但质押的金额只有几十万元左右,对于大股东的资产规模和盈利状况来说,偿还该债务没有任何障碍。这种情况下,如果上市前解除质押存在一定障碍的话(比如约定了期限,必须到期才能解除),那么可以在上市之后再解除质押,并由该股东出具承诺。

二、案例情况

(一)雪郎生物(830821):实际控制人股权质押可能导致实际控制人发生变更的风险

2012 年 6 月 15 日,公司与安徽国元信托有限责任公司签署《信托贷款合同》,借款金额 1000 万元,借款期限为 2012 年 6 月 15 日至 2014 年 6 月 15 日,蚌埠中小企业融资担保有限公司(后更名为蚌埠融资担保集团有限公司)为该笔借款提供保证担保。实际控制人李云政、张春辉及股东蒋新一将所持公司股份的 1930 万股、300 万股、500 万股质押给蚌埠中小企业融资担保有限公司,为上述借款提供反担保。如果公司未能及时履行还款义务,将有可能导致公司实际控制人的变更。

公司股东所持公司股份质押情况如下表所示:

序号	出资人	质权人	被担保人	质押股份数	质押凭证	担保金额	担保期限
1	李云政	蚌埠融资担保集团有限公司	公司	1930 万股	最高额股权质押合同(0737201204056 - 1) 最高额股权质押合同(0737201204056 - 3)	最高 720 万元	自 2012 年 6 月 15 日起 2 年内所发生的主合同项下债务期限届满 2 年之日止
2	张春辉	蚌埠融资担保集团有限公司	公司	300 万股	最高额股权质押合同(0737201204056 - 4)	最高 120 万元	
3	蒋新一	蚌埠融资担保集团有限公司	公司	500 万股	最高额股权质押合同(0737201204056 - 45)	最高 200 万元	

（二）瑞斯福（430348）

2013年1月31日，公司与北京国际信托有限公司签订《借款合同》，借款金额2000.00万元，借款期限为2013年2月5日至2014年2月5日。2013年1月21日，公司与华夏银行股份有限公司北京魏公村支行签订《流动资金借款合同》，借款金额为1000.00万元；2013年5月15日，公司与华夏银行股份有限公司北京魏公村支行签订《补充协议》，约定借款期限为2013年5月21日至2014年5月21日。北京海淀科技企业融资担保有限公司为上述两笔借款提供保证担保。邹怀森、宋战友、帕提玛、王青武、付云龙、周建华分别将其持有公司865.526万股、68.00万股、19.67万股、13.00万股、10.00万股、6.00万股的股份质押给北京海淀科技企业融资担保有限公司，为上述两笔借款提供反担保；同时，公司实际控制人、控股股东邹怀森为北京海淀科技企业融资担保有限公司提供了无限连带责任的反担保。

如上所述，尽管公司无法偿还上述借款的可能性极小，但如果公司不能履行还款义务，将可能导致公司实际控制人的变更，在一定程度上影响公司管理层的稳定，经营理念、方式和政策的一致性、连续性。

2010年12月15日，公司与国家开发银行股份有限公司签订《人民币资金借款合同》，借款金额2000.00万元，借款期限为2010年12月15日起至2013年12月14日，借款利率为提款日中国人民银行公布的3年期人民币贷款基准利率（年利率）；北京中小企业信用再担保有限公司提供连带责任保证担保、公司以200.00万元的定期存款提供质押担保，同时邹怀森以其持有有限公司972.00万元出资向北京中小企业信用再担保有限公司提供无限连带责任的反担保（截至本公开转让说明书签署日该项股权质押已经解除）、邹怀森及其配偶孙美英承诺以其全部财产向北京中小企业信用再担保有限公司提供无限连带责任的反担保。截至本公开转让说明书签署日，公司已经归还该项借款。

（三）凌志股份（831725）

公司股东闫洪志、赵秀艳、闫洪信分别与包商银行赤峰分行签订《股权质押合同》，将所持本公司2448.00万股、1296.00万股和1056.00万股（合计4800.00万股，占公司总股本66.67%）质押给包商银行赤峰分行宝鼎支行。

请公司补充说明并披露：（1）前述股东以其持有公司股份担保债务的具体情况；（2）被担保债权未来的偿还计划及相关安排；（3）前述

股东以持有公司股份质押向监管机构的报备情况。请主办券商和律师就前述事项作进一步核查,并就以下事项发表明确意见:(1)前述股东以其持有公司股份担保的债务是否真实、合法,有无潜在纠纷,是否履行必要的报备手续;(2)前述股东所质押的股份有无被行权风险,是否存有实际控制人变更风险。

公司在公开转让说明书"风险及重大事项提示/五、股东股权质押或致实际控制人变更风险"补充说明并披露如下:

1.股东以其持有公司股份担保债务的具体情况

2014年6月24日,公司与包商银行赤峰分行宝鼎支行签订10,000.00万元的《授信额度协议》,授信额度借款最终还款日为2015年6月23日。同日,公司股东闫洪志、赵秀艳和闫洪信分别与包商银行股份有限公司赤峰分行宝鼎支行签订了《股权质押合同》,三人分别将其持有的公司2448万、1296万和1056万股公司股份质押给包商银行股份有限公司赤峰分行宝鼎支行作为对上述《授信额度协议》的担保。2014年11月,经赵秀艳女士申请,并鉴于凌志股份良好还款能力,包商银行赤峰分行宝鼎支行决定与赵秀艳解除上述《股权质押合同》,即赵秀艳女士所持凌志股份1296.00万股质押股份全部解除,赵秀艳不再承担该《股权质押合同》中所对应的义务。

截至本公开转让说明书签署日,在该授信额度协议下,公司借款余额5000万元。

2.被担保债权未来的偿还计划及相关安排

截至本公开转让说明书签署日,公司在该授信额度协议下,公司与包商银行赤峰分行宝鼎支行分别于2014年6月24日、2014年7月29日签订2000万元、3000万元的《流动资金借款合同》。

根据双方签订协议,公司上述借款偿还计划及相关安排如下:

截至本公开转让说明书签署日,公司均按照上述约定及时还款,不存在逾期情形,不存在潜在纠纷。

3.股东以持有公司股份质押向监管机构的报备情况

2014年11月,赤峰市工商行政管理局出具《股权出质设立登记通知书》,具体情况如下:

序号	出质人	出质股权数额(万股)	质权登记编号
1	闫洪志	2448.00	A1402027250
2	闫洪信	1056.00	A1402027653

4.股东股权质押或致实际控制人变更风险

公司控股股东和实际控制人闫洪志、闫洪信质押股权系为公司生产经营借款提供担保。尽管公司无法偿还上述借款的可能性极小，但如果公司不能履行还款义务，将可能导致公司控股股东和实际控制人发生变更，在一定程度上影响公司管理层的稳定以及经营理念、方式的一致性和连续性。

【特殊情况股权转让】

企业在运营过程中存在股东之间的股权转让是再正常不过的事情，就如同是市场上的商品交易。关于股权转让我们一般重点关注股权转让的原因、定价依据、价格是否合理、受让方的基本情况等，尤其是转让的价格可能是我们关注股权转让是否真实合理的最重要的一个因素，毕竟利益是最不容易骗人的。

一、盛世光明(430267)：无偿或以出资额转让股权

本次转让对象有三类人，第一类，转让给邦盛投资，转让给邦盛投资是因为其作为基金，具有较强的资本市场运作经验且拥有大量的客户资源，公司希望邦盛投资能带来资本市场管理经验及潜在客户，另外，邦盛投资同意先行垫付公司全国股份转让系统挂牌的有关费用。鉴于上述原因，本次转让系无偿转让。第二类，转让给部分公司高管及公司核心骨干，目的是激励，转让依据出资额定价，转让价款等同于出资额。第三类，转让给李红新、孙良浩、朱相祯等，这几个人当时系公司关联公司微山公司的骨干，目的也是激励他们，因此转让依据出资额定价，转让价款等同于出资额。本次转让都是在平等自愿的基础上进行的，其中受让方李红新系孙伟力妻弟。本次转让不存在代持行为，不存在纠纷或潜在纠纷。

二、易同科技(430258)：股权转让未办理工商变更

2010年12月16日股份公司召开临时股东大会，会议决议“同意股东上海泓泽世纪投资发展有限公司将其所持本公司25%股权（注：250.00万股）以250.00万元人民币的价格转让给上海乐源网络科技有限公司”。2010年12月16日泓泽世纪与乐源网络签订《股权转让协议》，约定“泓泽世纪将所持标的公司25%股权作价250.00万元人民币转让给乙方（乐源网络）。附属于股权的其他权利随股权的转让

而转让"。股份转让时,泓泽世纪与乐源网络实际控制人均为杨军。

该次股份转让后,公司即向工商登记机关申请备案,由于经办人员提供申报资料时没有提交董事的授权书,未办理成功。由于转让双方实际控制人相同,公司重视程度不够,后续也未再及时申报工商备案。2013 年 3 月 5 日,公司将该变更事项申请工商变更登记。2013 年 3 月 7 日,上海市工商行政管理局登记了该变更事项。2010 年 12 月 16 日至 2013 年 3 月 7 日期间,工商档案中上述 250.00 万股股份登记在泓泽世纪名下,公司召开的历次股东大会的表决也由泓泽世纪作出。对此,公司、泓泽世纪、乐源网络三方于 2013 年 3 月 1 日出具了《关于泓泽世纪 2010 年 12 月 16 日将其所持易同科技 250 万股股份转让给乐络及其相关事项的三方声明与承诺》,"泓泽世纪、乐源网络确认上述 250 万股易同科技股份属于乐源网络所有。易同科技认可上述 250 万股本公司股份属于乐源网络所有。乐源网络认可自 2010 年 12 月 16 日之后至本声明与承诺签署日期间内泓泽世纪在易同科技历次股东大会上所作的表决。泓泽世纪与乐源网络承诺对该股份不发生权属上的争议,并积极配合易同科技补办上述股权转让事项的工商变更登记"。该声明与承诺已经泓泽世纪于 2013 年 3 月 1 日召开的股东会会议上其全体股东一致同意签署。2013 年 3 月 3 日,公司全体股东出具了《全体股东关于泓泽世纪转让公司股份相关事项的声明》,声明对上述情况无异议,并认可 2010 年 12 月 16 日至 2013 年 3 月 3 日期间内泓泽世纪在易同科技历次股东大会上所作的表决。因此,上述 250.00 万股股份属于乐源网络所有,不存在争议情况,也不存潜在纠纷的可能性。

三、奥尔斯(430248):股权转让,股东缺席股东会

2010 年 7 月 9 日,有限公司召开股东会,全体股东一致同意李朱峰将其持有的有限公司 2% 的股权 4.00 万元货币出资转让给华志强;同意修改后的章程(章程修正案)。2010 年 7 月 12 日,李朱峰与华志强签订《出资转让协议》。

李朱峰将其持有的有限公司 2.00% 的股权 4.00 万元出资额转让给华志强。2010 年 7 月 28 日,有限公司就上述事项在北京市工商行政管理局海淀分局办理了变更登记手续并取得新的营业执照。本次股权转让过程中,原股东侯少丹、刘巧玲、赵振丰未在股东会决议中签字,根据上述三人出具的《声明及承诺》,其因个人原因未参加股东会,上述三人均认可此次股权转让。主办券商认为:本次股权转让程序瑕

疵已经原股东签字确认,且上述原股东持有本公司股权均已全部转让,故不构成本次申请挂牌的实质性障碍。申请挂牌公司律师认为:此项程序瑕疵对本次申请挂牌不构成实质性障碍。

四、卓繁信息(430256):公司代垫股东股权转让款

2005年6月,由于杰美环境经营所需,遂于公司股东协商通过股权转让收回400万元投资款。经与公司实际控制人左骏沟通,并经其他股东一致同意杰美环境将其所持400万元公司投资额作价400万元转让给左骏,由于时间较为仓促,双方达成口头股权转让协议后,卓繁信息即先行垫付了400万元股权转让款。之后,为办理正式的工商变更登记手续双方签订了书面的《股权转让协议》,由于杰美环境已收到全部股权转让价款,因此双方拟定股权转让协议时将股权转让价格误作为零元,对此,杰美环境出具书面说明,确认已收到上述转让价款。卓繁信息垫付上述股权转让款后,左骏已陆续将该笔款项归还公司,其中:

1. 2008年至2011年先后十次向公司银行账户缴存现金共计1,978,400.00元;2011年先后四次直接以现金方式归还公司共计380,388.52元。

2. 2008年至2009年通过协议约定,以公司对逸炜科技的欠款抵偿左骏对公司的欠款,共计1,641,211.48元。

3. 股份公司成立后,为进一步规范公司与控股股东及关联方的交易行为,公司完善了资金管理制度,制定了《关联交易决策制度》,建立防止控股股东及其他关联方占用发行人资金、侵害发行人利益的长效机制,该制度已经公司2013年2月27日董事会审议通过。

五、新网程(430269):对同一次股权转让出现不同单价的解释

2010年4月11日,有限公司召开股东会,全体股东一致同意:股东李云明将其持有的有限公司15.26%、4.34%、2.90%、5.36%的股权分别转让给自然人施煜敏、李勤、石勇、俞红啸;股东胡健将其持有的有限公司6.60%、0.44%的股权分别转让给自然人施煜敏、俞红啸。2010年4月11日,股权转让方与受让方分别签署了《股权转让协议》;本次股权转让的价格均由转让方与受让方协商后确定。除李云明与李勤系夫妻关系外,本次参与股权转让、增资的新股东与原股东之间不存在关联关系,本次股权转让的新增股东之前均未在公司任职。截

至本公开转让说明书签署日，除李勤担任股份公司副总经理外，本次新增的其他股东均不在公司任职。

本次股权转让情况具体如下表：

序号	转让方	受让方	转让出资额（万元）	转让总价款（万元）	转让价格（元/出资）
1	李云明	施煜敏	30.52	28.82	0.94
2		李勤	8.68	46.55	5.36
3		石勇	5.80	41.01	7.07
4		俞红啸	10.72	76.25	7.11
5	胡健	施煜敏	13.20	13.40	1.01
6		俞红啸	0.88	5.77	6.56
合计			69.80	211.80	—

1. 本次股权转让出现不同价格的主要原因为：

（1）施煜敏在有限公司成立初期，在业务、资金等各方面给予了公司较大帮助，因此公司股东李云明和胡健为表示对施煜敏的感谢愿意以低价向其转让公司股份。本次股权转让涉及的其他受让方对此情况充分了解，且无异议。

（2）此次股权转让的转让方与除施煜敏以外的其他受让方参考2009年12月31日的净资产值450,594.41元，经过协商确认了转让价格。由于李勤与李云明系夫妻关系，因此转让价格相对于俞红啸和石勇略低。本次股权转让涉及的转让方与受让方对此情况充分了解，且无异议。

（3）俞红啸希望从股东李云明处以82.02万元的总价受让11.60万元的出资额，而李云明仅愿意出让10.72万元的出资额，两者差额为0.88万元出资额。经过李云明、俞红啸与股东胡健的三方协商，最终确定由胡健转让0.88万元出资额给俞红啸，总价5.77万元，李云明出让10.72万元出资额，总价76.25万元，最终李云明转让给俞红啸的转让价格略高于胡健转让给俞红啸的价格。

2. 2012年11月11日，涉及本次股权转让的全体转让方与受让方签署了书面确认书，确认并承诺："经有限公司（以下简称'公司'）详细告知并经本人充分详尽调查，本人确认，本人知晓上述股权转让价格存在差异，并予以接受，不存在任何异议，上述股权转让的程序及结果真实、合法、有效。”

六、新网程(430269):对同一次增资出现不同价格的解释

2011 年 3 月 16 日,有限公司召开股东会,全体股东一致同意有限公司注册资本增加至 566.67 万元,新增注册资本由新股东徐巧林与原股东李勤以货币形式认缴,增资总额 128.335 万元,其中 56.67 万元计入注册资本,71.665 万元计入资本公积。本次增资引入的新股东与原股东之间不存在关联关系。本次增资募集的资金主要用于公司日常生产经营。

本次增资情况具体如下:

1. 本次增资出现不同价格的主要原因是徐巧林为新加入投资者,而李勤为公司原股东。

2. 本次增资中,徐巧林的价格参考了有限公司 2010 年 12 月 31 日的净资产 5,481,681.80 元。

3. 2012 年 11 月,本次增资中的股东徐巧林、李勤签署书面确认书,确认并承诺:“经有限公司(以下简称‘公司’)详细告知并经本人充分详尽调查,本人确认,本人知晓上述股权转让价格存在差异,并予以接受,不存在任何异议,上述股权转让的程序及结果真实、合法、有效。”

七、伊禾农品(430225):股东资格存在瑕疵

公司股东刘玉华现任职于太平洋证券股份有限公司,属于证券从业人员,2012 年 12 月刘玉华出具了书面承诺,称将按照相关法律法规的规定,在伊禾农品于全国中小企业股份转让系统挂牌后,尽快将其所持有的伊禾农品 265.5244 万股股份(占公司总股本的 2.53%)进行转让,待股份转让后,将不再持有伊禾农品任何股份,不再作为伊禾农品股东。

八、星原丰泰(430233):对员工持股的转让加以限制

本次增资的同时,公司与参与增资的员工签署了《持股协议》,员工同意在 2015 年 12 月 31 日之前不离职,也不将所持公司股份进行质押或参与社会融资活动等行为,如发生离职,员工应将所持股份转回,具体转让方案由股东大会授权董事会制定。另外,公司与员工约定:(1)自 2014 年 1 月 1 日至 2014 年 12 月 31 日的期间内,认购人可以将所持股份的 15% 予以转让,如果转让数量超过 15%,则超出该比例部

分转股价款的60%归公司享有，剩余40%归认购人。(2)自2015年1月1日至2015年12月31日的期间内，认购人可以将所持股份(以本协议中认股数量为基数)的10%予以转让，如果转让数量超过10%，则超出该比例部分转股价款的40%归公司享有，剩余60%归认购人。(3)自2016年1月1日起，认购人所持有的公司股份可以依法转让，所得收益归认购人享有。

公司与员工之间协议的相关条款本质上并不是限制员工股权转让，而是通过确定双方认可的股份转让收益分配比例在一定程度上维持公司股权的相对稳定，提升公司的内部凝聚力，维持公司业务团队的稳定性，同时也兼顾了员工股东的利益，上述条款的约定并不影响公司在全国股份转让系统挂牌并公开转让。

第十八章 资金拆借

【基本理论】

一、资金拆解的现实背景

企业只要运营,就需要有一定的运营资金,说白了就需要与钱打交道,那么企业上市或挂牌过程中遇到的资金问题还是很普遍的,当然也有着特定的背景和因素。尤其是拟挂牌新三板的中小微企业,较之 IPO 的大型企业,在融资渠道方面会更加受到限制甚至是歧视,那么企业因为融资问题而引起的资金问题就更加普遍。

关于挂牌企业与关联方的资金拆借问题,其核心的背景和原因主要在于两个方面:(1)挂牌企业发展前期融资渠道不畅,需要通过非常规手段融资发展。(2)挂牌企业控股股东、实际控制人对于公司法人财产独立性没有一个基本的认识,认为"公司是我的,公司的钱自然也就是我的",从而存在公司法人和自然人至今频繁的资金往来。

关于资金拆借,从当事人主观意愿的角度来看,有些情况的确是规范意识不足而无意间犯的错,而有些情况下可能是主观故意进行的一些资金方面的处理。因为主观意愿不同,那么我们对于问题发生和规范的容忍程度也显然不同。

二、资金拆借的主要情形

根据实践审核的经验和案例,关于资金拆借的情形总结起来可能主要有以下这些方面:

1. 挂牌企业与股东或关联方之间的资金拆借。这里说的资金拆借,仅仅限定为股东或关联方将资金借给企业的情形,因为反方向的资金拆借会涉及另外一个问题的定性(资金占用)。关于这个问题,其实在实践中还是比较普遍的,关注要点一般有以下几个方面:(1)资金拆借的背景和原因,一般情况下都是企业要发展而缺钱,只能找股东借钱。(2)是否履行了相关的决策程序,是否签署的借款协议,一般情况下都会因为前期规范意识差决策程序相对缺失,只要及时改正保证以后不再犯就可以了。(3)是否约定了借款利息,利息标准是否公允,对发行人经营业绩的影响。在"保证挂牌企业不能吃亏"的基本原则下,一般情况下,挂牌企业是不会向股东支付利息的,如果真的支付了,那么也需要关注利息是否合理,至少不能比银行借款利息高。此外,企业向股东借款属于是"无息借款"了,那么如果借款金额很大的话,还需要关注到借款利息对发行人财务费用的影响占挂牌企业净利润水平的影响(就是省的钱对利润影响多大,因为新三板企业利润规模小,有时候这个比例还是很高的)。(4)挂牌企业是否对资金拆借存在重大依赖,说的再直白些,就是企业如果离开股东的借款是否能够自己独立的活下去。一般情况下都是解释主要是有大项目紧急需要钱才跟股东借钱,缓过来就没问题了。(5)挂牌企业对于资金拆借问题的内部控制措施以及有效性,审计基准日之后是否还有资金拆借的问题。其实,从挂牌的标准和条件来讲,这种类型的资金拆借并不一定需要在申报之前全部清理,不过基本前提是以后不能再增加新的资金拆借了,并且后续的资金管理要建立严格的内部控制制度。

2. 挂牌企业向内部员工借款或者特定的人群借款。尽管这种情形在实践中并不是很多见,但是有着合理的商业逻辑和现实的背景,毕竟如果企业外部融资不方便有可能通过内部融资的方式解决暂时资金问题,不论是股权融资还是债权融资。关于这个问题,也需要重点关注以下几个方面:(1)是否签署了借款协议,是否预定了利息,利息标准是否合理合规。由于这样的借款方式人群人数较多且群体并非固定,因此一定要重点关注是否每个借款人都签署协议并周知协议内容。(2)借款的人群构成情况,是否构成非法集资的情形,这个有着明确的界定标准和法律规定,需要进行一定的解释。(3)一定要明确是债权融资还是股权融资,如果企业认为是借款而借款人认为是投资的话,那么可能就会存在重大纠纷的风险。

3. 非金融企业借款。这种借款形式还是比较好理解的,也就是挂牌企业不向银行借款而是向非金融企业借款。这种借款方式其实在商业逻辑上是有一些问题的:(1)关联方可以无偿给挂牌企业借款,但是非关联方企业不可能;(2)如果非关联方向企业借款,那么一定需要企业或者其他方的担保,而如果企业或其他方有足够的担保,那么为什么不向正规的银行借款呢?(3)当然,这种情况下可能会存在私下利益约定的情形,也可能存在借款为高利贷的情形,而这些情形实践中存在比较大的潜在风险,需要重点关注。

4.资金占用。这个也很好理解,也就是挂牌企业的股东及关联方通过一定的方式将企业法人的资产变更为自己占有,从某个角度来讲,这是对企业法人财产权的一种极大损害,也是一种比较严重的违规行为。也就是因为如此,资金占用问题是新三板挂牌的一个明确的条件,并且在完全将问题清理之后才能够申请挂牌。关于问题的解决方式和思路,并没有什么要说的,关于资金占用发生的方式,实践中主要有两种路径:(1)最直白的一种路径就是借款,企业通过各种方式将资金拆借给股东或关联方。(2)第二种方式就是股东将企业的货款占为己有,也就是挂牌企业负债采购和生产,而产品销售之后回款却没有打入公司账户而是股东个人账户。还需要关注的一个问题是,尽管资金占用问题需要在报告期彻底解决,但是一般情况下还是需要对历史上的资金占用约定一个的利息,并且股东需要支付这些利息。一般情况下,这些利息会计入非经常性损益或者股东捐赠而不是冲减财务费用调整损益。

关于资金拆借,除了上述比较常见和重要的情形,还有一些资金往来的情形也需要重点关注,比如:(1)票据融资,这也是在实践中比较常见的一种资金问题,就是企业通过关联方虚构交易开具承兑汇票通过贴现获取资金。(2)关联担保问题,尽管关联担保并不是明确的挂牌条件,但是关联担保是否也是一种间接地股东占用公司资源的情形需要探讨(另文专门研究关联担保问题)。

【实践案例】

一、南京浦江合金材料股份有限公司:向关联方借入资金

关于关联方资金拆借。报告期内,公司与关联方资金拆借频繁。(1)请公司补充披露报告期内与关联方频繁拆借资金的原因,合同订立,利率和期限约定(签补充协议:约定期限 2017 年 12 月 31 日)等情况。(2)请主办券商补充核查公司是否对关联方资金存在依赖,是否具有独立性,就其对公司持续经营的影响发表明确意见。

1. 随着公司业务规模的扩大,公司从股东等关联方处拆借资金主要为满足公司营运资金的需求。上述资金主要用于下述方面:

采购方面:公司采购镍镁等有色金属时,需要先预付货款,并以有色金属交易网当天收盘价结算。除采购硅铁废钢外,原材料采购零账

期。另外,供应商根据不同结算方式,产品报价不一样,以现金结算方式采购原材料单价更低。因此公司大多数采取以现金结算的方式采购原材料。这些都占用了公司较大的流动资金。

销售方面:公司与销售客户的合作时间较久,关系也相对稳定,公司一般给客户 3 个月左右的信用账期。另外,2014 年国内经济形势较差,客户资金紧张,公司给客户的账期略有放宽。

综上所述,采购资金的提前付出,销售资金的滞后回笼,导致公司日常流动资金紧张,故频繁从关联方处拆借资金,以供公司正常运营使用。以上关联方资金拆借均约定不支付利息,偿还期限为 2017 年 12 月 31 日。

2. 经核查,公司 2013 年、2014 年及 2015 年 3 月末资产负债率(以合并报表为基础)分别为 43.10%、40.40%、40.67%。可比公司龙钇科技(831879)2013 年年末、2014 年年末的资产负债率(以合并报表为基础)分别为 49.96%、50.02%,图南股份(832729)2013 年年末、2014 年末的资产负债率(以合并报表为基础)分别为 65.06%、63.74%。公司的资产负债率较同行业可比公司偏低。主要系公司财务政策较稳健,银行贷款金额低。2013 年年末、2014 年年末、2015 年 3 月末公司短期借款余额分别为 0 元,10,008,000.00 元和 10,008,000.00 元。截至 2015 年 8 月 15 日,公司尚有 1000 万元的银行授信额度未使用。另外,报告期内,公司从未开具过承兑汇票,收到的承兑汇票也从未贴现,大部分票据是等待到期托收。

综上,公司财务政策稳健,资产负债率较低,公司融资方式主要为向股东借款,截至 2015 年 3 月末公司向关联方拆借资金的余额为 1722.62 万元。实际上,公司也可通过银行借款、开具汇票、票据贴现等方式获得融资,但由于关联方借款约定不支付利息,公司向关联方拆借资金可减少财务费用,体现了股东及其他关联方对公司发展的支持。

经核查,主办券商认为:公司对关联方资金不存在依赖,公司具有独立性,关联方资金拆借对公司持续经营不构成重大影响。

二、成都瑞奇石化工程股份有限公司:非公开方式借款

2013 年 3 月,瑞奇有限向 75 名自然人借款 1123 万元。请主办券商和律师核查贷款人与公司是否为关联方,是否为公司员工,借款用途,是否构成非法集资,是否存在转股条款,是否存在以职工薪酬充抵债权的情形,是否存在损害员工利益的情况。并发表明确意见。

1. 贷款人与公司是否为关联方，是否为公司员工，借款用途。主办券商查阅了关于向75名自然人借款的记账凭证、收据、进账单、《借款协议》、《借款补充协议》、与借款补充协议相关的《股东大会决议》、关于偿还借款的凭证、员工名册、员工工资发放银行账单，并就此情况对公司财务总监、董事会秘书进行了访谈。经核查，为了公司生产经营的需要，2013年度公司向75名自然然人借款共计1123万元，用于补充公司的流动资金，该75名员工均与公司签订了《借款协议》，借款利率为8%。具体明细情况略。

经核查，上述75名借款人中70人为公司在职员工（其中陈立伟、吴继新、李雪蓉、唐联生、江伟、邓勇、刘素华、曾健共8名人与公司存在关联关系，为公司的董事、监事、高级管理人员），4人为退休员工，1人为离职员工。

2. 是否构成非法集资。《非法金融机构和非法金融业务活动取缔办法》（国务院令第247号）第4条规定："本办法所称非法金融业务活动，是指未经中国人民银行批准，擅自从事的下列活动：（一）非法吸收公众存款或者变相吸收公众存款；（二）未经依法批准，以任何名义向社会不特定对象进行的非法集资；（三）非法发放贷款、办理结算、票据贴现、资金拆借、信托投资、金融租赁、融资担保、外汇买卖；（四）中国人民银行认定的其他非法金融业务活动。前款所称非法吸收公众存款，是指未经中国人民银行批准，向社会不特定对象吸收资金，出具凭证，承诺在一定期限内还本付息的活动；所称变相吸收公众存款，是指未经中国人民银行批准，不以吸收公众存款的名义，向社会不特定对象吸收资金，但承诺履行的义务与吸收公众存款性质相同的活动。"《最高人民法院关于审理非法集资刑事案件具体应用法律若干问题的解释》（法释〔2010〕18号）第1条规定："违反国家金融管理法律规定，向社会公众（包括单位和个人）吸收资金的行为，同时具备下列四个条件的，除刑法另有规定的以外，应当认定为刑法第一百七十六条规定的'非法吸收公众存款或者变相吸收公众存款'：（一）未经有关部门依法批准或者借用合法经营的形式吸收资金；（二）通过媒体、推介会、传单、手机短信等途径向社会公开宣传；（三）承诺在一定期限内以货币、实物、股权等方式还本付息或者给付回报；（四）向社会公众即社会不特定对象吸收资金。未向社会公开宣传，在亲友或者单位内部针对特定对象吸收资金的，不属于非法吸收或者变相吸收公众存款。"根据公司说明并经主办券商核查，（1）公司本次借款未通过媒体、推介会、传单等途径向社会公开宣传；（2）公司仅向75名特定人员进行借款，未向社会不特定对象吸收资金;(3)《借款合同》约定的借款利率为年利率8%,符合国家法律、行政法规相关规定;(4)公司借款用于合法经营,未挪作他用。

综上所述,主办券商认为,公司本次借款的借款对象特定、明确,且公司借款用于合法经营,本次借款行为不构成非法集资行为。不属于《非法金融机构和非法金融业务活动取缔办法》、《最高人民法院关于审理非法集资刑事案件具体应用法律若干问题的解释》等相关法律、行政法规及规范性文件所规定的非法集资行为。

3. 是否存在转股条款,是否存在以职工薪酬充抵债权的情形,是否存在损害员工利益的情况。

经主办券商核查,此次借款并不存在转股条款,同时根据公司说明,借款人向公司提供上述借款资金来源为其自有资金,不存在以薪酬充抵债权的情形。

经主办券商核查,截至2015年7月23日,公司已经全部归还本次向员工的借款,公司与员工均严格按照《借款合同》的约定履行,公司按照《借款合同》约定的利率支付员工利息,不存在损害员工利益的情形。

三、北京中斗科技股份有限公司:关联方资金占用

1. 请公司披露报告期内关联方资金占用的产生原因、还款方式、是否签订协议并约定利息、对关联方资金占用的规范情况。

项目组查阅了中斗科技的《章程》、中斗科技相关董事会及股东大会的会议资料,近两年《审计报告》等文件资料,表明报告期内中斗科技未制定关联交易的决策权限及审议程序,也未履行相应的关联交易决策程序,仅履行了公司内部合同审批程序。

中斗科技就此对事进行自查和整改,归还了关联方占款,并在2015年5月7日召开临时股东大会,审议通过了《公司章程》、《股东大会议事规则》、《董事会议事规则》、《监事会议事规则》等具体规定,制定了《关联交易管理制度》、《防止控股股东、实际控制人及其关联方占用公司资金制度》等制度,审议通过了《关于〈确认北京中斗科技股份有限公司相关关联交易〉的议案》,对报告期内发生的关联交易进行确认,并对相关管理人员进行相应的培训,加强学习,确保以后的经营管理中严格按照相关管理制度中的规定履行决策程序。

(1)上述关联方借款是否收取利息,是否存在损害公司及股东利益的情形。上述关联方借款已经归还,但未收取利息,公司确保以后

的经营管理中严格按照相关管理制度中的规定履行决策程序，避免再次发生此类损害公司及股东利益的事情。

(2)针对关联方占用资金事项，公司采取了何种规范措施。公司为防止股东及其关联方占用或者转移公司资金、资产及其他资源的行为发生所采取的具体安排如下：

①公司为了防止控股股东及其关联方占用或者转移公司资金、资产以及其他资源的行为的发生，在《公司章程》第39条、第41条规定了具体的防范措施。

②公司制定了《关联交易实施细则》，对公司的关联交易及决策程序作出规定。公司与关联人之间资产购买或者出售，对外投资(含共同投资、委托理财、委托贷款等)，提供财务资助，提供担保，租入或者租出资产，签订管理方面的合同(含委托理财、委托贷款、对子公司投资等)，赠与或者受赠财产，债权、债务重组，签订许可使用协议，研究与开发项目的转移，购买原材料、燃料、动力，销售产品、商品；提供或者接受劳务，委托或者受托销售，关联双方共同投资，其他通过约定可能引致资源或者义务转移的事项等行为均需按照《公司章程》及《关联交易实施细则》的规定履行相应的决策程序，并规定了关联交易决策时，相关关联方的回避制度。《关联交易实施细则》同时明确规定对关联交易合同或协议的订立、变更、终止及履行情况等事项应当及时予以披露。

③公司制定了《对外担保管理制度》，规定对股东、实际控制人及其他关联方提供的担保须经股东大会审批，股东大会审议该等议案时，该股东或受该实际控制人支配的股东，不得参与该项表决，该项表决须经出席股东大会的其他股东所持表决权的半数以上通过。

④公司股东均签署了《规范关联交易的承诺函》，承诺如下："本人今后将尽可能减少与公司之间的直接或间接的关联交易。对于无法避免的关联交易，将依法签订协议，并按照《公司法》、《公司章程》、《关联交易实施细则》及其他相关法律法规的规定，履行相应的决策程序"。

2. 请公司披露针对关联方占款的内控制度。(略)

3. 请主办券商及会计师核查关联方资金占用的规范措施是否有效，期后是否仍发生关联方占款，并对公司与关联方资金独立性发表专业意见。

成立初期缺乏完善的三会议事规则及对外投资、对外担保、关联交易等内控制度，关联方之间的资金拆借审批决策程序不够规范，在主办券商、律师等中介机构的帮助下，公司已根据《非上市公众公司监督管理办法》等相关要求修订了《公司章程》，制定了股东大会、董事会、监事会议事规则与《总经理工作细则》、《关联交易实施细则》、《对外投资管理制度》等制度，为公司法人治理的规范化运行提供了进一步的制度保证。

经核查，期后公司未发生关联方占款情况，经核查，太平洋证券认为，公司与关联方的资金是独立的。

四、佳星慧盟（430246）：关联方借款的处理

因刘波任公司副总经理，为公司高级管理人员，北京朝瑞博科技有限公司与公司构成关联方。北京朝瑞博科技有限公司曾因资金周转紧张向公司及其全资子公司拆借资金，借款双方未约定借款利息。2011 年共借款 175 万元，截至 2012 年 12 月 31 日，上述款项已经还清。公司在有限公司阶段由于规模较少，治理不够健全，公司没有针对关联交易进行具体的制度规定，拆借款项都是无息借出，该拆借行为不影响公司利润总额。

主办券商进场后，对公司进行了辅导，此累计借出款项于本公开转让说明书出具之日，已经全部还清。

《贷款通则》（中国人民银行令 1996 年第 2 号）第 61 条规定，企业之间不得违反国家规定办理借贷或者变相借贷融资业务；第 73 条规定，企业之间擅自办理借贷或者变相借贷的，由中国人民银行对出借方按违规收入处以 1 倍以上至 5 倍以下罚款，并由中国人民银行予以取缔。公司上述资金拆借行为违反了上述规章的规定，但是，公司用于拆借的资金属于自身经营所得的合法收入，北京朝瑞博科技有限公司从公司拆借的资金也用于正常的、合法的生产经营活动，双方的资金拆借行为没有进行公开宣传，拆借对象指向特定、单一，并且双方没有约定利率，实际上也没有支付利息。因此，上述资金拆借行为不存在损害公司及其他非关联股东利益的情况。

由于发生上述关联交易之时，公司治理结构和内控制度还未进行严格规范，还未制定相应的关联交易管理办法，存在关联交易决策程序不规范的问题。公司于 2011 年 10 月 26 日召开第三次临时股东大会审议通过了《北京佳星慧盟科技股份有限公司关联交易管理制度》，对关联关系、关联交易的认定进行了明确，并规定了关联交易的相关决策程序。公司今后可能发生的关联交易将严格按照相关制度进行。

为进一步规范公司关联方资金拆借问题，公司在主办券商协助

下，制定了《北京佳星慧盟科技股份有限公司防范控股股东及关联方资金占用管理办法》，自然人股东、董事、高级管理人员向公司出具了《规范关联交易承诺函》。公司今后将避免关联方资金拆借情况。

五、蓝天环保（430263）：股东以个人名义贷款用于公司经营

公司为补充运营资金，特委托法定代表人、控股股东以个人经营性贷款方式取得用于公司生产经营活动所需资金，公司为上述贷款提供担保。上述担保事项已履行相关决策程序，关联方实施了回避制度。

截至2012年12月31日，其他应付款中应付潘忠、李方、王洪波的款项主要为以个人名义办理的个人经营性贷款。

1. 股东潘忠350万元个人经营性贷款。2012年6月12日，股东潘忠与北京银行股份有限公司奥北支行（以下简称北京银行奥北支行）签订了编号为14501B120001的《个人经营性贷款借款合同》，约定由北京银行奥北支行向潘忠提供350万元贷款，用于补充经营性流动资金购买供暖设备，贷款期限为12个月，自2012年6月12日起至2013年6月12日止。贷款利率为每笔提款放款日的同期基准利率上浮20%。对于上述借款，股东潘忠承诺用于公司的生产经营。

2. 股东潘忠550万元个人经营性贷款。2012年7月25日，股东潘忠与北京银行奥北支行签订了编号为14501B120002的《个人经营性贷款借款合同》，约定由北京银行奥北支行向潘忠提供550万元贷款，用于购买供暖设备，支付施工改造款，贷款期限为12个月，自2012年7月25日至2013年7月25日止。贷款利率为每笔提款放款日的同期基准利率上浮20%。合同同时约定由北京首创投资担保有限责任公司为本次贷款提供保证担保。

对于上述借款，股东潘忠承诺用于公司的生产经营。

六、天房科技（430228）：开具无真实交易票据为控股股东融资

最近两年，公司曾存在开具无真实交易背景票据进行融资的行为（以下简称不规范票据融资）。具体表现为以下两种形式：（1）以一份钢材采购业务合同向多家银行重复申请承兑汇票融资；（2）以未实际执行的采购合同向银行申请开具承兑汇票融资。公司开具无真实交易背景的银行承兑汇票，目的是为其控股股东天房集团提供融资。所融资金的使用方是天房集团，相应融资成本和费用也都由天房集团承担。

2012年12月起，公司逐步规范票据行为，强化内部控制，严格票据业务的审批程序，从2012年12月1日至本公开转让说明书出具日，没有新发生开具无真实交易背景票据的行为。所有票据均及时履行了相关票据义务，不存在逾期票据及欠息情况，不存在纠纷。截至2012年12月20日，开具的无真实交易背景的票据已经全部完成解付。

上述不规范票据融资行为虽然违反《票据法》第10条“票据的签发、取得和转让，应当遵循诚实信用的原则，具有真实的交易关系和债权债务关系。票据的取得，必须给付对价，即应当给付票据双方当事人认可的相对应的代价”的规定，但根据《票据法》第102条“有下列票据欺诈行为之一的，依法追究刑事责任”、第103条“有前条所列行为之一，情节轻微，不构成犯罪的，依照国家有关规定给予行政处罚”判断，公司不规范票据融资行为不属于《票据法》所述可能被行政处罚的行为之一，所以公司不会因不规范票据融资行为受到行政处罚。同时，公司的董事及高级管理人员未从中取得任何个人利益，不存在票据欺诈行为，亦未因过往期间该等不规范票据融资行为受到过任何行政处罚。

公司就此事项出具了《关于规范票据管理的承诺函》：“将严格按照《票据法》等有关法律、法规要求开具所有票据，规范票据管理，杜绝发生任何违反票据管理相关法律法规的票据行为。”

公司控股股东天房集团也就此事项出具了《关于规范公司票据使用的承诺函》：“(1)截至2012年12月20日，确保天房科技开具的不规范票据完成解付；(2)不允许再发生与天房科技进行不规范票据的融资行为；(3)如天房科技因上述不规范使用票据行为而受到任何处罚，或因该等行为而被任何第三方追究任何形式的法律责任，以及造成有关损失均由我集团承担相应责任。”

由于不规范票据融资额度较大，导致公司相关财务信息发生较大变动。综合来看，不规范票据融资导致公司2011年年末资产总额、负债总额虚增；导致2011年年末货币资金和应付票据大量增加；导致2011年年末资产负债率上升，公司偿债能力受到一定程度影响。但上述财务信息的重大变化不会导致投资者对于公司资产质量和投资价值的高估，不影响公司财务信息披露的真实、准确和完整性。

综上，公司不规范使用票据行为的风险已经消除或得到保障，不会造成或有的利益损失，也不会对公司股票进入全国中小企业股份转让系统挂牌构成实质性障碍。

公司律师认为:报告期内,公司与控股股东及其控股子公司之间的部分银行承兑汇票往来没有真实的交易背景,存在不规范之处,但公司已清理完毕,实际控制人已承诺承担全部责任,该等票据融资行为不会对公司或公司其他股东的利益造成损害,对本次公司申请股票在全国中小企业股份转让系统挂牌并公开转让不构成实质性法律障碍。

第十九章　规范运行

【基本理论】

企业的运营很像一个人的成长，人活一辈子谁都不能保证不犯错误、不得毛病，企业也是一样，一个企业很难保证永远不犯错误、不出问题。出了问题肯定就要解决问题，但问题怎么解决以及解决到一个什么程度，倒是需要我们从业人员好好思考的。

我们在企业上市的过程中，对于企业的一些瑕疵，基本的解决思路无非就是：交钱、交罚款、开证明。尤其是开证明，那肯定是说得越详细级别越高越靠谱也越安全，当然拟上市公司都到了规模和地位，家大业大关系很硬，交点钱没问题，开证明走走关系找找书记也没问题，那么对于新三板企业呢？

一、简单开合规证明文件是懒政

当然，新三板业务我们同样可以照搬企业上市的解决思路，不仅省心省力，而且更加没有风险，但是有时候这样对于企业是不公平的。其理由有如下几点：

1. 有些问题不一定需要通过交钱或者罚款的方式解决，或者说有些问题不一定要在当下解决至少可以暂缓解决。

2. 有些问题的解决可能不一定付出那么多的成本，如果 5 元钱能解决问题那么我们不能为了保险建议企业去花 6 元钱解决。

3. 有些问题完全可以通过时间的方式解决，如果这个问题随着时间推移可以自动消化，那么我们可以充分披露这个问题以及风险，然后等着问题自己解决。

4. 有些问题不一定需要通过开具证明的方式来证明合规性并规避中介机构的风险，开证明是一种懒惰的做法，对企业不公平，股转中心也并非一定赞成。

二、关于合法合规问题考量的思路

小兵觉得，对于企业经营过程中存在的一些瑕疵或者问题以及其合法合规性问题的判断，应该简略坚持以下思路：

1. 对问题发生的背景和大环境进行详细分析，这个问题的出现是个案还是当时历史原因造成的普遍现象。

2. 对问题发生的因素进行全面分析，重点关注企业在这个问题上的态度以及责任划分，这个问题是因为企业无知造成的、失误造成的还是故意造成的，这个问题全部是企业的责任还是第三方甚至主管部门也有责任？

3. 对问题进行详细的论证之后进行明确的定性，这个问题是否违法还是违规，违反的是什么规则、什么制度，这个制度的影响有多大？

4. 模拟论证这个问题或瑕疵对公司生产经营以及盈利能力的影响，假定这个问题以及瑕疵最坏的结果来打算，那么这个企业是否还能正常经营是否还能够符合挂牌或者上市的条件。

5. 企业在相关文件中充分披露这些论证的信息，让投资者知晓这个问题的性质以及影响，并告知投资者公司存在这样不规范的地方以关注风险。

【实践案例】

一、博汇股份（831213）：环保处罚

（一）第一次处罚

2012 年 9 月 14 日，博汇有限因未取得环境影响评价审批文件的情况下，新建 12 个卧式储罐、1 台 2 吨蒸汽锅炉且投入生产使用，被宁波市环境保护局以甬环罚字〔2012〕第 62 号行政处罚决定书处以停止使用 12 个卧式储罐、1 台 2 吨蒸汽锅炉的使用和罚款 10 万元。

根据《宁波市重大环境违法违规行为认定处理办法（试行）》第 5 条的规定："有下列情形之一的，可以认定为重大环境违法违规行为：（一）偷排污染物或者故意不正常使用处理设施且排放污染物超标严重的；（二）将危险废物以倾倒、填埋等方式直接进入水体、土壤、海洋等环境并有主观意图的；（三）拒绝、阻扰环保执法人员依法实施现场监督检查或者拒不配合环境违法案件查处工作的；（四）拒不履行环保行政处罚决定，被依法申请强制执行的；（五）以欺骗、虚假手段取得环

保行政许可的；（六）因违法排污造成环境污染事故的；（七）被责令停产整治的；（八）逾期未完成限制治理任务，被责令停产或停业的；（九）被实施环境行政强制措施的；（十）其他严重违反环保法律、法规、规章规定的环境行为。”

综上所述，鉴于：(1)公司该未办理环评事项即投入生产的行为未造成环境污染事故，不存在《宁波市重大环境违法违规行为认定处理办法（试行）》第5条第1项和第2项规定的情形。(2)公司积极配合环保执法人员的监督检查，不存在《宁波市重大环境违法违规行为认定处理办法（试行）》第5条第3项规定的情形。(3)公司履行了环保处罚决定，未被申请强制执行。不存在《宁波市重大环境违法违规行为认定处理办法（试行）》第5条第4项规定的情形。(4)公司未以欺骗、虚假手段取得环保行政许可。不存在《宁波市重大环境违法违规行为认定处理办法（试行）》第5条第5项规定的情形。(5)公司未办理环评事项即投入生产的行为没有造成环境污染事故，公司也未被责令停产、停业，也未被实施环境行政强制措施。不存在其他严重违反环保法律、法规、规章规定的环境行为的情形。故公司不存在《宁波市重大环境违法违规行为认定处理办法（试行）》第5条第6～10项规定的情形。

公司控股股东及实际控制人承诺，如因未办理环评事项即投入生产的行为，导致公司后续受到处罚或损失以及其他费用，控股股东及实际控制人将承担一切因此所产生的全部责任，确保公司不会因此遭受任何损失。主办券商和律师认为，经过核查，公司未办理环评事项即投入生产的行为不存在《宁波市重大环境违法违规行为认定处理办法（试行）》规定的可以认定为重大环境违法违规行为的情形，公司未办理环评事项即投入生产的行为不是重大违法违规的行为，不会对公司本次挂牌构成实质性障碍，公司符合合法规范经营的挂牌条件。

（二）第二次处罚

在2012年11月20日，博汇有限因真空排气未经处理直接排放的原因被宁波市镇海环境保护局以镇环罚字〔2012〕116号行政处罚决定书处以罚款3万元。

2014年3月31日，宁波市镇海区环境保护局出具镇环污防〔2014〕42号环境行为证明：“宁波博汇化工科技股份有限公司属我区非重点环保监管企业，该企业曾于2012年被我局处罚（镇环罚字〔2012〕116号），不是重大违法违规行为，于2013年3月结案改正违法行为。2011年至今未受其它环保行政处罚。”

根据《全国中小企业股份转让系统股票挂牌条件适用基本标准指引（试行）》的规定，“被行政处罚的实施机关给予罚款的行为，除主办券商和律师能依法合理说明或处罚机关认定该行为不属于重大违法违规行为的外，都视为重大违法违规情形”。因此，主办券商及律师认为，公司上述镇海环境保护局的行政处罚已由处罚机关依法认定该行为不属于重大违法违规行为，符合《全国中小企业股份转让系统股票挂牌条件适用基本标准指引（试行）》规定的不属于重大违法违规行为的情形。公司的上述处罚并非重大违法违规行为，公司符合合法规范经营的挂牌条件。

综上，主办券商项目组经过核查后认为，公司近两年来在环境保护方面没有重大违法违规行为。

律师经过核查后认为，公司近两年来在环境保护方面没有重大违法违规行为。

上述事件发生后，公司在开展业务中不断完善各项环保制度和环保举措，并进行明确的职责分工，定期对执行环保情况进行监督，具体的环保措施如下：

1. 针对公司受到的环保部门处罚，公司在改造、新建生产相关装置或设备时，由安全环保部会同生产部充分沟通和论证，并由安全环保部及时与环保主管部门沟通，严格履行相关规定的程序，避免出现违反环保要求的事件再次发生；

2. 公司排放的污水和废气由生产部进行明确职责划分，优化流程，持续监测，严格执行国家相关排放标准；

3. 公司安全环保部定期对公司执行环保情况进行监督检查和评价，及时汇报。

公司在环境保护方面积极完善了公司内部控制和管理，并能够得到有效执行。

二、威控科技（430292）：税务处罚

2011 年 6 月 23 日，因公司财务人员疏忽导致公司支票无法及时承兑，中国人民银行营业管理部出具银管罚—支票〔2011〕01279 号处罚决定书，对公司处以罚款 3564.5 元。

2012 年 2 月 27 日，因公司财务人员工作疏忽，未及时申报办理变更登记，北京市海淀区地方税务局第一税务所出具行政处罚决定书，对公司处以罚款 500 元。

上述违法违规行为系因有限公司工作人员疏忽所致，有限公司在

收到处罚决定书后及时缴纳了罚款，并对有关人员进行了批评教育。公司在2012年11月股份制改造后相应完善了内部控制制度，公司未来将严格执行财务管理制度，杜绝类似情形的发生。

公司律师与主办券商通过查阅两项行政处罚告知书、决定书及相关法律法规的规定，一致认为上述违法违规行为情节轻微，罚款数额较低，且未对公司或他人利益造成重大影响，根据《中国人民银行行政处罚程序规定》和《中华人民共和国税收征收管理法》的相关规定，均属于非重大行政处罚情形，不构成重大违法违规行为。

除上述行政处罚以外，公司最近两年内不存在其他违法违规及受处罚的情况。公司已经取得工商部门、税务部门和社保部门出具的无违法违规情况证明。

三、维珍创意(430305)：税务处罚的详细解释

公司于2011年5月26日被海淀区国税局第七税务所因未及时办理国登记给予100元的行政处罚。

公司在北京中关村西区登记注册时，北京中关村西区管委会审批的经营范围只有地税业务，而无国税业务，公司税务办理人员误以为无须办理国税登记而未及时办理。公司已及时缴纳了罚款，并对相关责任人进行批评教育并加强日常管理。该行政处罚情节轻微，数额很小，未对生产经营造成不良影响。

公司律师认为：2011年5月26日，北京市海淀区国家税务局第七税务所向维珍有限下发《税务行政处罚事项告知书》(海七国告〔2011〕459号)和《税务行政处罚决定书(简易)》(海七国简罚〔2011〕299号)，维珍有限因违规—逾期未办理税务登记，被处以100元罚款。据公司相关人员说明，该项违规行为产生的原因为：公司在北京中关村西区登记注册时，北京中关村西区管委会审批的经营范围只有地税业务，而无国税业务，公司办理人员误以为无须办理国税登记而未及时办理国税登记。受到该项处罚后，公司及时缴纳了罚款。公司承诺以后认真遵守各项法律法规规定，规范运行，严格杜绝违法违规行为的发生。

除上述行政处罚外，公司报告期内未受到其他行政处罚，上述行政处罚情节轻微，数额很小，不构成重大行政处罚，不构成重大违法违规行为。上述行政处罚未对公司生产经营造成不良影响，对本次公司股份公开转让不构成实质障碍。

主办券商认为：根据《税收征收管理法》第60条"纳税人有下列行

为之一的,由税务机关责令限期改正,可以处二千元以下的罚款;情节严重的,处二千元以上一万元以下的罚款:(一)未按照规定的期限申报办理税务登记、变更或者注销登记的……"《税收征收管理法实施细则》第90条"纳税人未按照规定办理税务登记证件验证或者换证手续的,由税务机关责令限期改正,可以处2000元以下的罚款;情节严重的,处2000元以上1万元以下的罚款"之规定,对于罚款100元的行政处罚,不属于情节严重的行为,且应属于情节一般的情形中比较轻微的情节,不属于重大违法违规行为。

根据《全国中小企业股份转让系统股票挂牌条件适用基本标准指引(试行)》对重大违法违规情形的解释:"凡被行政处罚的实施机关给予没收违法所得、没收非法财物以上行政处罚的行为,属于重大违法违规情形,但处罚机关依法认定不属于的除外;被行政处罚的实施机关给予罚款的行为,除主办券商和律师能依法合理说明或处罚机关认定该行为不属于重大违法违规行为的外,都视为重大违法违规情形。"

综上所述,主办券商和律师能对上述罚款100元的行政处罚行为进行合理解释说明,该违法行为不属于重大违法违规行为。

根据北京市工商行政管理局海淀分局于2013年1月18日出具的证明,公司自成立至今没有因违反工商行政管理法律法规受到查处的记录。

北京市海淀区国家税务局第一税务所于2013年1月18日出具告知书,公司自2012年1月1日至2012年12月31日未接受过行政处罚。

北京市海淀区地方税务局知春里税务所2013年1月17日出具告知书,公司自2011年1月1日至2012年12月31日未接受过行政处罚。

公司最近两年除上述100元的行政处罚外不存在因违反工商行政管理、国家税务局和地方税务局或其他机关等的法律法规而受到处罚情况等事项。

四、金洪汽车(831376):海关处罚

公司及控股股东、实际控制人最近两年违法违规情况:

2013年6月17日,吉林海关向吉林金洪下达了吉关缉违字〔2013〕002号《中华人民共和国吉林海关行政处罚决定书》,对吉林金洪出口过渡管品名、毛重、净重申报不实行为处罚人民币0.5万元;对

出口过渡管税则号列申报不实行为处罚人民币67.2万元。

2012年,吉林金洪为拓展国外业务,向美国出口过渡管产品,由于报关经验不足,以及公司无报关员,故在发货时委托代理公司进行报关事宜。首次报关时,要对过渡管税则编码确认,公司对相关确认税则编码的方式不了解,故委托代理公司确认,在实际操作过程中发生了税则编码归类错误的情况。在过渡管品名、毛重、净重等方面委托报关时,公司向代理公司提供产品数量、重量和品名,但报关员在报关时,将过渡管写成过滤管,毛重和净重也因笔误造成与公司申报不符,故公司未能取得相关报关文件,仅在客户收到产品后才能取得报关文件,由于无法对出现的错误进行及时更正,只能事后得知报关错误的信息,而最终导致公司受到海关的处罚。

2014年1月23日,吉林海关出具证明:"经我关调查核实,吉林金洪汽车部件有限公司在出口货物申报时将商品编号申报错误,违反海关监管规定,鉴于该公司能够积极配合海关调查,不存在主观故意行为,且有法定从轻情节,我关以一般违规案件对其进行处罚,并下达了《中华人民共和国吉林海关行政处罚决定书》(吉关缉违字〔2013〕002号)。"

除了上述情况外,最近两年一期内,公司控股股东、实际控制人不存在违法违规及受罚的情况。

五、华安股份(430279):专利纠纷,公司败诉

解决方案:挂牌公司报告期内涉及专利诉讼,法院判决公司败诉,公司如实披露信息,并做重大风险提示。

报告期内,公司发生一起专利纠纷:自然人曹永军诉公司生产销售的DS-1C型号的执法记录仪产品侵犯其实用新型专利。兰州市中级人民法院一审判决公司败诉,2012年11月23日,甘肃省高级人民法院二审调解结案。调解结果为:公司须向原告支付于本案二审结案前生产、销售和许诺销售DS-1C型号的执法记录仪产品的专利补偿费用45万元,于2013年3月31日前一次性付清。针对涉诉产品双方既往不咎,对其再生产事宜,由公司与原告再行协商。自2012年11月24日起,公司已停止生产涉诉产品,零星销售涉诉产品34,102.56元,为调解协议生效前生产。因公司已决定不再生产涉诉产品,所以公司将不再与原告就涉诉产品的再生产事宜进行协商。2013年4月10日,公司按照调解协议向原告全额支付了45万元专利补偿费用。

公司的主要产品包括执法记录仪、3G单兵、UHF数字化应急指挥

系统等三大类。公司研发过的执法记录仪产品共有 DS－1A、DS－1B、DS－1C、DS－1D、DS－1E(以下分别简称 1A、1B、1C、1D、1E)五个型号,其中 1A、1B、1C、1E 形成过销售,1D 为公司报告期内的研发产品,没有形成生产销售,1C 为涉诉产品。

前述事项可能存在以下风险:

1. 2011 年、2012 年 1C 型号的执法记录仪产品收入占公司营业收入比重分别为 80.84%、30.41%,非 1C 型号的执法记录仪产品收入占公司营业收入比重分别为 3.01%、26.71%,虽然 2012 年 1C 型号的执法记录仪产品收入占比已大幅下降,非 1C 型号的执法记录仪产品收入占比明显提高,但是 1C 型号的执法记录仪产品的停产仍可能对公司经营造成不利影响。

2. 由于公司将不会与原告就 1C 型号的执法记录仪产品再生产事宜达成进一步协议,因此如公司再行生产、销售、许诺销售 1C 型号的执法记录仪产品,可能承担相应法律责任。此外,不排除非 1C 型号的执法记录仪产品被曹永军提起诉讼,并被司法审判认定侵犯涉诉专利权的风险,有可能会对公司经营造成不利影响。

公司主要生产和销售面向行政执法部门的无线移动音视频监控设备和应急指挥系统。该行业技术升级和产品更新换代速度快,对现有技术或通用技术的依赖性较强,而当前与技术相关的知识产权申请和保护的环境较差。因此,公司的其他产品也存在涉入技术纠纷的风险,如果公司在技术纠纷中被司法机关、行政主管部门等裁决败诉,涉及技术纠纷的相关产品可能面临停止生产、销售等风险,甚至需要公司支付大额经济赔偿,并因此而对公司经营造成不利影响。

主办券商认为:公司 1C 型执法记录仪因涉及专利诉讼停止生产销售,可能对公司经营造成不利影响。公司 1E 型执法记录仪已基本取代 1C 型执法记录仪,但仍不能完全排除原告曹永军就 1E 型执法记录仪继续提起诉讼,并被司法审判认定侵犯涉诉专利权的风险,并因此对公司经营造成不利影响。但是,公司非执法记录仪产品不存在涉及侵犯曹永军两项专利的风险,其销售收入在报告期内占营业收入比重非别为 16.15%、42.88%,大幅增长;2013 年 1～4 月非执法记录仪产品实现营业收入合计 10,367,196.97 元(未经审计),占当期营业收入比重为 82.77%;2013 年 1～5 月公司已经签订的非执法记录仪产品大额合同金额约 667 万元,非执法记录仪产品已经逐渐被市场认可,并取代执法记录仪成为公司的主要产品,其市场不确定性已大大降低。因此,尽管公司执法记录仪产品存在涉诉风险,但是由于非执法记录仪产品发展良好，公司具有持续经营能力。

律师认为：公司现在生产、销售执法记录仪的行为不存在重大诉讼风险，即便是公司因潜在纠纷承担一定的经济赔偿责任，该经济责任最终由股东代松和刘艳承担。执法记录仪存在的潜在纠纷对公司业务和持续经营能力不构成重大不利影响，不构成公司在全国中小企业股份转让系统挂牌的实质性法律障碍。

六、香塘担保(831959)：实际控制人被证监会处罚

2013 年 1 月 4 日，中国证监会发布行政处罚决定书，顾振其作为舒泰神(北京)生物制药股份有限公司董事，在“舒泰神”2011 年度业绩预告公布前将预告信息告知穆彩球，事后穆彩球买入“舒泰神”股票 4300 股，认定顾振其、穆彩球的行为违反了《证券法》第 76 条关于禁止泄露内幕信息及内幕交易的规定，构成了《证券法》第 202 条所述的违法行为，并对其处以共计 3 万元的罚款。请公司提供前述行政处罚书。请主办券商和律师就前述事项及顾振其在公司担任的董监高情况作进一步核查，并就前述行为是否属于重大违法违规，发表明确意见。

1. 关于顾振其自有限公司设立以来担任董监高情况。主办券商和律师核查了公司自设立以来的工商登记档案资料，顾振其于 2012 年 3 月 5 日至 2014 年 5 月 27 日期间担任香塘担保董事。2014 年 5 月 28 日至本回复说明签署日未再担任香塘担保董事、监事或高级管理人员。

2. 关于顾振其前述行政处罚事项具体情况。2013 年 1 月 4 日，中国证监会发布行政处罚决定书，认定顾振其泄露内幕信息及穆彩球内幕交易“舒泰神”股票，存在以下违法事实：

(1)关于舒泰神 2011 年年度业绩预告的形成。2012 年 1 月 5 日 17 时，舒泰神 2011 年年度业绩预告形成，舒泰神董事长、总经理周某某在当天晚上将舒泰神 2011 年年度业绩预告情况告知顾振其。2012 年 1 月 6 日 16 时，舒泰神披露 2011 年年度业绩预告：预计盈利 9775 至 10,925 万元，净利润比上年度增长 70% 至 90%。

根据以上事实，中国证监会认定，舒泰神 2011 年年度业绩预告在公布前为《证券法》第 75 条所规定的内幕信息。内幕信息价格敏感期为 2012 年 1 月 5 日至 1 月 6 日。顾振其为内幕信息知情人。

(2)顾振其泄露内幕信息及穆彩球内幕交易“舒泰神”股票。顾振其、穆彩球承认，顾振其于 2012 年 1 月 5 日晚上将舒泰神 2011 年业

绩预告内容告诉穆彩球。2012 年 1 月 6 日 13 时 40 分至 13 时 52 分，穆彩球买入“舒泰神”股票 4300 股。

根据以上事实，中国证监会认定，顾振其泄露内幕信息及穆彩球内幕交易“舒泰神”股票。顾振其、穆彩球的行为违反了《证券法》第 76 条关于禁止泄露内幕信息及内幕交易的规定，构成了《证券法》第 202 条所述的违法行为。

以上违法事实，有舒泰神 2011 年年度业绩预告，相关人员的谈话笔录，穆彩球交易“舒泰神”股票情况，顾振其、穆彩球提供给深圳证券交易所的相关情况说明等证据证明，足以认定。

根据当事人违法行为的事实、性质、情节与社会危害程度，依据《证券法》第 202 条的规定，中国证监会决定：对顾振其、穆彩球处以共计 3 万元的罚款。

3. 关于前述行为是否属于重大违法违规。主办券商和律师认为，首先，从中国证监会对顾振其的处罚标准适用及违规事实、后果来看，公司实际控制人顾振其虽然存在前述违法违规行为，但该等违法违规行为情节轻微，且相关责任人及时缴纳了相关罚款，并未造成重大危害后果。

其次，深圳证券交易所曾于 2012 年 3 月 7 日作出《关于对舒泰神（北京）生物制药股份有限公司董事顾振其给予处分的决定》，对顾振其前述行为给予了通报批评的处分。从深圳证券交易所该等处分标准适用并结合《创业板股票上市规则》第 17.3 条的规定来看，该等行为应属情节较轻，与前述行政处罚的标准适用相吻合。

综上所述，主办券商和律师认为顾振其前述行为不属于重大违法违规行为。

七、中棉种业（832019）：担任法定代表人期间未年检吊销营业执照

北京国研智库文化发展有限公司（以下简称国研公司）系由贾澎、甘东旭于 2009 年 6 月共同出资设立的有限责任公司，注册资本 3 万元，其中贾澎出资 2.4 万元，占该公司注册资本的 80%，为该公司实际控制人并担任法定代表人。经核查，国研公司因未按时年检，于 2012 年 10 月被北京市西城区工商局吊销营业执照。根据贾澎书面说明，就国研公司年检事宜，当时其已明确要求公司工作人员按时年检，但因公司工作人员疏忽的原因造成公司未按时年检，从而被吊销营业执照，其本人不应当承担个人责任。2014 年 11 月 13 日，国研公司注销

完毕并收到北京市工商行政管理局西城分局下发的《注销核准通知书》;经查询"北京市企业信用信息网"的个人"任职限制",不存在贾澎被限制担任董事、监事、高级管理人员的相关信息。经核查,主办券商、律师认为,贾澎担任公司董事会秘书符合《公司法》等法律法规的相关规定,公司对其的聘任合法有效。

(一)尽调过程和事实依据

序号	尽调过程	事实依据
1	取得董事、监事、高级管理人员的简历	董监高人员的简历
2	取得董事、监事、高级管理人员无违法违规的承诺	全体董监高关于诚信状况的书面声明
3	查阅全国企业信用信息公示系统	网站查阅记录
4	取得关于北京国研智库文化发展有限公司的注销文件	北京国研智库文化发展有限公司工商、税务、组织机构代码证注销证明文件
5	取得贾澎关于董事会秘书任职资格的声明	贾澎关于董事会秘书任职资格的声明
6	取得公司关于董事会秘书任职资格的声明	公司关于董事会秘书任职资格的声明
7	查阅北京市企业信用信息网	网站查阅记录
8	查阅证监会公开处罚信息	查阅结果
9	访谈公司管理层	公司管理层的访谈记录
10	取得公司律师意见	补充法律意见书(一)

(二)分析过程

公司董事会秘书贾澎于2009年6月出资设立北京国研智库文化发展有限公司(以下简称国研公司),注册资本3万元,其中贾澎出资2.4万元,占该公司注册资本的80%,为该公司实际控制人并担任法定代表人。经核查,国研公司因未按时年检,于2012年10月被北京市西城区工商局吊销营业执照。根据贾澎书面说明,国研公司未按时年检事宜系因公司工作人员疏忽的原因造成的,其本人不应当承担个人责任。就上述事项,贾澎承诺:"如因国研公司被北京市西城区工商局吊销营业执照事宜需要本人辞去中棉种业科技股份有限公司的高管身份，本人愿意全力配合中棉种业，并承担相应的法律责任（包括由此给中棉种业造成的损失）”；中棉种业承诺：“如贾澎因国研公司被北京市西城区工商局吊销营业执照事宜需要辞去中棉种业科技股份有限公司的董事会秘书职务，公司将在3个月内重新聘任新的董事会秘书，在此期间，公司董事长将代行董事会秘书职责，直至公司聘任新的董事会秘书”。2014年11月13日，国研公司注销完毕并收到北京市工商行政管理局西城分局下发的《注销核准通知书》；经查询“北京市企业信用信息网”的个人“任职限制”，不存在贾澎被限制担任董事、监事、高级管理人员的相关信息。

除上述情形外，主办券商和律师查阅了证监会的公开处罚信息及全国企业信用信息公示系统，并取得了董监高的简历和公司全体董监高出具的《全体董监高关于诚信状况的书面声明》，全体董监高承诺符合法律规定的担任董事、监事、高级管理人员的任职资格，不存在《公司法》第一百四十六条规定的情形；全体董监高最近两年内不存在因违反国家法律、行政法规、部门规章、自律规则等受到刑事、民事、行政处罚或纪律处分。

（三）结论意见

经核查，主办券商和律师认为：公司董事会秘书曾担任被吊销营业执照的公司的法定代表人，该公司目前已注销完毕，经查询“北京市企业信用信息网”，不存在其被限制担任董事、监事、高级管理人员的相关信息；除此之外，公司董事、监事和高级管理人员均具备和遵守法律法规规定的任职资格和义务，最近24个月内不存在受到中国证监会行政处罚或者被采取证券市场禁入措施的情形。

第二十章　国有资产

【基本理论】

一、新三板审核关注要点

国有企业挂牌新三板本身并没有明显的特殊性规定或者“额外”的要求，由于挂牌新三板并不必然要增发新股，因而国有企业新三板挂牌也不一定需要像IPO那样取得国有资产管理部门的同意。尽管如此，国有企业挂牌新三板有一些问题还是需要关注的：

1. 整体变更需要主管部门批复。根据相关规定，国有企业整体变更为股份公司的时候，需要对股权设置情况取得主管部门的批复同意。至于是哪一级别的主管部门来批复，实践中有很多种处理方式，小兵认为如果整体变更没有股权比例或者股东的变化，那么只需要企业的直接上一级部门批复就可以了。

2. 国有股权转让的程序是否合规。根据相关规定，国有股权转让是需要履行评估、竞价、批复等诸多程序的，如果程序不合规就会构成企业挂牌的实质性障碍，尤其是当国有股权转让给民营资本甚至是自然人时。如果国有股权的转让经过了主管部门的同意、足额支付了对价、定价公允合理、不存在明显的国有资产流失的情形的话，那么一般情况下不会构成实质性障碍。这种情况下并不一定需要取得主管部门的同意确认文件，不过在尽职调查和信息披露方面要做足相关的工作，交代清楚事情的来龙去脉，同时要告诉投资者可能存在的后果和风险。

3. 国有企业的同业竞争和关联交易问题。国有企业一般都是资产规模较大的“大家伙”，挂牌新三板的企业很有可能只是国有资本里面非常渺小的一块业务，因而可能会导致国有资本控制的其他企业会跟挂牌企业存在同业竞争或者金额较大的关联交易，这也是国企挂牌需要特别关注的问题。

二、内部决议程序

（一）国有独资企业、国有独资公司

根据《企业国有资产法》相关规定，国有独资企业、国有独资公司有本法第30条所列事项的（合并、分立、改制、上市，增加或者减少注册资本，发行债券，进行重大投资，为他人提供大额担保，转让重大财产，进行大额捐赠，分配利润，以及解散、申请破产等重大事项），除了合并、分立，增加或者减少注册资本，发行债券，分配利润，以及解散、申请破产应由履行出资人职责的机构决定外，其他事项（包括进行重大投资）应由国有独资企业由企业负责人集体讨论决定，国有独资公司由董事会决定。

重要的国有独资企业、国有独资公司的合并、分立、解散、申请破产以及法律、行政法规和本级人民政府规定应当由履行出资人职责的机构报经本级人民政府批准的重大事项，履行出资人职责的机构在作出决定或者向其委派参加国有资本控股公司股东会会议、股东大会会议的股东代表作出指示前，应当报请本级人民政府批准。

《企业国有资产监督管理暂行条例》规定，国有资产监督管理机构可以对所出资企业中具备条件的国有独资企业、国有独资公司进行国有资产授权经营。被授权的国有独资企业、国有独资公司对其全资、控股、参股企业中国家投资形成的国有资产依法进行经营、管理和监督。由上可知，对于国有独资企业、国有独资公司，由于国家为唯一出资人，因此，重大事项应由履行出资人职责的机构决定。

（二）国有资本控股公司、国有资本参股公司

国有资本控股公司、国有资本参股公司有所列事项的（合并、分立、改制、上市，增加或者减少注册资本，发行债券，进行重大投资，为他人提供大额担保，转让重大财产，进行大额捐赠，分配利润，以及解散、申请破产等重大事项），由公司股东会、股东大会或者董事会决定。由股东会、股东大会决定的，履行出资人职责的机构委派的股东代表依法行使权利。

重要的国有资本控股公司的合并、分立、解散、申请破产以及法律、行政法规和本级人民政府规定应当由履行出资人职责的机构报经本级人民政府批准的重大事项，履行出资人职责的机构在向其委派参加国有资本控股公司股东会会议、股东大会会议的股东代表作出指示前，应当报请本级人民政府批准。

因此，对于普通的国有控股/参股企业，应按照《公司法》的相关规

定，通过股东会、股东大会或者董事会行使职权。只要股东会、股东大会或者董事会通过决议，即应认定有效。

三、产权转让程序

(一)审批权限

国有资产转让由履行出资人职责的机构决定。履行出资人职责的机构决定转让全部国有资产的，或者转让部分国有资产致使国家对该企业不再具有控股地位的，应当报请本级人民政府批准。除按照国家规定可以直接协议转让的以外，国有资产转让应当在依法设立的产权交易场所公开进行。转让方应当如实披露有关信息，征集受让方；征集产生的受让方为两个以上的，转让应当采用公开竞价的交易方式(《企业国有资产法》)。

1. 国有资产监督管理机构决定所出资企业的国有产权转让。其中，转让企业国有产权致使国家不再拥有控股地位的，应当报本级人民政府批准。

2. 所出资企业决定其子企业的国有产权转让。其中，重要子企业的重大国有产权转让事项，应当报同级国有资产监督管理机构会签财政部门后批准。其中，涉及政府社会公共管理审批事项的，需预先报经政府有关部门审批。

3. 转让企业国有产权涉及上市公司国有股性质变化或者实际控制权转移的，应当同时遵守国家法律、行政法规和相关监管部门的规定。对非上市股份有限公司国有股权转让管理，国家另有规定的，从其规定。

4. 对于国民经济关键行业、领域中对受让方有特殊要求的，企业实施资产重组中将企业国有产权转让给所属控股企业的国有产权转让，经省级以上国有资产监督管理机构批准后，可以采取协议转让方式转让国有产权。(《企业国有产权转让管理暂行办法》)

(二)清产核资

1. 企业国有产权转让事项经批准或者决定后，转让方应当组织转让标的企业按照有关规定开展清产核资，根据清产核资结果编制资产负债表和资产移交清册，并委托会计师事务所实施全面审计。

2. 转让所出资企业国有产权导致转让方不再拥有控股地位的，由同级国有资产监督管理机构组织进行清产核资，并委托社会中介机构开展相关业务。

(三)资产评估

根据《国有资产评估管理办法》《国有资产评估管理若干问题的规

定》等相关规定，以下行为需要进行资产评估：

1. 相关国有企业产权变动涉及的经济行为：(1)整体或部分改建为有限责任公司、股份有限公司、中外合资企业、中外合作企业；(2)合并、分立、清算；(3)非同比例增资、减资；(4)企业产权转让；(5)企业整体租赁或托管给非国有单位。

2. 涉及非货币资产处置的经济行为：(1)资产出资；(2)资产转让、置换、拍卖；(3)资产租赁给非国有单位；(4)以非货币资产偿还债务；(5)确定涉诉资产价值。

3. 相关非国有资产进行评估的经济行为：(1)国有企业接受非国有单位以非货币资产出资；(2)国有企业收购非国有资产或产权；(3)国有企业与非国有单位置换资产或企业产权；(4)国有企业接受非国有单位以非货币资产抵债。

国有资产转让应当以依法评估的、经履行出资人职责的机构认可或者由履行出资人职责的机构报经本级人民政府核准的价格为依据，合理确定最低转让价格。委托单位收到资产评估机构的资产评估结果报告书后，应当报其主管部门审查；主管部门审查同意后，报同级国有资产管理行政主管部门确认资产评估结果。经国有资产管理行政主管部门授权或者委托，占有单位的主管部门可以确认资产评估结果。

在产权交易过程中，当交易价格低于评估结果的90%时，应当暂停交易，在获得相关产权转让批准机构同意后方可继续进行。

（四）转让方式

1. 企业国有产权转让应当在依法设立的产权交易机构中公开进行，不受地区、行业、出资或者隶属关系的限制。

2. 企业国有产权转让可以采取拍卖、招投标、协议转让以及国家法律、行政法规规定的其他方式进行。

（五）转让公告

1. 转让方应当将产权转让公告委托产权交易机构刊登在省级以上公开发行的经济或者金融类报刊和产权交易机构的网站上，公开披露有关企业国有产权转让信息，广泛征集受让方，产权转让公告期为20个工作日。

2. 在征集受让方时，转让方可以对受让方的资质、商业信誉、经营情况、财务状况、管理能力、资产规模等提出必要的受让条件。

（六）成交协议

1. 公开征集产生两个以上受让方时，转让方应当与产权交易机构协商，根据转让标的的具体情况采取拍卖或者招投标方式组织实施产权交易。

2. 经公开征集只产生一个受让方或者按照有关规定经国有资产监督管理机构批准的，可以采取协议转让的方式。

3. 对于国民经济关键行业、领域中对受让方有特殊要求的，企业实施资产重组中将企业国有产权转让给所属控股企业的国有产权转让，经省级以上国有资产监督管理机构批准后，可以采取协议转让方式转让国有产权。

4. 转让企业国有产权导致转让方不再拥有控股地位的，在签订产权转让合同时，转让方应当与受让方协商提出企业重组方案，包括在同等条件下对转让标的企业职工的优先安置方案、经债权金融机构书面同意的相关债权债务协议、职工代表大会审议职工安置方案的决议等。

（七）价款支付

1. 转让价款原则上应当一次付清。

2. 采取分期付款方式的，受让方首期付款不得低于总价款的30%，并在合同生效之日起5个工作日内支付；其余款项应当提供合法的担保，并应当按同期银行贷款利率向转让方支付延期付款期间利息，付款期限不得超过1年。

（八）产权登记

1. 县级以上各级人民政府国有资产管理部门按照产权归属关系办理产权登记。国有资产管理部门根据工作需要，可以按照产权归属关系委托政府有关部门或者机构办理产权登记。

2. 产权变动的，应当自变动之日起30日内办理变动产权登记。(1)企业名称、住所或者法定代表人改变的；(2)国有资本占企业实收资本比例发生变化的；(3)企业分立、合并或者改变经营形式的。

> **小贴士：**主要参考的规则有：《企业国有资产法》[主席令第5号(2008)]、《企业国有资产产权登记管理办法》[国务院令第192号(1996)]、《企业国有资产监督管理暂行条例》[国务院令第378号(2003)]、《国有资产评估管理办法》[国务院令第91号(1991)]、《企业国有产权转让管理暂行办法》[财政部令第3号(2003)]、《国有资产评估管理若干问题的规定》[财政部令第14号(2001)]

【实践案例】

一、格纳斯(430619):国有股权转让未履行国有资产转让的立项、审计、评估、挂牌转让等程序,而直接以协议方式转让

解决方案:(1)访谈原国有股东,并取得确认声明。由于国有股权转让应当由转让方履行立项、审计、评估、挂牌转让等程序,因此,首要措施应为由转让方对历史上的国有股权转让行为进行确认。(2)未能取得省国资监管部门追认,如实披露,公司大股东承诺承担责任。

格纳斯在有限公司时期存有两个国有法人股东,其中,嘉阳集团原为四川省乐山市国资委下属国有独资公司,2005 年 11 月,四川省乐山市国资委将嘉阳集团股权无偿划转至四川省投资集团有限责任公司(国有独资);成都创投原为成都市科技风险开发事业中心(成都市科技局下属事业单位)主导设立的国有控股公司。

嘉阳集团 2003 年 1 月召开董事会,出资参股四川省格纳斯光电科技有限公司,出资额为 200 万元,根据嘉阳集团《公司章程》第 27 条第 2 项的规定,嘉阳集团董事会有权决定集团公司的经营计划和投资方案。嘉阳集团在参股川格有限期间,2004 年 5 月、6 月两次转让所持的川格有限股权,嘉阳集团未通过董事会作出决议,但嘉阳集团与股权受让方成都创投、博创风投均已分别签署了股权转让协议并办理了工商变更登记。嘉阳集团于 2004 年 11 月召开董事会作出《关于转让格纳斯光电科技有限公司股份的决议》,嘉阳集团与股权受让方王斌签署了股权转让协议并依法办理了工商变更登记。由于上述股权转让发生时,《企业国有资产监督管理暂行条例》《企业国有产权转让管理暂行办法》等制度刚开始实施,相关转让、受让方对这些制度还不够了解,故所转让的川格有限股权未均未履行国有资产转让的立项、审计、评估、挂牌转让等程序,而直接以协议方式转让存在程序瑕疵。经走访嘉阳集团,与当时经办股权转让人员确认了相关股权转让事项,并且嘉阳集团就国有股权转让程序出具了《声明》,认可其参股及股权转让行为的真实性,声明按照当时的公司章程,嘉阳集团出资 200 万元参股格纳斯已履行相关的内部决议程序,嘉阳集团退出时的股权转让协议是其真实意思表示。

根据四川华信出具的《关于四川省格纳斯光电科技有限公司整体变更股份有限公司前注册资本实收情况的专项复核报告》(川华信专〔2013〕272 号)和 2005 年 1 月 31 日嘉阳集团与王斌签订的《股权转让

协议书》,嘉阳集团2004年5月和6月转让股权的价款均支付至有限公司账户,用于弥补有限公司设立时未到位的实物出资;嘉阳集团2005年2月全部退出有限公司时,由王斌参照有限公司2004年12月31日经审计确认的200万元人民币出资对应的公司净资产值协商后确定支付股权转让价款180万元人民币,其中用货币资金转给有限公司后支付给嘉阳集团人民币140万元,王斌用私车(川A. BP412本田CRV车一辆)抵股权转让款人民币40万元。

2004年5月,成都创投决定出资参股四川省格纳斯光电科技有限公司,出资额为100万元;2004年6月成都创投转让所持的川格有限股权,与股权受让方博创风投已签署了股权转让协议并依法办理了工商变更登记。成都创投于2006年2月召开第一届董事会第六次会议,退出四川省格纳斯光电科技有限公司,成都创投与股权受让方王斌签署了股权转让协议并依法办理了工商变更登记。由于上述股权转让发生时,《企业国有资产监督管理暂行条例》《企业国有产权转让管理暂行办法》等制度刚开始实施,相关转让、受让方对这些制度还不够了解,故所转让的川格有限股权均未履行国有资产转让的立项、审计、评估、挂牌转让等程序,而直接以协议方式转让存在程序瑕疵。经核查成都创投的工商登记资料,2006年11月成都创投国有股东成都市科技风险开发事业中心通过公开挂牌转让了其持有成都创投35%的股权,成都创投由国有控股公司变更为国有参股企业;2008年1月成都创投国有股东蚌埠市建设投资有限公司通过公开挂牌转让了其持有成都创投35%的股权,成都创投由国有参股企业变更为有限责任公司(法人独资);成都创投于2011年变更为自然人投资的有限责任公司。故成都创投现已不再受国有资产监督管理部门的监督管理。

根据四川华信出具的《关于四川省格纳斯光电科技有限公司整体变更股份有限公司前注册资本实收情况的专项复核报告》(川华信专〔2013〕272号),成都创投2004年6月转让股权的价款支付至有限公司账户,用于弥补有限公司设立时未到位的实物出资;成都创投2006年7月全部退出有限公司时,股权转让双方参照有限公司2005年12月31日经审计确认的100万元人民币出资对应的公司净资产值协商后作价。该股权转让价款由王斌将货币资金转给有限公司再通过有限公司账户支付给成都创投。

基于嘉阳集团和成都创投转让所持有的川格有限股权存在未履行《企业国有资产监督管理暂行条例》《企业国有产权转让管理暂行办法》《企业国有资产评估管理办法》规定的国有资产转让的立项、审计、评估、挂牌转让等程序方面的瑕疵，现股份公司控股股东、实际控制人王斌与律所律师走访了四川省国有资产监督管理委员会，希望国资监管部门就嘉阳集团、成都创投转让川格有限股权事项出具追认文件，但相关工作人员答复按照国务院国有资产监督管理委员会的会议精神原则上不再对既往国有资产转让相关事宜进行追认。

为最大程度地降低嘉阳集团和成都创投转让所持川格有限股权的程序瑕疵所带来的潜在风险，减轻对本次公司新三板挂牌的影响，当时的股权受让方暨股份公司现控股股东、实际控制人王斌于2013年11月12日作出《承诺书》明确承担其相应的责任，具体内容如下："本人作为四川格纳斯光电科技股份有限公司的控股股东、实际控制人，承诺：2003年2月至2005年2月之间涉及四川嘉阳集团有限责任公司、2004年5月至2006年7月之间涉及成都创业投资有限公司的国有法人股权转让，由此产生的一切法律后果，均由本人承担，与公司无关。"

综上认为，嘉阳集团投资参股川格有限并无法律、行政法规就国有资产对外投资应履行的程序进行明确规定，嘉阳集团严格按照其公司章程的规定召开了董事会通过相关投资决议，嘉阳集团在参股川格有限期间两次转让所持有的川格有限股权虽未通过董事会作出决议，但均与股权受让方签署了股权转让协议并已完成工商变更登记手续。虽未收集到成都创投在参股川格有限时及参股期间转让所持川格有限股权的相关内部决议文件，但成都创投该次投资入股已支付股权转让价款并完成了工商变更登记手续，在参股川格有限期间转让所持有的川格有限股权均与股权受让方签署了股权转让协议并已完成工商变更登记手续。并且嘉阳集团和成都创投退出川格有限的股权转让作价均参照了经审计确认的有限公司上年末净资产值且已结算支付，嘉阳集团出具的书面声明文件和现股份公司控股股东、实际控制人王斌出具的书面承诺书均是其真实意思表示，内容合法有效。故而公司涉及的国有股权转让不规范事项不构成本次公司新三板挂牌的实质性障碍。

二、苏大明世(430388)：国有股权转让没有在产权交易机构公开进行

解决方案：股权转让没有在产权交易机构公开进行，但经评估且价格合理，事后取得主管部门确认。

2004年6月8日，苏州工业园区创业投资有限公司(以下简称园

区创投)与李俊签订股权转让协议,园区创投将其合法持有的明世有限33.33%的股权转让给李俊,转让价格为294万元。

2004年6月2日,园区创投委托江苏华星会计师事务所有限公司以2004年2月29日为评估基准日对上述转让股份的价值进行评估,根据华星会评报字〔2004〕015号资产评估报告,上述对应明世有限33.33%股份的净资产价值为294万元。

同月,有限公司召开股东会并作出决议,全体股东一致同意园区创投将其合法持有的明世有限33.33%的股权作价人民币294万元全部转让给李俊。李俊成为持有明世有限33.33%的股权的合法股东。其他股东放弃优先购买权。

2006年4月8日,有限公司再次召开股东会作出确认,全体股东一致同意,园区创投将其合法持有的有限公司33.33%的股权作价294万元全部转让给李俊,上述股权转让直至2006年才完成工商变更登记的主要原因:据苏州工业园区管委会国有资产管理的要求,正在办理解散清算公司注销等事宜,所以园区创投将其持有的明世有限的股份转让给李俊后,园区创投当时没有相关人员负责配合完成股权转让工商变更。至2006年苏州工业园区工商局对该次股权转让进行登记备案,上述股权转让行为真实、合法。

园区创投为国有控股的企业,本次股权转让没有在产权交易机构公开进行,在程序上存在一定的瑕疵。但是本次转让履行了评估程序,转让价格合理,受让方李俊也已经按约定支付全额股权转让价款。就上述情况,2013年11月5日,苏州工业园区国有资产监督管理办公室出具《关于苏州苏大明世光学股份有限公司历史沿革中苏州工业园区创业投资有限公司投资及退出问题的批复》,该批复对2002年园区创投投资设立明世有限及2004年以评估价协议转让方式退出明世有限的结果予以确认,同时确认相关股权不存在争议。

三、行悦股份(430357):因增资导致国有股权比例下降未履行国有资产评估备案程序

解决方案:增资未经评估且未经国有资产管理部门备案,事后取得主管部门确认。

2007年11月22日,有限公司召开股东会作出决议,同意增加注册资本2169万元,有限公司注册资本由原来的570万元增加至2739万元。新增注册资本由上海慧谷创业投资管理有限公司(以下简称上海慧谷)以货币投入200万元,交大科技园以货币投入300万元,祝建

民以货币投入208万元，徐恩麒以货币投入242万元，徐财宝以货币投入399万元，杨凯瑜以货币投入330万元，徐恩麒、祝建民以其共同拥有的三种非专利技术（即“酒店互动系统”、“多节目源播放系统”、“数字多媒体系统”）作价490万元投入到有限公司，其中祝建民占245万元，徐恩麒占245万元。

上述新增注册资本分二期缴足，其中首次新增出资人民币1519万元，第二期新增出资人民币650万元。

（一）一期出资

2007年12月18日，上海中勤万信会计师事务所有限公司出具了编号为沪勤内验字〔2007〕00868号《验资报告》，对有限公司新增的1519万元注册资本进行审验，确认截至2007年12月13日，上述第一期新增注册资本已足额缴纳。

本次实收资本变更合法合规，且工商登记手续齐备，履行了必要的法律程序。本次增资第一期出资实缴完成后，公司全体股东的货币出资金额未低于有限公司注册资本的30%。

2008年1月3日，上海市工商行政管理局核准了上述事项，并为公司办理了变更登记。

（二）二期出资

2008年3月10日，上海中勤万信会计师事务所有限公司出具了编号为沪勤内验字〔2008〕00084号《验资报告》，对有限公司新增的650万元注册资本进行审验，确认截至2008年3月4日，上述第二期新增注册资本已足额缴纳。

本次公司股东认缴新增资本（注册资本由原来的570万元增加至2739万元）的第二期出资距公司该次新增资本的第一期出资时间未超过两年。本次实收资本变更合法合规，且工商登记手续齐备，履行了必要的法律程序。

2008年3月17日，上海市工商行政管理局核准了上述事项，并为公司办理了变更登记。

本次增资，因交大科技园放弃同比例增资的权利，其持有公司的股权比例相应减少。本次增资完成后，交大科技园持有公司的股权比例由18.25%变更为16.67%，上海慧谷持有公司的股权比例由7.30%变更为6.67%。

公司2009年年检报告书显示：截至2009年12月31日，公司账面资产总额为29,706,813.16元，负债总额为376,522.50元，净资产为29,330,290.66元。按本次增资前27,390,000元的实收资本计算，其每元出资额对应的净资产为1.07元(未审计)。本次增资完成后,交大科技园所持公司的股权比例由18.25%降至16.67%,上海慧谷持有公司的股权比例由7.30%降至为6.67%。系因其他股东同时以1元/每元出资额的价格(约等于每元出资额对应的净资产值)用对公司增资2,610,000元所致。

公司增资履行了股东会审议批准、验资及工商核准变更登记程序,符合《公司法》关于有限公司增资的规定。

2010年11月15日,教育部科技发展中心下发《关于同意上海交大科技园有限公司和上海慧谷创业投资管理有限公司转让所持上海慧浦神望电子科技有限公司股权的批复》(教技发中心函〔2010〕197号),亦未对本次增资导致国有股权比例减少提出异议。

因此,虽然公司本次增资未按国有资产管理相关规定对公司股东全部权益价值进行评估并在相应的国有资产监督管理机构备案,存在程序上瑕疵,但考虑到国有股东交大科技园在股东会表决时同意本次增资的价格,本次增资未履行评估并备案程序不会对本次挂牌造成实质障碍。

四、威门药业(430369):增资未履行国有资产评估备案程序

解决方案:国有资产管理部门进行确认。

2005年7月,贵阳风投出资800万元,认购公司419万股股份,对公司增资419万元,公司注册资本及实收资本由3200万元增至3619万元。

2005年3月9日,贵阳安达会计师事务所出具了《审计报告》(〔2005〕安达〈会审〉字087号),根据该报告,截至2004年12月31日,公司净资产为48,789,747.68元。

2005年4月16日,具备国有资产评估资质的中和正信会计师事务所有限公司贵州分公司出具了《贵州威门药业股份有限公司拟增资扩股资产评估报告》(中和正信评报字〔2005〕4－015号),根据该报告,截至评估基准日2004年12月31日,公司净资产为5930.32万元。

2005年4月28日,为推动贵阳市高新技术企业发展,贵阳风投与公司签署了增资协议书,约定以2004年12月31日作为审计、评估基准日,根据经评估之净资产值,贵阳风投出资800万元,认购公司419万股股份,溢价部分381万元计入公司资本公积,并约定贵阳风投投资5年后,其有权以法律规定的方式退出威门药业。

2005年5月25日,公司召开2005年第三次临时股东大会并形成

决议，同意贵阳风投出资800万元认购公司419万股股份，对公司增资419万元；公司原所有股东放弃优先认购权。

2005年5月8日，中和正信会计师事务所有限公司贵州分公司就本次增资事宜出具了《验资报告》（中和正信〔2005〕4－009号），确认：公司已经收到本次增资的货币资金800万元，其中419万元为注册资本，剩余381万元计入公司资本公积。

2005年7月8日，贵州省人民政府签发了《省人民政府关于贵州威门药业股份有限公司变更注册资本的批复》（黔府函〔2005〕248号），同意公司变更注册资本，新增贵阳风投为公司股东，同意贵阳风投以货币800万元入股，折合股份419万股，为国有股；贵阳风投增资完成后，公司注册资本由3200万元增至3619万元，股本由3200万股增至3619万股，其中自然人股为3200万股，国有股为419万股。

2005年7月27日，公司就本次增资事宜办理了工商变更登记手续，并获发了企业法人营业执照。

本次增资作价所依据的评估报告并没有在主管国资部门履行备案程序，存在法律瑕疵，但鉴于：

1.此次增资已经威门药业临时股东大会审议通过，此次增资作价已取得威门药业全体股东的同意，并未损害其他股东的利益。

2.为本次增资出具评估报告的中和正信会计师事务所有限公司贵州分公司具备国有资产评估资质。

3.贵州省人民政府作为有权的国资部门已对此次增资行为、增资价格及增资完成后股份性质进行了总体批复。

4.此次增资贵阳风投已按增资协议书约定缴付了出资，经中和正信会计师事务所有限公司贵州分公司验证，并办理了工商变更登记手续。

5. 2013年10月23日，贵阳市财政局出具《关于贵州威门药业股份有限公司2005年及2007年增资相关事宜的确认函》，其中记载，“我局确认2005年增资已经履行了必要的内部决议、外部审批程序，未造成国有资产的任何流失，增资行为合法、有效”。

6.截至本说明书出具之日，公司未因本次增资所依据的评估报告未履行国有资产评估备案程序而引发任何法律纠纷或争议。

主办券商认为，本次增资所依据的评估报告未履行国有资产评估备案程序不影响威门药业本次增资的有效性，对威门药业本次挂牌不构成实质性影响。

金杜所认为，此次增资未履行国有资产评估备案程序的不规范行为不影响威门药业的合法存续,对威门药业本次挂牌不会产生实质性不利影响。

五、西部泰力(430560):国有资产出资后未获批作减资处理

解决方案:履行减资程序,国有资产管理部门进行确认。

2004 年 11 月 25 日,有限公司召开股东会,同意原股东张彪将其持有的有限公司 28% 的股权全部转让给张睿;同意有限公司注册资本由 300 万元增加至 1000 万元,增资部分由成都泰格钢结构网架厂以货币形式出资 700 万元。上述股权转让各方当事人已于同日分别签署了《股权转让协议》。

2004 年 12 月 2 日,四川宏信会计师事务所有限公司就本次增资事宜出具了编号为川宏信验字〔2004〕第 048 号《验资报告》。审验截至 2004 年 12 月 1 日,有限公司已收到成都泰格钢结构网架厂缴纳的新增注册资本合计人民币 700 万元,均为货币资金。

经核查,2004 年 11 月 30 日,成都泰格钢结构网架厂将 700 万元货币资金汇入有限公司的验资账户并经会计师验证。由于成都泰格钢结构网架厂在向其主管部门就本次增资事宜办理备案手续时未获得其主管部门的同意,2004 年 12 月 3 日,有限公司将 700 万元增资款及银行利息 420 元全部返还给成都泰格钢结构网架厂。虽然成都泰格钢结构网架厂已经收回了全部投资及利息,但有限公司并未办理工商变更登记手续,从工商登记来看,成都泰格钢结构网架厂仍登记为有限公司的股东。从实际参与经营管理角度而言,成都泰格钢结构网架厂自收回全部投资后一直未参与过有限公司的任何经营管理活动,也没有作为名义股东真正履行任何权利和义务。

泰格因为没有履行国有资产出资程序而收回对西部泰力有限的出资及利息,没有实际完成对西部泰力有限的出资,仅作为其名义股东,对其自始不享有权益或权利。为了解决泰格的股东资格问题,泰格自愿将登记在其名下的全部股权无偿转让给西部泰力有限当时的股东。转让完成后,泰格不再持有西部泰力有限的任何股份,与西部泰力有限其他股东之间也不存在股权纠纷及其他潜在纠纷。此次无偿转让仅是为了解决工商登记与实际情况不一致的情形。因泰格已收回全部资金及利息,本次无偿转让股权,不构成国有资产的流失。但公司没有及时减少注册资本的行为导致西部泰力有限此次增资行为存在瑕疵。

为了纠正前述增资瑕疵,2013 年 5 月,西部泰力有限将此次增资

的700万元从注册资本中减去，相关减资程序已经履行完毕。

2013年9月12日，成都航利泰格钢结构有限责任公司（该公司系由泰格改制而来）出具《关于成都航利泰格钢结构有限责任公司增资成都西部泰力起重机有限公司有关事宜的确认意见》，对增资、收回投资及利息、未参与西部泰力有限的经营管理活动等事项进行了逐一确认。

综上，中银律师事务所及中信建投认为，虽然历史上泰格公司的增资事项存在瑕疵，但公司已经通过减资程序将相关问题解决并取得了当地工商局出具的无违法违规证明，同时泰格公司出具了相关事项的确认函，公司的股权关系清晰，对公司本次挂牌不构成实质性障碍。

六、哲达科技（430470）国有参股企业转让股权无须国资管理部门批准及挂牌交易

解决方案：国有参股公司，转让参股公司股权的行为不适用企业国有产权转让的程序

2008年5月，经哲达科技前身杭州浙大人工环境工程技术有限公司（以下简称公司或浙大人工环境）股东会决议同意，浙江浙大高新科技开发有限公司（以下简称浙大高新）将拥有的公司20%股权（10万元出资）转让给姚暨荣。

1. 本次股权转让履行的程序如下：

（1）2008年4月28日，公司召开股东会并作出决议，鉴于浙大高新拟转让公司股权给姚暨荣，为此各方股东同意委托浙江浩华资产评估有限公司对公司进行资产评估。2008年5月8日，浙江浩华资产评估有限公司出具浩华评字〔2008〕008号《杭州浙大人工环境工程技术有限公司股权转让评估项目资产评估报告书》，经评估，公司于评估基准日2008年3月31日的净资产评估价值为1,437,171.11元。

（2）2008年5月16日，公司召开股东会并作出决议，同意浙大高新将拥有的公司20%股权转让给姚暨荣。

（3）2008年5月16日，出让方浙大高新与受让方姚暨荣签订《股权转让协议》，出让方将拥有的公司20%股权（10万元出资）转让给受让方。

（4）2008年5月17日，浙大高新召开股东会并经全体股东一致通过作出决议，同意将本公司拥有的浙大人工环境20%股权（10万元出资）转让给姚暨荣，股权转让的价格以浙大人工环境净资产评估价为基础，作价287,400元。

(5)2008年5月17日,出让方浙大高新与受让方姚暨荣签订《股权转让补充协议》,约定出让方将浙大人工环境20%股权(10万元出资)转让给受让方,转让价款为人民币28.74万元。受让方姚暨荣已支付了转让价款28.74万元。

(6)2008年5月20日,公司办理完毕上述股权转让工商变更登记手续。

2. 上述股权转让行为发生时,浙大高新注册资本为1080万元人民币,股权结构为:姚暨荣出资561.6万元,占注册资本的52%;浙江浙大圆正集团有限公司[国有独资公司出资518.4万元,占注册资本的48%。即浙大高新为自然人控股、国有参股的有限责任公司。浙江浙大圆正集团有限公司的唯一股东为浙江大学投资控股有限公司(2009年更名为浙江大学圆正控股集团有限公司),浙江大学投资控股有限公司的唯一股东为浙江大学]。根据中华人民共和国教育部2005年9月23日出具的教技发函〔2005〕18号《教育部关于同意组建浙江大学投资控股有限公司的批复》文件,同意浙江大学组建国有独资的资产经营有限公司,即浙江大学投资控股有限公司,并由其进行国有资产授权经营。

根据《国有资产评估管理办法》(以下简称《办法》)第3条的规定,国有资产占有单位有资产拍卖、转让情形的,应当进行资产评估。根据《国有资产评估管理办法施行细则》第3条的规定,《办法》所说的国有资产是指国家依据法律取得的,国家以各种形式的投资和投资收益形成的或接受捐赠而取得的固定资产、流动资产、无形资产和其他形态的资产;根据《国有资产评估管理办法施行细则》第4条的规定,《办法》所说的国有资产占有单位包括国营企业、事业单位、各种形式的国内联营和股份经营单位、其他占有国有资产的单位等。鉴于浙大高新转让浙大人工环境20%股权行为发生时,浙大高新为国有参股的有限责任公司,根据上述相关规定,上述股权转让前,公司已委托浙江浩华资产评估有限公司对公司进行资产评估,股权转让的定价以经评估的公司净资产为依据。

本所律师查阅了浙大人工环境、浙大高新、浙江浙大圆正集团有限公司及浙江大学投资控股有限公司的相关工商档案及本次股权转让的其他相关文件,对于浙大高新转让其持有浙大人工环境20%股权的审批权限及决策程序事宜,本所律师仅在浙大高新当时适用的《公司章程》中查阅到相关规定,除此之外,本所律师未能查阅到其他关于浙大高新对外投资管理审批权限、决策程序的明确规定。根据浙大高新当时适用的《公司章程》的规定，由该公司股东会决定公司的经营方针和投资计划，浙大高新当时已经按照其《公司章程》规定，召开股东会并作出决议，同意将其拥有的浙大人工环境20%股权（10万元出资）转让给姚暨荣，股权转让的价格以浙大人工环境净资产评估价为基础确定，并且上述股东会决议由浙大高新当时的全体股东浙江浙大圆正集团有限公司与姚暨荣一致同意通过。浙大高新转让浙大人工环境20%股权的行为依法履行了内部决策程序，转让行为合法有效。

鉴于上述股权转让时，浙大高新的股东之一为浙江浙大圆正集团有限公司，浙江浙大圆正集团有限公司的股东为浙江大学投资控股有限公司，浙江大学投资控股有限公司的股东为浙江大学，而浙江大学是教育部直属高等学校。参照2012年颁布的《教育部直属高等学校国有资产管理暂行办法》第三十五条的规定，高校直接持有出资企业国有股权转让，按照《企业国有产权转让管理暂行办法》（国资委、财政部令第3号）、《财政部关于企业国有资产办理无偿划转手续的规定》（财管字〔1999〕301号）和《企业国有产权无偿划转管理暂行办法》（国资发产权〔2005〕239号）等规定执行。浙大高新为浙江大学下属公司间接参股的企业，其转让浙大人工环境股权不适用《企业国有产权转让管理暂行办法》的相关规定。

此外，根据《企业国有产权转让管理暂行办法》第2条的规定，本办法所称企业国有产权是指国家对企业以各种形式投入形成的权益、国有及国有控股企业各种投资所形成的应享有的权益，以及依法认定为国家所有的其他权益。企业国有产权转让依法应当通过产权交易机构挂牌转让，并经国有资产管理机构批准。浙大高新为国有参股公司，其转让浙大人工环境20%股权的行为不适用企业国有产权转让的程序。

公司实际控制人沈新荣已作出承诺：如因浙大高新将其持有的浙大人工环境20%股权转让给姚暨荣的行为存在违反程序或国有资产管理规定的情况而给杭州哲达科技股份有限公司造成损失的，由其承担全部补偿责任。本次股权转让的受让方姚暨荣已作出承诺：如因浙大高新将其持有的浙大人工环境20%股权转让给姚暨荣的行为存在违反程序或国有资产管理规定的情况而给国有资产造成损失的，由其承担全部补偿责任。

3. 经核查，本所律师认为，浙大高新将拥有的浙大人工环境20%股权（10万元出资）转让给姚暨荣的行为，依照《国有资产评估管理办法》的规定进行了评估，并按照评估结果确定转让价格，依法履行了决策程序,办理了工商变更登记手续;虽然本次股权转让未报国有资产管理部门审批或备案,但因浙大高新属于国有参股公司,其转让浙大人工环境股权的行为不适用企业国有产权转让的程序,本次股权转让行为合法有效,不会对哲达科技本次挂牌构成法律障碍。

七、欧丽信大(430528):国有股权出资存在瑕疵

解决方案:(1)如实披露;(2)说明国有股权出资未导致国有资产流失;(3)期后补足相关国有股权转让的程序,并获取省国资委的批复。

关于"有限公司的第一次增资和第一次股权转让"以及国有股权确认等有关事项的说明2004年9月29日,欧丽集团分别与付强先生、沈红印先生、汤清龙先生、葛益平先生、张建峰先生订立《出资转让协议》和《收付款项证明》,进行了股权转让。欧丽集团持有欧丽信大的股份为国有法人股。本次欧丽集团转让国有股权未经过资产评估,而是以审计结果作为股权转让的价格依据,未履行在产权交易所公开交易程序而以协议转让的方式进行。该次转让发生时,欧丽集团的股权结构是:中国华融资产管理公司11,428.00万元,占注册资本的86.65%;郑州市国有资产管理局1395.00万元,占注册资本的10.58%;工会股365.00万元,占注册资本的2.77%。

该次股权转让时审计报告显示:有限公司2003年、2004年经营持续亏损,欧丽集团将50万元出资额等价转让给受让方作为实际出资额登记为注册资本,未使公司利益和国有资产受到损失。目前公司净资产已由欧丽集团转让50万元股权时的224万元,增长至2013年6月30日经审计的7351万元,欧丽集团在公司所持有的净资产也由原来的74万元增长至2450万元,实现国有资产保值增值。

2005年9月1日,郑州市国有资产监督管理委员会为欧丽集团持有的200万国有法人股办理《企业国有资产产权登记证》,注册号:4101011110259。2010年3月30日进行了企业国有资产产权变动登记,欧丽集团持有的公司股份变更为668万股,注册号:410000100052835。

2010年1月27日,华融资产管理公司郑州办事处出具了《关于郑州欧丽信大电子信息股份有限公司国有股权管理有关问题的函》,确认郑州欧丽集团持有公司33.33%的国有股权。根据《中国华融资产管理公司对债转股企业重大事项的内部决策程序》(编号:00-02004-30,版号:B)"5.重大事项管理权限"之"5.1.2 公司所持股权2亿元以下(不含2亿元)的债转股企业提交股东会、董事会、监事会审议的以下

事项：……4）对外投资、部分重组、合资等事项，涉及企业账面总资产20%以上（含20%）金额的；……除5.1所规定的由总部审批的债转股企业重大事项之外按照属地化管理的原则，由办事处负责审批”。

因此，由华融资产管理公司郑州办事处出具《关于郑州欧丽信大电子信息份有限公司国有股权管理有关问题的函》，确认欧丽集团持有欧丽信大电子信息股份有限公司33.33%的国有股权的行为，在郑州办事处权限范围之内，合法有效。

2013年2月6日，河南省国有资产监督管理委员会出具了“豫国资产权〔2013〕9号”《关于郑州欧丽信大电子信息股份有限公司国有股权确认的批复》，确认郑州欧丽电子（集团）股份有限公司持有欧丽信大电子信息股份有限公司33.33%的国有股权。

八、红星药业（832045）：历史上国有股权转让未评估未审批

2003年3月25日，红星有限召开股东会，同意上海莘庄将持有红星有限40%的股权转让给柳国杞。

2003年3月27日，上海莘庄和柳国杞签订《股权转让合同》，上海莘庄将持有的红星有限40%的股权转让给柳国杞，转让价格以上海莘庄收购红星有限股权的实际价格为准，不增加任何附加条件。2003年3月28日，红星有限股东修订了公司章程。

2003年4月2日，红星有限就本次股权转让事宜在泾县工商局办理了工商变更备案登记手续。

本次股权转让时未履行国有资产管理机构的审批、备案程序。

2014年9月25日，柳国杞就上述股权转让未履行国有资产评估手续事宜出具《情况说明》：上海莘庄在受让红星药业股权后，考虑到合资经营存在难度，决定将持有的红星药业40%股权转让给柳国杞。因本次转让股权与前次受让股权间隔时间较短且未实现盈利，因此本次股权转让仍以受让股权时的价格进行转让。

上述股权转让虽未经过评估，但因本次股权转让与上海莘庄前次受让股权间隔时间较短且前次受让股权时已经过资产评估，上海莘庄以前次受让股权的价格向柳国杞转让股权的行为不影响本次股权转让的效力。

九、恒锐科技（430453）：国资转让确认存在审批风险

大连海事大学为公司设立时在工商部门登记的股东，2007年其将持有的恒锐科技股权全部转让后退出。根据大连海事大学确认，其在

登记为恒锐科技股东期间,从未向恒锐科技实际出资,其所持恒锐科技股权实际为代王发海持有,因此其持有、转让公司股权无须履行国资审批程序。

基于谨慎性原则,我公司认为,鉴于大连海事大学未向恒锐科技实际出资并未得到国资部门的确认,大连海事大学原持有的恒锐科技股权仍可能涉及国有资产,并因未履行国资审批程序而存在潜在纠纷风险。目前公司正在与大连海事大学积极沟通,争取通过向相关政府部门走访、函证等各种可能的方式,确认大连海事大学并未向恒锐科技实际出资的事实,但具体结果、时间存在较大的不确定性。

第二十一章　财务报表分析

【资产负债表】

一、流动资产

（一）货币资金

货币资金科目本身倒是没有什么可探讨的，说白了就是企业口袋里的真金白银，主要包括库存现金和银行存款，由于目前会计准则对库存现金的金额限制很严格，所以基本上都是银行存款。当然，除了上述两种主要的货币资金，还有其他货币资金，这个在范围和一些科目的处理上偶尔会存在争议。不管怎样，对于货币资金的认定要把握一个基本原则，那就是这些钱是企业随时可以用来支取的，货币资金也是公司资产中流动性最高的，是流动资产中的流动资产。

货币资金科目并不难理解，但是在实务中有着明确的指导意义：(1)货币资金的多少体现了企业的家底是否殷实，营运资金是否充足有保障，是否存在资金链断裂的风险。(2)企业货币资金累积的情况也体现了公司现金流的流转情况，如果剔除筹资和投资现金流的影响，那么货币资金的变动直接影响到公司经营性现金流的真相。(3)企业货币资金的累计情况甚至是企业收入回款和采购付款情况的直接体现，也就是体现出公司应收账款周转率和存货周转率有着直接的关系。当然，这些逻辑勾稽关系，我们在后面会再进行详细说明。

此外，以前还有一个比较流行的说法，那就是如果企业的货币资金非常充裕，那么就没有必要上市融资，也就没有上市的必要。这种说话最本质的错误就是误解了企业上市的目的只是融资或者圈钱，显然这样的说法是没有根据的。相反，货币资金充裕的企业在很多层次上都说明企业良好的发展前景和盈利质量，这样的企业是更应该鼓励去上市，为投资者带来回报的。

（二）应收账款

这应该是资产负债表中非常重要的一个科目，这在很大程度上反映了企业的盈利质量。一般情况下，我们往往会关注一个企业的盈利能力，就是看收入有多少能够实现多少利润，但是如果收入确有很多但是没有回款，那么企业的收入质量就是比较差的，这也是我们关注的很重要的一个指标。

应收账款说白了就是企业挣的钱还有多少没有收回来，从某种意义上来讲，当然是落袋为安、收回来的钱越多越好。但是在一个成熟的现代商业社会，商业信用是非常重要的一个因素，因此企业也需要在商业政策下充分利用信用政策充分发展销售产品。换句话说，如果企业的信用政策是稳定的并且应收账款是符合行业发展规律的，那么这样的情况就是合理的经得起推敲的。

在实践中，可能有这样几种情况是需要我们对应收账款的情况予以足够重视的：(1)企业信用政策发生了大的变化，比如给客户提供了更加宽松的信用政策为了更好的产品销售，但是此举在增加了销售的同时也增加企业对于应收账款回款以及管理的难度。(2)企业应收账款期末大幅增加，这有可能是企业信用政策放松导致，也有可能是赤裸裸的财务造假行为，毕竟没有现金流转的财务造假最简单当然也是最低级的。(3)企业应收账款大幅高于同行业的企业。其实某些行业的企业在期末应收账款金额较大是合理的，比如：企业销售存在季节性，每年第四季度是销售旺季来不及收款；公司客户是国企或者政府，回款有着固定的计划和节奏；公司采取完工百分比法确认收取，收入确认和付款的条件不一致，等等。如果企业的应收账款情况严重背离行业基本水平，我们也是要重点关注的。

关于应收账款我们有几个指标是可以关注并帮助我们了解应收账款情况的：(1)应收账款占营业收入的比例。由于应收账款就是因为营业收入产生的，所以这个指标从勾稽关系上还是有指导意义的，从某种意义上讲，企业的营业收入增加那么应收账款在其他条件不变的情况下稳定增加是符合商业逻辑的。不过由于一个是时点数一个是期间数所以可比性并不是完全对应，只能是作为参考。(2)应收账款的账龄情况，如果企业的应收账款绝大部分(90%)以上都能够第二年收回，并且这样的情形每年是循环发生的，那么这样的企业生产经营风险是可控的，盈利质量也是值得信赖的。如果企业的应收账款账龄较高，并且某些应收账款账龄逐年增加那么就要好好考量应收账款回收的可能性了。(3)应收账款坏账计提比例。正是因为应收账款还没有实现落袋为安,未来是有可能收不到钱的,所以我们才根据会计审慎性原则进行坏账准备计提,而如果坏账计提政策存在较大差异,也需要重点关注。(4)此外,还有人关注应收账款和净资产或总资产的比例,这个指标个人觉得并没有太大意义甚至有时候还会有误导的作用,不建议使用。

(三)应收票据

应收票据主要也是企业由于生产经营销售产品、提供劳务等获取的商业汇票,从这个意义上讲,应收票据和应收账款有相似之处。应收票据说白了,就是企业实现收入时允许对方以票据来代替现金进行结算,用于应收票据具有到期支付或者贴现率等原因,相对现金的便利还有些许的限制。不过,在商业成熟社会,商业票据应该会成为一种非常发达的支付手段。对于企业来说,既可以在实现收入时收到票据,也可以在进行支付时将票据背书转让作为支付手段,同时企业还可以自己申请票据作为支付手段。

商业票据作为企业商业行为的重要的支付手段有着独特的优势,主要体现在:(1)企业申请商业票据需要向银行支付保证金,而保证金的比例多少不一,很多情况下不是100%,这就给企业提供了一个杠杆的机会。(2)企业申请的商业票据是一个授信额度,企业可以在这个额度内无限的循环,这也可以增加企业资金运用的效率。

同时,我们在考量企业的应收票据问题时,有几个问题也需要重点关注:(1)如果企业的应收票据期末余额大幅增加,那么需要关注企业增加的原因是什么,是收款条件发生变化还是其他的原因。(2)企业应收票据占主营业务收入的比例是不是与可比公司存在重大差异,这个道理与应收账款的类似。(3)票据结算由于不经过企业的现金账户,那么如果企业大量通过商业票据的方式进行结算,那么可能会使企业的经营现金流极度失真。目前这个问题已经引起实务界的一些思考,比如在某些审计报告中已经开始尝试将票据结算进行还原来观察企业的现金流实际情况。关于这个问题,小兵后续专题也会专门研究这个问题。

(四)预付账款/预收账款

预付账款这个科目就很好理解了,就是企业提前支付给别人的钱,这个钱主要就是在原材料采购的时候发生的,或者说最大的金额就在这里。这个很好理解,比如你要购买人家的产品,那么可能你需要支付一部分定金人家才可能开工生产,就好像你去家具城要订做一个书桌也要交定金一样。与此相对应的一个科目就是预收账款,其实预收和预付的科目只是甲方和乙方不同角度的看法而已，既然你买东西要先交定金，那么企业要是销售产品也是可以先向客户收到钱的。

预付账款的金额大小或者变动趋势也体现出一个企业的市场竞争力和对于上下游的控制力：(1)一个企业的预付账款金额很大，有可能是企业对于上游的控制力较弱，在原材料采购等方面没有绝对的市场优势。(2)一个企业的预付款期末金额突然增加很多，那么也有可能说明这个企业有可能是为了大量采购原材料，或者是为了降低原材料采购价格等原因而愿意付出更大的资金成本。(3)反之，预收账款金额较大则说明企业对于下游客户的控制力较强，如果企业在收入确认之前就收到了大部分的款项，那么企业的收入质量就会很高，应收账款就会相应降低。

从会计处理的角度简单说一句：预付账款在材料到库之后是要作为采购成本入账并最终体现为原材料的，在原材料到来之前这钱还是企业的钱，如果钱付了而最后原材料没有到，那么企业是可以打官司把钱追回来的，也就是这个原因，预付账款才是企业的资产。预收账款恰恰相反，预收账款在企业真正把产品发给客户确认收入之前，这钱尽管已经到账还不能算自己的，同样企业收了钱没有干活人家也可以打官司追偿，所以在财务报表上列为负债。

(五)其他应收款

这个科目说白了就是将一些游离于公司主营业务之外的资金往来的一些余额进行列示，正是因为这样，这个科目有点回收站的意思，也变得在实践中非常的敏感。

一句话，其他应收款就是别人欠企业的钱，且是与业务没有直接联系的资金往来，因为客户欠的钱是应收账款，而供应商欠的钱是预付账款。那么到底是谁欠企业的钱在这里列示呢？实践中主要有以下具体的情形：

1. 股东资金占用，这是最常见的其他应收款的情形。这里也有两种典型的情况，一种是企业挣了钱入了账股东拿走了，还有一种是企业花了成本卖了产品结果收入没入账直接进了大股东的口袋。前者比较好理解，后者说白了就是企业承担了种桃树管理的成本而大股东只是摘了桃子。这种情况应该是比较严重的一种损害公司利益的情形，因而无论是在IPO上市还是在新三板挂牌都是不允许的，尤其是新三板注册制改革对很多问题宽容的背景下，对于这个问题设定了红线是值得我们关注的。

2. 资金拆借。如果企业向金融机构借款是合理合法的，那么在科目上我们会记为短期或长期银行借款，而如果是向非金融机构的企业甚至个人借款呢？那么只能是在其他应收款科目上体现了。对于这个问题，我们有非常古老的贷款通则以及相关的司法解释作为依据，尽管从规则上这样的事情是违规的是不能做的，不过实践中真要是做了那也是没辙，只是目的必须是为企业资金周转而不是什么赌博、洗钱之类的。当然，这个问题在IPO上市的时候也是需要彻底清理的并且律师要发表明确意见，在挂牌新三板的时候倒没有明确的要求，但是要进行详细核查并对相关风险进行重要提示。

3. 员工借款。这也是其他应收款比较重要的一个组成部分，这可能也有两种比较典型的情况：一种是企业为员工置业进行的借款补助，比如买房子没钱企业先给垫上；另一种更加常见的就是员工的日常备用金，比如出差需要带现金，有时候见客户也需要带点现金备用等。如果是员工借款，那么需要有明确的依据并且要对真实性进行严格的核查，同时要关注员工备用金的余额是否合理。因为，在实践中可能存在企业推迟员工报销而直接在备用金体现，从而少计成本或费用以调整业绩的情形。

4. 其他情况。在很多情况下，企业也需要先付出现金，比如履约保证金、投标保证金等，都需要在什么业务都还没有开展的情况下就要先把钱拿出去，这时候的资金流转也需要在其他应收款中来列示。

除非特殊情况，企业的其他应收款科目如果期末余额较大，那么都需要重点关注，一般都需要调查科目的明细情况甚至是流转的发生额情况，以核查这个科目的真实性和合理性。

（六）存货

存货是非常重要的一个会计科目，同时也是一个与我们日常生活比较接近因而比较熟悉的一个称呼。比如，非常经典的“地主家也没有余粮啊”，某种意义上讲这余粮就是存货。又如，某个人向你借点饼干充饥，你可能说不好意思我也没有存货了，这个饼干就是你的存货。

存货，从简单的会计逻辑上来讲，就是企业拥有的一部分重要资产，这部分资产既区别于机器设备等固定资产，也区别于商标专利等无形资产。一般情况下，从会计的角度将存货分为：原材料、在产品、产成品和发出商品。原材料就是企业购买的为了生产准备的原料，在产品就是还在生产线上的半成品，产成品就是已经加工完毕可以销售入库的商品，发出商品也叫在途商品就是已经发货但是需要客户验收之后才能确认收入的商品。同样，如果企业的收入确认政策是企业发出商品就可以确认收入，那么可能这个科目就没有了或者说余额很小。

要判断企业存货余额是否合理，我们会看企业每年期末存货余额的变化是否合理、企业存货余额以及占流动资产或净资产的比例与可比公司是否存在重大差异。如果想更好地从存货角度判断企业的生产经营情况，那么就需要深入存货的每个明细科目去核查存在以及变化的合理性：

1. 原材料，企业是不是比别的企业囤了更多的原材料，是为了应急还是为了更加优惠的价格，抑或是为了低买高卖做贸易挣钱。此外，很多企业都采取以销定产的经营模式，多少销售就会多少生产然后根据生产计划再去采购原材料。这种情况下，原材料余额与公司的销售水平会有一定的逻辑关系的。当然这样的逻辑关系有一点特殊之处，那就是期末的存货余额是为了对应第二年的销售的，因而有时候用期末的原材料余额与第二年产品结转成本进行对照也有一定的考量价值。

2. 产成品，如果企业期末产成品余额较大，那么需要重点关注几个事项：(1)企业的销售有着重要的季节性，来年的一季度是旺季需要提前备货；(2)企业的产品已经存在积压销售不畅的情况；(3)有时候，产成品期末余额可以跟企业的销售收入进行比对，如果期末余额占企业销售的比重很小，那么积压的风险就会相对小些。

3. 在产品和发出商品，这两个一般情况下余额都比较小，关注的风险也比较小。当然，某些行业下可能金额会比较大，比如：某些行业的产品生产周期会比较长，或者某些行业产品的运输时间比较长或者单一产品的价值比较高。

此外，在实践中关于存货还有两个核心问题要简单提一下：(1)存货跌价准备的问题。这个实务中有着成熟的操作，并且怎么进行存货跌价准备的测试大家也都专业，这里就不再说了。小兵只是要说明一点，存货跌价准备是不是该提有着严格的标准，具体提多少金额也有个标准，不要以为本来不该提的象征性提一点就是会计的谨慎性原则了。(2)存货库龄的问题。这个问题在审计过程中会经常见到，但是在实践中并没有太多关注。其实，库龄的概念还是很重要的，这个跟应收账款的原因和逻辑类似。如果存货金额并不大，但是已经在仓库里好几年了而没有处置掉那么就会存在风险的。当然，存货跌价准备是可以解决这个库龄长的问题的，遗憾的是实践中并没有很多人这么考虑这么做。

二、非流动资产

(一)固定资产

流动资产和非流动资产的区分不在于是不是资产会动,而在于资产变现或损耗的便捷性。从会计的角度来讲,如果资产在一年以内不能被损耗或者变现那么就是流动资产,反之就是非流动资产。这里我们讲到的固定资产,就是使用时间在一年以上的资产。知道了这个基本理念,我们就不会问出这样的问题了:曾经有企业家问,我的汽车每天都在跑来跑去为什么就是固定资产而不是流动资产?

从某种意义上讲,固定资产应该是企业最重要也是构成比例最大和最关键的非流动资产了。固定资产的类型也非常丰富,至少包括以下几个方面:厂房或者办公楼等房产、机器设备、运输设备、办公设备、研发设备等。试想一下,如果没有这些资产,任何类型的企业应该都很难运行,所以固定资产对于一个企业才会那么重要。

关于固定资产,我们有几个问题需要重点关注一下:

1. 尽管固定资产是企业非常重要甚至是最重要的资产,但是不同行业不同类型的企业固定资产的比例或者构成却有着非常大的差别。最常见的区别在于轻资产运行的公司和重资产运行的公司两种,这里的区分基本上就是以固定资产的构成作为标准的。此外,某些企业可能机器设备比较多(如传统制造行业)、有的可能是研发设备非常多(如高科技企业),还有的可能是运输设备非常多(如物流行业)。

2. 固定资产的明细和金额应该与企业的生产经营相匹配,换句话说,你用这么多的固定资产制造的产值是不是合理,有时候可能是产值对应的固定资产比例是非常不匹配的,这可能也会有问题。还有就是有的企业明明是高精尖的高科技企业,结果研发设备寥寥无几,这可能也不合理。

3. 固定资产的折旧政策也非常的关键。由于大部分企业固定资产的金额和比例都非常大,高达几亿元甚至几十亿元,那么这些固定资产折旧政策的变化或者调整就有可能对公司的当期损益产生重大影响。会计准则会对每类资产约定一个折旧区间供参考,一般情况下,在企业上市过程中都会尽量使用比较严格的折旧政策以保证审慎性。此外,税法和会计注册准则对折旧时间的规定存在差异,这也会导致某些方面的数额不一致。

4. 在判断固定资产具体情况时,有时候单纯看财务报表的数值可能会失真,因为财务报表的数值是账面净值。由于固定资产的特性,很多情况下净值差异很大的固定资产可能在产能或者工作效率上并不会有很大差异,甚至报废的设备还可以继续使用。举个最简单的例子,五年的汽车和新买的汽车可能磨合好的汽车跑得更快。这就告诉我们,有时候固定资产净值小的企业产值高不一定就是不匹配的问题。

(二)在建工程

如果说固定资产是一个包罗万象、五花八门的一个会计科目的话,那么在建工程一般情况下是一个非常干脆的科目,不会让人看着那么晕。说白了,在建工程就是正在建设中还没有完工的工程,工程当然并不一定就是单指盖房子,也有可能是安装设备或者工程扩建返修等。

在建工程这个科目虽然比较干脆,不过需要关注的问题也比较重要:

1. 在建工程的核算问题。在建工程在实践核算中打白条没有票的情况还是非常普遍的,这个倒也非常好理解:毕竟满世界的施工队和包工头,他们只要钱不要票甚至根本不知道发票是什么,企业为了能够少缴税,因而不开票最好。当然,企业为了购买价格更加低廉的建筑材料,也会有动力不开票。还有一个很重要的原因,那就是企业在完工后办理竣工手续以及相关产权证书的时候,如果发票少建筑物的造价低,那么有可能可以少缴很多房产税等税费。尽管某个十几层的办公大楼造假几百万元实在是有点开玩笑,不过某些地方通过找关系确实也就办下证来了。

2. 通过在建工程利润调节的问题。也就是因为上述所讲的在建工程核算的混乱,因此很多有着歪心眼的人就"浑水摸鱼",对这个科目打起了主意。最常见的就是把原材料采购以及相关费用的发票开成在建工程相关的发票,这样一来,当期的成本以及费用就可以成功转移到资产类科目从而调节利润。这在以前是非常常见和隐蔽的一种业绩调整方式,后来严查在建工程科目之后,效果好了很多。在此提醒大家的是,如果某个企业没什么大兴土木的动静,结果在建工程账面余额还很大,那就需要重点关注了。

3. 在建工程转固的问题。我们以最常见的房产为例,在建工程办完竣工手续就是房产了,在建工程是不需要计提折旧的,而房产则需要。因此以前有些企业为了更够提升也就故意拖着不去办理竣工手续,在账上就一直挂着在建工程,就因为这个问题,以前还有企业在市场上引起了轩然大波。为了堵住这样的漏洞,规则进行了调整,在建工程只要达到了预计可使用状态就应该转入固定资产并且从下个月开始计提折旧。当然,规则尽管如此,到底谁来执行这样的监督和核查义务,其实很多情况下还是空白。

4. 在建工程转让的问题。固定资产可以转让很正常,在建工程是否可以转让呢?应该是没有问题的。不过转让这个确实是比较诡异,好好建设的房子或者安装的设备突然就卖掉了不符合常理,不过在一些资产重组中还是可以见到的。

最后,还有一点需要提醒,那就是机器设备的大修问题,其涉及比较典型的固定资产折旧问题,这里就不再详细论述了。原因就是:我们不涉及专业问题,只管"胡说八道"。

(三)无形资产

无形资产也是企业非常重要的资产,其有可能还要远远比固定资产之类的看得见摸得着的更有价值,就如同我们以前经常看到的一句话:就算一夜之间全世界的可口可乐工厂都消失了,凭借可口可乐的品牌同样会在一夜之间全面重生。

总结起来,在实践中无形资产的种类主要有以下几种:商标、专利、土地、非专利技术(如软件著作权)等。商标是体现企业形象以及产品竞争力和差异度辨识度的重要标志,可口可乐的例子就可以证明商标的重要性。专利是体现企业核心竞争力、产品技术水平和价值的标志,自然也很重要,其实,其他类型的无形资产同样也很重要。这里特别要说明一点的是,一般情况下土地是无形资产而厂房是固定资产,这里可能有些初步接触的人会有所混淆。当然,在某些情况下土地会计入固定资产,这里就不再说明了。

关于无形资产,这里有几个典型的问题需要说明一下:

1. 除了重要的无形资产土地之外,其实每个企业账上的无形资产金额都不会很大,可能占主要比重的会是企业的财务管理软件。为什么?这里就是大家一直争论很大的研发费用资本化的问题。企业研发一个专利可能需要投入大量的人力、物力、财力,根据会计准则的要求,在符合一定条件的情况下企业可以将研发费用资本化形成专利的账面价值并在一定情况下摊销。这曾是被认为代表了会计学革命的一个制度,结果同时由于这个制度成为调整业绩非常方便且非常隐蔽的一种手段而被残忍地叫停。如果研发费用没有资本化,那么无形资产的价值顶多也就那点专利证书的申请费了,一般企业也不会挂账,也就导致很多无形资产的账面价值可能就是零。

2. 接着上一个话题,就是由于无形资产的账面价值没有多少钱,导致无形资产转让时定价依据很难确定。如果按照账面价值转，那几乎就等于是无偿转让，这肯定是不符合市场原则。那就可以评估，评估一共有三种方法：一种成本法，一种市场可比法，一种未来收益法。成本法就是刚才的问题，因而肯定不合适，可比法要是还有一样的还叫专利的独特性吗？最后就剩下未来收益法，比如商标，可能这整个企业的销售都靠整个商标，肯定不能以一个商标代表一个企业吧？所以很难抉择。实践中，如果是关联方之间的转让，基本上就是无偿转让；而如果真是市场行为，那可能就是双方约谈一个价格了，不过依据确实是不好找。

3. 商标对于一个企业很重要，并且很多企业以商标为核心设计出非常完美的整个 VI 系统。但是有些行业的企业可能并不是对商标很依赖，比如设计、园林、服务业等行业，可能更看重企业的资质和服务质量而没有消费业那么看重商标。

4. 当然还需要关注专利的合作开发、诉讼纠纷、许可使用等问题，尽管这些问题也都很重要很关键，不过由于不属于纯粹的财务问题，这里就不再介绍了。

（四）生物资产

我们常见的企业绝大部分是工业企业，这些企业几乎都不会有什么生物资产，因而很多人对这个科目相对陌生也比较好理解。生物资产，顾名思义，就是生物类的资产，主要就是动物和植物。这样来讲，我们就可以玉米和猪作为例子，这样更加形象也更好理解。

生物资产分为几类，简单说来可以作如下划分：

1. 消耗性生物资产，就是以后要直接一次性卖了赚钱的或者准备卖了赚钱的，比如玉米苗比如猪或者小猪苗等。从这个意义上讲，消耗性生物资产通常是一次性消耗并终止其服务能力或未来经济利益，因此在一定程度上具有存货的特征。

2. 生产性生物资产，就是持有的目的不是为赚钱的而是为持续进行生产的，比如最典型的就是配种用的公猪和生小猪的母猪。生产性生物资产具备自我生长性，能够在持续的基础上予以消耗并在未来的一段时间内保持其服务能力或未来经济利益，属于劳动手段。

通常认为生产性生物资产在一定程度上具有固定资产的特征，例如果树每年产出水果、奶牛每年产奶等。

关于生产性生物资产，还有一个很重要的地方需要特别关注，那就是生产性生物资产可以划分为未成熟和成熟两类。一般而言，生产性生物资产通常需要生长到一定阶段才开始具备生产的能力。根据其是否具备生产能力(即是否达到预定生产经营目的),可以对生产性生物资产进行进一步的划分。所谓达到预定生产经营目的,是指生产性生物资产进入正常生产期,可以多年连续稳定产出农产品、提供劳务或出租。从会计处理上来讲,成熟的生物资产被看作已经研发成功的设备,要根据期限进行折旧或者摊销;而未成熟的生物资产在达到成熟之前付出的成本要计入生物资产的账面价值,并作为折旧或摊销的基础。关于生物性资产后续的处理,会计准则的规定跟固定资产的非常类似,可以参考使用。

3. 公益性生物资产,主要是指以防护、环境保护为主要目的的生物资产,包括防风固沙林、水土保持林和水源涵养林等。尽管其不能直接给企业带来经济利益,但具有服务潜能,有助于企业从相关资产获得经济利益,如防风固沙林和水土保持林能带来防风固沙、保持水土的效能,风景林具有美化环境、休息游览的效能等,因此应当确认为生物资产,并且应当单独核算。

(五)投资性房地产

说实话,投资性房地产这个科目的计量还是有些绕的,不过对于非会计专业门外汉来说,第一步或许就是分清楚什么是投资性房地产。这里,可能要把握好以下重点:

1. 非房地产企业才可能有投资性房地产,比如生产企业将闲置的土地或者厂房进行了出租,或者明确不是自己用而是以后为了增值赚钱的土地等。从另外一个角度来讲,生产企业正常生产经营所需要的土地或厂房叫作固定资产或无形资产(前面提到过),而不是投资性房地产了。

2. 房地产企业的土地和房子不能算作投资性房地产,而是看作存货。这个也不难理解,毕竟房地产企业就是靠盖房子挣钱的,打个不恰当比喻,土地可能是房地产企业的原材料,而房子是产成品。

(六)商誉

在我国的会计准则制度下,商誉仅存在于一种情况中,那就是非同一控制下的企业合并。

在非同一控制下的企业合并中采用的是购买法,即实施合并的企业以现金或其他非现金资产作为合并支付代价,购买被合并企业的净资产而实现企业合并的会计处理方法。在购买法下,实施合并的企业在合并日,将购买的被合并企业的可辨认净资产的公允价值计入实施合并企业的资产和负债,合并成本超过被合并企业可辨认净资产公允价值的差额作为合并商誉。

商誉的取得不像其他无形资产，有购买价格或评估价格，它是一种差额计入。但合并后的企业首次报表中就应该体现出来的，而不是开始没有后来又出来的。商誉的摊销参照无形资产的摊销原则和摊销年限，不应超过10年。因企业合并所形成的商誉，无论是否存在减值迹象，每年都应当进行减值测试。

这两年的并购重组非常火爆，收购标的的评估价值也是一个比一个高，折旧导致收购之后合并的商誉金额都非常大，在后续标的公司经营不能达到预期水平的情况下，商誉减值的可能就会非常大，这种情况下就有可能会进行金额巨大的商誉减值，这也就是为什么现在很多人都在惊呼“商誉灾难”即将到来的原因了。

（七）递延所得税资产/负债

这个科目在会计准则上并不是非常难理解，但是由于我国会计准则和税务准则存在一些明显的差异，导致这个科目在理解和处理上会比较绕人，如果不是很熟练很熟悉就很有可能会被绕进去。

通俗地说，税务跟你说今天得交一笔所得税费用，会计站出来说今天不需要交，应该以后交，那怎么办呢？你实际已经交了（税的问题税务说了算），这就需要你“调账”，因为账是会计说了算，把实际税务与会计的差异确认“递延所得税资产”，这样会计上承认你今天交了，以后会计忘了又跟你说你该交这笔所得税，你把这笔分录翻出来跟他说，以前交过了，不交了，会计是承认的。

同理，什么是递延所得税负债呢？就是会计说应该交一笔税，但是税务局说现在暂时不用交，那么会计上就认为你是欠着税务局的钱，这就是递延所得税“负债”。

（八）长期待摊费用

说到这个科目，就要先简单提一下待摊费用和预提费用两个科目的消失。所谓待摊费用，就是已经花了的钱只是花的时间可能比较长（超过一年）需要摊销的科目，当年学习的时候老师举的最典型的例子就是：公司订了全年报纸或者杂志的钱。所谓预提费用，就是以后这笔钱肯定要花，只是攒的时间有点长（超过一年），最典型的例子就是可能要攒上五年的工资去付房子的首付。

很显然，待摊费用这笔钱其实已经花了以后也不会再带来什么收益了，那么老规则下放在资产科目并不合适，有虚构资产的可能。预提费用也是同样的道理，钱虽然攒着准备花还是没花的，因而计入负债也不合理。其实，根本就不用那么麻烦，什么时候花的钱就在那里计入“费用”更加清晰明了。此外，还有一个很重要的原因，就是企业可以通过这两个科目大做文章，进行比较严重的利润调整，因而这两个科目在强化资产负债观的大背景下就被取消了。

既然科目已经取消，那么原来归属于待摊费用下的支出就按具体情况在新会计准则下分别处理，具体如下：

1. 经营租入固定资产发生的改良支出。经营租入固定资产发生的改良支出，应通过“长期待摊费用”科目核算，并在剩余租赁期与租赁资产尚可使用年限两者中较短的期间内，采用合理的方法进行摊销。

2. 固定资产修理费。固定资产修理费用等，不再采用待摊或预提方式，应当在发生时计入当期损益。

3. 预付经营租入固定资产的租赁费。超过一年以上摊销的固定资产租赁费用，应在“长期待摊费用”账户核算。

4. 低值易耗品摊销、出租出借包装物摊销。采用一次转销法的，领用时应按其账面价值，借记“管理费用”、“生产成本”、“销售费用”、“工程施工”等科目，贷记“周转材料”。

（九）长期股权投资

这个科目通俗说，就是你投资了别的企业，只是需要关注一点，那就是被投资企业的经营情况，是否需要关注长期股权投资的减值问题，别的应该都很好理解。

三、负债

（一）短期借款/银行借款

负债科目其实很多都是跟资产类科目相对应的，比如最典型的“应收和应付”的科目。有些我们已经在资产类科目中顺道一起说了，有些只要简单对比就可以理解也就没有再说的必要了。这里只是对一些比较特殊的简单再说一下。

负债类科目最重要也是最常见的就是短期借款和长期借款，这个当然也非常好理解，就是公司向银行借的钱，不过是借款期限的区别而已，一年以内为短期借款，超过一年为长期借款。从对企业流动性的影响来讲，企业当然希望是长期借款越多越好，短期借款越少越好。当然，关于借款的担保问题，一般是资产的抵押或者是质押，当然也会存在担保的问题。关于担保，这里简单说几点：(1)一般情况下，上市主体不允许存在对外担保的情形尤其是为关联方的担保。(2)关联方为上市主体的借款融资提供担保是比较常见的。(3)某些情况下，关联方为上市主体借款提供个人信用担保也是可以的。

（二）应付职工薪酬/应付税费

这两个科目也没有多少可说的，一个是企业欠员工的工资，另一个是欠的税务局的税费。需要说明一点的是，资产负债表是时点性的科目，在报告期期末这个时点，这两个科目就是在该时点的一个数，不代表整个期间的发生数。这也就是为什么实践中某个观点是严重错误的：那就是利用应付职工薪酬的余额来推算一个企业职工的平均工资。应付职工薪酬是年底或者某个时间点企业还欠多少工资没发，而不是一共有多少工资没发，要是推算平均工资那么是要根据应付职工薪酬这个科目的发生额而不是一个余额。

应付税费也是这样的一个概念。当然，其他的科目比如应付利息、应付股利等科目也都是这样的一个理解的思路。

（三）预计负债

预计负债说白了就是企业因为现在存在的事项而要在未来要承担的负债。为什么有预计负债的概念而没有预计资产的概念呢？简单来说，预计负债是有可能承担的负债，基于会计审慎原则确定为负债，而资产如果不是确定的，那么从审慎原则一般不能确定为资产，不然就有虚构资产的意思了。

说到预计负债，还有一个概念那就是或有负债，简单来说，或有负债就是未来可能存在的负债，如果这个可能性很大（超过50%）那么就是预计负债了。从会计准则对资产和负债类科目的定义来看，只有金额确定且未来很有可能流出的才可以计入负债，所以预计负债是负债类科目。

预计负债可能存在的情形包括：固定资产报废时发生的弃置费用、售出产品后预提的产品质量保证金、重组义务、亏损性合同和可能或基本确定要必须赔偿的未决诉讼金额等。不同的预计负债可能要根据不同的科目进行会计核算，比如：企业由对外提供担保、未决诉讼、重组义务产生的预计负债，应按确定的金额，借记“营业外支出”等科目；由资产弃置义务产生的预计负债，应按确定的金额，借记“固定资产”或“油气资产”科目等。

（四）递延收益

从目前的会计准则来讲，递延收益主要体现在政府补助上，最简单来说就是政府补助不能直接记入当期损益，还需要在未来几年内分摊的补助。同样，企业在当期损益中确认的政府补助要在“营业外收入”科目核算，不在本科目核算。

会计准则关于与收益相关的政府补助，应当分别下列情况处理：

(1)用于补偿企业以后期间的相关费用或损失的,确认为递延收益,并确认相关费用的期间,计入当期损益;(2)用于补偿企业已发生的相关费用或损失的,直接计入当期损益。已确认的政府补助需要返还的,应当分别下列情况处理:(1)存在相关递延收益的,冲减相关递延收益账面余额,超出部分计入当期损益;(2)不存在相关递延收益的,直接计入当期损益。

四、所有者权益

这个科目总体上是比较单纯的,基本上就包括实收资本、资本公积、盈余公积和未分配利润几个科目。根据“资产－负债＝所有者权益”的等式,有些情况下我们还可以通过所有者权益的情况来推导核查企业简单的资产和负债情况。

(一)实收资本

这个科目应该很容易说明白,就是股东实际投入的资本金,这是企业设立以及运营的基础和保障,这也就是为什么企业挂牌或者上市对股东出资问题非常关注的一个重要原因,当然这也体现了股东的诚信,同时也是法人独立财产权这一基本公司法理念的最好诠释。

关于这个问题,有几个方面需要简单交代一下:(1)在分期出资的情况下,这里体现的是股东实际出资到位的资本而不是认缴的资本,这是需要在这里着重强调的一点。在营业执照上可能会写注册资本多少实收资本多少,但是在财务上只有实收资本的概念。(2)在实践中,以注册资本或者实收资本作为衡量企业实力的做法其实是很愚昧也是很懒惰的一种做法,这个已经说过不再多说。(3)目前很多地方对认缴资本的金额和缴纳期限无限放松管制,导致实践中出现很多因为出资问题而进退两难的情况,有时候放松监管也需要适当的引导才行。

(二)资本公积

其实资本公积这个科目还是很有意思的,很多人也曾专门对这个科目做过详细的研究,这里我们还是坚持原则不做过多的学术分析和研究,想到哪里算哪里,胡说到哪里算哪里。

关于资本公积,这里有几个问题简单说明一下:(1)出资溢价或者股本溢价是形成资本公积最重要的来源,但并不是唯一来源。何谓出资溢价?就是股东拿5元钱买了一股股票,那么剩下的4元钱就只能计入资本公积算是“充公”了。(2)某些情况下,一些收入或者收益直接计入损益会导致会计报表失真从而会计入资本公积，比如非常常见的某些金融资产的浮盈，比如大股东的捐赠等，如果这些收入直接计入当期损益会影响财务报表的真实性。（3）税法规定，只有股本溢价的资本公积在转增股本的时候才可以免个人所得税，这个也很好理解，毕竟这些钱本来就是股东投入的，投资的成本自然是可以免税的。

（三）盈余公积

这个是公司法规定的一个计提的基本规定，主要是为了保障职工的某些权益强制性提取的。不过，在实践中好像也没发现这个科目真正发挥了多大的作用。

（四）未分配利润

未分配利润说白了就是企业辛辛苦苦干那么多年挣的钱，大的框架下就是企业历年税后净利润的一个累积。

关于这个科目，有几个情况也需要简单说一下：（1）未分配利润和净利润是两个完全不同的概念，一个是资产负债表一个是利润表，一个是时点数一个是期间数。（2）企业进行分红就是分的未分配利润，以前还有可供分配利润的概念，企业进行一次分红，那么企业的未分配利润就会相应的减少。（3）未分配利润并不代表账上的货币资金，在商业信用社会这也是两个完全不同的概念。这也就是为什么很多企业可能未分配利润很多但是却无法实现分红的原因，就是因为没有现金进行分红。未分配利润可能是应收账款或者票据，但是分红是结结实实的现金。（4）以未分配利润转增股本是要缴税的，因为企业分红是要缴纳个人所得税的，所以转增股本也应该缴税。（5）还有一个可能会经常忽略的问题，那就是未分配利润转增股本可能会导致出资不实，比如未分配利润可能并不是真金白银而有可能是应收账款，万一有一天应收账款真的收不回来怎么办？或者说企业账上只有 1000 万元的现金，而企业却以 3000 万元未分配利润转增了股本。

（五）少数股东权益

这个概念很简单，就是公司存在控股子公司且合并报表的情况下，存在的一些不能并表的非控股的少数股东的那部分权益。这在控股而非全资子公司合并报表的情况下是非常常见的。

其实，少数股东权益这个问题还是需要重点关注的，毕竟有时候少数股东权益对于公司的合并报表影响是很大的，这也就是在实践中为什么控股型公司存在多家控股公司时会引起重点关注的原因。

虽然在实践中存在这样一个观点，即下属子公司只要持股比例超过 50% 能够并表就可以了。但是其实只有并表并不是能够完全解决保障公司利益不受损害的问题，金额巨大的少数股东权益也是必须要考虑的。

【损益表】

我们聊过了资产负债表的相关情况，从现在开始再简单聊聊损益表的相关情况。如果说资产负债表是时点数，代表了企业持续经营到现在累积下来的家业的话，那么损益表就是期间数，说明了企业在一段时间的经营成果。在实践中，对于企业管理者来说，可能更愿意关注损益表以及现金流量表，对资产负债表的科目以及代表的一些问题并没有那么予以重视。

一、营业收入

营业收入就是说明了企业销售产品或者提供劳务辛辛苦苦干了一段时间实现的收益。那么怎样才算是企业实现的收益真正属于自己挣来的呢？在会计准则上收入确认的标准有五个，这个只要是了解会计准则的人都知道，跟自己的老家以及姓氏一样了解。在实践中，我们关注收入确认主要关注的是风险和报酬转移的时点。

如果商品所有权的主要风险和报酬都移交给购买方，且购买方也没有什么异议了，那么企业在会计上就称为取得了“收款的权利”，这个时候就可以确认收入了。收入确认的时点，实践中一般有以下几种情形：

1. 发货确认收入。也就是只要是我把产品交给客户就确认收入，这一般存在于不需要安装的产品，产品“一经销售概不退还”或者产品历史上退换货率非常低可以预计的情形下。

2. 客户确认之后确认收入。这种情况下，一般是销售方将产品运送至客户指定位置，进行安装调试确定可以正常使用，然后客户签署确认单之后确认收入。目前，除了我们常见的吃的喝的一些快消品之外，工业领域定制化和非标产品越来越多，那么采用客户验收确认收入的情形也就更加普遍。

3. 报关确认收入或者越过船舷确认收入。这种情况一般存在于需要报关出口的情形，在出口的情况下，由于国际贸易条款比较丰富复杂，具体的收入确认的标准也会比较复杂，不管怎样，只要是能找到一个明确的依据并且这个依据能够得到客户的认可就可以确认收入。

前面提到的都是关于销售商品的收入确认的一般标准，除此之外还有一种重要的实现收入的形式，那就是提供劳务。提供劳务，如果时间很短（比如打扫卫生、演讲培训）等，那么一般就是在提供劳务结束时确认收入。此外，还有一种情况即建造合同如何确认收入。

建造合同一般情况下存在金额大、周期长（一般都跨期）、手续复杂烦琐等特点，这就对收入确认怎么保证真实准确提出了很大的挑战。建造合同一般情况下要采取完工百分比法的方式来确认收入，那么这个完工百分比的比例确定标准是什么怎么选择标准怎么确定标准就是一个实践中既重要又复杂的问题。在实践中，有工作量、工时等各种考量因素可以帮助确定完工的比例，这里就不再详细论述了。

最后，关于收入确认的问题还有两个问题需要强调一下：

1. 建造合同就是要适用建造合同的会计准则进行处理。在某些人看来，建造合同以最终完工验收的时点一次性确认收入是最安全谨慎的，这样的观点是错误的。什么样的经营模式就要采取什么样的会计准则，才能保证财务会计信息的真实、准确、完整，也同时是最好地践行了会计的审慎性原则。

2. 现在很多人（尤其是小微企业的企业家）在收入确认上还是收付实现制的概念，也就是我账上来了多少现金就证明我实现了多少收入，这种观念一定是要改变的。至于收付实现制有哪些弊端，权责发生制又是怎样更好地弥补了相关漏洞，这里就不再详细论述了，只是给大家提个醒。

二、营业成本

这个科目应该是非常好理解的，说白了就是企业为了挣钱而要付出的成本，这里的成本包括原材料成本、人工成本、生产设备的损耗成本、水电煤气成本等，只要是为了生产这个产品或者提供这个劳务而需要付出的成本都是营业成本。

营业成本这个概念很好理解，但是在实践中要想把这个科目很细致地核算清楚倒不是那么容易的事情了，尤其是在当下公司的产品种类丰富，提供的劳务都需要很多附加功能的时候。这个时候，企业每年的整体成本应该是比较能够核算清楚的，但是如果具体到每个月，或者说成本要具体到每个产品或者每个项目，那么这个工作就是一件非常难做的事情。

一般情况下，企业的营业成本各种因素的构成比例基本上都是保持稳定的，如果企业营业成本中某个因素的比例发生了异常的波动，那么一定是企业的某种生产环节发生了重大的变化（如不烧煤改烧气、机器人代替人工等),这个在企业财务审计的过程中是要仔细核查清楚的。

当然,这里还有一件非常重要的事情要交代大家,就是营业收入和营业成本两个科目确定了,那么也就确定了代表企业生产经营和市场竞争力的一个非常重要的指标,那就是毛利率。如果企业的毛利率比同行业其他企业高,那么说明企业的竞争力优于行业平均水平,反之亦然。当然,在商业实践中企业可能面对的环境和挑战千差万别,毛利率水平也不是“一刀切”地简单下一个结论,具体的分析小兵在其他地方已经论述,这里不再赘述。

三、销售费用/管理费用

说完收入和成本,那么就应该来说说“三费”了,这里的“三费”就是销售费用、管理费用和财务费用,财务费用基本上跟生产经营没有什么关系,一般情况下就是存款的利息或者贷款的利息,这里就不再专门来说了。

关于销售费用,说白了就是为了产品销售或者业务推广而发生的费用,比如销售员出差的差旅费、住宿费、餐费等。当然,这里还有一个很重要的销售费用需要注意,那就是运输费用,这个在很多需要远途运输的企业来讲,也是一笔不菲的费用。

关于管理费用,其实就是企业管理人员支出的费用,这些人既不能生产产品又不能销售产品,但是一个企业又不能缺了这些人,因为这些人支撑着整个企业的管理和运营,这里的管理人员小到前台打字员,大到管理层高管。

有时候,我们在考察一个企业的经营和利润情况的时候,往往就是看收入减成本的毛利,以及毛利减去费用的营业利润率。由于销售费用和管理费用都是“费用”,有时候大家为了方便就混在一起看,并不是分得那么清楚。这样处理在某种意义上讲也不会影响企业的财务真实性,但是却无法反映企业生产、管理各个部门的运营情况和效率。企业可能都知道一年花了5000万元费用,但是这些费用到底有多少是管理部门花的,花这些钱花得多还是少,都是怎么花的,有没有改进的空间以及改进的方向是什么？如果真要回答这些细致的问题,那么就需要对费用进行仔细的区分和核查了,不仅是管理费用和销售销售费用大框架的区分,甚至要包括每个费用下每个明细科目的核查和区分。

四、营业外收支

营业外收支说白了就是企业正常生产经营之外的一些收入或支出，就是不是因为销售商品或者提供劳务而实现的收益（这叫营业收入），或者不是因为要生产商品或提供劳务而付出的代价（这叫营业成本）。

营业外收入比较常见的情况就是企业把一些废旧的生产设备当作破铜烂铁卖了塑料、公司盘点的时候发现了账上没有的宝贝、公司因为项目而从政府部门拿到的奖励或者补贴等。营业外收支同样是这样的概念，比如对应的企业本来账上还值100万元的设备当作破烂卖只卖了50万元、司机因为超速被罚款等。

营业外收支的余额我们一般就叫作非经常性损益，这个叫法也是非常的形象，这里都不用解释了。由于这些收益都不是企业正常的生产经营得来的，也就不能正常地反映企业的生产经营情况，从而在判断企业是否符合上市或挂牌标准时，是需要将这些损益扣除的。由于非常性损益有可能是正数也可能是负数，从而我们才规定了两者“孰低”的标准。

最后，还有一点需要向大家交代，那就是营业外收支除了典型的跟生产经营无关这一标志外，还有一个重要特征就是偶然性。如果某些收入是持续性的并且是有着明确标准的，那么这样的补助有可能计入经常性损益的，比如我们常见的税收优惠。此外，比如你处理多少废水就可以有多少补助、拆解多少废旧塑料可以拿多少奖励，如果企业的生产经营也与此相关，那么也是计入经常性损益的。

五、净利润

净利润这个科目就没什么好说的了，就是企业挣的全部的钱扣除需要缴纳的税费之后剩下的，这也是利润表的最后一行。这里我们提到“全部的钱”，也包括我们上面刚刚提到的营业外收支，也就是说，企业获得的营业外收入也是要正常缴税的。

六、经营活动现金流量

当“现金为王”的理念在当下日益萧条的背景下越来越成为共识并得到重视，因而现在财务会计领域基本形成一个核心观点：那就是资产负债表有时候是不可信的，利润表有时候更是不可信的，而现金流量表是最有价值的也是水分最少的。

曾几何时,我们判断一个企业主要看资产有多少,或者是收入有多少利润有多少;而现在,我们更应该看企业流入和支出的现金是什么情况,公司现金的发生额与公司收入成本等科目是否匹配,公司现金期末结转额与公司利润以及资产相关科目是否匹配。

为什么我们更看重现金流量表,那是因为现金流量表更值得信任,原因如下:(1)现金流量表是根据函证的银行对账单通过简单计算方法"倒推"计算出来的,银行配合做手脚的概率很低。(2)现金的流转每一步都是留痕的,如果企业要通过现金做手脚,不留下痕迹和证据的可能性几乎为零。(3)就算是做手脚或者造假,那么动用大规模资金的成本远比制造一份假合同要高的多。

当然,我们并不否认,存货、应收账款科目对于公司收入成本的影响,收入成本科目的结转对公司生产经营真实性反映的影响。只是我们更应该通过一些会计科目的现象看到更多的本质,看到企业生产经营更深层次的东西。我们在实践中遇到典型的现金流的问题,需要重点关注一下:

1. 公司经营现金流的流入和流出,与公司收入和成本的发生额明显不匹配,这或许是由于存在不同的商业模式、收入确认甚至是结算方式不同而导致的,但是如果发生这种情况必须要有一个明确合理的解释。

2. 公司现金流的科目分类是否准确,是否存在混同或者可以混同的情形。

3. 公司经营现金流中"其他类"科目金额较大,这种情况必要时需要企业打开并列举明细,同时说明合理性。因为在实践中,投资类和筹资类的现金流基本上比和尚头上的虱子还要明显,基本上谁都不会傻到在这两个科目动什么手脚,但是如果投资和筹资本身有问题怎么办,就有可能在经营现金流里进行"倒挤",这就可能导致经营现金流量表的失真,比如最典型的出资不实的问题。

在实践中,我们很多情况下还是过于关注资产负债表以及利润表的相关数据,某些情况下现金流量表可能是我们发现问题的一双慧眼。

第二十二章　新三板挂牌审计案例

一、案例一：销售收入的真实性

某公司为原申报 IPO 项目，后撤回材料开始申报新三板，报告期包括 2012 年度、2013 年度。由于 2012 年度销售给客户的部分商品发生退货情况，退货金额较大，2013 年度，经过董事会、股东大会决议采取追溯重述去调整 2012 年度相关报表金额。退货的客户主要为经销商，主办券商及会计师发表意见，认为调整后的收入真实完整。

二、案例二：成本真实性

某公司被举报，公司报告期内为做账与前关联企业员工签订虚假的服务合同。律师认为合同内容不真实，是无效的。会计师解释合同对应的金额是实际发生的成本，入账正确。券商解释因为凭证过多，通过签订几笔合同的方式方便装订入账，成本是真实发生的，不存在违法违规。

三、案例三：收入与成本不匹配

某公司为建筑施工类企业，采用《企业会计准则第 15 号——建造合同》进行收入确认。计算完工百分比时收入与成本不匹配。收入按照客户确认的进度单，成本按照实际发生成本与总成本的比重。收入进度与成本结转进度存在差异，最终修改财务报表。按照客户确认的进度单确认收入与成本的完工百分比。

四、案例四：核定征收

某公司报告期为两年一期，第一年核定征收，第二年改为查账征收。认定为核定征收的依据是企业成立之初因业务规模小，财务核算不健全，经主管税务机关批准实行核定征收方式申报缴纳企业所得税。随着公司规模增长,财务核算水平的提高,经公司申请税务主管机关批准公司自 2011 年所得税按查账征收方式重新计算,并转为查证征收。公司补足税款,税务局出具无违法违规证明。

五、案例五:系统集成企业软件产品多申报退税

某公司为系统集成企业,其中软件产品享受实际税负超过 3% 的部分即征即退的优惠政策。但公司申报退税的计算过程与法定的退税计算过程存在差异,导致 2014 年度多申报退税,存在被税务部门处罚的风险。

六、案例六:变更收入确认时点

某公司销售产品的同时提供安装服务,申报时收入确认时点为发货时确认收入,经反馈后,主办券商及会计师认为收入确认不谨慎,修改收入确认时间,并进行追溯调整,被采取监管措施。

七、案例七:报告期持续亏损企业

关于存在亏损的企业,关注报告期内具备持续经营记录,亏损原因,可采用多维度分析持续经营能力,例如:现金流量、营业收入、交易客户、研发费用、合同签订情况、行业特有计量指标等情况、资金筹措能力(如挂牌发行)等量化指标,以及行业发展趋势、市场竞争情况、公司核心优势(如技术领先性)、商业模式创新性、风险管理等方面分析公司持续经营能力,就是否具有持续经营能力发表意见等。

八、案例八:最近一期末净资产为负

某公司合并报表最近一期末净资产为负数,但是母公司财务状况良好。净资产为负数的主要原因在于报告期内新设子公司前期投入较大且未取得收入,公司主要采取债务融资方式,导致合并报表净资产为负数。公司结合营运记录、公司竞争优势、母公司营运情况、获取现金流能力等详细分析了持续经营能力,充分披露了子公司对合并报表的影响,对新设子公司的相关风险进行了充分揭示,并且在挂牌同时做了定向增资,挂牌前净资产已转正。

九、案例九:关联交易金额较大

某公司是国有控股集团下面的子公司,公司业务开展前期主要的采购和销售主要是来自关联方,早期占比高达 90% 以上。随着公司业

务的开展和核心技术的积淀，公司独立开发市场和客户的能力逐渐增强，报告期最后一期关联交易的比例降低到50%以下，证明公司不存在对关联方的重大依赖，具备独立面对市场的能力。

十、案例十：财务指标的解释缺乏合理性和逻辑性

某公司的毛利率明显低于可比同行业公司，不能进行合理的解释，可能存在存货管理和成本结转问题。某公司的成本构成中原材料的占比大幅提高，其主办券商解释为原材料采购量增加，这就属于明显缺乏逻辑性的解释。还有一些核心的财务指标也需要进行合理明确的解释：存货、固定资产、应收账款、毛利率、净利率等。

第二十三章　新三板年报审计关注事项

新三板挂牌公司突破7000家，年报披露公司无论是对于刚刚挂牌的新三板企业财务信息披露负责人，还是持续督导的中介，尤其是对股转系统负责审核信息的老师来说均是不小的挑战，那么在新三板年报披露中有哪些需要关注的事项呢？

与新三板年报披露关系最大的两大机构是注册会计师和券商，那么我们分别从这两个中介机构的角度来看一下年报关注事项。

一、注册会计师关注事项

注册会计师作为对财务报表发表意见的乙方，在财务报表审计过程中，注册会计师要密切关注当前宏观经济形势、资本市场以及相关法律法规的变化，充分考虑业绩压力对被审计单位可能造成的影响。注册会计师要严格贯彻风险导向审计理念，识别和评估重大错报风险，特别是新挂牌公司、持续亏损以及业绩大幅增长等客户的风险，并据此设计和实施进一步审计程序。进一步审计程序要具有目的性和针对性，防止风险评估结果与进一步审计程序之间相脱离。注册会计师应特别关注以下重大风险领域，实施恰当的审计程序，获取充分、适当的审计证据。

（一）收入的确认与计量

重点关注收入的确认条件；收入的跨期确认；复杂交易事项（如授予客户奖励积分业务）及异常交易事项的收入确认与计量；特殊销售业务的收入确认与计量；特殊行业的收入确认与计量；建造合同收入的确认与计量；由于舞弊导致收入高估的可能性。

审计中要特别关注收入和成本舞弊的常见预警信号，多采用分析性复核，关注大额或非正常的会计记录，识别关联方并确定是否与公开的关联方有重大交易。

1. 房地产收入实现标准应具备以下四项具体条件:(1)工程已经竣工并验收合格;(2)具有经购买方认可的结算通知书;(3)履行了销售合同规定的义务,且价款已经取得或确信可以取得;(4)成本能够可靠地计量。

2. 一般软件企业收入的实现确认应同时具备以下四个条件:(1)该项软件已转让给购买方,并有购买方出具该项软件的验收凭证;(2)销售合同的有关条款已经执行,注册会计师采取函证方式获得购买方的销售实现的认可;(3)已经收到货款或取得收取货款的凭据;(4)相关成本能够可靠地计量。

3. 系统集成和软件开发业务。系统集成和软件开发项目通常需经过设计、建设、试运行、验收等环节,时间跨度比较长,甚至跨越多个会计期间,上市公司对于这类业务收入确认时点的判断存在差异。部分上市公司按完工百分比法确认业务收入;部分上市公司按收到验收报告时一次性确认收入。此外,此类业务的销售涉及收取质量保证金,承诺在一定期间内系统或软件若存在运行问题将予以赔偿或免费维护。根据企业会计准则的规定,质量保证金应当在承诺期内平均分摊确认收入,但部分上市公司在销售系统或软件时将收取的质量保证金的全额确认为收入;部分上市公司则在质保期结束后才确认质量保证金收入。

4. 数据服务业务。由于数据业务合同形式多样,收入实现过程涉及网络运营商和服务提供商的多方安排,收入实现的判断较为复杂,导致上市公司对此类交易收入的确认时点和金额存在差异。例如,对于通信增值业务收入确认,有些数据服务提供商每月根据电信运营商的计时系统统计数据,依合同约定费率或分成比例计算确认收入,而有些公司按上月结算数据进行核对,开具发票后确认当期营业收入。

5. 出口销售业务。出口销售业务的环节、流程较为复杂,涉及交付提取单、商品出库、出口报关、商品交付等环节,公司应结合合同约定和实务惯例等,对相关商品风险报酬转移时点进行判断,以确定收入确认时点。年报分析发现,对类似出口销售合同或业务,有些公司按合同约定将取得提单日作为收入确认的时点,有些公司则以产品完成出口报关手续、取得报关单日作为收入确认时点。

6. 重点关注刚挂牌业绩就发生重大变化的公司;外部环境尤其是经济、技术和市场环境的变化对公司经营的事项与潜在影响;收入的质量以及主营业务的盈利状况;公司的业绩压力以及由此可能带来的影响;特别关注是否存在自我交易、利益交换、关联方、利润虚构、体外资金循环、虚假的互联网交易、少计成本费用、阶段性降低人工成本粉饰业绩、推迟费用支出、资产减值低估、推迟固定资产折旧以及其他导致公司财务信息披露失真、粉饰业绩或造假的情况。

7. 持续经营审计中对管理层的持续经营能力的评估，注册会计师应当作出自己独立的专业判断。关注其评估是否涵盖了注册会计师在审计过程中了解到的全部相关信息；公司的经营状况、财务状况、现金流量状况；公司未来的经营前景，以及管理层未来行动或计划的可行性；关联方或者第三方提供或维持财务支持的可能性、合法性和强制性；担保、诉讼或索赔事项对持续经营的影响；财务报表有关持续经营的披露。

8. 企业的生产成本测试十分重要，要关注被审计单位的生产流程和技术特点；成本核算方法的合理性与一致性；工时、定额、材料消耗等成本核算基础资料；生产费用的归集，以及生产费用在完工产品和在产品之间的分配；特殊行业产品（如软件产品、生物资产）的成本核算；通过成本计价调节利润的情况。

（二）关联方关系及其交易

重点关注关联方交易是否有合理的商业理由，交易价格的公允性，交易对公司经营成果的影响，超出正常交易范围的重大关联方交易，管理层未识别或者未告知注册会计师的关联方关系或关联方交易，关联方之间特殊交易的经济实质以及相关信息披露的充分性。

关注关联方资金占用的形式，通过询问、查看前十大股东名单和网络，或其他方式查找关联方，分析以前年度关联方交易与往来，有无异常。统计本年关联交易，分析价格是否异常，是否用来调节利润，损害少数股东利益。

（三）资产减值

注册会计师要对被审计单位资产减值准备计提的充分性和适当性予以充分关注。对应收账款的减值准备，注册会计师应考虑计提坏账比例的合理性及按照个别认定法计提坏账准备的合理性。对商誉的减值准备，注册会计师对减值测试的复核要充分，要对过于乐观的未来现金流入预期提出质疑。

（四）会计政策和会计估计变更

重点关注管理层选择会计政策及其会计估计的程序、方法和过程，是否采用不稳健的或者过于谨慎的会计政策；特定环境下会计估计的合理性；与会计估计相关的期后事项；会计估计变更的合理性和披露的充分性。

管理层常用手法有潜亏挂账、改变固定资产折旧政策、将应费用化的支出给予资本化、巨额冲销、利用坏账准备、利用存货计价方法、提前或滞后确认收入、利用长投中成本法与权益法的"串换"高估长投价值及虚增当期利润、调节合并会计报表的编制范围等。在审计中要复核和测试管理层作出会计估计的过程，运用独立估计与管理层作出的会计估计进行比较，复核能够证实会计估计合理性的期后事项。

(五)非经常性损益

注册会计师要综合考虑非经常性损益项目的可持续性及与被审计单位正常经营业务的关联程度等因素，充分关注非经营性损益的真实性、准确性与完整性。

比如混合型政府补助的区分标准不一致。根据企业会计准则的规定，对于综合性项目的政府补助，需要将其分解为与资产相关的部分和与收益相关的部分，视情况不同计入当期损益，或者在项目期内分期确认为损益；难以区分的，应将政府补助整体归类为与收益相关的政府补助，视情况不同计入当期损益，或者在项目期内分期确认当期损益。部分上市公司将综合性政府补助全部认定为与收益相关的政府补助，一次性计入当期损益，且未详细披露其区分政府补助类型的判断标准。

(六)持续经营

注册会计师要特别关注经营风险较高的被审计单位的持续经营能力，了解管理层对其持续经营能力的评估及是否计划采取或者正在采取改善持续经营能力的相关措施，要对公司持续经营改善措施的可行性作出独立的专业判断，并考虑改善措施能否打消对其持续经营能力的重大疑虑，以及由此对审计报告意见类型可能产生的影响。

(七)及时足额确认股权激励费用

披露股权激励计划的挂牌公司，应当按照企业会计准则的相关规定，在等待期内合理确认股权激励费用。挂牌公司在等待期内取消所授予权益工具的(因未满足可行权条件而被取消的除外)，应当作为加速行权处理，即视同剩余等待期内的股权支付计划已经全部满足可行权条件，在取消所授予权益工具的当期确认剩余等待期内的所有费用。

(八)现金流量审计中要重点关注其整体合理性

现金流量表的编制原则和编制方法的合理性和合规性；现金等价物的确定标准；现金流量表内部项目之间，以及现金流量表项目与资产负债表、利润表、股东权益变动表项目之间的勾稽关系；现金流情况,净利润大幅度增长的同时没有伴随着现金流量的相应增加;各项准备计提不充分,没有贯彻谨慎性原则。

(九)关注企业利用复杂或陌生的业务进行舞弊的情况

如非正常的交易、非货币性交易、跨地区交易和涉外交易、构建错综复杂的公司架构体系。

在审计中要注意行业背景调查,了解被审计单位的工艺,了解被审计单位的盈利模式,从大量非财务渠道了解被审计单位的生产、供应、销售等所有重大信息以印证对外报送的财务资料的真实性,取得企业的合同登记簿或者是合同章、公章盖章登记簿,积极利用专家的工作,深入了解客户的经营状况。

(十)审计报告

注册会计师要勤勉尽责,确保审计工作的严肃性和专业性,杜绝随意更改已披露的审计报告内容和格式的现象,避免出现审计报告格式错误,关注财务报表及附注中是否存在文字数值错误。出具非标准意见审计报告时,解释审计意见原因的说明段表述要简洁、准确、到位。

(十一)特殊行业的关注事项

不同的行业面临的竞争和风险区别较大,对于一些竞争激烈,市场环境比较多变的行业,应该特别关注,在年报中应特别关注下列类型公司的特殊性:(1)煤炭、钢铁、有色金属、房地产等所处行业与宏观经济形势及经济周期密切相关的挂牌公司。随着经济增速放缓,一些挂牌公司存在经营困难,要特别关注应收账款、存货、固定资产、在建工程和商誉等资产减值测试和减值计提的充分性和合理性,要特别关注公司的持续经营能力。(2)农、林、牧、渔类挂牌公司。要关注生物资产的存在性、完整性以及减值计提的充分性和合理性。(3)有金融工具和复杂衍生品投资的挂牌公司。要关注当前资本市场环境变化对金融工具和复杂衍生品识别及公允价值计量的影响。(4)开展创新业务的挂牌公司。要充分关注其创新交易与业务,特别是要关注其收入确认是否符合会计准则,且反映了创新业务模式的特点。

1. 电力行业

电改 2.0 后形成了以多源主客体开放式,分散式的商业模式,借鉴当前互联网商业模式,结合电力能源商品的特殊性,各类企业的竞争加剧。政策上严控火电行业增加投资。电价下调的政策对于各发电企业都存在负面影响。电力企业经营仍然存在较高的固有风险。

应充分了解相关企业的具体情况，重点关注以下事项：

（1）挂牌公司未来经营方针和发展战略，向相关负责人就电改、上网电价下调、环境保护等新政策的影响进行了解；评估相关政策是否对挂牌公司的未来发展计划产生影响及挂牌公司的应对措施是否恰当。

（2）对于收入、成本和费用应认真执行实质性分析性复核程序，将本年数据与上年数据进行对比，对于重大异常的单位成本偏差应进行分析并说明原因。

（3）关注挂牌公司的更新改造计划，对计划淘汰的固定资产的减值计提是否充分进行评估，并考虑其列报是否恰当。在执行固定资产抽样盘点的过程中，了解固定资产的减值测试的情况，并进行对比。对涉及企业重组的，关注是否根据《企业会计准则第 13 号——或有事项》中对“重组义务”的相关规定计提了充分的预计负债；涉及政府补助的，关注政府补助的会计处理是否恰当；相关政府部门对政府补助、去产能等事项的会计处理提出特殊要求的，关注这些特殊要求与企业会计准则的规定是否存在差异，予以恰当应对。

（4）对电费收入确认，进行的截止性测试，关注应收电费数据与财务报表数据、营销系统的报表数据是否存在重大差异。

（5）对于长期挂账的应收账款应认真执行相关函证程序，考虑针对应收账款，特别是 3 年以上的应收账款所计提的坏账准备是否充分。

2. 钢铁行业

当前钢铁行业整体大环境趋于严峻，钢铁行业进入寒冬。鉴于当前整体行业盈利水平严峻，预计行业内将会出现较多的破产重组事件。应关注以下事项：

（1）关注被挂牌公司未来持续经营能力的情况，向相关负责人了解相关行业政策对公司业绩的影响；对于连续亏损的企业应取得管理层对持续经营能力的自我评价报告及应对措施，执行对持续经营能力的评估程序。

（2）认真执行对钢铁企业的各项资产的减值测试程序。

（3）关注挂牌公司收入确认的真实性，成本、费用确认的完整性等。认真执行实质性分析性复核程、截止性测试序，对于分析中发现的异常变动的数据的变动原因要进行说明。

（4）关注在建工程转固的及时性，折旧费用等计提的充分性。挂牌公司本年如改变折旧政策,应考虑其变更的合理性。

(5)是否存在利用会计估计变更调节利润的情况。

(6)是否存在利用关联交易进行利润输送的情况。

(7)对利息资本化执行实质性分析性复核程序,通过测算以确认利息费用在资本化或费用化之间进行了正确分配。

3. 农业

农业类挂牌公司审计风险较高,生物资产、现金交易等项目的审计技术难度较大,对注册会计师的行业经验、专业素质提出了很高的要求。应重点关注以下事项:

(1)收入确认。关注收入确认的舞弊风险,警惕管理层通过虚增收入粉饰业绩;结合财务数据与非财务数据、公司指标与行业指标等的分析,评价收入确认的真实性和准确性。

(2)生物资产的确认和计量。利用专家的工作,设计监盘程序时充分考虑生物资产的生产周期、流动性、生长环境和计量方式等特点,增加审计程序的不可预见性;结合对自然周期、气候环境的考虑,对自行繁育生物资产数量的合理性、生物资产的淘汰率实施分析性复核;复核与生物资产相关的会计政策是否恰当,包括生产性生物资产与消耗性生物资产的确认、后续计量、折旧、减值等会计政策;关注生物资产是否存在减值迹象,生产性生物资产的折旧年限和残值率是否恰当。

(3)现金交易。了解现金采购交易的相关内部控制,识别与现金收支审批权限相关的内部控制;向现金交易客户进行函证,评估现金销售业务的真实性、现金支出的发生和完整性认定是否恰当,要对公司的主要供应商及客户进行了解,关注重大或异常交易的对方是否为未披露的关联方,交易价格是否公允,是否存在通过"体外"资金循环虚构交易或者隐瞒交易等情况。

(4)内部控制。关注农业类上市公司的内部控制风险,合理设计内控测试程序,对集团公司和重要子公司的内部控制分别进行了解;特别关注上市公司是否存在管理层凌驾于内部控制之上的风险。

4. 医药行业

医药制造业受医保控费、招标新政、新版 GMP 改造、飞行检查等政策影响,2015 年行业增速较 2014 年以前明显减慢。医药电商销售平台的发展,对制造业来说,企业不合理高价药品价格受到冲击。对医药零售业来说,新的经营规范要求引致经营成本提升,销售量下降的风险。应重点关注以下事项：

(1)通过执行对挂牌公司的业务了解的程序，重点了解政策和环境的变化对企业的影响，以及企业的经营、融资、投资计划等，认真执行未审计财务报表的分析程序，以发现企业可能的重大风险区域。

(2)关注挂牌公司研发费用的资本化、费用化处理，以及对研发中项目的累计资本化支出的减值测试。该事项属于医药制造企业的重大风险领域。

(3)关注是否存在延迟转固及少提折旧的情况。

(4)执行存货监盘，对上市公司应扩大抽盘的范围。了解存货的盘点的控制，及存货的减值情况，取得根据目前相关产品市场销售数据，充分计提存货减值准备。

(5)对于主营业务严重亏损的挂牌公司，应关注计入当期的非经常性损益及主营以外收入取得的真实性和正确性。

(6)执行存货成本、主营业务成本及主营业务收入的实质性分析性程序，针对重大异常变化要查明原因。

(7)执行函证程序，包括关联方的往来和交易事项相关的资产或负债。

5. 汽车行业

行业结束高速增长期进入中低速增长期。受国家政策影响，汽车销售及售后市场的格局正在发生变化，环保新标准的实施，汽车产品的处于升级换代时期。应重点关注以下事项：

(1)执行了解挂牌公司业务的相关程序，对于零部件的生产企业，应分析与之相关整车需求情况；对于整车生产企业，应关注所生产产品是否符合国家新标准；根据了解的情况分析挂牌公司的知识产权、存货及相关固定资产的减值测试是否完整，是否充分计提相关减值准备。

(2)整车厂商新车型开发支出的资本化/费用化处理；零部件厂商对模具开发支出的会计处理。

(3)应收账款账龄划分的正确性，是否充分计提坏账准备。

(4)收入确认的真实性和准确性，认真做好收入及成本的截止性测试。

(5)相关补助是否属于政府补助，政府对于消费者的补助是否正确处理。

(6)汽车销售企业与生产企业合作模式的变化及相关品牌特许权

的核算问题。

6. 信息技术行业

信息技术产业的技术加速更新,技术标准及经营模式的巨大变化,对相关会计核算提出了更高的要求。应重点关注以下事项:

(1)了解挂牌公司的经营规划和发展战略,分析挂牌公司在行业中所处地位,了解公司的融资计划,以识别挂牌公司重大风险领域。

(2)了解挂牌公司的知识产权的持有状况及知识产权是否处于更新换代期间,减值准备是否充分计提。

(3)收入核算模式的选择是否恰当;收入确认的真实性及准确性。对于按照建造合同相关准则进行完工进度的确认,必要时应考虑利用专家的工作。

7. 化工行业

中国石油和化工行业经济运行主要存在产能过剩、成本高位运行、税负加重、投资疲软等四大问题。化工品价格大多数处于下降,主要原因有两点:一是原油价格暴跌导致成本支撑坍塌,二是化工行业产能过剩,而消费需求疲软,供需失衡压力增加。应关注以下事项:

(1)收入确认的真实性,关注是否存在跨期确认收入的情况。

(2)执行收入、成本及费用等关键项目的实质性分析程序,查明发生额比较数据存在较大变化的原因。

(3)为了扭转艰难的经营局面,部分化工企业在控制成本、费用方面如有重大举措,审计人员应关注成本、费用确认的完整性及截止性的正确。

(4)部分挂牌公司存在开展新业务的情况,需要关注公司新业务的进展情况,是否存在重大风险,以及相关会计处理的恰当性。

(5)关注挂牌公司存货、应收账款、非流动资产等资产减值准备计提的充分性。

(6)关注挂牌公司安全环保费用确认完整性,是否存在法律风险。

8. 煤炭行业

对于煤炭类挂牌公司,当前煤炭行业产能过剩问题突出,煤炭价格持续低迷,企业盈利能力不断下降,多数挂牌公司亏损严重。应重点关注以下事项:

(1)收入真实性。结合挂牌公司的产能、产量以及产品的市场价格,分析收入的真实性和准确性;关注主要客户是否为事实上的关联方,警惕管理层利用关联方或通过“体外循环”的方式虚构销售。

(2)成本费用。了解本年度成本核算关键流程与环节发生的变化,结合原材料市场价格、人工价格、生产耗能等因素分析成本构成的合理性及完整性,关注是否存在低估成本、虚增利润的情形;充分关注临近报告期末的大额异常分录,实施有效的会计分录测试;实施合理的分析性复核程序,分析相关指标变动是否存在异常,与产量、生产状况是否存在矛盾。

(3)存货。了解挂牌共生死的存货盘点制度,判断挂牌公司盘点方法是否恰当;有效执行煤炭存货监盘程序,必要时应考虑利用专家工作;关注与煤炭入库、领用相关的内部控制,测试其设计和运行的有效性。

(4)专项储备。结合成本测试,关注挂牌公司是否按照相关规定计提维简费及安全生产费用,计提金额是否准确;关注维简费及安全生产费用的使用是否符合规定,相关会计处理和列报是否正确。

(5)套期保值。关注挂牌公司是否设计并执行有效的内部控制以区分套期保值交易与投机交易;评价被审计单位对套期有效性的预期,关注相关业务是否符合套期保值会计核算方法的应用条件,相关会计处理是否正确。

9.有色金属行业

对于有色金属类挂牌公司,近年来有色金属行业持续低迷,行业产能严重过剩,相关挂牌公司经营存在困难。要对以下重大风险领域予以充分关注:

(1)收入确认。应当基于收入确认存在舞弊风险的假定,关注收入确认的真实性和准确性,分析销售单价变动是否与公开市场的价格变动一致,检查期后付款和发票情况,关注相关会计处理的业务实质,警惕上市公司通过“体外循环”方式虚构收入。

(2)成本、费用的计量。对主要产品执行成本构成分析,验证主要产品成本构成的合理性,结合实质性分析程序以验证成本的完整性;将成本项目测试与内部控制测试紧密结合,防范成本费用舞弊风险,警惕上市公司在业绩压力下低估成本、费用或延后入账。

(3)资产减值。在有色金属行业产能严重过剩,众多企业限产减产的背景下,充分关注固定资产、在建工程、长期股权投资等长期资产减值准备计提的充分性和合理性,复核管理层对资产减值的评估及计算过程,特别关注商誉是否存在减值迹象;关注存货的可变现净值,特别是出现严重亏损的业务板块的相关存货,评估存货跌价准备计提的充分性;关注应收账款余额的真实性和账龄划分的合理性,评估坏账准备计提是否充分。

(4)套期保值。对于开展套期保值业务的上市公司,评价相关交易是否满足套期保值的定义,会计核算是否正确,是否存在未入账的套期保值交易;复核上市公司对套期保值的书面记录与账务处理的一致性;关注上市公司是否设计并执行有效的内部控制以区分套期保值交易与投机交易,相关内部控制制度能否确保上市公司对套期有效性予以持续评估。

二、券商关注事项

站在券商的角度,通过审核已经经过注册会计师审核的审计报告以及由企业信息披露人填好的披露材料,来发现是否存在披露违规的问题,这类问题分为两类:一类为披露数字之间存在不勾稽,前后矛盾;另一类为披露不合规,比如应披露的关联方交易或者关联方资金占用没有披露。

(一)披露数据勾稽错误

首先作为券商如何发现这些问题,以及怎么关注披露的材料呢?我们看一下一般会出现的数据勾稽错误问题:

1. 财务报表勾稽错误

财务报表相关科目纵向、横向求和合计数不正确,附注中数据加总合计数不正确。大多数企业的报表非财务软件自动生成,而企业财务总监在编制报表过程中未使用 Excel 公式,仅将数据录入 Excel 表格中,造成报表中纵向求和后的合计数不正确。

对于上述此类错误,只能是找有责任心的人来做信息披露,只要细心这类错误还是很容易被避免的。在提交给主办券商前,一定要对财务数据进行纵向、横向求和,重新计算一下财务数据,防止此类低级错误的发生。

2. 报表数据与附注数据不一致

附注中的数据应与报表中的数据一致,这类错误主要是报表确定了,可能附注是抄袭上年的或者是本来就是科目余额表粘贴过来的,但是报表数据进行了调整,在我们完成了附注后需要跟我们的财务报表进行一次核对。

3. 本期期初数与上年期末数不一致

年报的编制工作是在上一年年报编制工作基础之上的延续,因此本期期初数应与上年经审计的期末数一致。而很多企业本期期初数仅从账面数据拷贝而来，未考虑到审计调整的因素，导致本期期初与上年经审计的期末数据不一致。这类错误就需要先看一下上年披露的数据是否与本期数据衔接得上。

4. 各报表之间数据不勾稽

资产负债表、利润表、现金流量表、所有者权益变动表非孤立存在的，每张报表之间存在一定的勾稽关系，如在没有分配股利、未计提盈余公积的情况下，资产负债表的期初未分配利润 + 利润表的本期净利润 = 资产负债表的期末未分配利润；在没有其他货币资金的情况下，资产负债表期初/期末货币资金余额等于现金流量表的期初/期末现金及现金等价物余额。

5. 账龄不勾稽

一般情况下，往来款按照账龄划分的明细表中，账龄在 2 年的金额肯定要小于或等于账龄在 1 年的金额，账龄在 3 年的金额肯定要小于或等于账龄在 2 年的金额，以此类推。

6. 报表中注释空缺

根据《全国中小企业股份转让系统挂牌公司半年度报告内容与格式指引（试行）》第 16 条第 2 款的规定，公司提供的财务报表中会计数据的填列应自左至右，最左侧为最近一期数据，表内各主要报表项目应标有注释编号，并与财务报表注释编号一致。

但在现实工作中，很多企业财务总监对注释的作用不理解，以至于很多企业不填、乱填报表注释。所以想避免上述问题还是要用经过审计的审计报告来填写更为准确。

7. 对于数据波动较大的项目未进行分析

根据《全国中小企业股份转让系统挂牌公司半年度报告内容与格式指引（试行）》要求，比较期间的数据变动幅度达 30% 以上，或变动占公司报表日资产总额 5% 或报告期利润总额 10% 以上的，分析变动原因。

实务操作过程中发现，很多财务总监要么不分析、要么对波动原因的分析用一两句话做简单的描述，分析不到位。

比如：主营业务收入波动超过了 30%，在财务分析中简单的描述为公司 2016 年上半年公司扩大了销售，公司销售规模扩大导致主营业务收入上升。这种分析相当于没分析，对于投资者来说毫无意义，建议财务总监贴合企业实际情况，可从公司采取的市场推广活动、某类产品产能增加等角度进行准确的分析。

(二)披露数据不合规

另一个层面是数据披露的不合规,可能是企业本身存在问题也可能只是披露的内容前后不一致所致,这个在2015年的全国股转公司的问询函中可以发现不少问题。

1. 信息披露不全/信息不一致/列报遗漏或错误

年报信息不全、内容前后不一致成为挂牌公司屡屡触碰的雷区。全国股转公司在问询函中提到与该问题的详细问询内容如下:

九鼎集团:你公司财务报表附注中披露的"可供出售金融资产"前后不一致,"可供出售金融资产的情况"中有可供出售债务工具和权益工具,"期末按公允价值计量的可供出售金融资产"中没有可供出售债务工具,请核实。

蓝山科技:第五节"重要事项"没有披露抵押资产情况,与审计报告附注短期借款不一致;第五节"重要事项"的偶发性关联交易与审计报告附注相关内容不一致;财务报表附注中,母公司2014年其他应收款的内容与上期年报不一致。

2. 数据准确性/一致性

数据的准确性/一致性问题表现在公司在年报前后列举的数据不同,或计算得出数据有误。全国股转公司在问询函中提到与该问题的详细问询内容如下:

恒业世纪:在年报第四节"管理层讨论与分析"现金流量状况相关表格中,经营活动产生的现金流量净额为959.67万元,筹资活动产生的现金流量净额为3127.80万元;但现金流量状况分析中,经营活动产生的现金流量净额为-540.33万元,筹资活动产生的现金流量净额为4627.80万元,前后披露的数据不一致且差异较大。请核实现金流量表中相关数据的准确性。

华岭股份:在你公司2015年度报告财务报表附注中,管理费用所列示的明细项目的上期发生额与2014年度报告披露的本期发生额金额不一致,金额差异较大,请解释原因。

3. 关联交易问题

由于关联交易有可能出现交易的价格、方式等在非竞争的条件下出现不公正情况,形成对股东或部分股东权益的侵犯,因此在信息披露中应当对关联交易问题予以重视。全国股转公司在问询函中提到与该问题的详细问询内容如下:

华丽包装:2015年年末你公司对实际控制人控制的关联方河南宏腾纸业有限公司因销售形成应收账款1222.25万元,因采购预付货款形成欠款5923.98万元,关联方欠款金额合计7146.23万元。目前,河南宏腾纸业有限公司应许昌市政府要求已停产,该公司及你公司实际控制人已出具书面承诺函,承诺在2016年6月30日前归还所欠全部款项。请你公司说明截至目前对该部分款项的收回情况。

幸美股份:2016年度,你公司预计与控股股东思埠集团全资子公司广州静美化妆品科技有限公司发生4000万元的日常性关联交易,主要是委托其生产产品。你公司在2015年度报告内披露"公司2015年的生产能力已超过销售能力"。请你公司说明在生产能力过剩的情况下,委托关联方进行生产的必要性。

4. 研发支出费用问题

研发费用也就是研究开发成本支出,在年报中的研发支出费用能代表企业的研发能力等。全国股转公司在问询函中提到与该问题的详细问询内容如下:

蓝山科技:报告期内,你公司研发费用投入金额14,367.41万元,其中资本化的研发费用8059.34万元,资本化率56.09%,占2015年净利润的比重为81.58%。请根据《公开发行证券的公司信息披露编报规则第15号——财务报告的一般规定(2014年修订)》的规定,结合公司内部研究开发项目特点,披露划分研究阶段和开发阶段的具体标准,以及开发阶段支出资本化的具体条件,并说明各研发项目资本化开始时点,资本化的具体依据、截至期末的研发进度等。

盟云移软:报告期内,你公司研发人员32人,研发费用46.20万元,但2016年1月13日至4月17日间,你公司披露共计申请57项专利,均为实用新型和外观专利。经推算,专利平均研发费用0.81万元,平均研发时间不足3天。请你公司说明专利研发的具体进度、研发投入,并结合行业情况分析专利平均研发费用0.81万元,平均研发时间不足3天的合理性。

5. 收入确认问题

营业收入必须要满足《企业会计准则14号——收入》规定五个条件才能予以确认。营业收入作为利润表最重要的项目之一,是年报审查中的关注重点。全国股转系统关于收入确认问题问询的详细内容如下:

安尔发:披露收入来源为"智慧家居安全产品及系统的销售及技

术服务收入和安心点 APP 平台使用费用收入，其中 APP 使用费收入 26,841,462.25 元，占比 27.19%”，但是，苹果 APP STORE 和安卓应用市场中均未找到相关 APP 信息。请说明 APP 平台的情况，包括但不限于客户数量以及收入确认方式，以及 APP 平台9,672,283.80元营业成本的构成，并请立信会计师事务所（特殊普通合伙）说明对 APP 使用费收入的审计程序。

阿波罗：公司披露报告期内实现营业收入 337,570,156.14 元，同比增长 92.49%，净利润 40,437,916.06 元，同比增长1012.95%，但公司披露增长原因为“受国家大力发展核电政策影响，本期核电业务量大幅增加，营业收入大幅增涨”，过于简单。请结合建造合同“百分比法”的收入确认政策，以及实际业务开展情况，例如“A3470 项目完工由 2014 年的 9.94% 到达 52.07%，并在 2015 年确认收入 12,900 万元”，说明项目完工的相关证据，收入、净利润增长的原因。

6. 库存问题

由于库存与公司主营业务息息相关，对企业财务报表的影响不小。全国股转系统关于库存问题问询的详细内容如下：

竹林伟业：2013 年 9 月至 2014 年 1 月你公司分别与日奔纸张纸浆商贸（上海）有限公司及其北京分公司签订了累计金额为 6,024,645.40元和 6,230,774.00 元的采购合同，截至 2014 年 7 月你公司将上述采购事项进行了账务处理，相应增加了存货—原材料和应付账款 12,255,419.40 元。审计中会计师实施了存货监盘程序，未见上述采购合同对应的实物资产。请你公司说明无对应实物资产的原因，公司是否存在虚增存货的情况。

英雄互娱：公司 2014 年、2015 年仪器仪表销售收入分别为 21,740,017.63 元、9,761,588.25 元，仪器仪表收入下降。2014 年、2015 年期末库存商品余额分别为 15,818,823.25 元、15,871,697.00 元，公司主营业务已变更，请公司说明库存商品是否存在减值风险。

7. 合并报表事项

《企业会计准则第 33 号——合并财务报表》明确规定：“合并财务报表的合并范围应当以控制为基础予以确定。”合并报表的处理也是年报中的重点问题。全国股转公司在问询函中提到与该问题的详细问询内容如下：

龙福环能：子公司龙创公司在资产处置、融资等方面有诸多限制，且公司承包出去的只是子公司的“整体经营权”，公司在披露企业集团的构成时，对龙创公司的表决权比例仍为100%。请公司依据会计准则中关于控制的定义，考虑判断控制权的重要因素，说明公司对龙创公司的控制权和表决权情况，以及是否将龙创公司置出合并范围的合理性。

鹏盾电商：公司年度大事记中提到，“公司于11月完成对上海东冉信息技术有限公司和上海冉宇石油化工信息咨询有限公司的100%股权收购，从而全资控股经营东方油气网”，但是期末你公司并未将上海冉宇石油化工信息咨询有限公司纳入合并范围，并且在财务报表附注中披露上海冉宇石油化工信息咨询有限公司为“正在收购中的企业”。请解释信息披露前后不一致的原因。

8. 资金占用问题

资金占用存在影响公司资产质量、偿债能力、盈利能力和营运能力等问题，有可能会直接损害到股东的合法权益。因此在年报披露中也是关注重点，全国股转公司在问询函中提到与该问题的详细问询内容如下：

ST瑞泽：公司2015年确认营业收入40,844,313.68元、营业成本27,470,684.36元，收取货款和支付采购款时使用股东刘珍华个人银行卡对外收取支付，收取大额现金后不送存银行，支付大额现金无相应的审批程序直接从个人银行卡账户支付，现金收取和支付的款项性质无法确定。请列示使用股东个人银行卡对外收取支付款项的金额及款项性质，并说明是否存在公司资金与股东个人资金混用的情况，是否存在关联方资金占用

安尔发：你公司报告期期末其他货币资金余额8,375,002.63元，为公司支付宝账户余额，请你公司说明对该账户的管理及操作权限，并说明是否制定相关内控制度，以确保该账户资金不存在被个人挪用的风险。

资金占用问题成为股转系统审核中的重中之重。这在股转系统对拟挂牌公司的反馈意见中也可以看出，资金占用的审查越来越严格。从2015年8月至今，共有超过20家企业因募集资金使用违规被全国股转系统采取监管措施和纪律处分。

因此关联方资金占用在年报披露中显得特别重要，在年报“重要事项”部分，需要详细披露控股股东、实际控制人及其关联方非经营性资金占用情况，说明资金占用发生额、占用原因、偿还额、期末余额，预计偿还方式及清偿时间，是否经过审议且在临时报告中披露；详细披

露对外担保的详情，说明对外担保（对控股子公司担保除外）是否经过审议且在临时报告中披露。

同时还需要会计师对挂牌公司2015年度控股股东、实际控制人及其关联方资金占用情况出具专项意见。

第三篇

价值 | 发现路径

第一章 新三板重大资产重组

通过查找到30多份已经实施完成的重大资产重组的案例，根据不同的类型、要点、标准进行了分类统计和分析。我们将会总结出一些规律，整理出一些值得重点关注的问题，分析出一些值得借鉴的经验或者教训。资产重组是一个公司产业整合、做大做强最有效也是最便捷的一个路径，由于公众公司在资产重组支付手段方面更加便利，因此公众公司重大资产重组更有利于实施，我们也会更加关注。上市公司如此，新三板挂牌公司也是如此。

【基本规律】

1. 新三板重大资产重组的品种非常齐全，涵盖了上市公司常见的所有种类，换句话说，上市公司重大资产的品种都可以在新三板挂牌公司中来实施。发行股份购买资产，购买无关联方的或者购买控股股东实际控制人控制的其他资产，购买资产可以是全资公司也可以是经营性资产或负债；发行股份购买资产同时可以配套募集资金，配套募集资金没有明确的比例金额限制；发行股份和现金支付同时作为支付手段，一般情况下，现金支付可以分期付款。

2. 从支付手段来看，有发行股份、支付现金、有现金和股份的合并；当然，肯定是发行股份的情形属于最多数，不然公众公司的优越性就无从体现了。

3. 从收购标的来看，有收购100%股权，也有收购经营性资产以及负债（安凯达案例：830811），也有收购土地和房产（特耐股份案例：833032）；当然，也有收购控股权的，并且承诺在未来一段时间里收购剩余股权（科新生物案例：430175）。

4. 是否配套募集资金。绝大部分项目没有配套募集资金（这与上市公司不同），部分项目存在配套募集资金，募集资金的金额一般也不会很大。关于募集资金的用途，很大情况下用于对于标的资产的现金支付对价，还有一些情况是用于流动资金、市场开拓等（黑炭节能案例:832001 等）。

5. 是不是关联交易。既有向关联方重大资产重组进行资产注入的，也有向非关联方收购部分业务资产的，而一般情况下后者收购的资产与挂牌企业属于同行业或者上下游，因为挂牌公司目前情况下绝大部分还不具备跨行业运作的能力（除非原来业务干不下去了要被动转型）。

6. 当然，我们也看到了一些比较特殊的重组案例。比如，资产置换同时更换实际控制人的案例（亚锦科技案例:830806）；比如，挂牌公司通过拍卖的方式竞买了一块土地构成了重大资产重组（三重股份案例:831411）。

7. 由于新三板挂牌企业基本上还处于生产经营的初级阶段，一般情况下这一阶段的资产重组主要是与自身业务联系非常紧密的同行业或者上下游的业务的合并或者延伸。在这种情况下，新三板企业如果进行跨界的整合，除非有非常充足合理的理由，否则一般情况下是很难被接受的。

【关注问题】

一、发行对象是否符合投资者适当性规定管理的要求

在发行股份购买资产的重大资产重组中，很有可能存在新增加的股东（也有向全部原股东增发股份购买资产的情况），那么这种情况下也会存在新增加的股东是否满足投资者适当性规定的问题。

如果是自然人，就需要开通均已开通的全国中小企业股份转让系统账户。如果是《证券投资基金法》和《私募投资基金监督管理暂行办法》规定的投资基金，那么也需要按照《私募投资基金管理人登记和基金备案办法（试行）》等相关规定履行登记备案程序。如果是生产经营性企业，那么则不需要进行备案（比如安凯达案例）。但是这里也有一个问题，比如安凯达活性石灰公司以前是生产经营性企业，但是在出售全部经营性资产之后是否还是生产性企业呢，是否应该也进行备案呢？

还有一种情况需要注意，那就是员工持股平台的有限合伙企业，如果经营范围不是股权投资，主营业务也不是股权投资，那么是不是

就不是私募股权投资基金,就不需要备案呢?这应该是一种很明显的打擦边球的做法,不知道现在还是不是可以继续参考。

在东方生态案例(430091)中,我们就关注到生产性企业以及员工持股平台不需要进行私募备案的解释:

1. 根据中农兴旺提供的《企业法人营业执照》和《公司章程》,中农兴旺系成立于2002年5月28日的有限责任公司,公司注册资本为10万元,公司经营范围为:工程技术咨询;工程勘察设计;园林景观设计;技术开发;技术转让;技术咨询(中介服务除外);企业形象策划。除公司设立时原股东的出资外,公司未以非公开方式向其他投资者募集基金进行投资活动,公司亦没有设立以投资活动为目的的私募投资基金。因此中农兴旺不属于《证券投资基金法》和《私募投资基金监督管理暂行办法》中规定的私募投资基金或者私募投资基金管理人。此外,中农兴旺向本独立财务顾问出具了《关于不属于私募投资基金或私募投资基金管理人的声明》。

2. 根据伙伴们科技提供的《非法人企业营业执照》和《合伙协议》,伙伴们科技系成立于2015年5月26日的有限合伙企业,合伙经营范围为:技术开发;产品设计;技术推广;技术服务;技术咨询;技术转让;电子产品、机械设备、通讯设备及其他产品的批发零售。伙伴们科技的合伙人均为珠海安赛博前员工或现员工,其实际为珠海安赛博员工持股平台,且伙伴们科技目前无实质经营业务,不属于《证券投资基金法》和《私募投资基金监督管理暂行办法》中规定的私募投资基金和私募投资基金管理人。此外,伙伴们科技向本独立财务顾问出具了《关于不属于私募投资基金或私募投资基金管理人的声明》。

二、过渡期间损益的归属以及实现方式

过渡期间是指标的资产评估基准日到交割日之间的这段时间,由于重大资产重组流程复杂耗时较长(一般情况下需要近一年的时间),因此,过渡期间损益的情况有时候还是很大的。从现有的案例来看,对于这个问题的约定一般有几个层次:

(一)过渡期间标的公司不得违反诚信义务

一般情况下,收购标的原股东保证过渡期内正常经营,不会签订任何纯义务性、权利义务严重失衡或非正常经营范畴内的合同,以维护公司的正常运行,保证标的公司发现有净资产不发生非正常性的减损,保证依法经营。原股东保证不在标的资产上设置任何第三方权利、不对标的资产进行任何形式的单方处置。

例如,在新科生物(430175)的案例中,就有着明确的规定:

1. 依法存续和正常经营,不出现依法应予解散或终止经营的情况,现有主营业务不发生重大变化,不开展任何现有业务之外的业务;不停止或终止现有主要业务等所有非基于正常商业交易的行为。

2. 非经科新生物同意,不得解雇员工,不得增加员工工资、福利。

3. 不对金豪制药的股东进行利润分配、红利或其他形式的分配,或者通过决议分配利润、红利或其他形式的分配。除经科新生物书面同意外,不对注册资本进行任何形式的变更,不对金豪制药的股权结构作任何变更。

4. 不对外提任何新的担保。除经科新生物同意外,不得新作出同意金豪制药进行资金拆借的决议,保证金豪制药不发生新的资金拆借行为。

5. 除经科新生物同意外,不收购或出售交易金额超过人民币500万元的重大资产,非基于正常生产经营行为而发生的资产购买和出售行为,不在金豪制药资产上设置正常生产经营业务以外的权利负担(包括抵押、质押和其他任何方式的权利负担)。

6. 采取任何作为或不作为使其资质证书或证照、许可失效。

7. 除经科新生物同意外,金豪制药2014年12月费用支出及成本总额不超过人民币500万元。

(二)约定盈利由收购方所有,亏损由标的公司承担(需要补足)

标的资产在过渡期内因运营所产生的盈利及因其他原因而增加的净资产的部分由甲方享有;标的资产在过渡期内因运营所产生的亏损及因其他原因而减少的净资产部分由乙方承担,乙方应按本次交易前在标的公司的持股比例以现金方式向甲方补足亏损和减少金额,且应在过渡期损益确认后的20个工作日内将需要补足的金额支付至甲方指定银行账户。

1. 捷世智通(430330)

标的资产在过渡期内产生的收益归捷世智通享有,在此期间产生的亏损由交易对方承担并在本次交易完成日起60个工作日内以现金补偿的方式向捷世智通补足。此外,捷世智通在本次交易完成之前的滚存未分配利润,由本次发行完成后的公司全体股东按发行后的股份比例共享。

2. 全通服(831153)

合同各方一致同意:(1)标的公司在定价基准日(不含当日)至实际交割日(含实际交割日当日)期间产生的盈利归全通服享有,亏损由标的公司各股东承担，以现金补足。标的资产的责任和风险自实际交割日起发生转移。(2)标的公司定价基准日之前的未分配利润归属于全通服，自实际交割日后，上述未分配利润所有权转让予全通服。标的公司过渡期内不得向各标的公司各股东分配上述未分配利润。

3. 亚锦科技(830806)

过渡期为自评估基准日(定价基准日)次日至交割日(含交割日当日)的期间。标的资产在评估基准日前滚存的利润及过渡期间内产生的收益由大丰电器享有，标的资产在过渡期间产生的亏损由大丰电器按其持有南孚电池的股权比例(60%)承担，并于本次交易完成后以现金形式对亚锦科技予以补偿，补偿金额为标的资产专项审计报告中列示的实际亏损金额；亚锦科技将在资产交割日后 30 日内聘请具有证券期货相关业务资格的审计机构对标的资产过渡期间的损益进行专项审计，并根据专项审计报告结果进行损益分担。

(三)约定收益和亏损均由收购方承担或者标的公司承担

交易对手方在保证标的公司正常生产经营的情况下，过渡期间标的公司所产生的损益由收购方享有和承担。

1. 锐风行(430194)

相关期间，交易标的发生或出现的增减改变以及在相关期间，该等资产所引起的一切权利、盈利和增值，及一切负债、责任和义务，由锐风行享有和承担。相关期间的损益变化以大华会计师事务所出具的大华审字〔2015〕002892 号《审计报告》为准。

2. 广安车联(832303)

自评估基准日的次日至标的资产完成在工商主管部门的股东变更登记之日的期间为过渡期。过渡期间，标的公司所产生的损益由广安车联享有和承担。

最后，需要注意的是，重组完成之后的损益，均约定由新老股东共享。

三、股份锁定期的计算

根据《重组管理办法》第 26 条的规定：本次重大资产重组涉及发行股份的，特定对象以资产认购而取得的公众公司股份，自股份发行结束之日起 6 个月内不得转让；属于下列情形之一的，12 个月内不得转让：(1)特定对象为公众公司控股股东、实际控制人或者其控制的关联人；(2)特定对象通过认购本次发行的股份取得公众公司的实际控制权;(3)特定对象取得本次发行的股份时,对其用于认购股份的资产持续拥有权益的时间不足12个月。

对于股份锁定的问题,规则有着明确的规定,一般情况下也都会严格按照规则进行股份锁定,一般情况下锁定6个月,特殊情况下锁定12个月。在这种情况下,可能还存在同一次重组增加的股份部分锁定6个月而部分锁定12个月的情形(因为部分权益持续拥有权益时间不足12个月)。

这里还需要注意的是,与发行股份购买资产增加的股份不同,配套募集资金增发的股份不存在锁定期的规定,当然股东可以自我进行锁定承诺。

(一)创一佳(832227)

张红华、王晓波、严伟、郝宏、邹荣、王晓燕所持有的标的资产取得时间情况如下表所示:

姓名	取得时间已满12个月的南京创一佳出资额(万元)	取得时间未满12个月的南京创一佳出资额(万元)	合计持有的南京创一佳出资额(万元)
张红华	1230	1800	3030
王晓波	820	1200	2020
严伟	—	181	181
郝宏	—	177	177
邹荣	—	230.5	230.5
王晓燕	—	301.5	301.5

(二)捷世智通(430330)

当然,在股份锁定的约定中,相关方可以自我承诺和约定高于规则规定的锁定期。比如,有的案例就全部锁定12个甚至是36个月,还有的案例是分期锁定,6个月后解锁20%,12个月后再解锁40%,36个月后再解锁剩余40%。

根据公司与交易对方签订的《发行股份及支付现金购买资产协议》,标的公司股东崔智怀、王丹、李伟、徐春荣、彭永、陈钧、赵学东、杨进亿、张子成9人遵守以下自愿股份锁定要求:

解锁股份数量	解锁时间
本次发行中所取得甲方股份×20%	本次发行股票完成股份登记满 6 个月之日起
本次发行中所取得甲方股份×40%	本次发行股票完成股份登记满 12 个月之日起
本次发行中所取得甲方股份×40%	本次发行股票完成股份登记满 36 个月之日起

四、股票发行价格的确定

上市公司有着公开的市场交易价格，那么发行股份购买资产的发行价格也基本上就是某个基准日价格或者平均价格的一个折扣。新三板挂牌很多企业历史上都没有股票成交历史，也就没有公开市场价格可以参考，从而也就存在多种股票发行价格确定的方式。

（一）广安车联（832303）：每股净资产作为确定依据

公司自挂牌以来未有股票成交价格，亦未实施定向增发，因此本次定价无法参考公司历史成交价格。2014 年 12 月 31 日经审计的归属于挂牌公司股东的净资产为 21,440,026.54 元，归属于挂牌公司股东的每股净资产为 1.07 元，发行价格 1.10 元/股。本次股票发行综合考虑了公司每股净资产、所属行业、公司的商业模式、未来的成长性等多种因素，并与交易对方与特定投资者协商后最终确定（最后这句话应该是发行价格确定的"标配"）。

（二）天翔昌运（430757）：定增价格作为确定依据

挂牌公司因重大事项暂停交易前 20 个工作日股票交易价格为 1.30 元/股，最近一期经审计的每股净资产为 1.25 元/股，且公司于 2015 年 3 月最近一次定向发行股票，定向发行价格为 1.30 元/股。综合上述情况，本次股票发行价格为 1.30 元/股。

五、标的资产交易价格的确定

一般情况下，采用收益法和资产基础法评估，评估机构以收益法评估结果作为交易标的的最终评估结论。交易双方一般根据收益法评估结果去个零头或者取个整数作为最终交易价格。因为评估报告根据交易价格倒逼出具是行业惯例，因而倒也没有发现交易价格比评估价值差异较大的情形。

关于评估增资率的问题，倒没有上市公司普遍那么高得离谱，基本上还是正常的,不过有些增资率也超过了200%。在这些案例中,东方生态增值率261.80%、亚锦股份增值率341.55%、捷世智通增值率264.75%、中航讯增值率317%、汇智光华增值率为343.68%。其中最高的是第六元素,增值率为680%。

当然,也存在以资产基础法评估价格作为交易价格确定依据的情形,一般购买标的为经营性资产,比如土地和房屋,按照基础法评估更加合理(骏华农牧案例:830851)。

还有一种情况值得关注,那就是在评估基准日至评估报告出具日之间的过渡期内,标的方式可以进行资产处置(利润分配)的,这种情况下,交易价格在参考评估价值的情况下要把资产处置的金额扣除掉。

(一)亚锦科技(830806):作价剔除利润分配因素

南孚电池股东全部权益评估价为442,986.27万元,评估增值342,660.81万元,增值率341.55%。60%的股权对应价值为265,791.762万元。考虑南孚电池于2015年8月根据董事会决议,向老股东分红6亿元,并结合南孚电池截至2015年1~8月经营业绩、2015年度盈利预测情况及未来成长性等因素,经过双方协商确定本次目标公司60%股权的交易价格为26.4亿元。

(二)海能仪器(430476):市盈率倍数作为作价依据

评估值为人民币5179.73万元。参照上述资产评估值,经各方友好协商,同意股权转让价款以上海新仪未来业绩情况为参考定价依据。承诺上海新仪在2015年、2016年、2017年的税后净利润分别不低于500万元、580万元、660万元,以三年累计净利润之和的算术平均数580万元为基数,以8.5倍为估值系数,以两者的乘积计算出上海新仪的总估值即其100%股权的初始买价("初始买价")为人民币4930万元。

在2017年会计年度结束之后,如上海新仪在2015年、2016年、2017年三个会计年度经审计后的税后净利润之和与承诺数值(即1740万元)之间存在差额(为避免疑义,各方同意该等差额最高不得超过348万元即变动比例不超过±20%(含本数),即用于下述计算调整初始买价的上海新仪三年税后净利润之和最高不得超过2088万元,最低不得低于1392万元。超过或低于部分,不再进行计算调整),则各方同意以上海新仪上述三年税后净利润之和的算术平均数为基数,按照8.5倍的估值系数计算并调整初始买价,调整完毕后的价格即为上海新仪100%股权的最终买价("最终买价"),即海能仪器支付的最终买价最高不超过人民币5916万元,最低不低于3944万元。

六、标的资产瑕疵或后续事项的处理

在收购的资产中,并不一定是完美的,可能会存在一些瑕疵或者未决事项。这些事项包括未决诉讼、股权质押、应收账款回款、注册资本缴纳等;这些问题会影响到标的资产的价值进而影响到交易价格的确定。在这种情况下,对于这些问题一般作如下处理:(1)这些瑕疵由交易对手方来承担,不论受益还是亏损与收购方没有关系,交易价格也剔除该因素。(2)由交易对手方承诺保证瑕疵的处理和解决,交易价格正常确定。

(一)汽牛股份(430463)

交易对手方谢斌、全海、梁学旺、罗世娥、全春茂、陈训、全春华将其持有的广西春茂农牧集团有限公司的全部股权(合计:2781.8093万元,占注册资本92.73%)质押,承诺在本次重组的股东大会前解除相关股权质押。

(二)食安科技(430437)

2014年12月21日,三元科技的控股股东石松向绿洲生化及其股东出具《关于广东达元食品药品安全技术有限公司应收账款的承诺函》,承诺尽全力加快办理佛山达辉股权转让事项,就广东达元转让佛山达辉形成的其他应收款(股权转让款10,750,000元),于2015年1月31日前收回该笔款项的50%,于2015年4月30日前收回余下的50%。截至2015年2月11日,佛山达辉股权受让方佛山市三水凯乐德卫浴有限公司已向广东达元支付转让款1000万元,石松未实质违反上述承诺。

(三)中晶股份(831214)

中晶股份承诺:隆基股份全资子公司宁夏隆基与半导体业务相关的应收账款11,937,288.51元人民币和51,090.00美元(最终以宁夏隆基、隆基半导体在基准日签订的债权转让协议的数值为准,基准日为2015年11月30日),自中晶股份受让隆基半导体100%股权的工商变更登记时转让给隆基半导体,受让款按月支付(每月底前还款200万元人民币,包含美元应收账款部分),付款期限半年,最后一个月底将剩余款项一次性清偿。如逾期还款,则隆基半导体须按照中国人民银行公布的同期贷款利率上浮10%支付利息。

除承诺对隆基半导体上述受让应收账款对应的付款义务承担连带保证责任外,中晶股份另承诺对如下债务的清偿承担连带保证责任:(a)隆基半导体依据《发行股份及支付现金购买资产协议》应支付给宁夏隆基的应付款5,740,773.81元;(b)隆基晶益应付隆基股份其他应付款4,407,142.48元、应付隆基股份应付账应付隆基股份应付账款291,294.5元、应付宁夏隆基应付账款8,014,426.03元,三项合计12,712,863.01元。

(四)中晶股份(831214)

隆基股份保证最迟不超过2015年10月31日前将隆基半导体的实收资本补足。鉴于隆基半导体生产经营及生活配套的房屋、土地及部分共用设施系隆基股份所有,应与隆基半导体于本协议同时签署相关的房屋土地租赁协议,明确厂房租金、水、电等生产要素的价格和结算方式。租赁价格参照周边土地房屋租赁的市场价格,租赁期限不少于20年,并提供隆基半导体生产经营所需的水电配套及生活配套设施。在本次重组资产交割日后隆基半导体将承租宁夏隆基原半导体事业部所使用的厂房和土地,2015年12月1日,中晶股份、隆基股份、隆基半导体及宁夏隆基签署了《财产租赁和动力供应合作协议》,就上述房屋租赁及水、电等生产要素进行了约定。

(五)杰科股份(831692)

本次资产重组的交易标的深圳仕佳光缆技术有限公司存在进行中的重大诉讼。针对上述诉讼案件,郑州仕佳承诺,由郑州仕佳承担本次诉讼的一切诉讼风险,如法院最终判决深圳仕佳返还货款或赔偿损失,则相应返还的货款或赔偿的损失将全部由郑州仕佳承担,本案的最终处理结果不会对深圳仕佳的持续经营能力产生实质性影响。

七、配套融资方案发生重大变化

重大资产重组过程中,如果方案发生了重大变化,那么应该视同是一个新的重组方案,因此重组方案重大变化不再讨论之列。关于配套融资的变化,一般情况下主要有这样的情形:(1)定向增发对象发生变化,人数不变;(2)定向增发对象人数增加,或者减少,募集资金额不变;(3)定向增发人数变化,金额也发生变化。

(一)善为影业(831973)

本次重组中,发行股份募集配套资金不超过2700万元,原拟定认购对象为6名,各认购对象的认购数量已确定。但实际认购对象为4名,即2名认购对象放弃认购,且4名认购对象中的2名认购对象认购股份数量亦有所减少,最终实际认购股份数量为97.50万股,实际募集资金为1950.00万元。上述认购对象和认购对象认购股份数量的变化，不违反本次重组的整体方案；原拟认购对象放弃股份的认购或认购对象减少股份认购数量，并未给公司造成实质损害，不会构成本次重组实施的实质性障碍。

（二）同健股份（832098）

本次重组中，发行股份募集配套资金不超过10，880.00万元，原拟定认购对象不超过4名，其中同嘉投资的认购数量已确定，其余认购对象未确定。但实际认购对象为3名，最终实际认购股份数量为1813.3333万股。

八、业绩承诺及调整机制

在某些案例中，也存在通过业绩承诺来确定标的资产交易价格的情形，甚至还存在通过出具盈利预测报告来确定股票发行价格的情形。

（一）申石软件（430217）

袁春承诺，掌众信息在2015年度、2016年度和2017年度实现的净利润分别不低于3000万元、4200万元和5670万元，并就此承担业绩未达到承诺数额时的补偿责任。业绩补偿期内，如掌众信息截至当期期末累积实际净利润数低于截至当期期末累积承诺净利润数，则袁春在当年度审计报告披露后十个工作日内对申石软件进行补偿。业绩补偿期内袁春发生补偿义务的，应首先以持有的申石软件股份进行补偿。

以上所补偿的股份由申石软件以1元总价回购后注销。若申石软件上述应补偿股份回购并注销事宜未获得股东大会审议通过或因未获得相关债权人同意等原因而无法实施的，则袁春承诺在上述情形发生后的两个月内，将该等股份按照补偿的股权登记日登记在册的申石软件其他股东各自所持申石软件股份占申石软件其他股东所持全部申石软件股份的比例赠送给申石软件其他股东。按照如上股份补偿计算方式计算出的补偿金额仍不足以补偿的，差额部分由袁春以现金补偿。

（二）捷世智通（430330）

承诺标的公司在2015年度、2016年度、2017年度扣除非经常性损益后的净利润分别不低于400万元、800万元、1200万元。如果未达到前述业绩诺，则业绩承诺人应就差额部分对本公司进行补偿，补偿方式为按年度进行现金补偿。补偿金额为承诺业绩和实际实现业绩的差额。补偿时间为年度报告披露后一个月内。任一业绩承诺人对差额补足义务向本公司承担连带责任。如果标的公司当年超额完成当年业绩承诺，则超额完成的业绩可以充抵下一年度的业绩承诺金额，直至所有承诺年度完成。

九、资产重组的同业竞争和关联交易

对于重大资产重组，除了行业整合做大做强之外，消除同业竞争和减少关联交易也是很重要的一个方面。例如，有的挂牌企业控股股东可能控制下还有同行业资产以前不方便或者不好处理，那么通过重大资产重组的方式全部纳入挂牌主体内。又如，有的挂牌企业可能与关联方存在关联交易，通过资产重组之后关联方成为挂牌企业全资子公司，也就不再存在关联交易。

这是问题的一面，反过来还有一面，也就是本来没有同业竞争和关联交易，可能因为重组而增加新的同业竞争或关联交易，因为原本是非关联方的，由于重组交易对手方成为公司股东也就成为挂牌企业关联方。如果新增加的股东还有与挂牌企业相同的业务，或者原本与挂牌企业存在交易，那么就会增加新的同业竞争和关联交易。

（一）哇棒传媒（430346）：重组构成新的同业竞争

新余蚂蚁、新余老鹰、点睛汇赢、五度影视、佰洋投资的经营范围与昊海金桥存在显著差异，不构成同业竞争。同时，点睛汇赢于2015年11月9日作出股东会决议，同意马全利将持有的点睛汇赢90%的股权全部转让给无关联第三方孟传洪，石泽芳将持有的点睛汇赢10%的股权全部转让给无关联第三方孟传洪。2015年11月10日，马全利、石泽芳分别与孟传洪签署了《股权转让协议》，截至本实施情况报告书出具之日，点睛汇赢正在办理工商变更登记手续。

江桥传媒的经营范围与昊海金桥存在重合，但江桥传媒于2015年9月30日作出股东会决议，同意江桥传媒未来不再从事广告业务，并将其经营范围变更。此外，新余老鹰、新余蚂蚁、石泽芳、马全利、五度影视、佰洋投资分别出具了《关于避免同业竞争的承诺函》，不会从事任何与昊海金桥目前或未来所从事的业务发生或可能发生竞争的业务。

（二）善为影业（831973）：避免同业竞争

本次交易前千朗传媒股东已启动艺云联盟股权转让程序及影约时代的注销程序，且三盈世纪股东张玉和陈绍园承诺，自其与善为影业签署的《关于深圳善为影业股份有限公司发行股份及支付现金购买资产协议》成立之日起6个月内，促使三盈广告停止所有运营/经营，且在前述期限内依法将三盈广告予以注销或转让;在前述期限内,三盈广告难以停止的业务或者经善为影业书面同意有必要开展的业务,将转由北京千朗文化传媒有限公司经营或开展,且张玉和陈绍园及三盈广告不得收取任何费用。

千朗传媒股东、董事、监事、高级管理人员及核心技术人员承诺上述人员(含其亲属)在千朗传媒任职期间及离职后两年内,在中国境内外,不得以任何方式[包括但不限于自己或为他人经营、投资(不包括理财或基金性质的投资)、合作经营、兼职]以任何形式的经营实体从事与千朗传媒所经营业务构成竞争或可能构成竞争的业务。

(三)中航讯(430109):增加新的关联交易

本次资产重组完成后,公司将新增与关联方北京速波曼科技发展有限公司(以下简称速波曼)的关联交易。

速波曼注册资本50万元,李英和和杨永生各占50%。其中,李英和为公司实际控制人之一,杨永生为本次资产重组后实际控制人之一张慧的配偶。速波曼主要业务系向网智运通购买产品后,销售给北汽福田客车有限公司。因历史遗留问题速波曼为北汽福田客车有限公司系统内固定供应商。该客户供应商名单一般不予变更,该客户业务指定由速波曼长期供货,因此速波曼承诺仅做北汽福田客车股份有限公司一个客户的相关业务以保持网智运通产品的市场份额。网智运通以市场价作为速波曼的协议售价。速波曼本身不具备研发和生产能力,只有北汽福田客车有限公司一个客户,没有再开展其他的业务。

因此,本次重组实施后,网智运通与速波曼的关联交易在保持网智运通产品的市场份额及网智运通盈利能力方面具有一定的必要性,交易价格公允,在未来一段时间内仍将持续,公司需按照相关法律法规、《公司章程》和《关联交易管理制度》等相关规定审议并披露上述关联交易事项。

十、其他关注问题

(一)本次股份发行是否需要进行股份支付

根据《企业会计准则第11号——股份支付》的规定,股份支付,是指企业为获取职工和其他方提供服务而授予权益工具或者承担以权益工具为基础确定的负债的交易。按结算方式的不同,股份支付可以分为以权益结算的股份支付和以现金结算的股份支付。准则把股份支付限制在以股份为基础的薪酬和服务费用这一范围内,并且用于支付的权益工具也仅限于企业自身权益工具,其他涉及股份支付的业务分别适用企业合并准则及金融工具确认和计量准则等。

发行股份购买资产的情况下，也要对是否需要进行股份支付处理进行一定的解释(一般是不需要的，除非价格实在是离谱)。在现有的案例中，一般情况下都没有对是否需要进行股份支付进行明确的解释。

(二)本次资产重组是否构成借壳上市

在新三板公司重大资产重组中，也应该重点关注重组之后实际控制人是否发生变更，是否可能构成借壳上市的情形，这与上市公司的判断标准和要求是基本保持一致的。

在申石软件和亚锦科技的案例中，其实都存在构成借壳上市的影子，前者与交易对手方进行了资产置换，后者则由于资产重组实际控制人发生了变更。

附：其他典型的案例关注

1. 新科生物：股份质押

曹健荣在科新生物股东大会通过本次交易后五个工作日内将500万元有价证券或现金交付科新生物作为质押；张誌在科新生物股东大会通过本次交易后五个工作日内将金豪制药剩余5%的股份质押给科新生物，质押期限至2015年12月31日。

2. 汽牛股份：交叉持股

为避免本次重组完成后因母子公司交叉持股对汽牛股份的公司治理产生的不利影响，春茂集团出具了《转让或者注销持有汽牛股份股票的承诺函》，承诺："本次重组完成后，春茂集团因本次重组后拥有的汽牛股份18,136,900股股票在持有期间内不享有的表决权、分红权等在内的一切股东权利，春茂集团自本次重组完成之日起6个月内对外转让或者注销18,136,900股股票。"

3. 中晶股份：不谋求控制权的承诺

在本次资产交割完成后，隆基股份、孟海涛不通过任何方式(通过增持中晶股份的股份、接受委托、征集投票权、协议、合作、关联方关系、一致行动等)谋求中晶股份的实际控制权。隆基股份、孟海涛增持股份的，持股比例不超过中晶股份第一大股东的持股比例。中晶股份实际控制人及一致行动人不得以任何理由或方式降低隆基股份、孟海涛最后一次增持股份前的持股比例，增资扩股除外。

4. 捷世智通：根据实缴比例确定增加股份比例

本次发行股份及支付现金购买资产的交易价格为8000万元，公司以发行5,394,501股股份的方式支付交易价格的80.9175%，以

15,265,986元现金支付交易价格的19.0825%。交易对方按照各自向南京申瑞实缴出资额占南京申瑞实收资本的比例分配上述股份及现金对价，具体如下：

股东姓名	认缴出资额（元）	实缴出资额（元）	实缴比例	现金对价（元）	股份对价（股）
崔智怀	17,427,000	6,257,000	36.83%	4,641,007	2,068,419
王　丹	5,689,950	5,149,950	30.31%	3,819,875	1,702,454
李　伟	2,308,000	2,380,000	14.01%	1,765,318	786,773
王　蓓	1,900,000	600,000	3.53%	2,825,191	0
彭　永	760,000	760,000	4.47%	563,715	251,238
徐春荣	615,000	615,000	3.62%	456,164	203,305
陈　钧	380,000	380,000	2.24%	281,858	125,619
张子龙	301,000	301,500	1.77%	223,632	99,669
赵学东	285,000	285,000	1.68%	211,393	94,214
杨进亿	190,000	190,000	1.12%	140,929	62,810
陈　刚	71,550	71,550	0.42%	336,904	0
合计	30,000,000	16,990,000	100.00%	15,265.986	5,394,501

5. 汇智光华：现金支付分期付款

在交割完成日起一个月内支付现金部分总额的30%，在交割完成日起三个月内支付至现金部分总额的60%，在交割完成日起六个月内支付至现金部分总额的80%，在交割完成日起十二个月内完成现金支付。

6. 申石软件：交易方案互为前提

本次交易由重大资产置换、发行股份及支付现金购买标的资产、募集配套资金三部分组成，重大资产置换、发行股份及支付现金购买标的资产、募集配套资金互为条件，同时进行，共同构成本次重组不可分割的组成部分，其中任何一项未获得所需的批准，则本次重组自始不生效，本次交易将不予实施。

7. 新科生物：股权收购的承诺

新科生物承诺：自本次股份转让之股份交割完成之日起5年内，收购张誌所持有的金豪制药剩余15%的股份。

8. 捷世智通:竞业禁止的承诺

根据《发行股份及支付现金购买资产协议》中约定,标的公司的业绩承诺人(崔智怀、王丹、李伟3人)保证在持有捷世智通股份期间不从事以下行为:(1)未经本公司同意,在其他企业兼职;(2)为本公司同行业或竞争对手提供顾问、咨询服务;(3)利用职务便利为自己或者他人谋取属于本公司的商业机会,自营或者为他人经营与本公司同类的业务。

【基本流程】

以食安科技的重大资产重组为例:

1. 2014年8月20日上午,公司与交易对方就本次交易达成初步意向,并签署《战略合作备忘录》,因有关事项尚具有不确定性,为了维护投资者利益,避免对公司股价造成重大影响,2014年8月20日下午收市后公司申请股票暂停转让。2014年8月21日公司股票暂停转让。

2. 2014年10月24日,广州三元作出股东会决议、长盛创业作出合伙人决议,同意本次交易。

3. 2014年11月9日,达安基因召开董事会,同意本次交易;同日,广东达元召开股东会,同意本次交易。广东达元股东广州三元、达安基因、长盛创业、曾静与公司签署附生效条件《发行股份购买资产协议》。

4. 2014年11月9日,公司召开了第一届董事会第十一次会议,审议并通过了《关于发行股份购买资产并募集资金的议案》、《关于本次发行股份购买资产并募集资金符合〈非上市公众公司重大资产重组管理办法〉第三条规定的议案》、《关于批准与本次交易有关的审计报告、资产评估报告的议案》、《关于同意签署附生效条件的〈发行股份购买资产协议〉的议案》、《关于审议〈广州绿洲生化科技股份有限公司发行股份购买资产并募集资金之重大资产重组报告书〉的议案》等本次交易的相关议案。

5. 2014年12月2日,公司召开2014年第一次临时股东大会,审议通过本次交易相关的议案。

6. 2014年12月26日,广州市工商行政管理局核准广东达元100%股权过户至公司名下的工商变更,并颁发了新的营业执照。

7. 2014年12月29日,道远东富与公司签署《新增股份发行及认购协议》,同意认购公司发行股份。

8. 2014年12月31日,公司收到道远东富缴纳的募集资金认购款。

9. 2015年3月2日,大信会计师事务所(特殊普通合伙)对本次公司股份发行注册资本实收情况进行审验,并出具验资报告。

10. 公司已就本次发行股份新增注册资本办理工商变更登记,并于2015年2月13日取得广州市工商行政管理局核准通知及新的营业执照。

11. 公司已就本次重组向全国中小企业股份转让系统有限责任公司报备,并就本次交易新增股份向中国证券登记结算有限责任公司北京分公司办理股份登记。

【30家案例统计】

序号	收购方	收购标的	收购方式	收购价格	特殊情形
1	安凯达(830811)	安凯达活性石灰公司600吨/日活性石灰回转窑BOT项目经营权及相关配套固定资产、债权和债务	非公开发行的方式,每股2元	评估值为8109.53万元,最终交易作价为8000万元	1.“人随资产走”的原则涉及人员安置问题。 2. 因为BOT,涉及第三方协议转让问题
2	参仙源(831399)	王少群、魏虹、刘民强、孟祥顺、王捷、周庆荣、许建华、柴小刚共八名自然人所持有的京朝生发100%股权和曾祥云等九名自然人持有的林地使用权以及林地上附着资源的所有权	向上述17名自然人发行股票共计5,692,384股,发行价格为每股人民币168元	京朝生发100%股权价值为45,376.28万元,交易作价为45,360万元。林地使用权以及林地上附着资源的评估值为536,296,088.20元,交易作价为502,720,512元	1. 新增股东的股份锁定期有着不同的约定; 2. 董监高的人选也发生了一定的变动

续表

序号	收购方	收购标的	收购方式	收购价格	特殊情形
3	创一佳(832227)	南京创一佳100%股权	发行价格为1.41元/股	评估值为人民币8415.73万元。交易价格为84,157,299.48元	1. 本次交易是新三板企业收购实际控制人控制的其他企业; 2. 股份锁定期12个月
4	第六元素(831190)	11名股东合法持有的无锡格菲100%的股权	发行价格确定为6元/股	评估值为15,367.00万元,交易价格为15,000.00万元	账面净资产为1969.30万元,溢价13,397.70万元。溢价率为680.33%
5	点点客(430177)	发行股票及支付现金的方式购买杭州微巴信息技术有限公司100.00%股权,并募集资金不超163,141,202.00元,用于支付本次交易中的现金对价并补充流动资金等	发行价格为14.00元/股	评估价值合计为8029.00万元,交易价格为人民币8000.00万元	1. 由于参与对象中的新三板投资基金、客户专享理财计划不具备法人资格,因此合同由其管理人具备法人资格的主体签署。 2. 发行股份和募集资金股份锁定期不同
6	东方生态(430091)	珠海安赛博100%的股权	股票发行格为2.25元/股	评估值为5240.91万元,评估增值3792.34万元,增值率261.80%。交易价格为5999.4万元	1. 本次交易标的采用收益法和资产基础法评估,评估机构以收益法评估结果作为交易标的的最终评估结论。 2. 珠海伙伴们科技合伙企业(有限合伙)

续表

序号	收购方	收购标的	收购方式	收购价格	特殊情形
7	广安车联(832303)	华通信息100.00%股权,并向9名特定对象非公开发行股票募集资金;募集资金用于补充公司流动资金	本次股票发行价格为1.10元/股	标的资产评估值为5212.74万元,交易价格确定为5060.00万元	本次交易对方为公司实际控制人,本次交易构成关联交易
8	黑炭节能(832001)	发行股份并支付现金购买贵州贵能卡本投资有限公司100%股权。向其他特定对象发行股份募集资金,9名股东认购150万股	本次发行价格为11.00元/股	评估值合计为人民9506.13万元,交易价格为9350万元。发行股份650万股股份并以2200万元现金支付交易,其中1700万元由公司自有资金支付,剩余500万元公司将在2016年6月30日之前支付250万元、2017年6月30日之前支付250万元	1. 本次发行股份购买资产构成关联交易。 2. 支付方式为发行股份和现金支付,并且现金支付为分期支付

续表

序号	收购方	收购标的	收购方式	收购价格	特殊情形
9	汇智光华(831292)	以发行股份及支付现金的方式购买上海复星书刊发行产业有限公司100.00%股权	本次股票发行价格为13.43406元/股,对应发行前的静态市盈率为22.39倍,对应发行后静态市盈率为18.92倍,公司过去6个月无交易价格,参考最近一次定增价格14.25元/股,考虑到本次为业务收购,有适当的折价,本次价格为最近一次定增价格的94.27%	复星书刊价值为12,669.99万元,增值额为9814.35万元,增值343.68%。评估基准日至评估报告出具日期间,标的公司决定分配利润1100万元,故评估净值合计应为11,569.99万元。交易价格为11,569.99万元	1. 评估报告出具期间进行了利润分配,交易价格剔除了这个因素的影响。2. 在交割完成日起一个月内支付现金部分总额的30%,在交割完成日起三个月内支付至现金部分总额的60%,在交割完成日起六个月内支付至现金部分总额的80%,在交割完成日起十二个月内完成现金支付

续表

序号	收购方	收购标的	收购方式	收购价格	特殊情形
10	杰科股份（831692）	郑州仕佳持有的深圳仕佳和河南仕佳100.00%股权。同时，向公司董事、监事及高级管理人员发行股份募集资金，补充公司流动资金	本次发行股份价格8.30元/股。归属于母公司的每股净资产6.24元	本次交易价格合计3200.00万元。向8名特定对象募集资金总额为655.00万元	1.本次发行股份购买资产构成关联交易。 2.本次资产重组的交易标的深圳仕佳光缆技术有限公司存在进行中的重大诉讼。针对上述诉讼案件，郑州仕佳承诺，由郑州仕佳承担本次诉讼的一切诉讼风险，如法院最终判决深圳仕佳返还货款或赔偿损失，则相应返还的货款或赔偿的损失将全部由郑州仕佳承担，本案的最终处理结果不会对深圳仕佳的持续经营能力产生实质性影响

续表

序号	收购方	收购标的	收购方式	收购价格	特殊情形
11	捷世智通(430330)	南京申瑞100%股权。本次募集配套资金发行股份的认购主体共8名,包括2名自然人和6名私募投资基金	以发行股份的方式支付交易价格的80.9175%,以15,265,986元现金支付交易价格的19.0825%。发行价格为12.00元/股	评估值为8003.88万元,评估增值5809.52万元,增值率264.75%。交易价格为8000.00万元	1. 交易对方按照各自向南京申瑞实缴出资额占南京申瑞实收资本的比例分配上述股份及现金对价。 2. 约定了业绩承诺以及补偿的相关措施。 3. 约定了不得同业竞争的承诺
12	骏华农牧(830851)	以发行股份及支付现金的方式购买姜岳华名下的标的资产,并募集配套资金。标的资产:蒙牛银川第九十九牧场中全部资产(包括但不限于土地、厂房、机器设备等)(下称"后续资产")的所有权,	在持续经营前提下,采用成本法评估后的价值为4706.51万元。交易价格为4706万元。其中,支付现金1006万元、发行股份支付交易对价3700万元。向2名特定对象配套资金总额为2100万元。本次募集配套资金用于支付本次交易中的现金对价并补充流动资金	—	1. 本次交易不以募集配套资金的成功为前提,募集配套资金的成功与否不影响本次交易的履行及实施。 2. 乙方将于2015年2月24日前取得标的资产所有权。 3. 本次重组之前,存在同业竞争情况;本次重组实施后,姜岳华、玖加玖(1039头奶牛已全部出售给姜岳华)

续表

序号	收购方	收购标的	收购方式	收购价格	特殊情形
					全部生物性资产、机器设备以及饲草饲料包含在本次重组购买的资产范围内，姜岳华、玖加玖不再具备与公司开展同业竞争的生产经营条件，因此，本次重组实施后，姜岳华、玖加玖与公司不存在同业竞争。 4. 骏华农牧尚需向姜岳华合计支付现金对价1006万元
13	科新生物(430175)	以现金方式购买曹健荣、张誌持有的金豪制药合计85%的股份	—	评估值为122,979,530.45元，金豪制药85%股份的交易价格以上述评估结果为依据，由交易双方协商确定为102,000,000.00元	1. 董监高进行了大规模的调整； 2. 新科生物承诺：自本次股份转让之股份交割完成之日起5年内，收购张誌所持有的金豪制药剩余15%的股份

续表

序号	收购方	收购标的	收购方式	收购价格	特殊情形
14	汽牛股份(430463)	37名自然人股东合法持有的春茂集团100%的股权	以挂牌公司2014年9月30日经审计每股净资产1.17元为定价依据,经挂牌公司与交易对方友好协商,本次发行股份购买资产的发行价格确定为1.2元/股	评估值为48,922.73万元,春茂集团母公司经审计账面净资产为21,297.99万元,溢价27,624.75万元。经汽牛股份与交易对方友好协商,本次交易标的资产的交易价格为48,922.73万元	1. 本次重组后实际控制人通过春茂集团控制的公司全部成为挂牌企业全资子公司,不再存在同业竞争情形,也减少了关联交易。 2. 谢斌、全海、梁学旺、罗世娥、全春茂、陈训、全春华将其持有的广西春茂农牧集团有限公司的全部股权(合计:2781.8093万元,占注册资本92.73%)质押。承诺在本次重组的股东大会前解除相关股权质押。 3. 为避免本次重组完成后因母子公司交叉持股对汽牛股份的公司治理产生的不利影响,春茂集团承诺本次重组完成后拥有的汽牛股份18,136,900股股票在持有期间内不享有的表决权、分红权等在内的一

续表

序号	收购方	收购标的	收购方式	收购价格	特殊情形
					切股东权利，春茂集团自本次重组完成之日起6个月内对外转让或者注销股票
15	全通服(831153)	发行股票方式购买杭州泰联科技有限公100.00%股权	发行价格为1.70元/股。本次股票发行价格参照公司最近一期的每股净资产。每股净资产为1.55元	泰联科技100%股权的评估价值合计为6149.40万元，交易价格为人民币5950.00万元	截至本报告书签署之日，本次交易对方朱建武是公司实际控制人；本次交易构成关联交易
16	锐风行(430194)	发行股份及支付现金的方式购买润禾影视100%股权。向何流发行股份购买99%股权，向何怡人支付现金1%股权	每股价格为人民币8.8元	净资产值为10,195,738.97元。整体交易作价35,992,000.00元	1. 出具了盈利预测报告，标的公司预计2015年年底实现净利润654.31万元，预计2016年年底实现净利润825.05万元，预计2017年年底实现净利润971.03万元。 2. 标的公司实际控制人与锐风行股东签订对赌协议，标的公司净利润预测较为合理

续表

序号	收购方	收购标的	收购方式	收购价格	特殊情形
17	三重股份(831411)	烟台嘉利达拍卖行有限公司于烟台市中级人民法院拍卖厅对位于栖霞经济开发区吉林路北的房产及工业用地使用权进行公开拍卖。经公开竞价取得了标的房屋所有权和标的工业用地使用权。拍卖成交额为人民币24,000,000元整(大写:贰仟肆佰万元整)	公司将成交款汇入指定账户。2014年12月26日,烟台市中院开具了《山东省资金往来结算票据》,证实收到三重股份支付的拍卖成交款贰仟肆佰万元整		自公司收到烟台市中院出具的执行裁定书后,即开展了标的资产权属的过户工作。由于牵涉标的前资产权属人相关税费的缴纳问题,权属过户工作用时较长,2015年8月,15,067.77平方米房产权属过户工作全部完成[房产证号为栖房权证栖城房字第00066306号、栖房权证栖城房字第00066307号、栖房权证栖城房字第00066324号、栖房权证栖城房字第00066325号],2015年9月,51,640平方米的土地使用权过户工作完成(栖国用〔2015〕第281466号、栖国用〔2015〕第281531号)

续表

序号	收购方	收购标的	收购方式	收购价格	特殊情形
18	善为影业(831973)	以发行股份及支付现金的方式购买千朗传媒100%股权。募集资金总额不超过2700.00万元，其中2400.00万元用于支付本次交易的现金对价，剩余的300.00万元用于补充公司流动资金	本次股票发行价格为20.00元/股	以收益法评估的评估值为人民币10,680.59万元。交易价格为人民币10,320.00万元	1. 配套融资发行方案认购对象原拟定认购对象为6名，各认购对象的认购数量已确定。但实际认购对象为4名，即2名认购对象放弃认购，且4名认购对象中的2名认购对象认购股份数量亦有所减少。 2. 避免同业竞争的承诺及措施
19	申石软件(430217)	1. 申石软件以经评估的全部资产、负债与袁春持有的掌众信息经评估的掌众信息74.36%股权的等值部分进行置换。 2. 置换后的差额部分，由申石软件向掌众信息全体股东发行股份及支付现金购买资产。 3. 特定对象募集配套资180,000,000元	本次发行价格为3元/股，发行股份数量根据评估机构对标的资产的评估值和发行价格确定。本次置出资产和注入资产置换后的差额为396,826,562.39元。发行价格为3元/股	申石软件净资产评估值为12,946,237.61元，置出资产作价12,946,237.61元。掌众信息100%股权评估值为409,772,800.00元，袁春持有的掌众信息股权作价309,007,600.00元	1. 本次交易由重大资产置换、发行股份及支付现金购买标的资产、募集配套资金三部分组成，重大资产置换、发行股份及支付现金购买标的资产、募集配套资金互为条件，同时进行，共同构成本次重组不可分割的组成部分，其中任何一项未获得所需的批准，则本次重组自始不生效，本次交易

续表

序号	收购方	收购标的	收购方式	收购价格	特殊情形
					将不予实施。 2. 存在业绩补偿的安排
20	圣才教育(831611)	拟发行股票购买段久龙、朱春芳两名自然人股东持有的武汉圣才100%股权	股票发行价格为每股人民币1.07元。根据公司2014年度审计报告,公司2014年年末每股净资产为1.02元	权益评估值为2142.54万元。经交易双方协商,本次交易的交易标的作价为2140万元	1. 交易对方段久龙、朱春芳为公司董事,与公众公司存在关联关系,本次交易构成关联交易。 2.《利润补偿协议》
21	食安科技(430437)	发行股份购买广东达元100%股权。向1名特定对象发行募集资金不超过480万元	评估值为8931.06万元,经交易双方协商确定交易价格为87,999,993.40元		标的公司承诺应收账款的催收义务
22	天翔昌运(430757)	深圳普瑞达100%的股权和惠州天翔昌运100%的股权	本次股票发行价格为1.30元/股。根据《发行股份购买资产协议》第4.2条,挂牌公司因重大事项暂停交易前20个工作日股票交易价格为1.30元/股,最近一期经审计的每股净资产为1.25元/股,且公司于2015年3月最近一次定向发行股票,定向发行价格为1.30元/股	深圳普瑞达全部股东权益评估值为1768.68万元;惠州天翔昌运,评估值为1326.05万元。深圳普瑞达交易价格确定为1690.00万元,惠州天翔昌运100.00%交易价格确定为1326.00万元	

续表

序号	收购方	收购标的	收购方式	收购价格	特殊情形
23	同健股份(832098)	嘉维康100.00%股权。公司拟向特定对象募集资金总额不超过10，880.00万元，本次募集资金用于补充流动资金、市场开拓、研发支出	本次股票发行价格为6.00元/股	股权的评估价值合计为39,300.00万元。交易价格为人民币39,000.00万元	1. 本次交易构成关联交易。 2. 本次重组中，发行股份募集配套资金不超过10,880.00万元，原拟定认购对象不超过4名，其中同嘉投资的认购数量已确定，其余认购对象未确定。但实际认购对象为3名，最终实际认购股份数量为1813.3333万股
24	哇棒传媒(430346)	以支付现金的方式购买新余蚂蚁、新余老鹰分别持有北京昊海金桥广告有限公司45%、25%(合计70%)的股权		标的公司100%股权评估值为18，101.87万元。经70%股权的交易价格为12,600万元	重组是否构成新的同业竞争

续表

序号	收购方	收购标的	收购方式	收购价格	特殊情形
25	亚锦科技(830806)	发行股份的方式购买大丰电器持有的南孚电池60%股权	本次股票发行价格为1.00元/股	南孚电池股东全部权益评估价为442,986.27万元,评估增值342,660.81万元,增值率341.55%。 60%的股权对应价值为265,791.762万元。考虑南孚电池于2015年8月根据董事会决议,向老股东分红6亿元,并结合南孚电池截至2015年1~8月经营业绩、2015年度盈利预测情况及未来成长性等因素,经过双方协商确定本次目标公司60%股权的交易价格为26.4亿元	1. 本次交易完成后,公司的控股股东和实际控制人将发生变化,控股股东由彭利安变更为大丰电器,实际控制人由彭利安变更为吴尚志和焦树阁两人。 2. 本次交易前,亚锦科技主营业务为从事医疗卫生软件的开发及销售;本次交易后,亚锦科技原业务不变,亚锦科技将持有南孚电池60%的股权;亚锦科技的业务将发生变化。 3. 标的资产评估增资率很高。 4. 审计基准日之后有分红的情形
26	指南针(430011)	天一星辰100%的股权			

续表

序号	收购方	收购标的	收购方式	收购价格	特殊情形
27	中航讯（430109）	定向发行股份购买网智运通的100%股权	以公众公司2014年12月31日经审计每股净资产0.78元为定价依据，经公众公司与交易对方友好协商，本次发行股份购买资产的发行价格确定为1元/股	评估值合计为3025.00万元。标的资产账面净资产为725.71万元。最终交易价格为3000.00万元。增值率317%	1. 本次交易构成关联交易。 2. 资产增值率317%
28	中晶股份（831214）	以发行股份及支付现金的方式购买西安隆基晶益半导体材料有限公司和宁夏隆基半导体材料有限公司100%股权。隆基晶益和隆基半导体的全体股东，分别为隆基股份、孟海涛	隆基晶益账面净资产为人民币9,638,650.31元。隆基半导体账面净资产为人民币50,000,000.00元。隆基晶益交易价格为9,638,650.31元；隆基半导体交易价格为50,000,000.00元		
29	海能仪器（430476）	支付现金的方式购买徐立华、黄静所持有的上海新仪100%股权	评估值为人民币5179.73万元。参照上述资产评估值，经各方友好协商，同意股权转让价款以上海新仪未来业绩情况为参考定价依据。承诺上海新仪在2015		业绩对赌以及补偿机制

续表

序号	收购方	收购标的	收购方式	收购价格	特殊情形
			年、2016 年、2017 年的税后净利润分别不低于 500 万元、580 万元、660 万元，以三年累计净利润之和的算术平均数 580 万元为基数，以 8.5 倍为估值系数，以两者的乘积计算出上海新仪的总估值即其 100% 股权的初始买价（"初始买价"）为人民币 4930 万元		
30	特耐股份（833032）	晶圆实业名下的房屋建筑物和土地使用权	固定资产—房屋建筑物的评估值为 4626.24 万元，晶圆实业无形资产—土地使用权的评估价值为 3549.90 万元，房屋建筑物及土地使用权评估值合计 8176.14 万元。经交易双方协商，本次交易的交易标的资产作价为 8176.14 万元	本次交易涉及的股票发行价格为每股人民币 5.8401 元	本次重大资产重组构成关联交易

第二章 上市公司并购新三板挂牌企业

新三板的推出,确实为一些企业提供了展示自己的平台,而其中具有技术优势和模式创新的挂牌企业不仅成为投资者关注的对象,而且成为很多上市公司并购的目标。对于上市公司来讲,新三板挂牌企业毕竟经过主办券商的核查,同时信息披露文件中也充分披露了业务模式以及经营业绩等信息,在判断标的质地以及并购风险方面还是有很多便利和保障,于是新三板挂牌企业为上市公司并购重组提供了不少的优良标的。

截至目前,小兵并没有完全统计上市公司并购新三板企业的完全案例,本分析主要还是基于对于以前统计案例的资料数据基础上,可能会有些偏颇,也欢迎大家积极向小兵反馈案例。

【基本规律】

1. 收购股权比例方面:以收购100%股权比例为主,且可多次收购(如通鼎互联收购瑞翼信息),也就是先收购51%的股权实现控股,然后再收购剩余股权。在这种情况下,要关注是否存在刻意规避重大资产重组审核规则的情形。

2. 支付方式方面:以股份支付和现金结合为主。这也是目前上市公司收购最常见的一种方式,也是对于标的方最愿意接受的一种方式,毕竟既拿了现金也拿了股票,现实和未来相结合。

3. 业绩承诺方面:挂牌企业股东多进行了业绩承诺。这里的业绩承诺不会因为是新三板挂牌企业而变得合理严谨,还是存在放卫星的情况,比如报告期业绩1000万元,可以业绩承诺第一年就敢直接上亿元。

4. 主营业务方面:以同行业产业整合为主,当然也存在上市公司收购新三板企业就是为了全面转型的目的。不过上市公司对于新三板的并购还是相对比较合理审慎。

5. 收购标的范围：大部分是直接收购挂牌新三板企业，也有的是收购挂牌企业持有的下属全资子公司的股权。在后者的情况下，挂牌企业将不再有主营业务，不再具备持续经营能力。

6. 挂牌时间周期：多数挂牌企业在挂牌一年内被上市公司收购，这也论证了一个观点，只要是好的企业总是会受到关注，也会成为很多上市公司追逐的目标。当然，新三板只是让优秀的公司有了更好的展示平台，并不是新三板让好的企业一下子变得优秀了。

【重点关注】

一、挂牌企业是否需要终止挂牌

（一）规则依据

根据《公司法》（2013 年修订）第 141 条的规定：发起人持有的本公司股份，自公司成立之日起一年内不得转让。公司公开发行股份前已发行的股份，自公司股票在证券交易所上市交易之日起 1 年内不得转让。公司董事、监事、高级管理人员应当向公司申报所持有的本公司的股份及其变动情况，在任职期间每年转让的股份不得超过其所持有本公司股份总数的 25%；所持本公司股份自公司股票上市交易之日起 1 年内不得转让。上述人员离职后半年内，不得转让其所持有的本公司股份。公司章程可以对公司董事、监事、高级管理人员转让其所持有的本公司股份作出其他限制性规定。

根据《业务规则》第 2.8 条规定：挂牌公司控股股东及实际控制人挂牌前直接或间接持有的股票分三批解除转让限制，每批解除转让限制的数量均为其挂牌前所持股票的 1/3，解除转让限制的时间分别为挂牌之日、挂牌期满 1 年和 2 年。挂牌前 12 个月以内控股股东及实际控制人直接或间接持有的股票进行过转让的，该股份的管理按照前款规定执行，主办券商为开展做市业务取得的做市初始库存股票除外。因司法裁决、继承等原因导致有限售期的股票持有人发生变更的，后续持有人应继续执行股票限售规定。

（二）现实困境

根据上述规定：

1. 挂牌企业股东（包括控股股东及实际控制人、董监高等）在挂牌时所持股份均具有限售安排；而根据目前上市公司收购挂牌企业情况,多数收购行为发生在挂牌后一年内,如铂亚信息(430708)、日新传导(830804)、激光装备(430710)等均存在股东股份限售情形;为避免股东股份限售对收购影响,挂牌企业均采取终止挂牌方式,终止后将不再适用《业务规则》限制。

2. 挂牌企业需具有持续经营能力;东江环保(002672)在收购新冠亿碳(430275)时,采取收购新冠亿碳所持南昌新冠100%股权及合肥新冠100%股权,收购完成后,新冠亿碳(430275)将不再具备持续经营能力,因此申请终止挂牌。

(三)终止挂牌并不是必要条件

由前述分析可以得出,新三板被并购后终止挂牌并不是一定要满足的条件,只是由于股份限售以及其他因素而做的一种技术处理。在允许上市公司分拆挂牌新三板的大政策背景情况下,如果满足:

1. 挂牌企业挂牌后已多年,大部分股份可流通,上市公司购买大部分股权不存在法律障碍。

2. 挂牌企业挂牌后向上市公司定向发行股份,上市公司进而取得控股权。

上述情形下,挂牌企业应无须终止挂牌。收购之后的结果无非是上市公司下属存在挂牌新三板的子公司,甚至不止一家新三板挂牌企业,这也是政策允许的。

附:奇维科技股东终止挂牌承诺

根据已签署的《发行股份及支付现金购买资产协议》,刘升等奇维科技全体雷科防务股东同意以不对本次交易的实施造成不利影响为原则,在过渡期内适时以股东大会决议的形式作出奇维科技的股票从全国股转系统终止挂牌的决定,并促使奇维科技及时按全国股转系统的程序完成其股票终止挂牌及相关事项。

在中国证监会核准本次交易之日起(以正式书面批复为准),刘升等奇维科技全体股东应通过行使股东权利等一切有效的措施促使奇维科技尽快取得全国股转系统出具的关于同意奇维科技股票终止挂牌的函。

二、挂牌企业被收购时是否需要变更组织形式

根据《公司法》及《业务规则》,挂牌企业必须为股份有限公司,而股份有限公司股东至少为两人。

根据目前上市公司收购挂牌企业情况,以收购100%股权比例为主,如此则挂牌企业需终止挂牌后申请变更组织形式,如铂亚信息

(430708)、日新传导(830804)、激光装备(430710)等。如若上市公司采取母子公司共同收购挂牌企业方式,可无须变更组织形式,如大智慧(601519)及其全资子公司收购湘财证券100%股权。

由此可见,是否需要变更公司形式并没有其他的制度限制,只是因为股份公司需要有两个以上的股东,如果可以通过其他方式来满足这个要求,那么也不一定需要变更公司形式。

附:奇维科技变更公司形式承诺

根据已签署的《发行股份及支付现金购买资产协议》,在奇维科技股票从全国股转系统终止挂牌后,刘升等奇维科技全体股东应立即将奇维科技的公司形式由股份有限公司变更为有限责任公司,并及时完成公司章程的修改和相关工商变更登记手续。奇维科技变更公司形式前后,刘升等奇维科技全体股东各自持有奇维科技的股权比例不变,本次交易方案依然适用。刘升等奇维科技全体股东承诺在奇维科技从全国股转系统终止挂牌并变更为有限责任公司后,任一股东以其持有的奇维科技的股权向雷科防务认购本次发行的股份,其他股东放弃优先购买权。

三、股东人数超过限制的问题

新三板企业挂牌之后,由于定增或者做市商的参与,会导致股东人数增加,会超过50人甚至是200人。就算是没有定增或者做市,那么企业变更为股份公司后股东人数也有可能超过50人。

由上述分析可见,一般情况下新三板企业被并购需要变更为有限公司,那么股东人数不得超过50人;如果可以不变更公司形式,那么股东人数不得超过200人。此外,由于公司并购可能会存在股东决策的问题,在这种情况下也有可能需要将股东人数尽量限制股权分布尽量集中,以保证决策的有效性。

在这种情况下,在并购之前新三板挂牌企业可能会进行类似“私有化”的技术处理,一般情况下公司控股股东会受让部分投资者的股权,以期符合股东人数的要求或者是保证对于公司被并购的决策可以控制。在很多新三板企业被并购的案例中,都隐约可以看到类似“小私有化”的痕迹。

四、上市公司以定增方式入股挂牌企业情形分析

目前,上市公司参与新三板主要有以下两种方式:(1)上市公司控股/参股子公司挂牌新三板,如云天化(600096)、大族激光(002008)、

东软集团(600718)等;(2)上市公司与私募股权基金发起设立并购基金或成立合伙企业,以期参与挂牌企业定向增发、并购、优先股、可转债,如渝三峡A(000565)、万年青(000789)、冠农股份(600251)等。

目前上市公司以定增方式入股挂牌企业较少,不过从目前全国股转系统相关规则来看,上市公司以定增方式入股挂牌企业不存在任何法律障碍。

【操作流程】

A股上市公司收购新三板挂牌企业时,新三板挂牌企业应按照《非上市公众公司监督管理办法》、《非上市公众公司收购管理办法》、《全国中小企业股份转让系统业务规则(试行)》(以下简称《业务规则》)等规定履行必要程序及信息披露,A股上市公司应按照《上市公司重大资产重组管理办法》、《上市公司证券发行管理办法》、《上市公司非公开发行股票实施细则》等规定履行必要程序及信息披露。此外,对于国有控股上市公司/挂牌企业,还需履行必要的资产评估及国资审核程序。

以联建光电(300269)收购易事达(430628)为例,A股上市公司收购新三板挂牌企业主要操作过程如下:

上市公司(联建光电)		挂牌企业(易事达)	
时间	事项	时间	事项
2014-07-19	召开董事会,审议通过《关于公司筹划重大资产重组事项的议案》	2014-09-09	召开董事会,审议相关议案
2014-09-24	召开董事会,审议相关议案	2014-09-24	召开股东大会,审议相关议案
2014-10-13	召开股东大会,审议相关议案	—	—
2014-11-18	召开董事会,对议案进行调整	—	—
2015-01-27	通过证监会审核		
2015-02-17	易世达终止挂牌		
2015-03-06	易世达完成股权变更工商登记		

如若上市公司参与挂牌企业定增，挂牌企业应根据《全国中小企业股份转让系统股票发行业务细则（试行）》、《全国中小企业股份转让系统股票发行业务指引第1号——备案文件的内容与格式（试行）》、《全国中小企业股份转让系统股票发行业务指引第2号——股票发行方案及发行情况报告书的内容与格式（试行）》等规定履行必要的决议、向全国股转系统申请备案、股份登记即可。同时，如若定向发行后上市公司持股比例较高，还应按照《非上市公众公司收购管理办法》、《非上市公众公司信息披露内容与格式准则第5号——权益变动报告书、收购报告书、要约收购报告书》等履行必要的程序及信息披露。

【监管机构反馈意见（以奇维科技为例）】

1. 申请材料显示，奇维科技目前为全国股转系统挂牌公司。申请材料同时显示，奇维科技全体股东同意，在过渡期内适时以股东大会决议的形式作出奇维科技的股票从全国股转系统终止挂牌的决定，并促使奇维科技及时按全国股转系统的程序完成其股票终止挂牌及相关事项。请你公司补充披露奇维科技取得全国股转系统同意终止挂牌函的具体条件、流程、办理期限，是否为本次交易的前置程序，是否存在法律障碍，以及如未取得对本次交易的影响。请独立财务顾问和律师核查并发表明确意见。

2. 申请材料显示，2014年5月，奇维科技向23名特定对象发行股票，发行对象自愿承诺自发行股票在全国股转系统挂牌之日起24个月内不得转让。为确保本次交易的有序进行，顺利完成上述23名特定对象中部分股东的股份调整，经奇维科技2016年2月1日召开的2016年第二次临时股东大会审议通过，奇维科技拟解除对上述23名特定对象所持有奇维科技股份的限售要求。请你公司补充披露：(1)奇维科技向23名特定对象发行股票的具体情况，包括人员明细、股份情况、锁定期的具体安排。(2)股东大会拟解除上述股份的限售要求是否符合我会和全国股转系统关于非公众上市公司监管的相关要求。如不符合，请披露对本次交易的影响。请独立财务顾问和律师核查并发表明确意见。

【10家案例汇总】

挂牌企业	挂牌时间	收购事项	交易价格	现有或承诺业绩	上市公司主营业务	挂牌企业主营业务
阿姆斯（430115）	2012-04-10	芭田股份（002170）发行股份及现金购买阿姆斯100%股权	1.43亿元	2014年、2015年、2016年、2017年净利润分别不低于800万元、1200万元、1600万元及2000万元	复合肥生产经营	微生物肥料的研发、生产和销售
铂亚信息（430708）	2014-04-24	欧比特（300053）发行股份及现金购买铂亚信息100%股权	5.25亿元	2014年、2015年和2016年净利润分别不低于3400万元、4200万元和5140万元	嵌入式集成电路和控制模块产品的研发、设计、生产和销售	生物特征识别核心技术研究、应用产品开发及销售
日新传导（830804）	2014-06-12	宝胜股份（600973）通过定增募集资金收购日新传导100%股权	1.62亿元	2014年度、2015年度和2016年度三个会计年度实现扣除非经常性损益后净利润分别为1500万元、2000万元和2600万元	电线电缆及电缆附件开发、制造、销售	特种线缆与线束的研发、制造与销售

续表

挂牌企业	挂牌时间	收购事项	交易价格	现有或承诺业绩	上市公司主营业务	挂牌企业主营业务
易事达(430628)	2014-01-24	联建光电(300269)发行股份及现金购买易事达100%股权	4.89亿元	2014~2018年期间，易事达对应年份净利润则分别不低于3800万元、4200万元、4600万元、5000万元和5330万元	高端LED全彩显示应用产品的系统解决方案和户外媒体广告业务	LED显示和照明方案专业服务
激光装备(430710)	2014-04-24	亚威股份(002559)发行股份及现金购买激光装备94.52%股权	1.40亿元	2015年、2016年、2017年，净利润不少于1500万元、1800万元和2200万元	金属板材形成机床产品的研制	激光加工设备的研发和销售
湘财证券(430399)	2014-01-24	大智慧(601519)发行股份及现金购买湘财证券100%的股份	85亿元	2014年半年报显示公司实现净利润1.9亿元	金融数据和数据分析、证券投资咨询	证券服务
屹通信息(430364)	2014-01-24	东方国信(300166)发行股份及现金购买屹通信息100%股份	4.51亿元	2014年、2015年和2016年的净利润不低于3500万元、4550万元以及5915万元	完整的企业商业智能系统解决方案	金融软件的开发、网络系统的集成及相关产品的研制生产

续表

挂牌企业	挂牌时间	收购事项	交易价格	现有或承诺业绩	上市公司主营业务	挂牌企业主营业务
瑞翼信息（430531）	2014－01－24	通鼎互联（002491）发行股份购买瑞翼信息51%的股份	1.15亿元	2014～2017年实现净利润不低于2000万元、2900万元、4200万元以及6100万元	光纤、通信电缆等产品的研发、生产和销售	中小型企业移动互联网产品研发销售
		通鼎互联（002491）发行股份购买瑞翼信息49%的股份	2.46亿元	2015～2018年实现净利润不低于5477.36万元、7070.33万元、9308.59万元和10,103.56万元		
新冠亿碳（430275）	2013－08－08	东江环保（002672）收购新冠亿碳所持南昌新冠100%股权及合肥新冠100%股权	0.71亿元	两家公司2013年净利润为1035万元	废物管理和环境服务	沼气发电
奇维科技（430608）	2014－01－24	雷科防务（002413）发行股份及支付现金购买奇维科技100%股权	8.95亿元	2016年度、2017年度、2018年度、2019年度扣除非经常性损益后的净利润将不低于4500万元、6000万元、7800万元和9600万元	冰箱、空调用蒸发器、冷凝器系列产品及铝板（箔）、铜管的生产经营业务	嵌入式计算机、固态存储设备的研发、生产、销售和服务

注：（1）收购湘财证券为大智慧（601519）及其全资子公司；（2）收购新冠亿碳两家子公司为东江环保（002672）全资子公司。

第三章　新三板借壳问题解析

2014 年以来，随着新三板融资功能不断健全、关注度渐高，众多企业不愿错失登陆新三板的机会。但仍有众多公司由于成立时间较短、自身经营资质不佳、等不及 6 个月挂牌审批排队周期、希望赶在政府补贴取消之前挂牌等原因，选择了通过挂牌公司收购或重大资产重组，即借壳的方式在新三板挂牌。

总的来说，企业借壳新三板一般通过以下两种操作方式：第一种是通过收购新三板企业股权的方式取得控制权，再用“资产 + 增发股权”买入新资产，反向并购借壳，原有资产在此方案中被置出；第二种是买方通过参与挂牌公司的增发，注入现金，获得公司控股权，然后出售旧资产，购入新资产。

一、正向并购借壳上市

（一）华信股份

2015 年 3 月 26 日，老三板公司华信 3（400038）披露收购报告书，将与汇绿园林资产重组。后者曾历次冲击 IPO 未果后于 1 月 12 日主动撤销 IPO 申请，后转战老三板借壳华信 3，欲实现曲线上市，市场将其解读为老三板壳资源启动的信号。

所谓老三板，是指原证券公司代办股份转让系统，开办于 2001 年 7 月，目标是为退市公司和两网公司（STAQ 和 NET 两个法人股流通市场）的股份转让寻找出路。2012 年年底，老三板并入全国股转系统，被允许定向融资和申请再次上市。

华信股份原为深圳证券交易所的上市公司，由于历史负债较重、主业经营不善，2001 年起连续三个会计年度亏损，2004 年，公司股票被深圳证券交易所暂停上市交易，并于 2005 年终止上市交易。目前华信股份在老三板挂牌。由于华信股份依靠自身发展已无法形成有效的持续经营能力和偿债能力，便通过资产重组的途径寻求摆脱经营困境。汇绿园林是浙江省著名园林建设企业,自2010年起连续4年进入“全国城市园林绿化企业50强”,财务数据显示,公司2013年营收与净利润分别较2012年下滑31%和44%。选择借壳老三板的原因很简单,希望能缩短排队时间,尽快实现上市。

根据收购报告书,华信3将以1.16亿股(约占总股本的47%)置换汇绿园林价值1.48亿元(约占总股本的14.53%)的股份。本次收购完成后,汇绿园林大股东李晓明成为华信3的实际控制人。购完成后,李晓明将持有华信股份46,435,743股普通股,占华信股份已发行股份的18.6596%;李晓伟将持有华信股份7,903,956股普通股,占华信股份已发行股份的3.1761%;宁波汇宁将持有华信股份31,121,828股普通股,占华信股份已发行股份的12.5059%。

本次收购将导致华信股份的控制权发生变化,汇绿园林的董事长李晓明成为华信股份的控股股东和实际控制人。同时,华信股份的主营业务将发生变化,形成以园林绿化工程施工、园林景观设计、苗木种植及绿化养护为核心的业务。

(二)创智科技(400059)

根据相关规定,终止上市的公司股票在其终止上市情形消除后,如符合交易所上市规则规定的重新上市的申请条件,均可向交易所申请重新上市。获得交易所同意后,交易所可以针对主动退市公司与强制退市公司、不同情形的强制退市公司做出差异化安排,安排公司重新上市。

按照上述规定,老三板退市公司重新上市可直接向交易所申请,不用IPO排队,也不用执行借壳上市等同IPO的审核标准。除了审核渠道不同,老三板借壳费较低,也是业内普遍认可的潜规则。

这条路并没有那么简单,首先是股东大会,这个环节小股东搅黄重组方案的事情常有发生;其次是报证监会审批,证监会以非上市公众公司并购重组的标准进行审批,这一标准基本与IPO趋同;最后向沪深交易所提出重新上市申请,待交易同意后才能最终进入A股市场。

2015年3月,天珑移动技术股份有限公司(以下简称天珑移动)在IPO遭遇折戟两年之后卷土重来,以膨胀两倍有余的估值借壳创智科技(400059)实现新三板挂牌上市再闯资本市场。

由于2004年、2005年、2006年连续三个会计年度亏损,创智科技自2007年5月24日至退市前一直处于暂停上市状态。公司从2010年开始进入破产重整状态。2014年9月,主营业务几近停滞的创智科技发布公告称将通过收购天珑移动摇身一变成为一家手机生产商。但是遭遇众多小股东反对,认为此次资产注入跟以往一样,对小股东不公平,经过创智科技的多重努力才未能使小股东否决该决议,天珑移动的借壳之路一路走来可以说是阻碍重重。

天珑移动是以手机研发、设计为主的国家级高新技术企业,主营业务为手机产品(主要包括 GSM 手机、3G 手机、智能手机等)的研发、设计、采购、生产(外协加工)、销售及提供相关服务。而历时四年多重整,创智科技已经成为产权清晰、资产干净、没有债务的净壳公司。如今永盛科技成为新的重组方被,并将天珑移动整体注入创智科技,交易完成后,永盛科技将成为公司的控股股股东。

根据目前披露的收购预案,公司将以现金及发行股份的方式购买天珑移动 100% 股权,交易金额达到 42.33 亿元。其中,创智科技拟通过出售成飞电子 17.8% 的股权等重大资产,获得 1410.16 万元现金用于购买天珑移动 3.3765% 股权,剩余 96.62% 股权将通过向天珑移动控股股东永盛科技及其他 7 家股东公司发行股份的形式购买。交易完成后,天珑移动将成为公司的全资子公司。永盛科技承诺天珑移动 2014 年、2015 年、2016 年净利润分别不低于 3 亿元、4 亿元、5.2 亿元。

(三)鼎讯互动(430173)

吴晓翔收购曾飞所持公司股权为 1 元/股,总股本为 1000 万元,我们猜测鼎讯互动空壳作价 1000 万元。但收购方并未完全通过现金支付这笔代价,现金支付一部分,在公司收购广东欧美后,曾飞仍持有的少量股份作为代价支付一部分。

依据鼎讯互动 2014 年半年报,截至 2014 年 6 月 30 日,曾飞、徐建、茅萧、胡剑峰、刘淑艳、董强、王嘉力、刘凯持股比例为 61%、12%、10%、8%、6%、1%、1%、1%,收购人吴晓翔并未持有鼎讯互动任何股权。

2014 年 10 月,吴飞将所持鼎讯互动 15% 的股权协议转让给李良琼。此后徐建、胡剑峰于 2014 年 11 月分别通过股转系统协议转让鼎讯互动股权。

2014 年 11 月 21 日,李良琼、王丽分别通过协议将鼎讯互动 34.9% 股权转让给吴晓翔。

2015 年 2 月 12 日,收购人吴晓翔与股份转让方曾飞、茅萧、刘淑艳签订《关于鼎讯互动(北京)股份有限公司之股份转让协议》。

鼎讯互动股东吴晓翔从另外三名股东手中收购(受让)鼎讯互动可转让股数 155 万股,每股股份的转让价格为 1 元/股。其中,收购曾飞持有的115万股流通股，收购茅萧持有的25万流通股，收购刘淑艳持有的15万流通股。吴晓翔本次收购前持有鼎讯互动3,490,000股，持股比例34.90%；本次收购后，吴晓翔持有5,040,000股，持股比例50.40%，成为公司第一大股东，担任公司董事长职位，成为公司实际控制人；原实际控制人曾飞持有公司股份3,450,000股，持股比例下降34.50%，且其将辞任公司董事长职务，进一步淡出公司经营决策和管理。且收购报告书中披露：未来12个月内，收购人吴晓翔拟择机将其控制的部分企业置入鼎讯互动，改善鼎讯互动经营情况、提高鼎讯互动盈利能力。

2015年2月13日，鼎讯互动公告相关收购事项。

2015年4月28日鼎讯互动发行股份合计200,000,000股购买振业集团、李蓬龙及肖娜霞分别持有的广东欧美的60.00%、30.00%、10.00%的股权，即广东欧美合计100%的股权。新增股本占发行后总股本的比例为95.24%，实际控制人仍是吴晓翔，原公司实际控制人曾飞持股比例稀释至不到2%。其中广东欧美2014年约亏损230万元，净资产为1.98亿元，主营业务为汽车整车销售、汽车行业配套服务、汽车商贸城服务等。

（四）尚远环保（430206）

《收购报告书》在“收购人财务状况”一项中披露“因收购人于2015年2月成立，成立时间较短，尚未实际开展业务，因此无财务数据”。本次收购价款总额为6822.05万元，北京盛恒达的注册资本为2000万元，而根据《收购报告书》，收购资金来源于其自有资金，不存在利用本次收购的股份向银行等金融机构质押取得融资的情形，也不存在直接或间接利用被收购公司资源获得其任何形式财务资助的情况。

武汉尚远环保股份有限公司创建于2006年，是一家专注于工业污废水污染治理、纯水净化技术研发、应用的高新技术企业。

收购人北京盛恒达投资合伙企业是一家专门从事投资管理的有限合伙企业。李显章持有北京盛恒达99%的出资份额，为北京盛恒达的实际控制人。截至收购报告书出具日，北京盛恒达的合伙人结构如下：

北京盛恒达对尚远环保所处行业的前景及长远发展充满信心，其基于对自身情况考虑及资产统筹的安排，并考虑了对尚远环保投资的目前及长远的整体回报，经双方友好协商确定了本次股权收购。

2015年3月25日，北京盛恒达分别与翁欲晓、李洪、王海峰、高星、吴贵凡、徐欣欣、韩显斌、周植宏、陈阳波、马燕妮、孙菊、李静、孙春生、尹健、汪文蓓、武汉安达胜投资合伙企业(有限合伙)、武汉东湖百兴创业投资中心(有限合伙)、宁波明谷投资合伙企业(有限合伙)、石河子安胜投资合伙企业(有限合伙)、大庆科维建筑安装工程有限公司和石河子慈隆股权投资有限合伙企业(有限合伙)签订了《股份转让协议》。将通过全国股份转让系统证券转让方式(具体为协议转让方式)取得本次收购的股份。

根据《股份转让协议》的规定,转让人将其持有尚远环保的股份(共计22,758,150股)通过全国股份转让系统转让给收购人,转让价格为每股3元;上述股份转让完成后,收购人持有公司22,740,150股,占公司总股本的54.14%;本次收购收购人支付的价款总额为68,220,450元。根据收购人提供的银行对账单、收购人的确认和本所律师核查,收购人的收购资金来源为其自有资金。

本次收购完成后,收购人北京盛恒达成为尚远环保的第一大股东及实际控制人。

二、反向并购借壳上市

(一)塞尔瑟斯(430127)

2015年6月16日,纳斯达克上市公司中国手游前总裁、COO应书岭在全国中小企业股份转让系统(新三板)发布公告,宣布成立北京英雄互娱科技股份有限公司(以下简称英雄互娱),英雄互娱此次登陆新三板,采用借壳北京塞尔瑟斯仪表科技股份有限公司(430127)的方式。

天津迪诺以现金认购塞尔瑟斯非公开发行股份48,095,831万股,成为塞尔瑟斯第一大股东、实际控制人,而天津迪诺唯一股东自然人应书岭持有天津迪诺100%的股份。此次发行价格改为每股1.33元/人民币,资金总额为63,967,456元(6396万元),支付方式为现金。剩余款项,天津迪诺向北京红杉信远股权投资中心(有限合伙)、上海华晟领势创业投资合伙企业(有限合伙)、宁波引爆点创业投资合伙企业(有限合伙)、宁波引爆点投资管理合伙企业(有限合伙)和天津真格天峰投资中心(有限合伙)借款共计63,967,456元用于完成此项收购。

公告显示,本次发行完成后,公司的股本变为104,869,733股,其中天津迪诺持有48,095,831股,直接可支配的公司股权比例合计为45.862%,成为公司的第一大股东,实际控制人。

（二）天翔昌运（430757）

天翔昌运的主营业务是涉农领域产品和地源热泵，受外部环境的影响较大并存在一定的市场竞争风险，导致其在2014年年报中披露的营业收入较上年同期减少了71.30%，净利润也由半年报中披露的“大幅增长”变成了年报中的负值，而这成为天翔昌运寻求转型的主要原因之一。

天翔昌运于2014年5月30日在全国中小企业股份转让系统挂牌并公开转让。截至2014年12月31日，万朝文先生持有天翔昌运3,834,163股，占挂牌公司总股本的49.16%。

2015年2月，万朝文先生以协议转让的方式减持所持有的天翔昌运流通股755,000股，占天翔昌运总股本的9.68%。转让后，万朝文先生持有天翔昌运3,079,163股，占公司总股本的39.48%。海文投资持有天翔昌运755,000股，占公司总股本的9.68%。

3月3日，天翔昌运公告《收购报告书》。根据报告书，天翔昌运定向发行1674万股，每股1.30元。其中，海文投资以现金认购本次发行的股份539万股，认购资金总额700.70万元。本次收购实施前，收购人海文投资持有天翔昌运755,000股股份，持股比例为9.68%。本次收购完成后，收购人海文投资将持有天翔昌运6,145,000股股份，持股比例为25.04%。本次收购将导致天翔昌运控制权发生变化，海文投资将成为天翔昌运的控股股东，陈海平将成为天翔昌运的实际控制人。

本次收购完成后，收购人将积极寻求具有市场发展潜力的投资项目并纳入公众公司。收购完成后，海文投资成为天翔昌运的控股股东，其执行事务合伙人陈海平成为天翔昌运的实际控制人。这也是天翔昌运三年内第二次更换控股股东。

（三）麒润文化（831680）

麒润有限成立于2004年12月10日，公司设立时的注册本为200万元。

麒润有限整体变更为股份公司经上海市工商行政管理局核准，公司取得上海市工商行政管理局于2014年7月31日颁发的注册号为310114001195716的《营业执照》，公司的股份结构如下：

今年1月15日，麒润文化在新三板挂牌。挂牌时公司的实际控制人为何天华、王璇夫妇。何天华持有公司300万股的股份、占公司股份总数的50%，王璇持有公司15万股的股份、占公司股份总数的2.5%，何天华夫妇共计持有公司52.5%的股份。

4 月 10 日，公司公告《2015 年度第一次股票发行方案》。根据方案，公司拟通过本次股票发行引入战略投资者，而本次股票发行只针对 1 名新增的自然人投资者黄炬培，其拟以现金认购 1000 万股。本次发行价格为每股人民币 3.24 元，融资额共计 3240 万元。黄炬培与麒润文化及其主要股东之间不存在关联。黄炬培对此出具了书面承诺。

4 月 15 日，公司控股股东及实际控制人何天华因个人资金周转需要与公司第二大股东上海大磐投资管理有限公司（以下简称大磐投资）签署股权转让协议书，根据协议安排，何天华将通过协议转让的方式向大磐投资转让其持有的麒润文化 2,000,000 股股份（占协议签署时公司股份总数的 30%）。

股份转让款分二期支付：自协议签署之日起三个工作日内，大磐投资向何天华支付首期股份转让款 428 万元；2015 年 4 月 30 日前，大磐投资向何天华支付剩余股份转让款 428 万元。自协议签署之日起七个工作日内，何天华辞去公司董事长、总经理、法定代表人职务，并向中证登办理本次转让所涉及的公司 2,000,000 股股份质押登记，作为何天华履行协议之担保。自何天华辞去公司董事、总经理职务届满 6 个月之日起五个工作日内，何天华将其所持公司 1,000,000 股股份（占协议签署时公司股份总数的 15%）转让给大磐投资，并向中证登办理相关股份质押解除及股份转让变更登记。自公司在全国股份转让系统挂牌满一年（2016 年 1 月 14 日）后五个工作日内，何天华将其所持公司 1,000,000 股（占协议签署时公司股份总数的 15%）股份转让给大磐投资，并向中证登办理相关股份质押解除及股份转让变更登记。

（四）搜装科技（430193）

6 月 8 日晚，搜装科技发布提示公告，自然人周驹悦未来将通过认购定增的股票成为公司新的第一大股东。首先实现了第一步控股，从公司近期一系列资本运作轨迹来看，该案例很有可能就是一起变相借壳，如果后续新进股东给公司注入相应资产，那么新三板又多了一个借壳的案例。搜装科技 2014 全年收入不到 80 万元，业务有难以为继之嫌，卖壳的动机是客观存在的。

搜装科技刚刚更名即启动新的定增，背后绝对有通盘考虑。目前来看，这有可能仅仅是第一步。通过本次定增，公司控制层将发生变化，未来公司走势值得继续观察。

5 月 14 日，紫新科技发布定增失败和终止资产收购公告，因为认购方西安购圈放弃认购,公司之前的定增告吹。

5 月 19 日,紫新科技发布权益变动报告书称,西安购圈网络科技有限公司于 2015 年 5 月 15 日通过全国中小企业股份转让系统以协议转让方式转让其所持有的紫新科技 1,269,875 股股份,占当时紫新科技已发行股份比例的 25.4%。该股权被周驹悦拿下。而行情软件显示,当天该笔交易成交价格为 1 元/股。

5 月 25 日,当时证券简称还为紫新科技的搜装科技发布定增方案,公司以 1 元/股的价格发行 3923 万股,在册股东周驹悦认购本次股票发行新增的股份 1198 万股。其他在册股东放弃优先认购权。5 月 28 日,公司再发公告,公司全称由"北京紫新报通科技股份有限公司"变更为"北京搜装网络科技股份有限公司",公司证券简称由"紫新科技"变更为"搜装科技"。

搜装科技表示,周驹悦将以货币认购搜装科技定向发行的股票,成为搜装科技第一大股东,获取搜装科技发展的投资收益。本次定向发行的募集资金将用于补充公司流动资金,拓宽公司业务领域,寻找公司新的盈利增长点,提高公众公司盈利能力。

本次定增除周驹悦认购外,参与认购的还有自然人陈双庆、龙曦、刘昕和中联畅想(北京)科技有限公司,分别认购 950 万股、375 万股、250 万股和 1150 万股。本次认购后,周驹悦持有公司股份将达 29.96%,为第一大股东。紧随其后的分别是:中联畅想(北京)科技有限公司持有公司 26%、陈双庆持股 21.48%、龙曦持股 8.48%。公司原来的大股东郭求实对公司的持股将由原先的 55.65% 下降至 6.29%。

周驹悦是北京交通大学的辅导员出身,2013 年 2 月至 2015 年 5 月投资设立长春恒屹科技有限责任公司,并担任执行董事;陈双庆之前曾在深圳报业集团旗下《晶报》任教育线记者,随后又在《经济观察报》担任过财经记者;龙曦 2010 年 5 月至今任北京盈谷信晔投资有限公司董事长,同时兼任搜装科技副董事长;刘昕则曾在上市公司天润曲轴担任董事,2010 年至今任货站网络技术有限公司董事长。

三、借壳上市注意事项

1. 收购借壳方案中,收购人要符合《全国中小企业股份转让系统投资者适当性管理细则(试行)》第 3 条、第 6 条的规定,具有参加挂牌公司股票定向发行的资格。

2. 收购借壳导致新三板企业的实际控制人变更的,根据《非上市公众公司收购管理办法》第18条的规定，按照本办法进行公众公司收购后，收购人成为公司第一大股东或者实际控制人的，收购人持有的被收购公司股份，在收购完成后12个月内不得转让。变更后的实际控制人要作出相应承诺。

3. 如果收购行为构成重大资产重组，亦需经过政府有关部门批准。

4. 收购公告书中披露的有关收购完成后的后续计划（对公司主要业务的调整计划、对公司管理层的调整计划、对公司组织结构的调整计划、对公司章程的修改计划、对公司资产进行重大处置的计划、对公司员工聘用做出调整的计划）可以帮助综合判断是否构成借壳。

5. 如果是通过为向特定对象发行股份购买资产借壳的，还要注意是否触及《非上市公众公司重大资产重组管理办法》第19条之规定："公众公司向特定对象发行股份购买资产后股东累计超过200人的重大资产重组，经股东大会决议后，应当按照中国证监会的有关规定编制申请文件并申请核准。"如不适用该条，则应当向全国股份转让系统公司申请备案。

第四章 新三板挂牌企业实施股权激励计划案例分析

为促进公司建立健全激励与约束机制，A 股上市公司开展股权激励已是较为常规和成熟的做法。同时，《上市公司股权激励管理办法(试行)》、《国有控股上市公司(境内)实施股权激励试行办法》及股权激励有关备忘录 1 ~3 号等法律法规均为上市公司设计和实施股权激励提供了相应的法律指引。

根据《全国中小企业股份转让系统业务规则(试行)》(以下简称《业务规则》)第 4. 1. 6 条的规定，“挂牌公司可以实施股权激励，具体办法另行规定。”虽然截至目前全国股转系统暂未有具体的股权激励管理办法出台，但已有 30 家左右(不完全统计)的挂牌企业拟实施或正在实施股权激励计划。

一、相关规则

根据《业务规则》第 2. 6 条的规定，“申请挂牌公司在其股票挂牌前实施限制性股票或股票期权等股权激励计划且尚未行权完毕的，应当在公开转让说明书中披露股权激励计划等情况。”

根据全国股转系统《常见问题解答》之“24. 股权激励是否可以开展?”的规定，“挂牌公司可以通过定向发行向公司员工进行股权激励。挂牌公司的董事、监事、高级管理人员和核心员工可以参与认购本公司定向发行的股票，也可以转让所持有的本公司股票。挂牌公司向特定对象发行股票，股东人数累计可以超过 200 人，但每次定向发行除公司股东之外的其他投资者合计不得超过 35 人。因此，挂牌公司通过定向发行进行股权激励应当符合上述规定。需要说明的是，按照规则全国股份转让系统允许存在股权激励未行权完毕的公司申请挂牌。”

根据《非上市公众公司监督管理办法》第 39 条的规定，公司可以向除原股东之外的董事、监事、高级管理人员、核心员工及符合投资者适当性管理规定的其他投资者等合计不超过35名对象发行股份。

二、开展情况

据不完全统计，目前在挂牌前实施股权激励计划且已成功挂牌的仅为仁会生物（830931）一家。仁会生物于2014年1月完成整体变更、2014年2月股东大会审议通过股权激励计划方案、2014年8月正式挂牌交易。在《公开转让说明书》中，仁会生物详细阐述了股权激励计划。

目前，挂牌后实施股权激励计划的新三板企业约30家，其中部分企业是通过定向发行方式直接实施，部分企业是参照A股上市公司股权激励相关法规制定具体方案。下面，根据上述不同情况分别予以分析。

（一）直接通过定向发行方式实施

直接通过定向发行方式，意即挂牌企业直接向公司董事、监事、高级管理人员及其他核心员工等不超过35人或上述人员成立的合伙企业直接发行股份，在经过董事会决议通过、股东大会决议通过、股转公司备案、登记结算公司登记等程序后即算完成。盛世大联（831566）、博广热能（831507）、云南文化（831239）等均采取定向发行方式。

从严格意义上说，采取定向发行方式实施股权激励仅是一个常规的定向发行过程，方案设计简单、完成时间较短，但在发行价格方面可能具有一定的折扣。如盛世大联2015年4月公告的《股权激励股票发行方案》中发行价格为2元/股，而其在2015年3月完成的定向发行中发行价格为10元/股。

（二）参照A股上市公司股权激励相关法规制定具体方案

参照A股上市公司股权激励相关法规制定具体方案，意即通过限制性股票、股票期权等方式实施，并设置了相对完整的实施条款，以期达到长期激励的目的。

下面结合A股上市公司股权激励方案设计中的常见要素，简单汇总挂牌企业实施情况：

实施要素	A股上市公司	挂牌企业	备注
实施方式	限制性股票、股票期权、股票增值权	以股票期权为主，限制性股票和股票增值权较少	如：夏阳检测（831228）、百华悦邦（831008）同时采取限制性股票和股票期权
激励对象	董事、高级管理人员、核心技术人员和其他员工，上市公司监事不得成为股权激励对象	董事、高级管理人员、监事、核心技术人员和其他员工	挂牌企业监事无限制性要求
	激励对象不能同时参加两个或以上上市公司的股权激励计划	个别挂牌企业予以明确限制	如:金易通(430170)等
	持股5%以上的主要股东或实际控制人原则上不得成为激励对象。除非经股东大会表决通过，且股东大会对该事项进行投票表决时，关联股东须回避表决。 持股5%以上的主要股东或实际控制人的配偶及直系近亲属若符合成为激励对象的条件，可以成为激励对象，但其所获授权益应关注是否与其所任职务相匹配。同时股东大会对该事项进行投票表决时，关联股东须回避表决	个别挂牌企业予以明确限制	如:金易通(430170)等
激励对象	下列人员不得成为激励对象： （1）最近3年内被证券交易所公开谴责或宣布为不适当人选的； （2）最近3年内因重大违法违规行为被中国证监会予以行政处罚的； （3）具有《中华人民共和国公司法》规定的不得担任公司董事、监事、高级管理人员情形的	大部分挂牌企业设置了类似限制性条款	如：壹加壹（831609）、凯立德（430618）、金易通（430170）等

续表

实施要素	A股上市公司	挂牌企业	备注
股票来源	(1)向激励对象发行股份;(2)回购本公司股份;(3)法律、行政法规允许的其他方式	以发行股份为主	如:壹加壹(831609)、凯立德(430618)、金易通(430170)等
	股东不得直接向激励对象赠予(或转让)股份。股东拟提供股份的,应当先将股份赠予(或转让)上市公司,并视为上市公司以零价格(或特定价格)向这部分股东定向回购股份	部分挂牌企业股东直接向激励对象转让股份	如:财安金融(430656)、新宁股份(831220)等
限制性股票特别规定	如果标的股票的来源是存量,即从二级市场购入股票,则按照《公司法》关于回购股票的相关规定执行; 如果标的股票的来源是增量,即通过定向增发方式取得股票,其实质属于定向发行,则参照现行《上市公司证券发行管理办法》中有关定向增发的定价原则和锁定期要求确定价格和锁定期,同时考虑股权激励的激励效应。 (1)发行价格不低于定价基准日前20个交易日公司股票均价的50%; (2)自股票授予日起12个月内不得转让,激励对象为控股股东、实际控制人的,自股票授予日起36个月内不得转让	大部分挂牌企业发行价格基于公司所处行业、经营管理团队建设、公司成长性、市盈率、每股净资产等多种因素,并与认购人沟通后最终确定	如:夏阳检测(831228)、百华悦邦(831008)等

续表

实施要素	A股上市公司	挂牌企业	备注
限制性股票特别规定	上市公司以股票市价为基准确定限制性股票授予价格的，在下列期间内不得向激励对象授予股票： (1)定期报告公布前30日； (2)重大交易或重大事项决定过程中至该事项公告后2个交易日； (3)其他可能影响股价的重大事件发生之日起至公告后2个交易日	大部分挂牌企业设置了类似限制性条款	如：金巴赫(831773)、合全药业(832159)等
股票期权特别规定	上市公司在授予激励对象股票期权时，应当确定行权价格或行权价格的确定方法。行权价格不应低于下列价格较高者： (1)股权激励计划草案摘要公布前一个交易日的公司标的股票收盘价； (2)股权激励计划草案摘要公布前30个交易日内的公司标的股票平均收盘价	大部分挂牌企业发行价格基于公司所处行业、经营管理团队建设、公司成长性、市盈率、每股净资产等多种因素，并与认购人沟通后最终确定	如：夏阳检测(831228)、百华悦邦(831008)等
	激励对象获授的股票期权不得转让、用于担保或偿还债务。 股票期权授权日与获授股票期权首次可以行权日之间的间隔不得少于1年。股票期权的有效期从授权日计算不得超过10年	大部分挂牌企业设置了类似限制性条款	如：壹加壹(831609)、凯立德(430618)、金易通(430170)等

续表

实施要素	A股上市公司	挂牌企业	备注
其他限制性规定	上市公司具有下列情形之一的，不得实行股权激励计划： (1)最近一个会计年度财务会计报告被注册会计师出具否定意见或者无法表示意见的审计报告； (2)最近一年内因重大违法违规行为被中国证监会予以行政处罚； (3)中国证监会认定的其他情形	大部分挂牌企业设置了类似限制性条款	如：壹加壹(831609)、凯立德(430618)、金易通(430170)等
	上市公司不得为激励对象依股权激励计划获取有关权益提供贷款以及其他任何形式的财务资助，包括为其贷款提供担保	大部分挂牌企业设置了类似限制性条款	如：盛世大联(831566)、壹加壹(831609)等
会计处理方式	根据《企业会计准则第11号——股份支付》和《企业会计准则第22号——金融工具确认和计量》的规定进行会计处理	个别挂牌企业明确会计处理方式	如：金巴赫(831773)、壹加壹(831609)等

三、相关问题的思考

通过上述案例总结，可以发现新三板挂牌企业在实施股权激励方面具有较大的灵活性，既可以在申请挂牌前实施，也可以在挂牌成功后实施；既可以通过定向发行方式直接实施，也可以参照A股上市公司股权激励相关法规制定具体方案。

下面的分析和思考，侧重和A股上市公司进行比较得出：

（一）合伙企业作为股权激励计划实施载体的灵活性

根据全国股转系统《常见问题解答》之“24.股权激励是否可以开展？”的规定，“挂牌公司可以通过定向发行向公司员工进行股权激励。挂牌公司的董事、监事、高级管理人员和核心员工可以参与认购本公司定向发行的股票，也可以转让所持有的本公司股票。挂牌公司向特定对象发行股票，股东人数累计可以超过200人，但每次定向发行除公司股东之外的其他投资者合计不得超过 35 人”。

据此，可能会有几个问题：(1)如果挂牌企业直接通过定向发行方式实施股权激励且股权激励对象超过 35 人，该如何实施？(2)如果第一次股权激励对象不超过 35 人，多次实施股权激励后公司股东人数超过 200 人，在以后的定向发行过程中将事先通过证监会核准，是否会降低融资效率？(3)目前全国股转系统还没有具体的股权激励管理办法和配套规则，如采取限制性股票方式且向股权激励对象直接授予股票，当以后出现未达到解锁条件或已达到解锁条件但未申请解锁情形时，多次的回购注销行为是否会增加挂牌企业不必要的成本？(4)目前符合条件的境内股份公司均可申请挂牌，如挂牌企业拟向外籍员工实施股权激励，则按照我国现有法律法规外籍员工直接持股应存在一定难度。

基于以上几点，如挂牌企业以合伙企业作为股权激励计划实施载体，可有效避免上述情形的出现：合伙企业可以单独作为一个认购主体；即使多次实施股权激励，出现股东超过 200 人的概率较小，并能保持挂牌企业股东的稳定性和清晰性；在合伙企业合伙人层面，股权激励对象可以通过成为有限合伙人实现股权激励、向普通合伙人转让出资份额实现(形式上)股票回购注销、向合伙企业申请卖出出资份额对应股份实现减持；此外，外籍员工成为合伙人也不存在法律障碍。

因此，挂牌企业在实施股权激励时，可以选择合伙企业作为实施载体。在目前实施股权激励的挂牌企业中，分豆教育(831850)、纳晶科技(830933)、云南文化(831239)、合全药业(832159)等均以合伙企业作为股权激励计划实施载体。

(二)发行价格设置的灵活性

目前，挂牌企业设置发行价格时具有较大的灵活性，多数挂牌企业会基于公司所处行业、经营管理团队建设、公司成长性、市盈率、每股净资产、前次定增价格等多种因素最终确定发行价格。如：夏阳检测(831228)、百华悦邦(831008)等。

同时，也有个别挂牌企业采取类似 A 股股权激励定价方式。如凯立德(430618)设计方案时即明确为“本激励计划授予的股票期权行权价格为：不低于董事会通过本激励计划前二十个交易日收盘价的平均价，即不低于 35. 39 元/股”，国科海博(430629)设计方案时即明确为“本次发行价格为激励计划首次公告前 20 个交易日公司股票均价(前 20 个交易日的交易总额/前 20 个交易日的交易总量)6. 57 元/股的 50%，即 3. 29 元/股”。

受新三板交易制度影响，目前挂牌企业成交价格还不能实现最大程度公允，设置发行价格的灵活性也有其必然性。但如采取做市交易后，随着交投日益活跃、价格日益公允，相信采取类似A股股权激励定价方式的挂牌企业会日益增加。值得说明的是，凯立德和国科海博均采取做市交易方式。

（三）股票来源方式的多样性

不同于A股上市公司，挂牌企业既可以通过定向发行解决股票来源，也可以通过股东股权转让方式。例如：

1. 财安金融（430656）：上海时福投资合伙企业（有限合伙）通过全国股转系统将所持有财安金融500,000股转让给上海财浩投资合伙企业（有限合伙），用于股权激励；

2. 新宁股份（831220）：在满足激励计划规定的授予条件下，由激励对象受让实际控制人所持新宁投资（挂牌企业股东）股权，并通过新宁投资进而间接持有公司股份；

3. 易销科技（831114）：针对目前已经是公司股东的激励对象，公司允许其按照6元/股的激励价格通过对公司增资的方式增持公司股份；大股东薛俊承诺将在上述股权激励方案基础上，向合计不超过公司22位高管和核心人员以股权激励的价格（1元/股）转让不超过13.4万股。

挂牌企业在控股股东持股比例较高的情况下，可考虑采取股东股权转让方式解决股票来源。

（四）转板时股权激励的处理

中国证监会《首次公开发行股票并上市管理办法》及《首次公开发行股票并在创业板上市管理办法》均要求：发行人的注册资本已足额缴纳，发起人或者股东用作出资的资产的财产权转移手续已办理完毕，发行人的主要资产不存在重大权属纠纷；发行人的股权清晰，控股股东和受控股股东、实际控制人支配的股东持有的发行人股份不存在重大权属纠纷。

目前新三板挂牌企业转板无制度暂未出台，如挂牌企业申请在上交所或深交所上市，必须向中国证监会重新申报并排队。如正在实施股权激励的挂牌企业有意转板，该如何解决可能存在的股权不清晰或避免潜在股权纠纷呢？

在挂牌企业中，壹加壹（831609）、金巴赫（831773）在设计股权激励方案时均明确：公司董事会可根据实际需要（如转板上市等）或有关法律规规范性文件的要求，视激励对象实际绩效情况提出加速行权方案经股东大会审议通过后，激励对象不得对该方案提出异议。

在目前转板制度并未出台的情况下，上述处理方式不失为一种有效的解决方法，可供参考。

（五）股权激励会计处理问题和税收问题

根据《国家税务总局关于我国居民企业实行股权激励计划有关企业所得税处理问题的公告》（国家税务总局公告〔2012〕18 号，以下简称 18 号公告）的规定，“我国境外上市的居民企业和非上市公司，凡比照《上市公司股权激励管理办法（试行）》的规定建立职工股权激励计划，且在企业会计处理上，也按我国会计准则的有关规定处理的，其股权激励计划有关企业所得税处理问题，可以按照上述规定执行”。

根据 18 号公告，如挂牌企业参照《上市公司股权激励管理办法（试行）》实施股权激励，可以按照《企业会计准则第 11 号——股份支付》和《企业会计准则第 22 号——金融工具确认和计量》等会计准则的规定进行会计处理。如是，挂牌企业股权激励的支出可在企业所得税前扣除。

目前挂牌企业中金巴赫（831773）、壹加壹（831609）采取了上述会计处理方式。但在目前新三板交投还不充分活跃、做市交易方式仍不普遍的情况下，挂牌企业的公允价值可能并不能充分体现。如此，该如何更为合理、正确的进行会计处理可能还值得进一步商榷。

第五章　新三板挂牌企业实施员工持股计划案例分析

为贯彻《中共中央关于全面深化改革若干重大问题的决定》中关于“允许混合所有制经济实行企业员工持股，形成资本所有者和劳动者利益共同体”的精神，落实《国务院关于进一步促进资本市场健康发展的若干意见》（国发〔2014〕17号）中关于“允许上市公司按规定通过多种形式开展员工持股计划”的要求，中国证监会于2014年6月20日发布《关于上市公司实施员工持股计划试点的指导意见》（以下简称《指导意见》）。

自《指导意见》发布后，A股上市公司纷纷开展员工持股计划。目前部分新三板挂牌企业也参照《指导意见》，开展员工持股计划。本章主要就新三板挂牌企业实施员工持股计划情况及证券公司实施员工持股计划可行性进行分析。

一、《指导意见》中员工持股计划核心要素

根据《指导意见》，上市公司实施员工持股计划主要包括以下几点内容：

主要事项	主要内容
实施原则	依法合规、自愿参与、风险自担
资金来源	员工的合法薪酬、法律法规允许的其他方式
股票来源	上市公司回购本公司股票、二级市场购买、认购非公开发行股票、股东自愿赠与等方式；其中采取二级市场购买方式的，应当在股东大会审议通过后6个月内完成标的股票的购买
持股期限	每期不得低于12个月，以非公开发行方式实施的持股期限不得低于36个月

续表

主要事项	主要内容
持股规模	上市公司全部有效的员工持股计划所持有的股票总数累计不得超过公司股本总额的10%，单个员工所获股份权益对应的股票总数累计不得超过公司股本总额的1%；员工持股计划持有的股票总数不包括员工在公司首次公开发行股票上市前获得的股份、通过二级市场自行购买的股份及通过股权激励获得的股份
管理方式	上市公司可以自行管理本公司的员工持股计划，也可以将本公司员工持股计划委托给下列具有资产管理资质的机构管理：信托公司、保险资产管理公司、证券公司、基金管理公司、其他符合条件的资产管理机构
监管方式	除非公开发行方式外，中国证监会对员工持股计划的实施不设行政许可，由上市公司根据自身实际情况决定实施

二、新三板挂牌企业实施员工持股计划情况

截至2015年4月末，共有联讯证券（830899）、凌志软件（830866）、东创科技（430488）和鑫安利（831209）等四家挂牌企业实施员工持股计划。

按照《指导意见》中员工持股计划核心要素，挂牌企业实施基本情况如下：

	联讯证券	凌志软件	东创科技	鑫安利
参与对象	全部员工	董监高及核心员工	董监高和其他部分员工	董监高及核心员工
资金来源	自筹资金	自筹资金、股东借款	自筹资金	—
股票来源	定向发行	定向发行	定向发行	合伙企业（为公司股东）合伙人转让部分份额
持股期限	锁定期12个月，存续期24个月	锁定期24个月，存续期36个月	锁定期12个月，存续期36个月	—

续表

	联讯证券	凌志软件	东创科技	鑫安利
持股规模	占公司现有股本总额的比例不超4.71%，单一个人不超过1%	占公司现有股本总额的比例不超过10%，单一个人不超过1%	占公司现有股本总额的比例不超过1.7%，单一个人不超过1%	占公司现有股本总额的5%
管理方式	委托资产管理公司管理，并全额认购该资管公司成立的专项基金次级份额	委托证券公司管理；证券公司资管计划	委托资产管理公司管理，并全额认购该资管公司成立的专项基金次级份额	—
监管方式	股东大会通过后即实施；定向发行完成后，报全国股转系统备案	股东大会通过后须报中国证监会核准；定向发行完成后，报全国股转系统备案	股东大会通过后即实施；定向发行完成后，报全国股转系统备案	—
其他	—	设定公司业绩考核指标和员工业绩考核指标；控股股东及部分其他股东保证员工自筹资金部分收益率	设定公司业绩考核指标；如未达成，可将对应收益用于专项激励和福利改善	—
实施进展	股东大会通过	股东大会通过	董事会通过	董事会通过

根据上表，新三板挂牌企业实施员工持股计划具有以下几个特点：

1. 参与对象以董监高和核心员工为主，并设定一定的公司业绩考核指标及员工业绩考核指标。

2. 股票来源以定向发行为主。因此，新三板挂牌企业需按照《全国中小企业股份转让系统业务规则（试行）》、《全国中小企业股份转让系统股票发行业务细则（试行）》等监管规定履行必要的程序。对于股东人数超过200人的挂牌企业，股东大会通过相关决议后需报中国证监会核准；对于股东人数没有超过200人的挂牌企业，股东大会通过相关决议后即可实施，并报全国股转系统备案。

3. 持股期限方面，均不短于 12 个月；持股规模方面，员工持股计划占挂牌公司股票总数累计均不得超过公司股本总额的 10%，单个员工所获股份权益对应的股票总数累计均不得超过公司股本总额的 1%。

4. 管理方式均以委托管理为主，且可参与认购所委托机构成立的专项产品次级份额。

三、证券公司实施员工持股计划的法律限制及可行性分析

联讯证券作为证券行业第一家实施员工持股计划的证券公司，其能否顺利实施必然受到市场关注。然而，根据联讯证券实施员工持股计划相关公告文件，可以发现联讯证券员工持股计划实施并不顺利，并于 2015 年 4 月重新修订了实施方案（截至 2015 年 4 月末，暂未实施）。

那么证券公司（包括联讯证券）实施员工持股计划是否有法律法规限制、是否具有可行性，下面予以简要分析。

（一）证券公司实施员工持股计划可能存在的法律限制

根据《证券法》（2014 年修订）第 43 条的规定，“证券交易所、证券公司和证券登记结算机构的从业人员、证券监督管理机构的工作人员以及法律、行政法规禁止参与股票交易的其他人员，在任期或者法定限期内，不得直接或者以化名、借他人名义持有、买卖股票，也不得收受他人赠送的股票”。

根据中国证监会《关于上市公司实施员工持股计划试点的指导意见》（中国证监会〔2014〕33 号）（以下简称《指导意见》）的规定，“法律禁止特定行业公司员工持有、买卖股票的，不得以员工持股计划的名义持有、买卖股票”。

根据上述要求，因证券公司从业人员不得持有买卖股票，则证券公司（为特定行业）不得以员工持股计划的名义持有、买卖股票。但值得说明的是，《指导意见》适用对象为 A 股上市公司。综合而言，即 A 股上市证券公司不得以员工持股计划的名义持有、买卖股票。

那么，如果证券公司非 A 股上市公司且从业人员未直接或者以化名、借他人名义持有及买卖股票是否可行呢？

根据联讯证券员工持股计划方案，联讯证券拟采用委托管理方式，即员工持股计划设立后委托资产管理公司进行管理。联讯证券作为新三板挂牌企业，法律属性为非上市公众公司，应不适用《指导意见》中关于 A 股上市公司特定行业实施员工持股计划的限制性规定。

同时，联讯证券采取上述委托管理方式，应为非“直接或者以化名、借他人名义持有、买卖股票”，应符合《证券法》的上述规定。

综上，A股上市证券公司实施员工持股计划具有严格的法律限制，但新三板挂牌证券公司实施员工持股计划应具有一定可行性。

（二）证券公司实施员工持股计划的可行性分析

根据《中共中央关于全面深化改革若干重大问题的决定》的规定，“允许混合所有制经济实行企业员工持股，形成资本所有者和劳动者利益共同体”。

根据中国证监会《关于证券经营机构参与全国股转系统相关业务有关问题的通知》的规定，“支持证券期货经营机构通过全国股转系统进行股权转让。证券期货经营机构可以通过全国股转系统探索股权激励，建立、健全员工激励与约束机制”。

同时，《非上市公众公司监督管理办法》、《国中小企业股份转让系统业务规则（试行）》、《全国中小企业股份转让系统股票发行业务细则（试行）》及《全国中小企业股份转让系统投资者适当性管理细则（试行）》等全国股转系统相关规定对挂牌公司定向发行的程序、认购对象、备案要求等进行了详细规定。

综上，证券公司开展员工持股计划应符合党中央、中国证监会的政策精神。同时，新三板挂牌证券公司按照全国股转系统上述相关规定制定具体发行方案、履行必要核准或备案程序，具有可操作性。

（三）新《证券法》中允许员工持股的规定应有利于证券公司实施员工持股计划

根据《证券法》（修订草案），证券公司从业人员可以买卖证券，但不得与其所任职务、工作职责等发生利益冲突；证券公司应当建立从业人员买卖证券申报、登记、审查和处置等管理制度，并向国务院证券监督管理机构备案。

如根据上述修订意见，则A股上市证券公司实施员工持股计划应不存在法律障碍。员工持股计划作为一种积极有效的激励机制，待新《证券法》正式实施及相关法规进一步修订完善，相信会有更多的证券公司实施员工持股计划。

第六章　新三板实施定向增发股份

根据《非上市公众公司监督管理办法》(2013 年 12 月 26 日修订,以下简称《管理办法》)第 5 条的规定,“公众公司可以依法进行股权融资、债权融资、资产重组等。公众公司发行优先股等证券品种,应当遵守法律、行政法规和中国证券监督管理委员会(以下简称中国证监会)的相关规定”。

新三板企业挂牌的目的就是融资,很少有不缺钱的企业;但与首次公开发行并上市不同,新三板企业属于非上市公众公司,实行的是存量挂牌制度,股权融资目前主要以非公开(定向)发行为主。虽然股转系统对新三板企业融资放得很宽,如可以发行可转债、私募债、公司债、企业债、优先股(即主板市场可以做的品种,除公开发行外,都对新三板市场放开),但以目前情况看,真正具备应用上述融资工具条件的挂牌企业并不多。

目前,挂牌公司股权融资主要采取定向发行方式,暂未推出配股、公开发行股票融资制度。根据《管理办法》、《全国中小企业股份转让系统业务规则(试行)》(以下简称《业务规则》)、相关信息披露规则和业务指引等,下面就定向发行中需关注事项分别阐述。

一、定向增发主要考量因素

(一)时间成本

从企业与投资方谈判的角度分析,股改前进行融资的时间成本较高,主要因公司尚处于非公开阶段,投资方需要的包括财务数据、法律风险、经营风险等方面资料尚未披露,除特别看好和了解企业的投资方外,在进行初步尽职调查及投资审批内部程序后,基本需要较长时间;且从投资方角度,发起人股东的股份一年内不得对外转让,也有一定的限制。

除非确有需要(如考虑解决无法改制的问题,包括单一股东、净资产低于注册资本、员工激励平台等),或者投资者前期对企业了解程度较高,能够快速达成投资意向及出资,不建议企业在改制前引入投资者。

(二)企业整体估值(稀释数量)

目前企业整体估值主要从以下几个方面考虑,一方面考虑可比挂牌企业估值;另一方面考虑未来现金流量折现。这与二级市场及新三板市场所处的市场阶段与市场环境密切相关,但从融资角度分析,可参考意义并非太大,如目前同行业在创业板上市的企业,往往无法进行市值的对比分析(炒作因素及市场流动性溢价因素)。

所以,从融资时点分析,股改前企业挂牌与否具有一定的不确定因素,企业在对外报价的同时应考虑到市场流动性溢价,并需要考虑给予投资者适当的投资回报,整体估值最低;挂牌同时非公开发行,由于已有明确的挂牌预期,可以适当高于股改前的整体估值进行定价。挂牌后,随着企业交易开始活跃,由于近期新三板处于风口,相应整体估值可以进一步提升。

(三)融资对象是否具有战略意义

融资对象对企业未来成长帮助也是企业融资必须考虑的问题,当然,这与首发上市企业寻求战略投资者并无二致,就仅提醒做市商这一较为特殊的企业投资方在现阶段对企业的积极意义。

目前仅各家券商拥有做市资格(今后应会放开做市及推荐资格),且从已挂牌的2000多家企业来看,做市企业占比较低。就企业融资角度分析,如果有其他的投资机构出资高于券商做市部门,似乎不应该以较低价格给予券商做市,但从流动性角度分析,做市可以带来公司知名度、流动性的大幅提升,结合转板上市企业未来可能的标准(如股权分布等),企业不要过多纠结于价格因素,毕竟做市所稀释的原股东权益相当有限(挂牌后每家做市商仅需要取得10万股即可)。

(四)融资与资金需求是否匹配

目前企业融资有种过度倾向。当然,可能考虑到趁着新三板处于风口阶段进行融资可以增加融资规模,减少融资稀释股权比例,融资便利性更大。但从实际接触企业看,部分企业融资后并未有很好的募集资金投向,甚至于被用来购买理财产品。

对于企业而言,建议综合考虑。如果由于市场因素,导致投资方对未来收益及企业业绩要求较低,可以考虑趁着市场环境好转,适量多募集资金以备不时之需;如果投资方在入股过程中,提出了较多收益及回报要求，则可以考虑按照企业需求进行资金募集（少量多次）。

（五）是否配合转让控股股东股权

其实这一问题与企业融资关系不大，但在企业融资过程中控股股东总会有所考虑，一般而言，不建议企业控股股东转让股权。毕竟该项转让资金并未投入企业生产、经营。但如果企业存在如内部人占款情形需要予以规范时，在无法以其他方式归还的情形下，可以在征求投资方同意后，采取部分转让老股，部分增发形式进行。

二、股东人数超过 200 人和股东人数未超过 200 人适用规则的不同

根据《管理办法》第 45 条的规定，“股东人数未超过 200 人的公司申请其股票公开转让，中国证监会豁免核准，由全国中小企业股份转让系统进行审查”。

根据《业务规则》“4. 3. 3　按照《管理办法》应申请核准的股票发行，挂牌公司在取得中国证监会核准文件后，按照全国股份转让系统公司的规定办理股票发行新增股份的挂牌手续。4. 3. 4　按照《管理办法》豁免申请核准的股票发行，主办券商应履行持续督导职责并发表意见，挂牌公司在发行验资完毕后填报备案登记表，办理新增股份的登记及挂牌手续”。

据此，股东人数定向发行后累计超过 200 人或者股东人数超过 200 人挂牌公司（以下简称股东人数超过 200 人挂牌公司）定向发行应先向中国证监会申请核准，股东人数定向发行后未超过 200 人挂牌公司发行后应直接向全国股转系统申请备案。

在适用规则上：

（一）股东人数超过 200 人挂牌公司

应根据《非上市公众公司信息披露内容与格式准则第 3 号——定向发行说明书和发行情况报告书》（中国证监会公告〔2013〕52 号）及《非上市公众公司信息披露内容与格式准则第 4 号——定向发行申请文件》（中国证监会公告〔2013〕53 号）等规定向中国证监会申请核准。

（二）股东人数未超过 200 人挂牌公司

应根据《全国中小企业股份转让系统股票发行业务细则（试行）》（以下简称《业务细则》）、《全国中小企业股份转让系统股票发行业务指引第 1 号——备案文件的内容与格式（试行）》、《全国中小企业股份转让系统股票发行业务指引第 2 号——股票发行方案及发行情况报告书的内容与格式（试行）》、《全国中小企业股份转让系统股票发行

业务指引第3号——主办券商关于股票发行合法合规性意见的内容与格式(试行)》、《全国中小企业股份转让系统股票发行业务指引第4号——法律意见书的内容与格式(试行)》等规定向全国股转系统申请备案。

三、定向发行时点

(一)挂牌的同时可以进行定向发行

《全国中小企业股份转让系统业务规则(实行)》第4.3.5条规定:"申请挂牌公司申请股票在全国股份转让系统挂牌的同时定向发行的,应在公开转让说明书中披露。"该条明确了企业在新三板挂牌的同时可以进行定向融资。

允许挂牌企业在挂牌时进行定向股权融资,凸显了新三板的融资功能,缩小了与主板、创业板融资功能的差距;同时,由于增加了挂牌时的股份供给,可以解决未来做市商库存股份来源问题。另,挂牌的同时可以进行定向发行,并不是一个强制要求,拟挂牌企业可以根据自身对资金的需求来决定是否进行股权融资,避免了股份大比例稀释的情况出现。

(二)储架发行(挂牌后增发)

储架发行是相对于传统发行的概念。一般是指证券发行实行注册制的基础上,发行人一次注册,多次发行的机制。

《非上市公众公司监督管理办法》第41条规定:"公司申请定向发行股票,可申请一次核准,分期发行。自中国证监会予以核准之日起,公司应当在3个月内首期发行,剩余数量应当在12个月内发行完毕。超过核准文件限定的有效期未发行的,需重新经中国证监会核准后方可发行,首期发行数量应当不少于总发行数量的50%,剩余各期发行的数量由公司自行确定,每期发行后5个工作日内将发行情况报中国证监会备案。"

储架发行可在一次核准的情况下为挂牌公司一年内的融资留出空间。例如,挂牌公司在与投资者商定好500万元的增资额度时,可申请1000万元的发行额度,先完成500万元的发行,后续500万元的额度可与投资者根据实际经营情况再行商议发行或者不发行,并可重新商议增发价格。该制度除了能为挂牌公司节约大量的时间和成本外,还可以避免挂牌公司一次融资额度过大,造成股权过度稀释或资金使用效率低下。

四、定向发行对象及其锁定期

（一）定向发行对象

定向发行对象除现有股东外，合计不得超过35人。认购对象包括：公司股东；公司的董事、监事、高级管理人员、核心员工；符合投资者适当性管理规定的自然人投资者、法人投资者及其他经济组织。核心员工的认定，应当由公司董事会提名，并向全体员工公示和征求意见，由监事会发表明确意见后，经股东大会审议批准。投资者适当性管理规定由中国证监会另行制定。

根据中国证监会《关于加强参与全国股转系统业务的私募投资基金备案管理的监管问答函》（2015年3月20日发布），申请挂牌同时发行股票的，请主办券商和律师核查公司股票认购对象中是否存在私募投资基金管理人或私募投资基金，是否按照《证券投资基金法》、《私募投资基金监督管理暂行办法》及《私募投资基金管理人登记和基金备案办法（试行）》等相关规定履行登记备案程序，并请分别在《推荐报告》、《法律意见书》或其他关于股票发行的专项意见中说明核查对象、核查方式、核查结果并发表意见。自本监管问答函发布之日起，挂牌公司报送的股票发行融资备案材料中，主办券商和律师应当分别核查挂牌公司股票认购对象和挂牌公司现有股东中是否存在私募投资基金管理人或私募投资基金，其是否按照《证券投资基金法》、《私募投资基金监督管理暂行办法》及《私募投资基金管理人登记和基金备案办法（试行）》等相关规定履行了登记备案程序，并分别在《主办券商关于股票发行合法合规性意见》和《股票发行法律意见书》中对核查对象、核查方式、核查结果进行专门说明。

值得说明的是，如果挂牌公司原有股东、董事、监事、高级管理人及核心员工参与本公司定向发行，是不需要适用《全国中小企业股份转让系统投资者适当性管理细则（试行）》中关于机构投资者或者自然人投资者要求的。但如果不符合上述要求，亦不可以参与其他挂牌公司定向发行及公开转让。

（二）定向发行对象锁定期

《业务规则》放松了对挂牌公司股东的限售要求，仅对控股股东及实际控制人有“两年三批”的要求：新三板挂牌公司控股股东及实际控制人在挂牌前直接或间接持有的股票分三批解除转让限制，每批解除转让限制的数量均为其挂牌前所持股票的1/3，解除转让限制的时间分别为挂牌之日、挂牌期满1年和2年。

但新三板并未突破《公司法》中对股份限售的要求，股东的限售必须遵照《公司法》的要求执行，即发起人持有的本公司股份，自公司成立之日起一年内不得转让。公司董事、监事、高级管理人员应当向公司申报持有的本公司的股份及其变动情况，在任职期间每年转让的股份不得超过其所持有公司股份总数的25%。上述人员离职后半年内，不得转让其所持有的本公司的股份。

由于新三板无公开发行股份，因此，在新三板挂牌交易的股票不受《公司法》“公司公开发行股份前已发行的股份，自公司股票在证券交易所上市交易之日起一年内不得转让”的限制。根据《非公办法》，在公众公司收购中，收购人持有的被收购公司的股份，在收购完后12个月内不得转让。

此外，挂牌公司可以在《股票发行方案》或者《认购公告》中对(拟)认购对象所持新增股份设置一定的锁定期。

五、原股东优先认购权

挂牌公司股票发行以现金认购的，公司现有股东在同等条件下对发行的股票有权优先认购。召开董事会审议定向发行方案时，应明确现有股东优先认购安排。现有股东可以参与认购，也可以放弃参与认购。同时，认购办法中应当明确现有股东放弃优先认购股票份额的认购安排。现有股东优先认购的，在相同认购价格下应优先满足现有股东的认购需求。

需要说明的是，优先认购是公司现有股东的权利，而非义务，因此股东可以自愿放弃优先认购。股东自愿放弃优先认购的，签订书面承诺或声明是方式之一，但并非唯一方式。出于尊重公司自治的原则，相关规则允许通过修改公司章程，直接排除优先认购的适用。此外，公司也可以在发行方案、认购办法等信息披露文件中说明，现有股东在缴纳期限内未缴款的，视为放弃优先认购权。

六、发行价格

根据《管理办法》、《业务规则》及《业务细则》，挂牌公司可以采取定价发行或者询价发行方式，发行价格没有法律要求。如采取定价发行方式，发行价格多为挂牌公司和投资者沟通协商确定而成。

2012年以来63起实施或公布预案的定向发行挂牌公司中，有59起在发行方案中披露了定价依据，几乎所有的公司都众口一词披露：定价为参考公司所处行业、成长性、每股净资产、市盈率等因素，并与投资者沟通后确定。只有宣爱智能和尚水股份等少数几家公司明确以每股净资产作为定向发行价格，这几家公司的共同点是都仅对原股东与核心员工进行定向发行，没有外部投资者参与。

七、发行数量

目前，《管理办法》、《业务规则》及《业务细则》等法规对挂牌公司可发行数量均未有法律要求。挂牌公司可根据资金需求量、发行价格、发行后持股比例等合理确定发行数量。

同时，根据上述监管规则，挂牌公司定向发行没有次数限制，各定向发行方案之间没有时间间隔限制。

八、通过定向发行变更控股股东和实际控制人应注意事项（借壳）

如挂牌公司通过定向发行变更控股股东和实际控制人，则：

1. 发行对象（即收购方）应不存在《非上市公众公司收购管理办法》（以下简称《收购管理办法》）第 6 条关于不得收购公众公司的情形及其他法律法规规定禁止收购公众公司的情形，具备收购公众公司的主体资格。

2. 挂牌公司定向发行后，发行对象成为挂牌公司第一大股东或者实际控制人的，在收购完成后 12 个月内不得转让。

3. 在按照《管理办法》、《业务细则》等法规规定办理信息披露、股份备案、股份登记等事宜同时，也应该按照《非上市公众公司信息披露内容与格式准则第 5 号——权益变动报告书、收购报告书、要约收购报告书》进行信息披露。

九、做市商参与定向发行应注意事项

根据《全国中小企业股份转让系统股票转让方式确定及变更指引（试行）》第 5 条和第 10 条的规定：

1. 如股票挂牌时拟采取做市转让方式的，需：（1）2 家以上做市商同意为申请挂牌公司股票提供做市报价服务，且其中一家做市商为推荐该股票挂牌的主办券商或该主办券商的母（子）公司；（2）做市商合计取得不低于申请挂牌公司总股本 5% 或 100 万股（以孰低为准），且每家做市商不低于 10 万股的做市库存股票；（3）全国股转系统规定的其他条件。

2. 如挂牌后挂牌公司拟申请股票交易方式变更为做市转让方式

的，需：(1)2家以上做市商同意为该股票提供做市报价服务，并且每家做市商已取得不低于10万股的做市库存股票；(2)全国股份转让系统公司规定的其他条件。此种情况下，做市商不要求为主办券商或主办券商的母(子)公司。

十、非现金资产参与定向发行应注意事项

根据《全国中小企业股份转让系统票发行业务指引第1号——备案文件的内容与格式》及《全国中小企业股份转让系统票发行业务指引第2号——股票发行方案及发行情况报告书的内容与格式(试行)》等业务指引：

(一)以非股权资产认购需注意的事项

1. 应当提供资产评估事务所出具的评估报告，评估基准日距审议该交易事项的股东大会召开日不得超过1年。

2. 所注入资产权属是否清晰，是否存在权利受限、权属争议或者妨碍权属转移的情形；是否取得必要的业务许可资格、主管部门批准、债权人同意转移的证明或与此相关的解决方案。

3. 相关资产独立运营和核算的，应披露最近一年及一期(如有)经具有证券、期货相关业务资格的会计师事务所审计的财务报表及审计意见，被出具非标准审计意见的应当披露涉及事项及其影响。

4. 资产交易根据评估结果定价的，在机构出具资产评估报告后，公司董事会应当对评估机构的独立性、评估假设前提和评估结论的合理性、评估方法的适用性、主要参数的合理性、未来收益预测的谨慎性等问题发表意见，并说明定价的合理性，资产定价是否存在损害公司和股东合法权益的情形。

5. 相关资产注入是否导致公司债务或者或有负债的增加，是否导致新增关联交易或同业竞争。

6. 向全国股转系统备案时，如尚未完成相关资产权属过户或相关资产存在重大法律瑕疵，全国股转系统不予出具股份登记函。

(二)以股权资产认购需注意的事项

1. 应当提供具有证券、期货相关业务资格的会计师事务所出具的标的资产最近一年及一期(如有)的审计报告，审计截止日距审议该交易事项的股东大会召开日不得超过6个月；被出具非标准审计意见的应当披露涉及事项及其影响。

2. 所注入资产权属是否清晰，是否存在权利受限、权属争议或者妨碍权属转移的情形；是否取得必要的业务许可资格、主管部门批准、

股权资产其他股东同意或者已放弃优先认购权(股权资产为有限责任公司情形下)。

3. 资产交易价格已经审计的账面值为依据的,公司董事会应当对定价合理性予以说明。

4. 相关资产注入是否导致公司债务或者或有负债的增加,是否导致新增关联交易或同业竞争。

5. 向全国股转系统备案时,如尚未完成相关资产权属过户或相关资产存在重大法律瑕疵,全国股转系统不予出具股份登记函。

十一、适用股份支付的情形

根据《全国中小企业股份转让系统业务规则(试行)》第 4.2.1 条的规定,挂牌公司应当按照《企业会计准则》的要求编制财务报告,全国股份转让系统公司另有规定的除外。因此,在全国股转系统挂牌的公司在股票发行业务中符合《企业会计准则第 11 号——股份支付》规定情形的,均应适用股份支付的会计准则并相应进行账务处理。

根据全国股转系统发布的《挂牌公司股票发行常见问题解答——股份支付》的规定,在股票发行中,如果符合以下情形的,挂牌公司的主办券商一般应按照《企业会计准则第 11 号——股份支付》的规定,就本次股票发行是否适用股份支付进行说明:(1)向公司高管、核心员工、员工持股平台或者其他投资者发行股票的价格明显低于市场价格或者低于公司股票公允价值的;(2)股票发行价格低于每股净资产的;(3)发行股票进行股权激励的;(4)全国股转系统认为需要进行股份支付说明的其他情形。

同时,主办券商应当结合股票企业股票发行的对象、发行的目的、股票的公允价值和发行的价格,判断是否需要适用股份支付并说明具体的账务处理方法。

第七章 关于新三板转板和分层制度的解读

【基本解读】

一、公司挂牌不是转板上市的过渡安排

这句话隐含的意思其实很明白，有两点：(1)对于企业来讲，不要把企业挂牌作为过渡条件，不要老想着转板上市，新三板也有自身制度可以让企业成为优质企业；(2)对于股转系统来讲，要努力让企业在自己的市场里变得优秀，不要让优秀的企业都转板去了别的市场，自己只是为别人做了嫁衣。其实，综合这两个意思，小兵也跟大家一起探讨关于新三板挂牌企业转板的方式问题：(1)挂牌不挂牌没有影响，企业还是按照 IPO 的申报流程上市，这是目前的做法，以后显然会有所突破；(2)挂牌企业根据一定的标准，走一个类似的"绿色通道"，企业以及整个交易系统直接平移到创业板，完成股转系统与深交所的新老划断式的业务对接；(3)挂牌企业的业务监管和资源管理还保留在股转系统，企业增发一定比例或者老股东转让一定比例的股份公开发行并在交易所公开交易，逐步实现股票的全部流通。这种模式下，转板只是交易模式的变化，企业的"所有权"并没有转移。

二、研究推出全国股转系统挂牌公司向创业板转板的试点

这一说法是核心中的核心，大家也都很关注、很重视，小兵也尽量不要说得太离谱，从如下几个角度来说明这个问题：

1. 新三板挂牌企业往哪里转的问题。这里明确了一点，那就是新三板转板的第一步是创业板，但是并没有明确是转板的创业板单独成体系还是跟现有的版块一起交易一起监管。联想到注册制改革方案中，关于"上交所分板、深交所分层"的观点，那么是不是新三板转板去

创业板上市也是会形成独立特有的一个交易板块呢？果真如此，那么新三板的转板制度设计应该是要以注册制的退出作为前提条件。

2. 转板制度设计与其他制度的逻辑关系。IPO 对于企业有着神奇的升值和造富功能（暂且称之为流动性溢价），但是过程漫长；新三板挂牌速度快，流动性不足。我们期望有一种制度可以解决上述的矛盾，这就是我们对新三板转板制度高度期待的原因，企业希望既可以快点上市还能有流动性。新三板真正实现转板之后，核心问题还是流动性和企业估值问题，那就必然要解决集合竞价和投资者门槛问题。上述三个问题是一个封闭的逻辑，如同是木桶原理，有一项不成熟转板制度我们都只能审慎乐观。而在后面，我们又看到，新三板暂时不执行集合竞价也不会降低投资者门槛，如果是这样，两个前提条件不满足，则企业的估值和流动性就无法体现，那么纵然是转板制度真正设立其实也不会达到应有的效果，至少不会实现我们期待的效果。

3. 转板企业的标准是什么。这里提到了转板的试点，那么试点企业的标准是什么呢？说实话也是一个非常烧脑同时也需要监管机构付出智慧的一个问题，简言之：(1)这个标准，应该是在现有的创业板 IPO 上市标准上的一定优化和改进；(2)这个标准，应该可以充分吸收上交所战略新兴版块相关设立思路的一个有价值的意见和思路；(3)这个标准，在早期阶段应该不会很低，甚至很有可能还会高于 IPO 的基本标准；(4)目前 4000 多家挂牌企业中，满足这一标准的企业不会很多，很可能不会超过 5%。具体猜想一下，转板企业需要满足的标准可能有：(1)行业需要是战略新兴行业或者国家鼓励发展以及急需发展的行业；(2)实现一定的净利润水平（如 2000 万元以上）或者满足了一定的估值（如 10 亿元以上），其实对于一些优秀的新三板企业来说都已经实现了融资，估值的判断标准并不难把握；(3)公司应该运新规范、内控合理，不存在重大违法违规行为。

4. 转板的程序是什么。这个也是一个非常重要的问题，至少现在还很难有谁能有一个明确的思路：(1)有一个大家期待的“绿色通道”，通过审核挂牌新三板之后，只要满足转板条件就随时可以转板。小兵以前就说过，这个几乎是不可能实现的事情，这样的话，很多企业可能为了早点上市就来新三板“过过水”，形成制度寻租空间；有的企业为了满足转板条件可能会业绩调整，而股转系统目前没有足够的核查和把关能力。(2)满足转板条件之后，在注册制的大背景下还需要深交所进行审核，审核标准与 IPO 创业板企业审核标准一致。(3)满足转板条件还需要深交所审核，但是是完全独立的一个部门进行审核（类似于现在的转板发行部和创业板发行部），并且在审核内容、审核重点和审核流程方面有所简化和创新，在转板和直接申报之间实现一种微妙的平衡。

三、关于新三板分层的几个观点

由于很多人认为分层制度可能是转板制度的前置制度设计，那么既然转板制度很重要，分层制度自然也就很重要。小兵从以下几个方面理解分层制度：

1. 基础层和创新层的关系是什么。我们以学生为例，两个层次是理科生和文科生的关系，还是优等生和差生的关系，两种分法思路完全不同，也是完全不同的战略考虑。如果是前者的分层理论，那么就是创新型企业作为一个队伍，把传统型行业的企业作为一个队伍。如果是后者的理论，那么就是好的企业是一个队伍，稍微差一点的企业是一个队伍（这里可能会参考行业的因素，但又不是绝对的因素）。

2. 两个层次的分层标准是什么。小兵一直在说，分层之后的监管问题其实并不难作出处理，核心问题也是大智慧的问题，即怎么设置分层的标准。小兵以前讨论过这个问题，这里再简单交代一下：(1)所处行业的发展趋势；(2)公司经营业绩基础以及增长情况；(3)公司交易情况以及流动性情况；(4)公司合规运行和规范运作情况；(5)是否可能存在不能分层为更高标准的红线等。

3. 分层之后的监管问题。如果能够以一个合理的、大部分人可以接受的标准将新三板挂牌企业划分成了两个层次，那么后续的监管措施只要对应到位就可以了，这个倒不是什么难事。很简单一句话：好学生可以管的松一些，差学生自然要严加管教。

4. 分层先行是必然。在证监会关于若干意见发布的新闻稿中，有这样一句话："目前，中国证监会已启动《意见》实施所涉及的相关制度规则的修订和制订工作，全国股转公司也要相应完善规则，配套制订市场分层方案并择机向市场公开征求意见。"如果这句话有着深层的含义，那么我们可以理解为分层制度马上会出台，而转板制度还需要一定时间的等待，这也比较好理解，毕竟分层制度实施起来相对便捷也可控一些，而转板的问题需要很多制度先建立好，首先就是注册制要实施起来。

【分层标准】

一、满足以下条件之一的挂牌公司可以进入创新层

1. 最近两年连续盈利，且年平均净利润不少于2000万元（以扣除非经常性损益前后孰低者为计算依据）；最近两年加权平均净资产收益率平均不低于10%（以扣除非经常性损益前后孰低者为计算依据）。

2. 最近两年营业收入连续增长，且年均复合增长率不低于50%；最近两年营业收入平均不低于4000万元；股本不少于2000万股。

3. 最近有成交的60个做市转让日的平均市值不少于6亿元；最近一年年末股东权益不少于5000万元；做市商家数不少于6家；合格投资者不少于50人。

二、进入创新层的挂牌公司还应当满足以下条件

1. 最近12个月完成过股票发行融资（包括申请挂牌同时发行股票），且融资额累计不低于1000万元；或者最近60个可转让日实际成交天数占比不低于50%。

2. 公司治理健全，股东大会、董事会和监事会制度、对外投资管理制度、对外担保管理制度、关联交易管理制度、投资者关系管理制度、利润分配管理制度和承诺管理制度完备；公司设立董事会秘书并作为公司高级管理人员，董事会秘书取得全国股转系统董事会秘书资格证书。

三、最近12个月不存在以下情形

1. 挂牌公司或其控股股东、实际控制人，现任董事、监事和高级管理人员因信息披露违规、公司治理违规、交易违规等行为被全国股转公司采取出具警示函、责令改正、限制证券账户交易等自律监管措施合计3次以上的，或者被全国股转公司等自律监管机构采取了纪律处分措施。

2. 挂牌公司或其控股股东、实际控制人，现任董事、监事和高级管理人员因信息披露违规、公司治理违规、交易违规等行为被中国证监会及其派出机构采取行政监管措施或者被采取行政处罚，或者正在接受立案调查，尚未有明确结论意见。

3. 挂牌公司或其控股股东、实际控制人,现任董事、监事和高级管理人员受到刑事处罚,或者正在接受司法机关的立案侦查,尚未有明确结论意见。

【维持标准】

一、进入创新层的挂牌公司应当满足以下维持条件之一

1. 最近两年连续盈利,且年平均净利润不少于1200 万元(以扣除非经常性损益前后孰低者为计算依据);最近两年加权平均净资产收益率平均不低于6%(以扣除非经常性损益前后孰低者为计算依据)。

2. 最近两年营业收入连续增长,且年均复合增长率不低于30%;最近两年营业收入平均不低于4000 万元;股本不少于2000 万股。

3. 最近有成交的60 个做市转让日的平均市值不少于3.6 亿元;最近一年年末股东权益不少于5000 万元;做市商家数不少于6 家。

二、还应当满足以下条件

1. 合格投资者不少于50 人。

2. 最近60 个可转让日实际成交天数占比不低于50%。

3. 最近12 个月不存在以下情形:

(1)挂牌公司或其控股股东、实际控制人,现任董事、监事和高级管理人员因信息披露违规、公司治理违规、交易违规等行为被全国股转公司采取出具警示函、责令改正、限制证券账户交易等自律监管措施合计3 次以上的,或者被全国股转公司等自律监管机构采取了纪律处分措施。

(2)挂牌公司或其控股股东、实际控制人,现任董事、监事和高级管理人员因信息披露违规、公司治理违规、交易违规等行为被中国证监会及其派出机构采取行政监管措施或者被采取行政处罚,或者正在接受立案调查,尚未有明确结论意见。

(3)挂牌公司或其控股股东、实际控制人,现任董事、监事和高级管理人员受到刑事处罚,或者正在接受司法机关的立案侦查,尚未有明确结论意见。

【层级划分和调整】

1. 全国股转公司根据分层标准及维持标准,于每年5 月最后一个

交易周的首个转让日调整挂牌公司所属层级（进入创新层不满6个月的挂牌公司不进行层级调整）。基础层的挂牌公司，符合创新层条件的，调整进入创新层；不符合创新层维持条件的挂牌公司，调整进入基础层。

2. 全国股转公司正式调整挂牌公司层级前，在全国股转系统官网公示进入基础层和创新层的挂牌公司名单。挂牌公司对分层结果有异议或者自愿放弃进入创新层的，应当在3个转让日内提出。全国股转公司可视异议核实情况调整分层结果。

3. 创新层挂牌公司出现以下情形之一的，自该情形认定之日起20个转让日内直接调整至基础层：

（1）挂牌公司因更正年报数据导致财务指标不符合创新层标准的。

（2）挂牌公司被认定存在财务造假或者市场操纵等情形，导致挂牌公司不符合创新层标准的。

（3）挂牌公司不符合创新层公司治理要求且持续时间达到3个月以上的。

（4）全国股转公司认定的其他情形。

【基本术语】

1. 净利润：是指归属于挂牌公司股东的净利润，不包括少数股东损益。

2. 年均复合增长率 = $\sqrt{\frac{R_n}{R_{n-2}}}-1$，其中 R_n 代表最近一个完整会计年度（第 n 年）的营业收入。

3. 最近有成交的60个做市转让日：是指以4月30日为截止日，在最长不超过120个转让日的期限内，最近有成交的60个做市转让日。

4. 最近12个月：是指以4月30日为截止日，往前计算的最近12个月。

5. 最近60个可转让日：是指以4月30日为截止日，扣除暂停转让日后的最近60个转让日。

6. 股东权益：是指归属于挂牌公司股东的所有者权益，不包括少数股东权益。

7. 合格投资者：是指符合《全国中小企业股份转让系统投资者适当性管理细则（试行）》第3条至第5条规定的投资者。

8. 申请挂牌同时发行股票：是指申请挂牌公司在依法取得全国股转公司同意挂牌函后至正式挂牌前，按照全国股转公司有关规定向合格投资者发行股票的行为。

9. 本办法第6条、第11条和第12条规定的股本、做市商家数、合格投资者，以截止到4月30日为准。

10. 不少于、不低于、以上均含本数。

新三板是精品投行的碧海蓝天

我国的资本市场形成于1990年12月19日上海证券交易所开业；1991年7月3日深圳证券交易所正式成立，其后，深交所又设立了中小板和创业板。至此，中国资本市场的上市公司主体基本覆盖了成熟的大中型企业以及拥有高成长性的企业，但缺失一个专门为中小微企业提供融资和资本服务的平台。从这个意义上来讲，新三板市场的建设与发展是完善整个多层次资本市场的重大举措和重要组成部分。

早在新三板诞生之初，当大多数的企业、中介机构和投资者还在对新三板的地位和作用持怀疑、观望态度时，搏实资本创新金融研究院的投研团队就开始对新三版进行相关的研究，构建了业内领先的新三板研究体系，通过搏实资本官方微信公众号、传媒、论坛及专业期刊发表了大量的研究文章，并与搏实基金联合发起设立股权投资基金、定增基金和并购基金，投资扶持了一批创新型企业在新三板成功挂牌。自新三板诞生以来，我们投行团队从未改变过对新三板前途的信心，从未停止过为新三板的努力。今天，当国务院决定新三板成为第三个全国性证券交易场所，已挂和拟挂牌企业即将突破10000家的时候，我们更加坚信：新三板将成为创新企业最坚实的资本支撑，是创新型企业的价值孵化器，是产业投资并购整合的交易场所，是最具有投资价值的原点，更是投行人逐鹿的主战场。若干年后，新三板有望成为全球最大的证券交易所，成为中国的纳斯达克，也一定会成为我们搏实投行团队不离不弃为广大投资者和读者提供精品服务、奉献专业智慧的碧海蓝天！

在新三板进入历史机遇期之际，应广大读者的呼吁，搏实资本创新金融研究院决定与投行小兵再次携手出版【搏实资本创新金融系列丛书】之——《新三板实战操作之道》。本书收集了这些年来双方发表的有关新三板的各种研究成果，精心选取多个典型案例，采取专题解析的模式，通过解读全新政策规定，多角度剖析企业挂牌新三板的重点、热点问题，特别重视操作细节的提示，旨在为中小企业挂牌新三板提供全方位的操作指引。

搏实资本创新金融系列丛书坚持以前瞻性、专业性、系统性为文骨，以通俗性、实务性、操作性为文风，用工匠的精神和专业的态度表述数据，抒发观点，并以工具、图表、案例、方法、模式、策略给予读者切身的感受。透视《新三板实战操作之道》的脉络肌理，我认为这部作品也同样体现了搏实资本创新金融研究院要求“精品投行”研究的“创新”精髓与精神，对市场参与者具有较强的实操参考价值和指导意义。

作为投资界的老兵，不论以后的制度如何安排，不论读者对我们的研究成果作何种评判，我们对精品投行事业的执着和信心不会改变，对新三板的关注和呵护不会改变，我们始终是中小企业的价值创造者和资本运作者。如果我们的作品与服务对业界人士有所启迪和些许裨益的话，那就是对我们工作最大的嘉许、鞭策与鼓励！

搏实资本创新金融研究院与中国多层次资本市场的创新改革同声共息！

搏实资本控股有限公司执行总裁

李秉恒

图书在版编目(CIP)数据

新三板实战操作之道/投行小兵著. —北京:法律出版社,2017.1(2017.3 重印)

ISBN 978-7-5197-0020-1

Ⅰ.①新… Ⅱ.①投… Ⅲ.①中小企业—企业融资—研究—中国 Ⅳ.①F279.243

中国版本图书馆 CIP 数据核字(2016)第 230841 号

新三板实战操作之道
投行小兵 著

编辑统筹 法商出版分社
责任编辑 慕雪丹 章 雯
装帧设计 马 帅

出版 法律出版社
总发行 中国法律图书有限公司
经销 新华书店
印刷 中煤(北京)印务有限公司
责任印制 胡晓雅

开本 710 毫米×1000 毫米 1/16
印张 29
字数 457 千
版本 2017 年 1 月第 1 版
印次 2017 年 3 月第 2 次印刷

法律出版社/北京市丰台区莲花池西里 7 号(100073)
网址/www.lawpress.com.cn
投稿邮箱/info@lawpress.com.cn
举报维权邮箱/jbwq@lawpress.com.cn
销售热线/010-63939792/9779
咨询电话/010-63939796

中国法律图书有限公司/北京市丰台区莲花池西里 7 号(100073)
全国各地中法图分、子公司销售电话:
统一销售客服/400-660-6393
第一法律书店/010-63939781/9782 西安分公司/029-85330678 重庆分公司/023-67453036
上海分公司/021-62071010/1636 深圳分公司/0755-83072995

书号:ISBN 978-7-5197-0020-1
定价:118.00 元
(如有缺页或倒装,中国法律图书有限公司负责退换)

法律与商业联结的扛鼎之作　实践与前沿联系的集大成者

70 个典型案例，50 多个图表，最实用的企业并购全流程指引

企业并购解决之道：70 个实务要点深度释解

田宝法　著

定价：98 元　出版时间：2015 年 9 月

本书作者从丰富的实操经验出发，深入剖析了企业并购的各个核心环节，全面展示了企业并购的实操要点。本书案例详实，生动而又不乏深度的以指导实务操作为主旨，作者精心挑选了 70 个典型案例，并将一些经典案例贯穿在了企业并购实务操作的全过程中进行讲解，同时还运用了 50 多个图表，全方位呈现出了企业并购实务操作的要点所在。

企业成功进行资本运作税法实务操作的必备工具书

企业并购重组税法实务：原理、案例及疑难问题剖析

雷霆　著

定价：88 元　出版时间：2015 年 8 月

本书构建并完整地介绍了企业并购重组的税法原理和税收规则的框架体系；对企业并购重组的定义、交易架构、交易流程以及交易实质进行了详细的理解和剖析；对企业重组的所得税处理以及涉及的其他税种以公式、图表等方式进行了总结，并且有大量的案例分析；对立法和实务中的疑难问题进行了专门的归集、整理和分析，对立法改进和实务操作具有借鉴和指导意义。

实务操作　价值发现　规则解读　企业挂牌新三板全方位操作指南

新三板挂牌解决之道

投行小兵 著

定价：99 元　出版时间：2015 年 8 月

本书旨在为企业挂牌新三板提供全方位的操作指引，精心选取多个典型案例，采取专题解析的模式，通过解读最新规定和政策，分别对重点热点问题进行深入剖析，全方位、多角度解析企业挂牌新三板的重点问题，特别重视操作细节的提示，对实务工作者具有较强的借鉴参考价值。

私募基金划归证监会监管后面世的 PE 实务类书籍　一部中国 PE 行业法律百科全书

私募股权基金筹备、运营与管理：法律实务与操作细节

刘乃进　著

定价：68 元　出版时间：2015 年 5 月

本书按照 PE 的生命周期，对 PE 的基本特征、筹备、设立、运营、退出等进行了全面、细致的阐释，同时对 PE 实务中的一些重要问题进行了深入剖析。实务操作资料选取翔实，可以说是中国 PE 行业性文件的阶段性成果集大成者。

全景展现中国投行的真实生存状态　如实披露一线投行人士的心路历程

投行十年:我在投行的日子

投行小兵　著

定价:49 元　出版时间:2015 年 1 月

本书作者作为一名多年投行工作的亲历者和实践者,以局内人的身份,记录中国投行人士的心路历程和真实的工作、生活状态,书中不乏投行工作的经典案例与操作,对有志于进入投行工作的读者而言,可以在入行前更真实地了解到行业状态;对于投行业内人士也是很有价值的借鉴。

公司上市过程中的故事流传　上市公司运行中的警示经典

上市那些事——与公司上市和上市公司有关

投行小兵　著

定价:49 元　出版时间:2013 年 1 月

在资本市场这个"江湖"中,总是有一些广为流传的上市故事,或令人瞠目结舌,或匪夷所思。即使已经无法考证其真正来源,但却在市场的口口相传中越来越经典,越来越具有警示意义。本书即讲述了资本江湖中非常精彩的上市故事,语言诙谐幽默,相信可为广大资本市场从业者带来启示。

典型案例剖析　审核重点关注　权威上市指导

企业上市解决之道 3:案例提炼与审核关注

投行小兵　著

定价:108 元　出版时间:2013 年 6 月

本书是投行小兵企业上市解决之道系列的完美收官力作,与《企业上市解决之道》和《企业上市解决之道 2:案例延伸与对策分析》属于同一系列,但是与前两本书内容没有任何重合之处。本书是对前两本书进一步的延伸,从主体资格(出资、股权、改制问题)、特殊经营模式、财务会计和规范运行等几个方面,并根据目前中国证监会的最新政策,对于相关典型案例做了进一步的提炼和深入剖析,重点分析了审核部门关注重点及解决相关问题的思路和对策。

典型案例剖析　权威上市指导　解决思路延伸

企业上市解决之道 2:案例延伸与对策分析

投行小兵　著

定价:99 元　出版时间:2012 年 1 月

本书是作者再一次的全面洗涤和超越,再一次的深入思考和升华。案例更加丰富也更加有层次,评析更加深入也更加周全,思路更加明晰也更加具有指导意义,法规更加简练也更加有针对性。通过剖析企业或成功上市或被否决的原因,梳理了企业在上市过程中遇到的常见问题,为解决企业上市遇到的及审核部门关注的相关问题提供思路和对策。

典型案例剖析　权威上市指导

企业上市解决之道

投行小兵　著

定价:68 元　出版时间:2011 年 5 月

本书精心挑选极具代表性的百余家企业上市真实案例,剖析这些企业或成功上市或被否决的原因,梳理企业上市过程中遇到的常见问题,揭示产生问题的根源、审核部门关注的重点及解决相关问题的思路和对策。案例具体生动、论述浅显易懂,专业人士处理企业上市难题的借鉴宝典,非专业人士了解企业上市相关问题的实用指南。

剖析典型案例　梳理疑难问题　提供解决对策

走向资本市场:企业上市尽职调查与疑难问题剖析

张国峰　著

定价:128 元　出版时间:2013 年 10 月

本书剖析了 2006 年我国新股发行制度改革以来,成功上市企业与被否决企业的真实案例,梳理了拟上市企业在上市过程中遇到的各种常见问题,并提供了解决问题的对策!

抢占新三板　畅游资本新市场

新三板挂牌操作指引与实务解析(第二版)

申林平　主编

定价:52 元　出版时间:2015 年 5 月

本书以案例的形式,较为全面、透彻地向读者剖析了新三板法律实务的要点和难点,对新三板法律实务的从业者有重要的参考价值。

梳理疑难问题　剖析典型案例　提供解决对策

最新 H 股香港上市实务与案例分析

申林平　主编

定价:68 元　出版时间:2013 年 5 月

本书针对境内企业香港上市这一主题,分别就境内企业香港上市过程中应关注的重点法律问题、中介机构的协调性、企业家普遍关注的公司估值等问题进行了深度阐释,并对近年来 H 股上市案例进行了细致分析,对境内企业香港上市具有较强实务指导价值。

企业投资并购重组全流程节税指南

资本之税:企业投资并购重组节税实务(第二版)

张远堂　著

定价:59 元　出版时间:2015 年 6 月

在市场经济的环境下,公司的投资、并购和重组时有发生, 律师或法律顾问在这个过程中承担着设计模式、路径和方法的重要职责,首先必须保证企业投资、并购、重组行为合法、可行、有利,但同时也应当考虑企业行为的成本,其中就包括税收成本。税收成本是企业发展必须考虑的一个重要因素,本书紧贴现代企业的发展实际,梳理了国家现行税法和税收政策中有关企业投资、并购、重组的规定,并结合大量企业节税操作真实案例,具有很强的实务操作性和可读性。